国家图书馆文津出版基金资助项目

八藏书史论稿

刘鹏 著

知识产权出版社
全国百佳图书出版单位

图书在版编目（CIP）数据

清代藏书史论稿/刘鹏著.—北京：知识产权出版社，2018.7
ISBN 978-7-5130-5700-4

Ⅰ.①清… Ⅱ.①刘… Ⅲ.①藏书—图书史—研究—中国—清代 Ⅳ.①G259.294.9

中国版本图书馆 CIP 数据核字（2018）第 167672 号

责任编辑：刘 江　　　　　　责任校对：王 岩
特约编辑：李兰芳　　　　　　责任印制：孙婷婷

清代藏书史论稿
刘　鹏　著

出版发行：知识产权出版社 有限责任公司	网　　址：http://www.ipph.cn
社　　址：北京市海淀区气象路50号院	邮　　编：100081
责编电话：010-82000860 转 8344	责编邮箱：liujiang@cnipr.com
发行电话：010-82000860 转 8101/8102	发行传真：010-82000893/82005070/82000270
印　　刷：北京虎彩文化传播有限公司	经　　销：各大网上书店、新华书店及相关专业书店
开　　本：720mm×960mm　1/16	印　　张：22.25
版　　次：2018年7月第1版	印　　次：2018年7月第1次印刷
字　　数：312千字	定　　价：78.00元
ISBN 978-7-5130-5700-4	

出版权专有　侵权必究
如有印装质量问题，本社负责调换。

序

蒋 寅

"书籍是人类进步的阶梯。"高尔基这句名言，再形象不过地说明了书籍与文明的关系。如果说人类与动物的本质区别就在于使用符号的能力，那么书籍正是使人类得以高踞于生物链顶端的必要条件，它使文明变成可以较快积累和习得的有形物质，而不必依赖于缓慢的基因遗传。华夏民族引以自豪的四大发明，就有两项与书籍相关。造纸术和雕版印刷技术的领先，让我们的文化生产和积累在中古时代走在世界前列。如果不拘泥于书籍的物质形式，那么书籍在古代中国有着更悠久的历史，大思想家老聃的图书馆馆长身份（柱下史）已然预示了藏书与思想、文化的直接关系。稍后的改朝换代，除了地理疆域，真正有实质意义的只是图籍占有权的变更。

随着社会形态的更迭，文化权力垄断的崩溃和文化资源的扩散，插架缥缃成为社会风雅的标志景观。史文所见，唐代士大夫间已有藏书风气，迄两宋而极盛，而一代的学术风气和文学作风也因此大异于前世。照先贤的看法，南方文化在元代就整体超过北方。其表征除了城乡经济的高度发展外，江、浙、闽三地发达的图书业也是最为显豁的标志。书籍传播、滋养了文化，同时也是文化最好的装饰。钱谦益曾说："自元季殆国初，博雅好古之儒，总萃于中吴，南园俞氏、笠泽虞氏、庐山陈氏，书籍金石之富，甲于海内。景天以后，俊民秀才，汲古多藏，继杜东原、邢蠢斋之后者，则性甫、尧民两朱先生，其尤也。其他则又有邢量用文、钱同爱孔周、阎起山秀卿、戴冠章甫、赵同鲁与哲之流，皆专勤绩学，与沈南启、文征仲诸公相颉颃，吴中文献，于斯为盛。"（《列朝诗集小传》丙集，朱存理传）我们很难断言，究竟是文化发达带动了经济发展，还是经济发达催生了文化的繁荣。可以确信的只是，文献最盛的吴中，也是天下最富庶的地方。

说到吴中文献之盛，不能不提到乾隆三十七年（1772）清廷编纂《四库全书》，这是中国文化史上的一件大事。当今学者过于计较它对古书的禁毁（其实与编书没有必然联系）和篡改，而忽视了它对书籍流通状况的改善。《四库全书》抄为七部，分贮于内廷及扬州、镇江、杭州等地，文汇阁、文宗阁和文澜阁所藏即所谓"南三阁"本，听凭士人登阁阅览，这不就是中国公共图书馆的雏形么？在此之前，民间阅读主要依赖私人藏书。而那些藏书之家，书多秘不示人，世间流通的图书不出厂肆所售。《四库》馆既开，广征天下之书，故家多出珍本秘笈以献，纂修之官又借机抄出，遂使一大批珍稀古书流通于世，刺激了私人藏书的发展，同时带来学者、藏书家的交流互动和乾、嘉之际学术的繁荣。

乾隆间著名的文化沙龙，如孙星衍的平津馆、翁方纲的小石帆亭，王昶的兰泉书屋、蒲褐山房，朱筠的椒花吟舫，阮元的定香亭、研经室、琅嬛仙馆，都是著名的收藏之府。而这类主持或赞助文化事业的沙龙，由达官贵人的府邸下移到各地富商的宅第，也是乾隆时代的一个醒目现象。诚如袁枚所说，"升平日久，海内殷富。商人士大夫，慕古人顾阿瑛、徐良夫之风，蓄积书史，广开坛坫"（《随园诗话》卷三）。比较著名的当属扬州马氏兄弟小玲珑山馆，天津查为仁水西庄，杭州赵公千小山堂和吴焯瓶花斋。马曰琯、曰璐昆季以业盐拥巨赀，雅好文艺，收得传是楼、曝书亭旧藏，礼致四方文人，长年寄居其第，从事经史考订、诗文著述。厉鹗的《宋诗纪事》一百卷便是居停马氏多年，利用其丰富藏书而编成的。考究乾隆时代文学、学术的盛况，不能不顾及那个书香飘溢的历史氛围。

的确，乾、嘉两朝也许是中国藏书史上最辉煌的时代，社会整体的安定和富庶培育了浓厚的藏书风气，藏书家队伍和收藏规模都达到空前的水平，历来流传有自的宋元名椠逐渐集中到一批财力雄厚又见识精到的藏书家手中，成就了一个众星璀璨的藏书时代。而以"藏书四友"著名的周锡瓒、顾之逵、黄丕烈、袁廷梼四人，正是其最突出的代表。当时有一位学者洪亮吉曾将藏书家分为五等：

藏书家有数等：得一书必推求本原，是正缺失，是谓考订家，如钱少詹大昕、戴吉士震诸人是也；次则辨其版片，注其错讹，是谓校雠家，如卢学士文弨、翁阁学方纲诸人是也；次则搜采异本，上则补石室金匮之遗亡，下可备通人博士之浏览，是谓收藏家，如鄞县范氏之天一阁、钱塘吴氏之瓶花斋、昆山徐氏之传是楼诸家是也；次则第求精本，独嗜宋刻，作者之旨意纵未尽窥，而刻书之年月最所深悉，是谓赏鉴家，如吴门黄主事丕烈、乌镇鲍处士廷博诸人是也；又次则于旧家中落者贱售其所藏，富室嗜书者要求其善价，眼别真赝，心知古今，闽本蜀本，一不得欺，宋椠元椠，见而即识，是谓掠贩家，如吴门之钱景开、陶五柳、湖州之施汉英诸书估是也。(《北江诗话》卷二)

"藏书四友"大抵可归于赏鉴家一类，力求宋椠名刻，精于版本考究，是其共同特点。尤其留意递藏源流，每得一书必识其由来甚至所费几何，总之是几类藏书家中最专注于收藏活动本身的。他们的藏本不仅版本价值高，而且多留有手跋，记载其书流传之迹与版本异同，对于考察古代书籍的集散最有参考价值。缪荃孙和王欣夫分别辑录黄丕烈的题跋，编为《黄荛圃藏书题跋》及续集，成为治文献者必读之书。至今我们要研究古书在清代的流传，《荛圃题跋》仍是最重要的史料。

不过，"藏书四友"当时虽齐名并称，身后的显晦却不同。黄丕烈备受文献学者的关注，而周锡瓒、顾之逵、袁廷梼三人很少被人提到。为此，早几年刘鹏说打算做"四友"研究时，我觉得是个很有价值的课题。文献学自晚近列入大学课程，一直分为版本、目录、校勘三个板块。将典藏收入文献学的视野，始于先师程千帆先生与徐有富学长合著的《校雠广义》。该书"叙录"首次在文献学的视野中阐明了典藏的地位与意义："盖由版本而校勘，由校勘而目录，由目录而典藏，条理始终，囊括珠贯，斯乃向、歆以来治书之通例，足为吾辈今兹研讨之准绳。"书中首先发明"典藏学的建立与典藏的功用"，然后以典藏单位、图书收集、书籍亡佚、图书保管、图书流通五章论述图书典藏学的基本内容，其核心内容与图书集散的历史多有交集。众所周知，先师之学托基于文献校雠，最初发表的论文都涉及文献考证，中年倡为考据与批评相结合的文学研究法，晚年接引后学更以文献学加文艺学揭橥宗旨，是故及门诸子莫不以文献学为治学门径，薄有著述，多出入于文献、文学之间。

刘鹏初考入中国社科院研究生院，随我攻读硕士学位，也驯闻此旨。他本来文献基础扎实，与同届李桃合纂《毗陵集校注》，完成得很好。到攻读博士阶段，仍能踏踏实实地阅读基本典籍，将前四史一部一部读完，写下不少札记，让我感觉很难得。正是鉴于他文献基础好，我反而常提命多读理论书籍，培养理论思维的能力。博士论文以初盛唐诗与《文选》的关系为题，将初盛唐诗中因袭、脱化《文选》的例子一一摘出加以分析，用一个看似笨拙而其实很直观的方式展现了初盛唐诗歌深受《文选》影响的事实。全文字数达到三十多万，清楚地显示出独立从事古典文学研究的能力。

毕业后刘鹏就职于国家图书馆研究院，我为他得到一份好工作而高兴，同时也为他难以致力于诗学研究而惋惜。毕竟学术研究也须根据环境提供的条件来选择课题和研究类型，身处国家图书馆这一文献重镇，能从事有关版本、目录的研究不用说是最好的选择。得知他参加詹福瑞先生主持的"大陆藏汉文古籍藏书题跋整理与研究"课题，辑录国图善本书中的手书题跋，并对藏书史发生兴趣，我很欣慰，并相信以他的天分和努力，可望成为一名优秀的版本、目录学者。

转瞬八年过去，刘鹏在版本、目录学方面已有相当的积累，藏书史研究也按部就班地进行。重新辑校荛圃书跋之余，他对"藏书四友"的生平事迹及往来售让、切磋之迹作了细密的考证，发表了一系列研究成果。最近他将相关论文裒为一集交付出版，请我作个序。我向来不为自己指导的学位论文作序，这部《清代藏书史论稿》不是我指导的研究，不在此限，欣然命笔。

所谓藏书史研究，不外乎人和书两个要素，前者涉及藏书家的收藏兴趣和范围、经济能力和交易经历、保藏方式和研究活动等内容，后者涉及书籍的流传、递藏、分合及归宿等内容。刘鹏此稿上编论人，中编论书，下编则介乎人和书之间。作为绪论的《清代藏书史研究的内容、方法与愿景》一文，表达了自己对清代藏书史研究的一整套想法，是具有学科建设意义的纲领性文字。正文各篇考论，也都出于自己的研讨和发现。尤其是涉及"藏书四友"的篇章，发学界所未发，对清代中叶的藏书史研究饶有贡献。《士礼居善本书志稿（一）》虽只是重辑尧圃题跋的部分成果，一斑窥豹，也足见用功之深。其他论文，或辨析版本，或考释题跋，都能厘清书籍递藏的源流，发覆良多。浏览全稿，可以看出刘鹏这些年来沉潜典籍、精进不已的学术印迹。

先师当年在南京大学同时指导古典文献学和唐宋诗研究两个专业的研究生，如今我在华南师范大学文学院忝为古典文学和古典文献两个专业的导师，说实话我不知道该怎么给文献学专业的学生上课。尽管我在广西师范大学读硕士生时，也从胡光舟老师学过版本学和目录学，但后来发觉除了一些粗浅概念，脑子里基本没留下什么系统的知识。多年摸索古籍，让我越来越感觉到，文献学是一门实践性很强的学问，其中许多知识不是教科书或讲义能教给你的。尤其是目录和版本的知识，勤翻书查书，自然就懂得，反之若不接触古籍，只看前人论著，最终还是门外汉。这就意味着，文献学是从事文史研究的一门基础学问，熟练掌握版本、目录学知识，只是进入古代历史、文化研究的门票。我高兴地看到，尽管守着天禄琳琅的庋藏，刘鹏没有自限于版本、目录研究，而是将目光投向了藏书史。这是较版本、目录学视野更为广阔的学术领域，它从一个侧面反映同时塑造了中国古代文化发展的状态。尤其是到了明清两代，乡绅阶层在很大程度上充当了地方文化事业的主持者或赞助者，那些书籍富甲一方的藏书家往往成为四方瞩目的文化英雄，其荣替也成为地方文化盛衰的象征。这就使藏书史研究很自然地成为文化史研究的一个重要分支。在这个意义上，谁能说藏书史研究不是一门值得重视的大学问呢？我期待着本书绪论所表达的学术愿景，能在不远的将来成为现实。

前　言

本书是笔者对清代藏书史及相关文献的研究。

绪论"清代藏书史研究的内容、方法与愿景",为清代藏书史的研究领域、史料范围、研究方法等问题的宏观论述,是笔者多年所思与所待。

上编"怀瑾握瑜——藏书之家",为清代藏书史的相关重要人物黄丕烈、袁廷梼、顾之逵的研究。其中黄丕烈、顾千里交恶研究,黄丕烈字号斋印的全面考订,尝试于旧问题提出新见解;袁廷梼、顾之逵两位藏书家的研究,则或有填补空白之意义。

中编"芸香永续——宋椠明抄",为古籍善本的版本学和书籍史研究。涉及黄丕烈士礼居、顾之逵小读书堆的善本书志,三种清代稿抄本的版本,以及古籍作伪的研究。在传统的版本学考订之外,笔者亦尝试以社会文化史为背景的书籍史研究方法。

下编"丹黄灿然——文字犹传",为古籍题跋及古籍校勘学研究,包括顾之逵、袁廷梼手书题跋的首次揭示,陈登原先生《古今典籍聚散考》的商榷指瑕。

附编"学步捧心",为笔者仿效先贤所撰藏书题跋数种及国立北平图书馆抗战时期的馆史研究,略表希慕外,亦探究国家图书馆的历史困境及其对策。

目　录

绪　论
　　——清代藏书史研究的内容、方法与愿景 …………………（1）

上编　怀瑾握瑜——藏书之家

黄顾交恶新解 ……………………………………………………（23）
黄丕烈名号藏印释义发微 ………………………………………（48）
袁廷梼生平发覆
　　——一个苏州家族的兴衰 …………………………………（76）
顾之逵生平及书事述略 …………………………………………（106）

中编　芸香永续——宋椠明抄

士礼居善本书志稿（一）…………………………………………（139）
重辑小读书堆善本书志（经部）…………………………………（173）
清黄增禄稿本《拜石词》及诸家题跋考略 ……………………（201）
诸本《高氏三宴诗集》考略
　　——兼论两种"双生"清抄本 ……………………………（212）
国家图书馆藏清顺治间傅以渐家抄本《贞固斋书义》及诸家序跋
　　考略 …………………………………………………………（219）
深心作伪，百密一疏
　　——以宋刘克撰《诗说》的宋刻本伪跋为中心 ……………（231）

下编　丹黄灿然——文字犹传

国家图书馆藏顾之逵题跋考释 …………………………………（249）
国家图书馆藏袁廷梼题跋考释 …………………………………（261）
《古今典籍聚散考》求瑕 …………………………………………（280）

附编　学步捧心

广韵楼藏书记 ……………………………………………………（293）
题《中国人的精神》 ………………………………………………（295）
《冀淑英古籍善本十五讲》题记 …………………………………（296）
《史讳举例》题记 …………………………………………………（297）
《博物志》题记 ……………………………………………………（298）
《广州图书馆藏可居室文献图录》题记 …………………………（300）
《寸纸留香——国家图书馆西文藏书票集萃》跋 ………………（302）
《李劼人晚年书信集》题记 ………………………………………（303）
《元代文人心态》题记 ……………………………………………（304）
中央图书馆的成立与国立北平图书馆的困境及其纾解
　　——以抗战为中心 …………………………………………（305）

后　记
　　——八年的所历与所思 ……………………………………（330）

绪 论

——清代藏书史研究的内容、方法与愿景

引 言

清代是一个学问的时代,不仅诞生了乾嘉学派这样影响深远的学术群体,在经、史、子、集乃至西学诸般领域,其知识生产也集历朝之大成,蔚为大观。

就参与人数而言,可谓巨子丛出,群贤竞起,而他们所留下的著作,也远迈前代。今人笔下所谓"浩如烟海"的"古代典籍",其实绝大多数都是清人著述。据杜泽逊先生《清人著述总目》统计,有清一代著述(含亡佚者),约计22.75万余种。[1]

去今未远,文献浩繁,是以只要惟志惟勤,清代几乎所有问题,都可以有较为清晰、切实的答案,而不必在只言片语中,揣度秦汉人物,怀想邺架风流。因此,21世纪以来,以国家清史纂修工程的启动为标志,清代历史(这里并不限于历史学科)的研究,逐渐成为相关学科的热点和新的增长点,从业者之众,新成果之多,都令人瞩目。

在这一片方兴未艾中,作为收藏风气最盛的时代——学问与收藏本是天然相映发的——清代藏书史的研究却相形失色。虽然自清末至今,既有袁同礼《清代私家藏书概略》、谭卓垣《清代藏书楼发展史》这样

---

[1] 杜泽逊:"《清人著述总目》述例",见《微湖山堂丛稿》(上),上海古籍出版社2014年版,第306页。

篇幅较小的宏观论著，也不乏叶昌炽《藏书纪事诗》、郑伟章《文献家通考》、丁延峰《海源阁藏书研究》、刘蔷《天禄琳琅研究》这样或拓新体，或树高标的力作，但整体而言，无论是研究的广度还是深度，都仍处于鸿蒙初判、新境待开的状态。其内容往往限于珍稀版本的考订和人物生平的叙述，其研究者多为图书馆从业人员或文献学领域的少数学者，而乏历史、文化领域学者的广泛参与，这也符合许多历史分支草创阶段的特点，❶即更多关注行业内容和具体细节，而缺乏历史的观念与方法。

自2010年从中国社会科学院研究生院毕业，进入国家图书馆研究院，笔者的工作内容、研究兴趣，逐渐从古代诗学转向藏书史尤其是清代藏书史领域。八年间，从参与詹福瑞先生主持的"大陆藏汉文古籍藏书题跋整理与研究"项目、负责"《国家珍贵古籍名录》中题跋整理"项目日常工作，去善本阅览室一条条抄录藏书题跋、一方方辨识藏书印章，并广泛接触专业界同人开始，到选择藏书家个体、群体加以研究，乃至探索更为宏观的规律，在学而思之与师友论辩中，慢慢形成对于清代藏书史的一些尚不成熟的看法。

笔者以为，藏书史意在以收藏者的藏书（访书、购书、抄书、校书、刻书乃至散书）活动为中心，研究这一活动涉及的文化、政治、经济、社会现象及其相互作用。而其可论者，约有四方面：

(1) 藏书史研究的内容与核心；
(2) 藏书史研究的史料问题；
(3) 藏书史研究的路径问题——理论、方法与题目；
(4) 藏书史研究的愿景。

今请以清代为例，分而言之。

一、藏书史研究的内容与核心

笔者认为，书籍和收藏者（人、机构）的活动是藏书史研究的两大

---

❶ 如医学社会史在英国的发展即是由以医学界人士为主，向非医学界人士为主转变。

内容；而藏书史研究的核心，则是以收藏者（人、机构）为代表的形形色色与书有关的人及其活动。

（一）书籍

1. 中外之传统

中国的古籍研究，一向较为重视"善本"，而善本的定义，则因以代降。清代最重宋刻，故陆心源、杨以增分建"皕宋""宋存"之楼、室，钱曾、黄丕烈皆有"佞宋"之雅称；❶ 至清末，宋、元刻本，影宋、明抄，乃至较为罕见的明刻本，均为藏家所重。总体而言，所谓的"藏书家"之"书"，多指善本而言——虽然他们无一例外拥有数量远为庞大的"普通"书籍。

以善本书为核心的版本目录学研究，构成中国传统古籍研究的主要取向，并延续至今。从研究形式上，笔者以为较为重要者，一是"辨章学术，考镜源流"意义上的目录之学，二是从创作（作者）、生产（版本）、流传（递藏）等角度全景式深度展现古籍内涵与外延的（藏）书志之学。二者一偏内容，一偏形制，在实际中往往难以分割，全看撰写者的学养所系。清代名家自不必言，民国时期的著名学者，即使以新学（西学）见称，这方面的学问，往往也都造诣颇深，如王国维的南浔蒋氏传书堂藏书研究（以《传书堂藏书志》为成果）和宋刻本研究（以《五代两宋监本考》《两浙古刊本考》为代表），以及胡适的《红楼梦》《水经注》研究，都得益于此。

时至今日，中国古籍中较为重要者（包括但不限于宋元本），多已随着点校整理本的普及而"形""神"两分。今日之文史学者，虽普遍接受过版本目录学的相关训练，却日渐隔膜于那些借阅不易、使用不便的善本，以及版本目录学的相关研究。而我们所熟知的藏书史意义上或

---

❶ 钱曾《述古堂藏书目序》云："然生平所酷嗜者，宋椠本为最。友人冯定远每戏予曰：'昔人佞佛，子佞宋刻乎？'相与一笑，而不能已于佞也。"参见：（清）钱曾撰，瞿凤起编：《虞山钱遵王藏书目录汇编》，上海古籍出版社2005年版，第312页。顾千里《百宋一廛赋》云："佞宋主人搜求经籍，鸠集艺文，深识妙览，博学赡闻。"黄丕烈自注云："'佞宋'出《述古堂书目序》，予恒引为窃比，故居士设此名也。"参见：（清）顾千里：《顾千里集》，中华书局2007年版，第1页。

文献学层面上的古籍研究，也已逐渐与内容研究剥离，或者说，从业者已自觉将其限于"版本"这一层面，而形成其研究的"护城河"。但即使在这一层面，目前也面临某种滞碍：对于版本学，业界整体上并不比20世纪以顾廷龙、赵万里、潘景郑、冀淑英等为代表的前辈有更深的理解、更高的造诣，甚至更精微的"观风望气"之能；❶ 而预期中因研究条件极大改善而伴随着的对于古籍版本的全面梳理和理论升华，也并未如期而至。

所谓无独有偶，西方自20世纪初以来，也有一门与中国的版本目录学差相仿佛的学问"Bibliography"，可译为"目录学"或"书志学"，而"书志学"似更符合其内涵。❷ "书志学"（bibliography）分为彼此紧密相关的四个方向。

（1）列举书志学（enumerative bibliography）：按照一套统一的原则如作者、书名、时期、主题或其他要素列举图书。每一条目包括书名、作者、出版日期、出版地点等，类似文献目录。

（2）分析书志学（analytical bibliography）：调查图书的印刷过程和图书的所有物质要素，在所得出的相关证据的基础上重建图书形成和传播的历史。书志分析是书志描写的预备阶段，为描写书志学提供所需的术语、数据、技术以及描写的基础。其类似中国的版本学或版本考证。

（3）描写书志学（descriptive bibliography）：按照多种分析角度得出的结论，按固定体例对图书的书名页、插图、字体、装订、纸张等物质要素进行系统描写。个人以为有些类似中国的藏书志。

（4）文本书志学（textual bibliography）：甄别文本异文及其来源，

---

❶ 关于"观风望气"，笔者较为认同沈乃文先生在《北宋刻本〈结净社集〉与版本鉴定》中的论述："观风望气原本为勘宅占验用语，常见以占风望气为多。……前辈学人所以借用观风望气，是作为形象化的一种比喻。……可知传统的观风望气是比喻面对书卷展开时的直观感觉，而不是以参照书比对后得出的结果。……如果版本有幸流传到以后的时代，则必然带有历经多少岁月的特征，或者说是痕迹，也就是历史感或沧桑感。如上感觉是目检者展开书卷时的第一感觉，前辈学人称为古籍的气息。"参见：《版本目录学研究》（第七辑），北京大学出版社2016年版，第402~403页。

❷ 本节采用苏杰先生《中西古典语文论衡·西方版本学述略》（浙江大学出版社2014年版，第30~35页）一文的相关论述。

确立最正确的文本形式。类似校勘学。

东海西海，心理攸同。东西方的"版本目录学"虽然各有其独特之处，但从根本理念方面并无大异。藏书史的研究自然需要依靠它们，但它们终归不能成为历史研究，而只能是历史研究的基础与参照。

2. 书籍史之映照

20世纪中叶以来，西方学术界逐渐兴起一个跨学科的研究领域——书籍史。西方"书籍史"研究领军人物之一，美国学者罗伯特·达恩顿在《何为书籍史？》一文中说："书籍史，其法语名为'*Histoire du livre*'，德语名为'*Geschichte des Buchwesens*'，英语国家则将它称作'history of books'或'history of the book'。其叫法随地方的不同而不同，不过无论其身在何方，它都被人们认为是一个重要的新学科。书籍史，甚或可称作（通过印刷而展开的）交流的社会—文化史（这有些拗口），因其目的是理解在过去的五百年里，观念如何通过印刷传播，如何影响了人类的思想和行为。"❶

从这个层面而言，西方书籍史的理论和实践，目前已经非常深入，深入到近乎得鱼忘筌，从书籍本身的研究，逐渐导向围绕书籍生产和流通中"书籍与不同社会历史时期的信仰、制度以及与权力变迁的关系"❷这一社会文化研究领域。达恩顿如此描述20世纪60年代法国新书籍史家所引起的书籍史的转向：

> 新书籍史家将该学科带入"年鉴学派"所进行的一系列社会经济史的研究主题范围内。他们**不耽于对书目学的细节研究**❸，而是力图发现长时段书籍生产、消费的一般模式。他们收集申请"特许权"（privilèges，一种版权形式）的数据，分析私人图书馆的具体

---

❶ 陈恒、耿相新主编，屈伯文译：《新史学》第10辑《古代科学与现代文明》，大象出版社2013年版，第144页。

❷ 张炜："书籍史研究：核心议题与关键概念"，载《光明日报》2016年11月19日第11版。

❸ 本节字体为笔者加粗。

材料,并通过被人忽略的书籍类型如"蓝皮书"(bibliothèque bleue,最初的平装书)追寻人们观念意识的演变足迹。**珍本、善本书不在他们的兴趣之列,他们转而着力探究最一般的书籍**,以发掘普通读者大众的阅读经验。(《何为书籍史?》第145页)

这种研究取向从根本上而言至今仍变化不大,与传统的版本目录学研究习惯可谓大异其趣。

3. 中西之融合

愚以为,今日藏书史意义上的古籍研究,传统与新知,中学与西学不妨并存共荣,相互促进与融合。可着重于以下二端。

一曰书志。即在全面梳理、总结前人成绩基础上,为现存古籍(尤其善本)一一撰写书志。此书志,既参照传统藏书志与外国书志学❶,又当有所不同,其说又有三:

(1) 存其真。即对于古籍,做考古标准之标注,❷ 其版刻、藏印、序跋、批校、递藏之全缺、位置、形制、内容、次序,乃至馆藏地与索书号,皆不厌其详,并可以影像及绘图,补传统方法之不足。

(2) 订其讹。在以上工作基础上,对于现存古籍的著录审慎地陆续加以修订。❸

(3) 求其例。以统计学—计量史学的方法,用大数据手段,对于所有古籍,按其时代(可细分至年号)、地域、刻工等,加以精密分类和

---

❶ 如西方书志学中,"书志描写在著录图书基本项目之外,主要对图书物质载体进行全面细致的描写,描写的项目包括开本、折叠、页数、封面加装、书名叶、内容细目、用纸、插图、印刷、检核过的拷贝及其藏家,等等。近些年来,描写所涉及的项目益趋精细",可以为中式书志作参考。[美] G. 托马斯·坦瑟勒著,苏杰译:《分析书志学纲要·译者序》,浙江大学出版社2014年版,第8页。此外,美国还有"书志学会"(Bibliographical Society of America),并出版有《美国书志学会论丛》(Papers of the Bibliographical Society of America)。而早在1934年,《图书馆学季刊》第八卷第三期、第九卷第二期即刊登了李尚友所译日本小见山寿海著《书志学》一书。

❷ 此说得诸高柯立兄。

❸ 2015年8月在台湾举行的"鉴藏——两岸古籍整理与维护研讨会"上,上海图书馆陈先行先生曾作"修订《中国古籍善本书目》刍议"的报告。

分析，以见古籍刊印风气、地域之嬗变，藉以商量旧说，培养新知。如对于样本足够庞大之明代版刻，其前期"黑口赵字继元"、中期"白口方字仿宋"、后期"白口长字有讳"之成说，❶ 在何种程度上符合事实，而又在何种程度上存在例外，均可得以厘清。而宋元本虽样本较少，亦绝非不可能归纳出异于今人习见的新知。事实上，近年来《礼部韵略》《妙法莲花经入注》《西湖结莲社集》等北宋刊本的现世，已促使研究者重新审视以往仅据存世南宋本归纳出的宋刻本整体版刻特点。❷

其实书志之学，西方及日本均颇发达，可资借鉴之论著不少；而近年来古籍数字化、数据库之发展（如中华古籍保护计划中的"中华古籍资源库"和"全国古籍普查登记基本数据库"❸，爱如生"中国基本古籍库"等），《书志》辑刊❹的出版，都颇有利于以上工作。本书《士礼居善本书志稿（一）》《重辑小读书堆善本书志（经部）》二文，也是初步的尝试。需要特别指出的是，书志的撰写应该尽量做到令读者如见其书，但一定不应止于会计或考古报告般的巨细无遗，在梳理海量个案的基础之上，发现并总结书籍生产和流通中的若干规律，更是书志研究的应有之义。

二曰书籍史研究。即全面借鉴西方书籍史研究的理论和方法，从社会文化史的角度去认识和解读古籍的生命周期及其社会影响。例如周绍明（Joseph P. McDermott）《书籍的社会史——中华帝国晚期的书籍与士人文化》、❺ 卜正民（Timothy Brook）《明清时期的国家图书检查与图书

---

❶ 此据赵前先生《明代版刻图典》（文物出版社2008年版，第54页）。

❷ 相关论述，参陈先行先生《〈杭州西湖昭庆寺结莲社集〉版本之我见——兼谈宋版鉴定研究》（《版本目录学研究》[第七辑]，北京大学出版社2016年版，第365～370页）一文。

❸ 据国家图书馆网站数据，截至2018年3月，"中华古籍资源库"累计公开发布全文影像古籍2.5万余部，"全国古籍普查登记基本数据库"累计发布155家单位古籍普查数据600 473条,5 987 890册。

❹ 《书志》杂志由国家古籍保护中心主编，中华书局2017年1月出版第一辑。

❺ [美]周绍明著，何朝晖译：《书籍的社会史——中华帝国晚期的书籍与士人文化》，北京大学出版社2009年版。

贸易》、❶米盖拉（Michela Bussotti）《中国书籍史及阅读史论略——以徽州为例》❷等论著，即是西方学者从社会学视角对于中国书籍史的研究。本书中《深心作伪，百密一疏——以宋刘克撰〈诗说〉的宋刻本伪跋为中心》一文，也是基于这种理念的一点肤浅的尝试。

实际上，对于中国的传统，西方学者也较易理解——因为重视善本以及书目学考据的研究，这本是西方"早期书籍史"的主要取向——只是他们已经有意识地将西方书籍史的研究理念，贯穿到中国书籍史的相关领域了：

> 近十几年来，一些通常活跃在中国之外的作者试图进行一些研究，其目的是编写出一部中国书籍的整体历史（histoire globale），并将此（至少是部分地）与世界上其他国家这门学科的发展联系起来。他们的研究路径同时涉及社会、经济、文化，甚至"政治"等各个层面。尽管我们知道给出一些泛泛的概念有其局限性，但可以肯定的是，当技术史研究、受到目录学传统影响的方法、"版本学"研究在中国占着主导地位之时，别处正在发展出一种中国书籍的"文化与文学史"研究，对于社会经济史研究来说具有无可置疑的意义。（米盖拉《中国书籍史及阅读史论略——以徽州为例》第58页）

不过，毕竟中西方历史、社会各有其特点，以西方书籍史研究的理念去研究中国书籍史，也有其不适应之处。例如，西方书籍史研究对于书籍的定义，基本上限定于印刷类书籍，而不包括属于中国古籍重要研

---

❶ [加]卜正民著，孙竟昊译："明清时期的国家图书检查与图书贸易"，载《史林》2003年第3期。

❷ 韩琦、[意]米盖拉编：《中国和欧洲 印刷术与书籍史》，商务印书馆2008年版，第58~81页。

究范畴的写本、抄本、稿本等，❶如此，"海外研究将'书'局限于印本，或将'明清书籍史'与古代书籍史截然分开，并主要以印刷术以后的书籍为对象，忽略写本时代特别是经典发生时代的探讨，那么，对书籍作为历史中的一种力量的理解，至少就是不全面的。……由于中西文献书籍史的状况和社会特性的差异，如果单纯地移植问题，必然也会发生某种阐释'错位'"。❷另外，一些西方学者并不能熟练使用中文阅读与写作，尤其是直接阅读古籍文献，这必然会影响他们对于中国书籍史的理解和判断，这些都是需要注意的。

(二) 收藏者（人、机构）及其活动

与书籍史"以书籍为中心，研究书籍创作、生产、流通、接受和流传等书籍生命周期中的各个环节及其参与者，探讨书籍生产和传播形式的演变历史和规律，以及与所处社会文化环境之间的相互关系"❸有异，笔者以为藏书史的核心，应该是那些面目、性情、际遇各异，却对于书籍有着共同的铭心绝爱的藏书家，而书籍则是他们那种伟大的好古敏求行为的永久对象。

需要说明的是，两部有代表性的藏书通史❹均将官府（皇家）藏书、书院藏书、寺观藏书与私家藏书并列为四大藏书主体，且均以官府藏书为首。这种处理自然更加全面，但愚以为私家藏书才是清代藏书的真正主体，其说亦有二。

1. 从重要程度和数量而言，私家藏书均占据主流

据范凤书先生《中国私家藏书史》统计，清代有文献记载藏书万卷

---

❶ 正如苏杰《中西古典语文论衡·西方版本学述略》（浙江大学出版社2014年版，第34~35页）所云："中国学者大多倾向于将写本与印本囊括在'版本'这一概念中，不强调两者之间的区分。西方学者则倾向于将研究写本图书与研究印本图书分为两门学问。前者称'写本学'（codicology）或'古文书学'（paleography）；后者称'书志学'（bibliography, bibliology）或'古印本学'（palaeotypography）。"

❷ 赵益："从文献史、书籍史到文献文化史"，载《南京大学学报（哲学·人文科学·社会科学版）》2013年第3期。

❸ 张炜："书籍史研究：核心议题与关键概念"，载《光明日报》2016年11月19日第11版。

❹ 傅璇琮、谢灼华：《中国藏书通史》，宁波出版社2001年版；任继愈：《中国藏书楼》，辽宁人民出版社2001年版。

以上的藏书家，有543人，而"整个清一代确有文献记载藏书事实者，经笔者查明，计有二千零八十二人"；❶ 郑伟章先生《文献家通考》则"网罗清初以来文献家一千五百余人"。❷ 这两位于清代藏书文献用力极深的老先生，为我们勾勒出了清代私家藏书的惊人规模。明代编纂《永乐大典》主要靠官府藏书，而清代编纂《四库全书》主要依靠雄厚的民间藏书基础，这也从另一方面，彰显了私家藏书的主流地位。

此外，彼时重要善本皆在江南一带藏家手中流转，几乎不出其域。清末杨守敬《藏书绝句序》云：

> 其收藏之地，于吴则苏、虞、昆诸剧邑，于浙则嘉、湖、杭、宁、绍诸大郡。大都一出一入，此散彼收，朱玺红泥，灿然罗列。❸

其可以说是一语中的。藏书的此散彼收，循环流转，实际上就是一种文化的"闭环"，一方面彰显其自成体系的独立性，另一方面也为官府势力的试图介入（典型的行为就是编纂《四库全书》的征书之举）提供了动机。但无论如何，清代私家藏书为藏书之主流，江南私家藏书又为私家藏书之主流，殆无可疑。

2. 私家藏书是图书流通环节的关键

无论善本或"普通"书籍，无论买、借、抄、刻，能够流通，才能彰显其存在价值。虽然私家藏书必不能如当代图书馆一样对于读者一视同仁，自由开放，但藏书为私人财产，本应受到保护，古代的（包括当代的）藏书家显然也不应承担政府的"教化"与"服务"责任（部分藏书家也会在家族祠堂置书以便族人阅读，如孙星衍即编有《孙氏祠堂书目》），故以今人观念，责古人保守，实在是混淆公私，不足为训。

---

❶ 范凤书：《中国私家藏书史》，武汉大学出版社2013年版，第322页、第266页。

❷ 其中绝大多数都是藏书家。郑伟章：《文献家通考·前言》，中华书局1999年版，第3页。

❸ （清）杨守敬：《藏书绝句》，古典文学出版社1957年版，第3页。晚清山东聊城海源阁藏书异军突起，实际上其所藏善本，也大半为其第一代主人杨以增任职江南时所得。

且细察文献，无论是明末曹溶约集同好，互抄秘本留存的《流通古书约》，还是清初丁雄飞与友人黄虞稷订立彼此互抄所缺的《古欢社约》，抑或乾隆朝周永年倡设"儒藏"，以至清代藏书家文集、题跋、信札中俯拾皆是的友朋借读异书、借抄孤本、借校众本以及重刻善本之事，都可以看出藏书家们普遍存在的读书人"独乐乐，不若与人"的共享理念和流播图书以求自我实现的开放思想❶——毕竟，正如司马迁欲将《史记》"藏"之名山，是为了能"传之其人，通邑大都"（《报任安书》）一样，对于藏书家而言，"藏"与"传"本就是一个问题的两个方面，藏是暂时的，而传（流通）才是常态，实际上，许多重要版本皆赖藏书家的抄、刻而得以书亡神在，不绝于天壤。此外，藏书家的主动（借与被借、刻）和被动的（书籍散出）流通活动并不是孤立的，而是伴随着一个由书估（书商）、中介主导的，包括抄工、刻工、印工、书坊、书船、书摊、书铺等在内，庞大的沟通南北甚至中外的流通网络。如前所论，可见私家藏书，才是藏书史的主流；藏书家，才是藏书史的核心。

至于官府藏书，清代乾隆朝因皇帝的附庸风雅和倡修《四库全书》，曾一定程度改变了善本图书不出江南一隅的局面，以"天禄琳琅"为代表的皇家藏书也颇有可彰显其"盛世"的一面，都颇值得研究，但皇家藏书和政府机构藏书整体上的封闭性与独占性，❷使书籍基本失去了流动性，也就损害了其存在的价值。此外，清代官府因为钳制思想而进行的禁书活动和大小"文字狱"，实际上阻碍了书籍的流通，成为书籍史

---

❶ 周少川先生《文化情结——中国古代私家藏书心态探微》（载《图书馆学研究》2002年第6期）一文，将藏书家的心态总结为：文化认同的心理（保存书籍即是保存文化、保存传统）、以读书为乐的意识、"遗金满籯，不如一经"的心态、藏书私密、祈求永保的心态、藏书公开的心态等。

❷ 位于江浙的"南三阁"杭州文澜阁、镇江文宗阁、扬州文汇阁中所存《四库全书》，允许士子入阁抄录，有助于书籍流通，但终究限于一隅。

上一种"反向而动"的力量。❶其余诸如书院、寺观等藏书，虽自有其特色与研究价值，但与私家藏书相较，则远不能代表藏书史的主流。

从藏书"流通"角度而言，也可以将藏书史理解为，以收藏者的藏书（访书、互易、抄书、校书、刻书乃至散书）活动为中心，研究这一活动中涉及的文化、政治、经济、社会现象及其相互作用。在笔者看来，书籍固然可以构成连接作者（读者）、出版商、印刷商、承运商、书商、读者的彼此联通的"传播循环"，❷或者作为覆盖从生产、制作到流通、阅读的全过程的"媒介"，❸作为书的主人，并且还给书籍留下了签题、批校、题跋、藏印等不可磨灭的印迹的收藏者又何尝不可以如此？愚以为，藏书史和书籍史（当然是相对较为狭义，而尚未无限扩展的书籍史）的研究核心虽别，视角有异，其方法和路径取向则是异曲同工。其具体情形，容于"藏书史研究的方法"一节加以讨论。

二、藏书史研究的史料问题

愚以为，藏书史研究在内容与核心之外，需要厘清的，在于史料。

就目前而言，清代藏书史研究的史料问题，其不足之处在于，首先，文献准备不足。虽然因清史研究所需出版了大量清代著作，但与藏书史密切相关的海量文献，正式出版者，尤其非影印、经过精心归类整理者仍嫌不足。

其次，文献利用不足。目前的清代藏书史研究，其程度往往止于罗列习见文献，往往言之无物与陈陈相因并举，顾炎武所谓"旧钱充铸"

---

❶ 关于《四库全书》编纂中"寓禁于征""寓毁于修"的问题，《〈四库禁毁书丛刊〉编纂缘起》云："据不完全统计，在近二十年中，全毁书二千四百多种，抽毁书四百多种，共约三千种，删改书无法计算，禁毁书籍总数在十万部以上，因惧祸而私自毁弃者尚不在其内，销毁书版片八万余块，杀害士人和其他无辜者以及惩办亲属均难以计数。"参见：四库禁毁书丛刊编纂委员会：《四库禁毁书丛刊》第1册，北京出版社1997年版，第2页。

❷ 罗伯特·达恩顿："何为书籍史？"，见陈恒、耿相新主编，屈伯文译：《新史学》（第10辑）《古代科学与现代文明》，大象出版社2013年版，第147页。

❸ 张炜："书籍史研究：核心议题与关键概念"，载《光明日报》2016年11月19日第11版。

也。文献准备不足,固然极大地制约了研究的进展,但已出版文献的利用不足,则是更加严重的问题。

笔者以为藏书史相关文献应该包括但不限于以下几类。

(一) 著作

其包括藏书家等人的诗文别集、学术著作。已正式出版者,是他们着意构建的自我,最为"权威",是研究藏书史的基本材料。

(二) 信札、日记

信札、日记具有私密性、即时性、真实性(少数生前公开或准备公开出版者,类似于著作),往往是我们体察藏书史面相和细节,显幽烛隐的重要途径。其中,海量的清代、民国信札目前还散落民间,除了在拍卖会上偶露峥嵘外,仍隐藏于学者的视野之外。

(三) 批校、题跋、藏书印

介于公开论著与私人的信札、日记之间,因批校、题跋、钤印行为发生时,藏书是私人的,故行为也具有私密性;但藏书终将流转,其私密性将转为公开性(批、跋于他人藏书上者类此)。批校多关学术,题跋无所不包,藏印则最见藏主性情和心态,本书中即有《国家图书馆藏顾之逵题跋考释》《国家图书馆藏袁廷梼题跋考释》《清黄增禄稿本〈拜石词〉及诸家题跋考略》《黄丕烈名号藏印释义发微》四文注意于此。正如程千帆先生说,"从事文学批评研究的人不能自己没有一点创作经验",❶ 附编中的自撰书跋,也是一种仿效昔贤的体验性尝试。

(四) 原书(刻书)序跋

每部书籍均有序跋,是撰述和刊刻行为最原始、最重要的材料,也保留了大量善本流播和递藏的线索及藏书故实。本书中《国家图书馆藏清顺治间傅以渐家抄本〈贞固斋书义〉及诸家序跋考略》一文,即据书前傅氏作于明清鼎革之际(1644年,甲申)的《自叙》及其以干支代年号题署的做法,讨论其出处选择之微旨。

---

❶ 杨锦辉:"程千帆诗歌研究思想与方法论补",载《山西师大学报(社会科学版)》2017年第5期。

(五) 书目

书目是藏书家藏书行为的全面记录，也是掌握其藏书范围、分析其藏书行为的最佳出发点。整理藏书目，可在保持原貌基础上加以笺注，所谓将书读厚也。需要注意的是，藏书家的书目，往往只是"善本书目"，而非其全部藏书的详细记录。

(六) 年谱、传记

中国史学本极重传记（正史、笔记及年谱），但藏书史人物，多非帝王将相，故其谱固不多，传更散见，撰新谱，蒐旧传，可为者甚多。

(七) 方志、家谱

方志、家谱一向是辑佚、寻根的重要来源，而从中汲取藏书史料，目前尚较少。本书中《清藏书家袁廷梼生平发覆——一个苏州家族的兴衰》一文的袁廷梼家世，即据光绪重修本《吴门袁氏家谱》中详细的记载描绘而成。

(八) 档案、报纸、杂志

档案也是颇为重要的材料，只是在清代，由于史观的限制，其"档案"多以政治为中心，辅以其他，与藏书尤其是私家藏书有关者较少（当然发掘得仍然不够）。而民国档案中，尤其是教育部档案中，关于其所辖各图书馆者颇多；各图书馆档案中关于清末民国私家藏书的记录也所在多有。近现代档案中触目皆宝，只是往往材料庞杂而题名简单，远不能揭示其丰富的内容，故需细心发掘。本书附编中《中央图书馆的成立与国立北平图书馆的困境及其纾解——以抗战为中心》即参考国家图书馆档案（国立北平图书馆时期）及第二历史档案馆的民国教育部档案草就。

有藏书史意义的报纸和杂志出现在近现代，其中各图书馆所出杂志（如《国立北平图书馆馆刊》《国立中央图书馆馆刊》等）有大量反映彼时公私藏书状况的材料。

(九) 其他

碑刻、墓志、口述、书法、图像等史料在清代藏书史方面，或包含在前述史料形式中，或不居主流，故不备述。其中图像包括藏书家画像

和各类藏书、得书图,是重现彼时藏书人事的绝佳形式,然而流传甚少,亦须谨慎鉴别。❶

诚然,不同于传统史学试图通过细致严密的史料考订去"描绘历史原貌",当代史学倾向于认为,史料并不是历史认识的唯一来源,也并不能自动产生历史认识;再多的史料也无法"真实"地再现历史,历史研究者本就是从现在出发,带着自己的理解,与史料对话,去构建历史。不过,从另一方面说,史料的留存、取舍和解读,固然可能充满主观性和偶然性,但清代藏书史的现状,是"采铜于山"者尚少,史料尚远未得到系统的清理和利用,个案研究和中、短时代研究都极不充分(但反而已有多部通史和地方性藏书通史诞生),实在还远谈不上史学的构建或者对于"惟史料论"的警惕。

历史绝不应流于绚丽而奇妙的猜想,而是在一定的客观范围内根据可靠史料对过去的建构。愚认为,没有扎实和细致的并且是海量的一手文献的阅读与理解,一切对于藏书史(或书籍史)的研究,包括西方学者某些充满新意的结论,都不可避免地带有某种想象的色彩。精彩的假设可以给我们很多启发,也自可备一说,但必须经过严格的检验——这至少可以让我们把无凭无据的想象、借题发挥的断章取义和基于史实的个体理解区别开来。

三、藏书史研究的路径问题——理论、方法与题目

史料、文献学是藏书史研究的基础,但绝不应是其终点,故综合借鉴史学理论与方法,殊为必要。从目前已有的藏书史研究来看,其研究方法仍是传统史学的。

(1) 研究范围始终围绕藏书与藏书家本身,而较少涉及与藏书行为有关的政治、经济、社会乃至文化领域,较少跨学科研究;

---

❶ 如近年面世的描绘黄丕烈书事的《百宋一廛校书图》,即为伪作。参见:鲍国强:"《百宋一廛校书图》伪作考",载《藏书家》(第18辑),齐鲁书社2014年版。

（2）研究对象围绕"著名"藏书家及其行为，而较少涉及围绕在他们身旁的同好、友人、书估乃至普通人的行为；限于人的行为，而较少涉及行为背后的精神活动和心理机制；

（3）研究方法以传统文献学的考证为主，而较少理论的概括和对于文献的多角度解读与阐释；

（4）写作风格以叙述为主，而缺少对于现象的深层分析与解释、对于藏书史趋势与规律的探索与总结。

是以现有研究，看来面面俱到，实际上却因缺少问题意识而制约了其深度——实际上大多数研究，都是在前人路径上的有限扩展，从根本上并无不同。即使是可以视作清代最重要的藏书家之一的黄丕烈、藏书之风最兴盛的乾嘉时代，似乎研究得最充分，然而若以新的理论与方法视之，其人其时，都有许多可以论述的新角度，可以探讨的新问题，遑论其他。当然，我们并不是彻底否定旧的研究范式，而是希望其在新的角度和理念下得到发展和升华。即如被视为传统史学重要代表的政治史和历史叙述，在新史学兴起后一度受到冷落，又在20世纪七八十年代"复兴"，但其研究模式早已取新旧之所长，与传统史学大不相同。

鉴于目前藏书史的研究现状，几乎未受到20世纪以来新史学（以年鉴学派为代表）以及"新的新史学"（后现代主义史学）的影响，故愚以为各种理论和方法虽皆有所谓局限性，但皆可加以尝试，以丰富研究路径，开阔研究视野。今不辞引玉之诮，试以若干题目为例，探讨各种理论和方法的运用，所谓管窥蠡测也：

（1）从政治史角度，研究清代文化政策（如文字狱）、政府行为（如征书、庆寿）对于藏书活动的影响。

（2）以年鉴学派的历史时段理论，从长时段（如地理格局、生物现实、气候变迁、社会组织、经济结构、文化心态等）、中时段（人口增减、价格曲线、流通分析等）、短时段（重大事件等）等角度，探讨藏书活动与这些因素的互动及其规律，并且尝试不按照年号而是按照藏书史的自身发展规律去划分研究时段。

（3）从经济史角度，探讨清代中前期重要善本"不出江南一隅"

及之后北京、山东成为藏书重镇的原因等。

（4）以比较史学理论来比较中外书史，如其整体历史的异同、相同历史时期的异同、彼此的影响等；也可比较古今书史，如清代与前代、清代与民国及现当代的异同等；更可比较不同时代（治世、乱世）藏书家的异同、同时代的不同收藏行为（官府、寺观、书院与私家藏书，藏书与藏其他古董，近现代图书馆与藏书家的关系）的异同等。在比较中，发掘独特性和差异性，分析其原因，并作为研究的重点切入。

（5）从历史研究"鉴往知来"以及"鉴今知古"的两个维度，研究清代藏书史对后世藏书史的影响；又可通过当代的藏书行为，去理解清代的藏书活动。

（6）以心态史的理论来探究藏书家（或书商、刻工等）何以成为他们自己的心灵变迁，以及他们的欲望、动机和价值观在藏书（或其他相关活动）中的作用。

（7）以计量史学方法来统计清代的书价问题及其波动曲线，与经济生活的关联；统计书籍的出版数量和区域的关系，以及所有具有数据基础、可以量化统计的藏书行为。

（8）以社会史的角度来研究藏书活动的相关人员乃至普通人的收藏生活、家庭日常乃至两性关系及其与藏书活动的互动，研究藏书家善本收藏之外的普通阅读。

（9）从新社会文化史强调文化独立而非决定于经济和社会的理念，探讨藏书活动对于社会和经济的生产与塑造，探讨书籍收藏与流通对清代文化政策、文字狱的反向影响等。

……

以上种种想法，无论是否可行，只要广泛地加以尝试，都将会对藏书史研究带来新的理解、新的思路。但需要说明的是，一切理论和方法，都不是孤立的，而应是彼此连接，综合运用的。对清代藏书史大的规律和趋势的总结，有赖于一个个细微的结论，但这一个个细微结论的取得，背后也须有宏观的认知。

四、藏书史研究的愿景

笔者对于清代藏书史研究，有着如下的期待：建立研究平台，出版研究论著；融合业界学界，扩展研究队伍。请分而言之。

（一）建立研究平台，出版研究论著

其实一个研究领域想要有所发展，并不需要很多创新，有许多其他学科或领域成功的方法、前人的经验可以借鉴，为者长成，行胜于言，以下所列，能否施行，本非笔者所知，亦聊以为刍荛之言而已：

（1）成立以研究为中心的藏书史研究会，定期开展学术会议、读书会、讲座等学术活动。

（2）出版《藏书史研究》定期刊物。

（3）翻译西方书籍史、藏书史论著。❶

（4）有针对性地整理和出版藏书史相关文献。

（5）建立相关书目、书志、文献、研究成果数据库，以及公众号等数字传播与分享形式。

（6）资助发表、出版国内学者尤其是青年学者的相关论著。

（二）融合业界学界，扩展研究队伍

图书馆学界的主要研究力量在图书馆学和情报学，于文献学乃至藏书史，从研究方向和研究方法上都差异甚大。图书馆业界古籍从业人员，多专注于古籍版本学研究，从事文献领域以外的藏书史研究者不多，而文史学界对于藏书史（包括书籍史）的研究意义，近年来虽有所认识，但仍不够重视，❷或将其视作图书馆业界的研究领域。是以注重版本和文献的图书馆业界与注重内容与理论的文史学界的沟通与融合，

---

❶ 浙江大学出版社"书之爱"系列丛书已着先鞭。另如民国时期国立北平图书馆所办中英文本（内容不全相同）《图书季刊》，包括中外学术书评、学术与出版消息、图书与期刊介绍等，亦可为今日之借鉴。

❷ 在中国知网和读秀网检索"藏书史""书籍史"相关论著，从较为宏观的学科层面加以探讨者仍较少。

于推进藏书史研究有极大的意义。

笔者向有"考据癖",乐在其中,然而近年耳闻目睹人工智能(AI)的自我进化,大数据的迅猛发展,以为文献学研究将首当其冲:从理论上说,能够轻松战胜围棋世界冠军的阿尔法狗,能够作曲、绘画、写作的高级 AI,将之用于高度依赖经验、感觉、技能或有固定模式和流程的古籍的标点、注释、书志、提要的撰写,版本、书法(钤印)的释读、鉴定,年谱、书目的编订,绝不是天方夜谭,而很可能是商业力量和学界需求风云际会的一时之事。当然,预测人工智能在文献学领域的能力边际和应用时间,不是本文及笔者所能者,但同人在继续从事相关研究的同时,当有居安思危之念,而藏书史研究,即是彼此关联最高、转型最易的研究领域之一。

清代藏书史研究的现状固然不令人满意,但如果我们考察西方书籍史的变迁历程,便可以对未来抱有更多的希冀。供职于法国国家图书馆的梅洛先生在《何为书籍?何为书籍史?——出发点与展望》一文中,谈及"书籍的早期史"时,勾勒出这样一幅场景。

18~19世纪:

> 藏书家对古籍刊本(即"摇篮本",incunables,专指1501年前刊行的书籍)的兴趣与日俱增……这种新的好奇心引发了一些考据的书目著作,特别是由英国人米歇尔·梅泰(Michael Maittaire,1668~1747)建立的第一份古籍刊本目录《初创期印刷年鉴》。……随后,在18世纪,文艺复兴人文主义的印刊本遗产再次引起收藏者和学者们的兴趣……同样19世纪也有些图书馆员、书商、收藏家和学者投身从事一些坚实而考据详尽的书目著作。[1]

20世纪之前,关于书籍的历史的研究面貌是这样的:

---

[1] 韩琦、[意]米盖拉编:《中国和欧洲 印刷术与书籍史》,商务印书馆2008年版,第241页。

这一类型的历史曾经首先是专业人士、职业人士或者诸如书商、图书馆员和藏书家等书籍业余爱好者的工作。这些人当然能便利地接触到书籍（与大多数的大学学者不同，至少在法国如此），但他们的工作比起官方历史和学院派来说只能算是边缘研究。那时的文学史与学术史仅仅建立在对成名的作者作品的研究之上，而不是采取对书籍产品整体进行研究的方法，更不以书籍为研究对象。这种互不联系的状况持续了很长时间。[1]

直到20世纪50年代，由著名历史学家吕西安·费弗尔（论文译作费夫贺）与法国国家图书馆古籍印本特藏部的马尔坦合作完成的书籍史奠基之作《书籍的诞生》（中译作《印刷书的诞生》）出版后，书籍史的研究发生了巨大的变化：

它很早便吸引了古文献历史学家和图书馆专业人士的关注。他们从中看到一个机会来给予自己的研究工作以新的活力和希望。按照文献学家夏尔·萨马朗（Charles Samaran, 1879~1982）的看法，书籍史从此被纳入了"更为广阔的文明史的框架之中"。[2]

罗马不是一天建成的，没有精密而有深度的个案研究、群体研究、地域性研究，缺乏精彩而多角度的长、中、短时段研究，便无法有能够与其他学科如史学、文学、社会学、经济学、文化学等发生联结，并融合业界、学界，而非各说各话的清代藏书史研究。清代藏书史研究的前景如何？余将登轼而望之，绵薄以献之，拭目以待之。

---

[1] 韩琦、［意］米盖拉编：《中国和欧洲　印刷术与书籍史》，商务印书馆2008年版，第242页。

[2] 同上书，第244页。

上 编

怀瑾握瑜——藏书之家

黄顾交恶新解

在黄丕烈的朋友中，顾千里是渊源最深的一位。他们二人年相若（仅相差三岁）、地相迩（都居于苏州；顾千里的从兄，是黄丕烈的密友顾之逵）、志相近（都有"抱残守缺"的好古之志）、学相补（黄长于藏鉴，顾精于校勘）。从乾隆末年至嘉庆前期的数年间，顾千里一度馆于士礼居，切磋琢磨，宾主结欢。这一时期，黄丕烈百宋一廛的盛况逐渐形成，顾千里也声名鹊起，并参与了十三经校勘等重要的学术活动。可以说，这段时间，是黄顾藏书和学术的黄金时期。

遗憾的是，自嘉庆中期之后，黄顾二人踪迹日疏，直至最终交恶。这其中的原因，不仅当事人没有明言，甚至同时代的亲友文字中也无一语以及。如此讳莫如深的做法，自然更激起后人的疑惑和兴趣。自清末至当代的多位学者如江标、王欣夫、赵诒琛、李庆、姚伯岳等，都在论著中对黄顾交恶的原因进行了探讨，除江标将原因归结为顾千里的"轻诋"❶之外，一般都将二人的绝交和段玉裁、顾千里为学术问题而产生龃龉，直至嘉庆十三年（1808）矛盾激化一事联系在一起。

其中以李庆先生《顾千里研究》的观点最有代表性：

> 笔者以为，千里与黄丕烈之交恶，其起因实与千里与段玉裁之争执有密切关系。直至嘉庆十二年冬，段玉裁与顾千里争论激化以

---

❶ （清）江标撰，王大隆补，冯惠民点校：《黄丕烈年谱》，中华书局1988年版，第83页。下文省称《黄谱》。

前，黄、顾二人交情至笃，千里所作《复翁诗一首卅六韵》可证。而黄丕烈与段玉裁之交往亦颇密，乃系师友门人。故段、顾之争起时，黄丕烈实处于一中间之地位。然其并未持平调和，予以斡旋，而是采取了一种偏段非顾的立场。……黄氏的这种立场，顾千里当然不会不觉察。此乃是黄、顾二人交恶的原因所在。❶

应该说，将黄顾交恶的原因归结于嘉庆十二三年的段顾之争，是可备一说的。将黄顾交恶的责任归于黄丕烈的"偏段非顾"，笔者却未能苟同。另外，我们仍然可以探究：第一，为什么黄丕烈会在段顾之争趋于白热化的时候，在给段的书信中将顾喻为"脑满肠肥、初学执笔者"，❷从而导致关系恶化？第二，嘉庆十四年段顾之争日趋平静之后，黄顾彼此之间的态度有何异同及变化？第三，同时代的亲友，对此事态度如何？黄顾绝交，对二人和后世造成何等影响？这些都是前修未密，而本文试图解答的问题。

一、衅兆早萌——黄顾交恶之因

笔者认为，段顾之争，只是黄顾交恶的一个扰动因素，或曰事件因素；两人绝交的深层次原因，乃是彼此客观成长环境、主观性格禀赋上的巨大差异，用现代的话语来说就是"性格不合"。志趣相投、性格不合而又长期密切交往，致使黄顾的友情，从亲密相赏发展到因诸事逐渐产生难以弥补的隔阂与裂痕。

顾千里家境贫寒，志在"佐明时，利万物"而屡试不第，身负"穷天人之学"而半生奔走，衣食仰给于人，自卑与自傲交战，不免在读书人常见的清高之上，形成格外恃才傲物、不合时宜的性格。和他始终保持良好友谊的戈宙襄，嘉庆五年（1800）在其《半树斋文》（清刻本）

---

❶ 李庆：《顾千里研究》，上海古籍出版社1989年版，第133页。下文省称《顾研》。
❷ 《答黄绍武书》。（清）段玉裁撰，钟敬华点校：《经韵楼集》卷十二，上海古籍出版社2008年版，第332页。今按此说实不确，此语或非黄丕烈所言，详后文分析。

卷十《赠顾子游序》中说：

> 顾子行端洁，性刚果，故出语恒触人。醉后议事，尤中时要，而慢易人尤甚。即不慢人，习见者多徙席以辟。余之交顾子以此，而顾子之不合于世亦以此。……顾子于游士之中下者，固奴畜之；其上者，亦非眉目间人，遇之当必有挥斥。不则亦谈笑置之，不与之同也，决矣；人见顾子之独异而妒且恨也，又决矣。……顾子尝相约曰："他日倘出仕，当上不负国，下不负民，终于不负所学而后止。若肥身家，保妻子，从时自媚，不危言危行者，共绝之！"三人约誓欢甚，而非笑者已纷然起。三人厌闻其语，小不如意，亦尝以诗酒凌藉人，甚则狂歌痛哭，倾骇一座。以是人皆目为狂。

这段话的评论部分，虽然充满了友人间的"理解之同情"，但其中叙述的部分，则颇可见顾千里的"愤怒青年"性格。

嘉庆九年（1804）秋，彭兆荪在《小谟觞馆诗集》（嘉庆十一年刻本）卷八《扬州郡斋杂诗二十五首》诗第十八首中，也微露规讽之意：[1]

> 异书雠尽宿罗胸，奇士端应让顾雍。亦是诸侯门下客，太阿秋水要藏锋（顾涧薲广圻，同客郡斋）。

现代对黄顾文献最为熟悉、编有《黄顾遗书》的王欣夫先生，也有这样的评论：

> 涧薲先生负才傲睨，盛气凌人，与刘金门、段茂堂、黄荛圃、李尚之始甚相投，终乃绝交，人所共知。余藏先生手校书数种，于

---

[1] 顾雍为孙权重臣，为人持重寡言；而顾千里此时正在扬州（阮元处？）谋食。二顾同为"诸侯门下客"，彭兆荪以彼顾劝此顾，加以"太阿""藏锋"之语，正可见顾千里性格的锋锐，且同人对此都有所保留。

《经典释文》则斥臧庸堂为"不识一字之庸妄人",于《文选李注补正》则斥孙怡谷,一则曰"陋而无识",再则曰"痴人说梦"。又有经韵楼刻《戴东原集》,亦先生批注,于茂堂校语及校勘记,大点密义,几无完肤。虽不记年月,知其必绝交后所为也。他若吴山尊、严铁桥亦均不合,时起龃龉。李申耆撰《墓志》,言"词色妪煦",恐非记实也。❶

相较而言,黄丕烈家境富裕,26岁便在竞争激烈的江南乡试中脱颖而出,巩固了乡绅的地位。衣食丰足而又少年得志,使他在会试失意后,进可以举人大挑知县,又捐贵为六部主事(六品);退而能"抱残守缺",成就百宋一廛的盛事。他为人谦谨,恪守温柔敦厚的儒者信条,甚至有时还有些多愁善感(这一点可以从他的许多题跋中窥见)。表兄石韫玉在《独学庐四稿》(清刻本)卷五《秋清居士家传》中,这样说道:

> 君生有至性,克承家范,谨以持己,直以待人。……性孝友,耐庵先生新丧,家人不戒于火,灾及寝室,君据父衬不舍,誓以身殉,火亦不及,人以为孝思所感。兄承勋,出为伯任达先生后,君承父产,与兄分受之。与朋友交,然诺必信,有善必赞,有过必规,多闻、直、谅三者兼之。

黄丕烈誓死守卫父亲的灵寝,以及将家产分给已经过继给伯父的"堂兄",这都是大孝大义的粹然儒者之所为。这些应不是亲戚的虚誉,而是有充分依据的事实。民国编纂的《吴县志》,列其名于卷七十上《孝义传》,主要依据的就是他"据棺大恸,誓以身殉"的事迹。而他一生除了与顾千里交恶之外,直到去世前仍门庭若市。如道光五年(1825)七夕,十余位年青后进齐聚百宋一廛,题咏黄丕烈至为爱重的

---

❶ 赵诒琛:《顾千里先生年谱》卷下,民国对树书屋丛书本。

南宋陈氏书棚本《唐女郎鱼玄机诗集》（国图8713），可知他故旧凋零、藏书几尽之后，仍能从年轻人那里获得尊敬。

如上所述，黄顾的性格和处事方式，存在巨大的差异，反映在人际交往中，给人的印象也有极大不同。王国维先生在《藏书纪事诗》"顾广圻涧蘋"条眉批中如此评骘二人：

> 涧蘋无学识而善骂人，不如荛翁之坦率也。[1]

"无学识"一语虽不免言过其实，"善骂人"和"坦率"，却也是我们阅读二人文字时最明晰的感受。

那么，这样的性格差异，又是如何一点点导致隔阂与裂痕的呢？

黄顾二人有据可查的交往，始于乾隆五十七年（1792）（《顾研》第47页）。嘉庆元年（1796）至六年（1801），顾千里馆于黄家（《顾研》第47页），宾主赏析疑义，鉴别群籍，似乎最为相得。但戈宙襄于嘉庆五年所作《思适轩说》（《半树斋文》卷七）云：

> 翌日，顾子乃持《思适轩图》示余曰："予志在是，惟君其识吁？"顾子，天下才也，才成而无所用，徒苦其思于片词只义，以自晦匿，而其思俞（愈）不能适，乃为此图，以寄其欣愉于万一。顾子果适乎哉？然而嘲之者又曰：顾子居愀隘，有书无地，所谓思适轩安在耶？在今黄君荛圃家耶？抑别有寄耶？吁！顾子，天下才也，其思非一家所能限，亦岂黄君所能私？顾子有思，顾子无轩；顾子有思，顾子又奚必以他人之轩为轩？……思适轩者，顾子之思不适也。

"其思非一家所能限，亦岂黄君所能私"云云，虽说是戈氏的解读，但也可以看出，顾千里志在济世，并非甘居人下者。在"顾子有思，顾

---

[1] 魏文峰："北图所藏《藏书纪事诗》王国维批语辑录"，载《文献》1988年第3期。

子无轩"的西宾时代，他与黄丕烈的关系，恐怕并非表面上的宾主，也非两人口称的"知己"，❶事实上，至少他的"济世经济之才"，并非黄丕烈所重；而令他感到"苦"的"片词只义"之长，却恰是黄丕烈聘请他的原因。对顾千里而言，这是一段龙困浅滩，暂栖待时的窘境。在宾主之欢已解的嘉庆六年之后，顾千里"寄居"的心态既无，平交长揖之外，在很多时候已经隐然以师者自居了。

即以顾千里应黄丕烈所请所作的《百宋一廛赋》（以下简称《廛赋》）为例，此赋取汉大赋常见的主客问答体——通过"客"向"主"问难的形式引出"主"的滔滔雄辩，进而折服"客"——"佞宋主人"（黄丕烈）为主，"瞑行阘子"（虚构人物）为客，可是当"瞑行阘子"对于"佞宋主人"藏书发出"岂贵远而贱近，抑唉名而吐实"的质疑时，《廛赋》并未如一般汉大赋那样由主人亲答，而是出现了第三个人物：

> 主人造然未有以云也，时则思适居士存焉。将盱衡而诘，爰有睟其容曰（今按此处规仿左思《三都赋·魏都赋》）："异乎客真所谓夏虫难与语冰，枯柏之鼠不知堂密之有美枞也！"……居士之言未终，客乃气索神沮，手颓不能画，舌强不能语，忘乎其所诘，失乎其所据，敝罔靡徙，迁延而去。于是主人曰善，愿因笔墨，次第厥词，答难应问，终身诵之。（《顾集》第1~24页）

之后的长篇大论，均由这位"思适居士"（顾千里）道出；终篇的"客屈词穷"，也由这位"思适居士"造成，而真正的"佞宋主人"，"搜求经籍，鸠集艺文，深识妙览，博学赡闻"（《廛赋》语），却除了开篇面对诘难"造然（不安貌）未有以云"，需要"思适居士"来解围之外，通篇只在最后说了一句话，还只是唯唯诺诺，表态要将"思适居士"的大论"终身诵之"，纯属"打酱油"的角色。应该说，这位"思

---

❶ 直至嘉庆十二年（1807），顾千里《复翁诗一首卅六韵》中，仍道"归来见面为我泣，益信于翁是知己"。（清）顾千里：《顾千里集》，中华书局2007年版，第40页。下文省称《顾集》。

适居士"的出现并非必要，既不符合一般的汉赋通例，更喧宾夺主，直接冲淡了"佞宋主人"的存在意义，不知黄丕烈读罢心情如何。

除此之外，二人交往的十余年间，还有一些谈不上愉快的事件，可以看出二人，尤其是心思细腻的黄丕烈，一些微妙的心理变化。

1. 《汪本〈隶释〉刊误》延误出版事件

嘉庆二年（1897），黄丕烈偕顾千里作《汪本〈隶释〉刊误》一书，顾于该年十一月代黄作前后《序》，云"又何可不亟亟刊之"（《顾集》第195页）。但迟至两人交恶后多年的嘉庆二十一年（1816），此书始付剞劂。而顾千里在绝交后跋（具体时间不详）康熙四十五年曹寅扬州使院刻本《隶续》二十一卷中，对此表达了强烈的不满：

> 杭州汪氏合《隶释》刻本，反于是而增多之叶，失之远矣。向者欲各为刊误，及《隶释》才毕，为某人乞索以去，迟久未刻，故《隶续》遂不更卒业。（《顾集》第305~306页）

乾隆四十二年至四十三年，汪日秀楼松书屋合刻宋人洪适的《隶释》《隶续》两部著作，嘉庆二年黄顾二人作《汪本〈隶释〉刊误》，其后大约还有《汪本〈隶续〉刊误》的计划，但因前书迟迟未刻，而后书之作，遂亦告寝。在嘉庆二年至绝交长达十余年的时间里，黄丕烈为何未能刊刻这部仅仅一卷，且前后序跋都已完成的《〈隶释〉刊误》，并招致顾千里的极大不满？是否有原书刊刻未久，不欲明彰其失的考虑？此尚待深考，但引发二人矛盾则无可疑。另外，这也是黄丕烈生前刊刻的唯一一部刊误之作，大约纠人之谬，扬己之才，不大符合他的个性。

2. 顾千里"代购""居奇"事件

在嘉庆元年至六年的时间里，顾千里除了作为西宾，佐黄丕烈校勘群书之外，还"借窗读书"，并兼任访书之职。应该说他的古籍鉴定之能，此时于黄丕烈犹有过之，所以荛圃尝感叹"余所好之书，亦惟千里知之为最深。每遇奇秘本，为余所未见者，千里必代购以归余。四五年来，插架中可备甲编之物，正不乏也"。❶ 我们需要注意黄跋中的言外之意：顾千里并非"采购"，而是"代购"——而实际上即是低价买入，而高价卖给黄丕烈。

嘉庆四年（1899）三月，黄丕烈从顾千里手中买到了旧抄本《建康实录》二十卷。他在跋文中这样写道：

> 此旧钞本《建康实录》，吾友顾涧蘋所藏书也。初，余于小读书堆见抱冲用此本倩人影写，询是涧蘋物，心欲之而未敢直陈也。既余于周香严家见有宋本，涧蘋属余借校，涧蘋谓余曰："此书即从宋本写出，特非影写，故行款不同，复多脱误尔。今得校勘，益臻美善矣。知君欲之已久，曷归插架？"遂以遗余。其时适有友需余钞本《咸淳临安志》者，余获直三十金，涧蘋戏曰："此书余亦欲获半直。"余重其割爱意，即易之。昔抱冲及袁君绶阶皆不过借钞，而今竟归之，且视钞本更多校语，涧蘋之厚余可谓至矣。（《荛识》第94页）

先是因此书属顾而"未敢直陈"，再替顾借宋本校雠，使抄本价值更高，最后因其"戏言"，以十五两白银的重价购得，还要感叹顾氏"厚余可谓至矣"（其实恰好相反）。我们不能不觉得，这实在是黄丕烈照顾朋友面子的说法。

嘉庆七年（1802）六月，从杭州阮元《十三经》校书局返乡的顾千里，先是以"元刊《吕氏春秋》、旧钞《严氏诗缉》、明刻书《三史会要》"自黄丕烈处易白银十二两。随后发生的事情，简直可以作为一个成功的营销案例：

> 问此外可有好者，千里曰无矣，余亦信杭之果无好书。越一

---

❶ （清）黄丕烈撰，屠友祥注：《荛圃藏书题识》，上海远东出版社1999年版，第254～255页。下文省称《荛识》。

日，遇千里于金阊书肆，聚谈半日而别。将别去，复伫立于道，密语余曰："有一书，铭心绝品，此书必当归子，亦惟子乃能识此书，然钞本须得刻本价。"问其名，始云为影宋钞《韩非子》，所藏为钱遵王、季沧苇两家，需直白金四十两。余急欲睹其书，千里曰："此书为汪启淑家所散，而他姓得之，托余求售于子，故索重直。"余闻之喜甚，盖子书中惟《管》《韩》为最少，余所收子书皆宋刻为多，惟《管》《韩》尚缺。《管子》犹见残宋本，若《韩非子》并未闻世有宋本，今得影钞者，岂不大快乎？床头买书金尽，措诸友人所，始以三十金购之。全书之得见，迁延至数日，盖千里亦爱不忍释手矣。（《荛识》第255页）

先是称没有好书，再忽然说有，又托名代售，索取重值，最后让"书魔"黄丕烈书魔故态复萌，竟不惜借贷购之。实际情况却如顾千里自道："近日从新安汪启淑秀峰家所谓开万楼者卖出，遂于杭郡转入余手，缘力不能蓄，复为荛圃黄君捐三十白金取去。"（《顾集》第321页）仅以成交价三十两而非要价四十两计，这中间他赚了多少差价呢？跋文自然不会明说。

反反复复地故技重施，已令黄丕烈心有不悦，虽然他仍在尽量维持一种朋友间的融洽气氛。而因与同人不和，已经离开杭州校书局的顾千里，嘉庆八年（1803）里也在集中出让藏书：

　　此明刻《中论》二册，余友顾千里藏书也。重其明初刻，且为冯氏藏本，故以售余。……遂以番钱二枚易之。同时有《越绝》《贾子新书》等，皆明初刻，而价各与此同。明刻书人知宝贵已如是，何况宋元哉？（《荛识》第248页）

　　客岁友人顾千里游杭州，归为余言，有宋刻《茅亭客话》，系某姓物，索直五十金，且其书不轻示人也。余亦以一笑置之。今年千里既不为杭州之游，余亦未与问及是书，秋初忽以是书来，畀易白金十八两去。卷端钤有顾涧薲藏书印，知千里已藏之久矣。古书散落在他处，苟非有识者以为收罗，几何不消归乌有乎？盖是书之在杭州，千里为余言之，而余不能得。余虽不能得，而千里仍为余得之者，千里之用心亦勤，余之获福亦随。其书之为人播弄耶？抑人之为书播弄耶？吾几不得而知之。（《荛识》第468页）

……请观之，则延祐庚申刻《东坡乐府》也。其时需直卅金，余以囊涩，未及购取。后……因检书一二种售之友人，得银二十四金。千里犹不足，余力实无余。复益以日本刻《简斋集》，如前需数，而交易始成。（《荛识》第837页）

被引为知己的朋友屡次欺骗，毫厘不让，还能够在巨细无遗的叙述中，曲为之说，黄丕烈的这份涵养，洵非常人可及。但"今年千里既不为杭州之游，余亦未与问及是书，秋初忽以是书来，畀易白金十八两去……知千里已藏之久矣……其书之为人播弄耶？抑人之为书播弄耶"这样的笔法，读者稍加留心，也自然可辨。

顾千里本是一位爱书的学者，他割爱善本的举动，自然是维持生计的无奈之举，本无可厚非；但将其出让给一位宽厚的"知己"时那种囤积居奇式的商贾作风，实在令人感到不快。王国维在"何元锡敬祉"条的眉批中称"梦华、涧蘋，皆以贩书为生。盖自何小山以后，风气如此"，❶也不是无的放矢。

3. 其余事件

然而二人间的龃龉尚不止于此。俗话说"日久见人心"，在长达十余年的交往中，黄顾二人性格上的方枘圆凿，逐渐在为人处世中体现出来，尤其是顾千里的激烈偏狭，在得罪同道的同时，恐怕也不免使他的"东家"兼至友感到尴尬。

嘉庆五年（1800）五月，顾千里借周锡瓒所藏毛扆校本《说文解字》十五卷，在题跋中对段玉裁《汲古阁〈说文〉订》的疏失有所批评，并署"时在王洗马巷黄氏之思适寓斋"（《顾集》第273页）。周锡

---

❶ 魏文峰："北图所藏《藏书纪事诗》王国维批语辑录"，载《文献》1988年第3期。

瓒与段玉裁交厚，顾跋中的文字非议，后来自然为段所知，而顾千里此时还是黄丕烈的塾师，并将很快由段玉裁推荐，赴杭州阮元《十三经》校书局。

嘉庆七年（1802）元月，顾千里在跋校本《经典释文》三十卷时，称臧镛堂"好变乱黑白"（《顾集》第266页）。

嘉庆九年（1804）十一月，顾千里批、跋孙志祖所撰《〈文选〉考异》，讥刺之语，满目皆是。王欣夫先生评云：

> 观千里朱墨二笔，于怡谷尽情讥弹，咄咄逼人。……千里此跋书于嘉庆九年甲子，距怡谷卒于六年辛酉不久。虽未知兆衅所由，而横肆毒詈于身后，岂非厚德之累？嗟乎！千里校勘之业卓然千秋，而其褊衷利口，犹为人憎恶，况学问不如千里者乎？❶

嘉庆十年（1805），《百宋一廛赋》即将印行之际，顾千里在初印样本上手跋云：

> 荛翁手写有别趣，但此君不晓楷法，美哉犹有憾。醉中记。（《黄谱》第83页）

嘉庆十年（1805），顾千里自称因"辨李锐之奸而为其见仇"（《顾集》第325页），与李锐绝交。

嘉庆十一年（1806）十二月，顾千里在跋黄丕烈所藏校本《蔡中郎文集》十卷《外传》一卷时，更是言辞激烈：

> 书以弥古为弥善，可不待智者而后知矣。乃世间有一等人，其人荛翁门下士也。必谓书无庸讲本子。噫！将自欺耶？欺人耶？敢书此以质荛翁。（《顾集》第352页）

---

❶ 王欣夫：《蛾术轩箧存善本书录》，上海古籍出版社2002年版，第1409~1411页。

嘉庆十四年（1809）袁廷梼去世之后，顾千里曾作《月下笛·过袁绶阶旧居有感同戈顺卿赋》词云：

  试问楼中，身前肯信，破家如此？生平已矣，陈迹偏经旧时里。魂归白昼常闻哭，想只恋、青箱未死。怪邻翁指点，墙头错叹，个人无子。

  逶迤斜阳里。话往事重重，痛心何已！藏舟但徙。有谁门户能理？更怜埋恨双棺远，早乱冢、难寻路圯。便放笔、写悲歌，忘了曾遭抵几。（《顾集》第69页）

怀旧诗词写得如此激烈无隐，也是少见。"抵几"用《汉书·朱博传》"奋髯抵几"典，推知袁、顾二人生前，亦尝生龃龉矣。

顾千里引发的这些事件，虽然不一定直接与黄丕烈相关，但与荛翁为人处世的信条，可谓格格不入。耳闻目睹既久，一定也会悄然改变他对顾千里学行的看法。此外，顾千里从兄、"藏书四友"之一的顾之逵于嘉庆二年（1797）去世后，作为生前挚友的黄丕烈，一直可以借观其遗书，一直到嘉庆九年（1804），他还自顾家借出宋本《骆宾王集》。可是至迟到嘉庆十二年（1807），书已无法再借，因为顾氏藏书已经"扃闭橱中"（《荛识》第600页），但是顾千里则直到嘉庆末年仍可借校。亲疏有别，顾之逵后人的做法自然无可厚非，但从嘉庆十二年前后的黄顾交往中，看不到任何黄丕烈托顾千里借书，或顾主动代借的记录，这是颇不寻常的——而这在嘉庆初年的黄顾交往中，则是再平常不过的事情。顾千里嘉庆十二年的《复翁诗》里仍将黄丕烈引为知己，但此时黄丕烈心目中，顾千里大约仍算是"同好"，但还是不是知己，就很难说了。

二、误读百年——段黄书札探赜

据前文所论，可知黄顾交谊，在嘉庆十三年（1808）前已久受消磨，二人已由密友逐渐疏远，只不过远未达到绝交的地步而已。那么，段玉裁《答黄绍武书》中"脑满肠肥""初学执笔"云云何解？是否是段玉裁转述的黄丕烈对顾千里的诽谤呢？笔者认为，这其中可能包含巨大的误读。

顾千里自嘉庆六年赴杭州阮元《十三经》校书局后，其性格中难以相处的一面逐渐显露出来。因观点分歧，先后与多位学者发生争执。尤其是与当时汉学大家段玉裁的关系逐渐恶化。段顾之争的情形和起因，仍沿袭着千古不变的由观点之争到意气之争再到毁誉揭短的窠臼，前人多有阐发，这里不赘述。❶

嘉庆十二年至十三年，段顾之争达到了高潮。几番书札往还之后，顾千里一度拒绝回复。至嘉庆十三年三月七日，顾千里耐不住段玉裁的正面来书（"旬日中作书四通，数千余言"）、侧面催促（"侧闻阁下以仆不答为罪"），作《与段茂堂大令论周代学制第三书》四千余言，言语已颇激烈（《顾集》第105～113页）：

> 兼有一言奉告，自今以后，愿阁下于仆一切之说，仍日日移书相贬，倘贬之而当也，仆必立刻作答，以谢阁下之赐教而志吾过。贬之而皆若前三不解者耶？仆唯有不答而已。……承索拙记，昨聊刻以省同人转写之苦，非便欲遍送，故竟不再奉到。……如将见与四通书刻作大集，望附录此答而批其阁下所仍必不解可也，但勿添改删润，以失仆本来。仆不曾有集，又寒士无力多剞劂，故敢即相烦，并启。

此后，顾千里果然再未回复段玉裁来书，两人的关系实际上已经完全破裂，处于绝交状态。

---

❶ 关于段顾争论的始末，一般文献学研究论著中多有涉及。另可参见：漆永祥："论段、顾之争对乾嘉校勘学的影响"，载《古籍整理研究学刊》1991年第3期；刘跃进："段玉裁卷入的两次学术论争及其他"，载《文史知识》2010年第7期；钟雅琼："不校校之还是断以义理——论段玉裁与顾广圻之争"，载《西昌学院学报（社会科学版）》2011年第2期。

在中国传统的礼制和文化中，讲究的是长幼尊卑，顾千里在年岁上是段玉裁的晚辈；在学术上虽未正式拜入门下，但实际上一度执弟子之礼，❶且在汉学的师承中，也属后学；其学术生涯之初，还多次受到段的称誉和提携。因此，当时的一般学者，纵然对二人高深的学问无可置喙，对顾千里这种"以小犯上"的行为，以及多篇论争文章和信札中充盈的意气和讥刺（段文则相对少些），恐怕也都不免侧目腹诽。❷

由于段、顾二人都是当时的一流学者，所论又各有得失，且数番往还之后，又落入了学界商榷斗气胜于平心讲理的故辙，是以当时的学者，虽然密切关注，却绝未主动参与其中。一向谨慎的黄丕烈，却被认为卷入这场论争，并直接造成他和顾千里的交恶。那么事实如何呢？

与顾千里"聊刻（其文）以省同人转写之苦"，实际上是"求扩散""求转发"相应，段玉裁也在谋求"朋友圈"中同辈尤其是后学的支持。接到顾千里第三书后，他写了《与黄绍武书》，❸以回答戴敦元（金溪）问学的名义，批评"今说经者"（按即暗指顾千里），称"吾兄（黄丕烈）之学，非滕口说而好求其实，敢以是请正焉"，信末更附上了顾千里第三书的全文。稍后，段玉裁再寄《与黄绍武书论千里第三札》❹云：

> 绍武二兄足下：前者千里答书，足下既见其辞矣。古云"见善从之，闻义则服"，非所望于彼，故敢以白于足下。俟其读书有进，再示之可也。……夫论经者，贵合经义，何取乎遁辞文过？故乐推明其理，为足下言之，以转使好学者传之，惟足下鉴之。

---

❶ 段玉裁《答黄绍武书》云："愚之学绝未邃，千里或邃于我，则虽昔年师资于愚，请业于愚，一旦学邃过于愚，愚必北面而事之，愿执经为弟子。"（清）段玉裁撰，钟敬华校点：《经韵楼集》卷十二，上海古籍出版社2008年版，第331页。

❷ 段玉裁《答黄绍武书》转述黄丕烈语云："千里以后起之隽与先生抗衡，同辈实所窃议。"见（清）段玉裁撰，钟敬华校点：《经韵楼集》，上海古籍出版社2008年版，第331页。

❸ （清）段玉裁撰，钟敬华校点：《经韵楼集》，上海古籍出版社2008年版，第318~321页。

❹ 同上书，第328~330页。

又稍后，段玉裁又撰《答黄绍武书》，❶ 将自己"与顾千里论学制备忘之记书五篇"抄送给黄丕烈，自称"书中无一毫意气也"，并请他"与同辈观之、评之"。这里所指的同辈，段玉裁点名者有许宗彦、戴敦元、江沅、李锐、臧庸等多人，其中如江沅、臧庸等，都是他的弟子。他不是通过自己的弟子向黄丕烈传达个人观点，而欲通过黄丕烈将己说播于众口，让一直置身事外的大家"评理"。一方面，显然说明他对黄丕烈人品、声望的看重；另一方面，其实也未尝没有通过黄丕烈，向顾千里施加影响的意图。

而黄丕烈对二人的争执，显然绝非"偏段非顾"，而一直是一种中立和调和的态度，虽然他和顾千里就此事的往还书信，迄今未见——这一点并不奇怪，如前所述，二人此时的关系，很难说还是知己，而顾千里的性格，也使黄丕烈很难说出公允而又不激怒对方的话。同时，黄丕烈回复段玉裁的书信原稿——如果不是段玉裁主动将自己的文章和答辩书札交给黄丕烈，以黄的性格，很可能也会和同时代的其他同人一样，置身事外，绝不主动谈论此事——也已难觅其踪，但我们仍然可以从段玉裁《答黄绍武书》中所引的黄信部分原文，看出端倪。如他对二人论争的态度：

　　学如足下（黄丕烈），乃云："先生与千里以说《礼》起争端，某学问粗疏，未敢偏袒左右。"抑何谦耶？抑畏佐斗之伤❷耶？

以人情论之，在回复段玉裁的书信中表明"未敢偏袒左右"的中立态度，事实上已经是偏向顾千里了。但同时，黄丕烈对于前辈段玉裁的殷殷期盼之意，也不得不有所回应，他在去信中还说：

　　先生年高学邃，久已当代钦仰，千里以后起之隽与先生抗衡，同辈实所窃议。

---

❶ （清）段玉裁撰，钟敬华校点：《经韵楼集》，上海古籍出版社2008年版，第331~332页。

❷ 佐斗之伤：助人争斗者易受伤。《国语·周语》云："佐饔者尝焉，佐斗者伤焉。"

这段话其实也没有什么问题，"同辈实所窃议"是可以想见的事实，而当着段玉裁的面称顾千里为"后起之隽"，甚至有明贬暗褒，祖顾而非段之嫌呢。

此外，段玉裁信中，也描述了他眼中黄丕烈此时"摇摆不定"（实为中立）的态度：

> 千里自谓潜心三《礼》，自必所据博精，蓄而未发，故不惮四五请正，而一字未复。岂其研《都》必一纪，练《京》必十年耶？苟其确凿指示，令愚者涣然冰释，怡然理顺，愚方愧之不暇，谢之不暇，北面执经为弟子之不暇，又何有于居之不疑，嚣嚣然与老革抗衡哉？若是，是窃议者不足以服千里之心，而千里转可以服窃议者之心，关其口而敓之气，而足下乃亦可决刘、吕之雄雌，晓然袒左袒右之宜，而无所疑矣。

可知荛翁此时，和其他友人并无不同，都是一种息事宁人、不偏不倚的态度。关键在于，《答黄绍武书》中，段玉裁的一段议论与"引用"杂糅的话，看起来很刺眼：

> 盖义理一时未通者，虽吾师之通明且有之，惟不以意气自用，故学可以深邃诣极矣。苟无志于学，用为争名之具，是尚未能浅，又安能邃？愚虽陋，不至此也。足下乃谓年高手硬、心意闲澹之老人，与脑满肠肥、初学执笔者断断相争乎哉！

后世的研究者，一般都会将"脑满肠肥、初学执笔者"作为黄丕烈在背后对顾千里的污蔑，并以此作为黄顾交恶的关键。或许这段话会让人有一种出卖友人、两面三刀之感，但我们在无法看到黄丕烈原信，无法据上下文分析语意的情况下，很难说这是黄丕烈对顾千里的评价，更难认为这就是黄丕烈说过的话。原因在于以下三点。

其一，这与黄丕烈谦谨的性格不符，更难想象这是他写在书信上的话。

其二，如果这句话是黄丕烈所写，与前文他"未敢偏袒左右"、视顾为"后起之隽"的话和居中调停、不明确表态的态度完全矛盾。最牵强的分析，就是这句话完全是一种比喻，是黄对段顾二人地位、状态的夸张对比，意在劝段不应与顾一般见识。其动机仍是好的。

其三，如果将"乃谓"解释为"难道认为"，和后面的"乎哉"构成反问语气，联系前后文，将这句话当成段玉裁自己所作的比喻，似乎更为恰当："义理一时未能通透的情况，即使是我的老师（今按即戴震）那样的人物尚且有之，只要不以意气自用，学问自然可以达到极高深的境界。假如有人无心向学，而只是将学问当成争名逐利的工具，那他的学问连浅薄都称不上，哪里还能说深邃呢？您难道认为一个年高手硬、心意闲澹的老人，会去和一个脑满肠肥、初入学问门径的年轻人去斤斤计较这点虚名吗？"若如此解释可通，说黄丕烈对顾千里"污蔑"，显见证据不足。

从本节对段、顾、黄往还书札的解读，可以发现，无论黄丕烈是否真的卷入段顾之争（目前尚无有说服力的材料），但仅据《答黄绍武书》，说黄丕烈"偏段非顾"而致黄顾失和，则缺乏实证。

三、此消彼长——黄顾交恶之后

实际上，在艰难地周旋于两家之际，黄丕烈仍同时与顾千里保持一种正常的交往，而嘉庆十三年中，顾千里亦同时助其校刻《焦氏易林》十六卷，这一点，黄、顾二家的年谱可以为证。至本年八月孙星衍至吴，二人还同与虎丘之宴。❶

---

❶ 孙星衍《孙渊如先生全集·租船咏史集》（四部丛刊本）有《庚申冬日同人集一榭园阅十年矣偶属吴山尊学士矞题册有感旧游率赋二律即用唐陶山刺史仲冕元韵并以寄之时己巳年七月五日》诗，诗后注云："戊辰年假归，燕集一榭园，所遇毛君用吉、钮君树玉、袁君廷梼、陶君珠琳、黄君丕烈、顾君广圻、何君元锡、陶君梁、吴生毓汾、戴生延价，俱题名中人。"又据《孙渊如先生年谱》（清光绪《藕香零拾》本），本年五月孙星衍请假三月，还家省亲并迎养老父，八月"至常州谒祠展墓……并至吴门，修葺孙子祠。又择祠西铁佛庵废屋故址，为许太夫人建旌节专祠，肖像以祀焉"，九月登程返常州。故系事于本月。

而段玉裁认为黄丕烈所恐惧的"佐斗之伤"仍然还是来了。自嘉庆十四年起，黄顾二人的交往，变得有些反常——他们之间的交往似乎戛然而止。这种终止，一般认为是黄丕烈带有倾向性地卷入段顾之争引致，然而笔者的考察无法得出这种确论。我们可以按时段来大致排比两人绝交后各自的言行，并讨论其中一些微妙的变化。

1. 嘉庆十四年己巳（1809）至嘉庆十七年壬申（1812）

这四年间，二人的直接交往已经断绝，故顾跋中绝无黄丕烈之名，显见其排斥之情；黄跋中，却偶有顾千里的身影出现，玩其文意，却非绝交之辞，而反见出一种坦荡之意。

嘉庆十四年（1809），黄跋影宋钞本《张说之文集》十卷云：

> 岁入己巳，诸事撄心，举向日聚书之乐，委诸度外。即自问，亦不知何以若是之落寞也。（《荛识》第512页）

或者黄氏落寞的原因，即与顾千里有关。还有一个学界较少注意的例证，嘉庆二十年，黄丕烈《宋严州本仪礼经注精校重雕缘起》云：

> 岁丁卯，古馀又属影钞经注本，将以付刊，既而调任吉安，札致余曰：俟钞竣，即交伊友收存。如言交去。越岁戊辰，伊友云，古馀谓吴门有好事者，如欲刻之，当举以赠。遂从伊友处次第取刻之，未及半而靳不与。（《荛识》第879页）

戊辰即嘉庆十三年，"伊友"自是顾千里，"未及半而靳不与"的时间，也约在十四年以后。

本年七月，王小梧售宋刻《详注周美成词片玉集》十卷于黄丕烈，王事先请顾千里鉴定，顾云其为宋刻，且"精妙绝伦"，黄最终现凑足纹银二十两得之，交易过程黄顾二人未谋面（《荛识》第840~841页）。

约本年，段玉裁、顾千里分别致书陈鳣（《顾研》第135页），隔

空论辩本年顾千里为胡克家所撰《文选考异》，火药味颇浓。❶

十五年（1810）五月左右，顾莼在京城有札致黄丕烈，云："四香来，备悉近履佳胜，欣慰欣慰！想邺架异书日增。赏奇析疑，涧薲而外尚有新交否？"❷ 则顾莼眼中，二人交谊尚如往常，亦可知二人之断交，虽始于嘉庆十四年，但可能并非因某一事件，而有一个逐渐的过程。

本年腊月廿八日，黄丕烈跋影宋钞本《骆宾王文集》十卷，云"虽千里、寿阶各有影钞本，总不及此本之精"（《荛识》第511页）。

嘉庆十七年（1812）秋，黄丕烈重刻宋本《舆地广记》三十八卷成，成为日后顾千里攻击的焦点。岁暮，黄丕烈跋校元本《韩诗外传》十卷，云昔时西宾陆东萝"与涧薲居相近，交亦密，故校书事亦颇勤"（《荛识》第20页）。

2. 嘉庆十八年（1813）至嘉庆廿四年（1819）

这七年间，顾千里文字中仍不见黄丕烈的名字，而黄丕烈对顾千里则偶有微词，并且对顾氏在刊刻、校雠中的一些做法，也有委婉的批评。

嘉庆十八年（1813）四月十八日，黄丕烈跋宋本《嘉祐集》五卷云："宋本作'数月'，顾千里以为'不可解'，借余校本识后语。与此宋本对，'数月'二字作'年'。"（《荛识》第608页）

---

❶ 段玉裁："与陈仲鱼书"，见《经韵楼集》，第337~341页；顾千里："与陈仲鱼孝廉书"，见《顾千里集》，第123页。

❷ 崔巍《山东省博物馆藏顾莼致黄丕烈书札》其九云："四香来，备悉近履佳胜，欣慰欣慰！想邺架异书日增，赏奇析疑，涧薲而外尚有新交否？令郎令孙计已过十岁，谅头角大见矣。放翁'蓄树拥书'之句，真可为足下咏也，四香貌甚魁梧，迥非从前寒酸故态，望其光气，飞腾转瞬间矣。弟近况如常，归计不能如稽亭之决，殊自愧耳。此候荛圃二兄大人近安。愚弟顾莼顿首。委书三件俱奉缴，卷首系舍弟捉刀，而实胜于己作。盖拙书子仙、筱椒优为之。舍弟隶书能胜之者，恐难其人矣。此非耳食者所知，想足下定有真鉴也。弟莼白。"今按系札于此，有二证焉：（1）李锐（四香）行止。据严敦杰《李尚之年谱》（梅容照：《明清数学史论文集》，江苏教育出版社1990年版，第468页），李锐本年五月进京，应顺天乡试。六月初八日移寓内城东单牌楼羊肉胡同礼部普斋。其拜访顾莼，当在本月。（2）陈鹤（稽亭）之归吴，在嘉庆十五年前后，盖其返乡后一年余（嘉庆十六年四月）即卒。又信中"令郎令孙计已过十岁"者，盖约略而言。荛翁三子黄寿凤生嘉庆八年，时约8岁；长孙美鎏生嘉庆二年，时约14岁。

而五月廿六日跋旧抄本《嵇康集》十卷云："是书余用别本手校副本备阅，于丁卯岁为旧时西宾顾某借去，久假不归，遂致案头无副，殊为可惜"（《荛识》第608页）。称"顾某"而不名，此时黄对顾，始有微词，且藏书"久假不归"而听之任之，只能解释为二人关系实在太僵，甚至连间接接触（如友人代索）的可能也没有。

十月十五日，跋明刻本《华阳国志》十二卷云："癸酉秋，书友自金陵归，携示此本，谓较诸本为胜。余曰：尔何足以知此，是必有所受之也。因举涧薲所属为对。……遂收而重装之。"（《荛识》第134~135页）黄顾绝交后，顾千里托书商将自己的藏书高价卖给黄丕烈，但被黄一语点破。这其中有一种可能，即顾氏采用这样的手段，很可能已不是一次两次。

十二月，跋明嘉靖本《史通》二十卷云："余向藏沈宝砚校本，为万历时刻，盖其底本覆嘉靖时陆文裕本。此外又见五砚楼藏孙潜夫之校本，亦即覆陆本，复经顾涧薲手校，每用嘉靖本为证，嘉靖本实未见也。顷书友以此刻求售，识是嘉靖原刻，与覆本多不同，遂易之，为此是嘉靖刻，故可珍。"（《荛识》第221~222页）这里点出顾千里治学言过其实的一面，亦可见其心态。

嘉庆十九年（1814）二月，黄丕烈跋影宋钞本《虚斋乐府》二卷，追忆嘉庆二年事云："先是书友携来，索重直，余因有钱遵王家钞本，遂属顾千里手校其佳处而还之。"（《荛识》第850页）

嘉庆二十年（1815）春，黄丕烈作《宋严州本仪礼经注精校重雕缘起》，言及顾千里，始终用"伊（张敦仁）友"代称，对顾在刻书中途拒绝提供所需的影钞叶，不满溢于言表（《荛识》第879页）。

嘉庆廿一年（1816）六月，黄丕烈跋宋刻本《礼记郑氏注》存九卷云："阳城张古余守江宁，介抱冲从弟千里影写付刊，外间颇多传播。惜千里作考证，未及将抱冲所归顾怀芳家残宋本、余家所藏残宋本一取证耳。"（《荛识》第38页）

嘉庆廿二年（1817），李锐卒，顾千里挽之曰："人有千算。"李锐精于算学，故称其"人有千算"，这句话背后的"天只一算"，却似乎

对李氏之死，抱一种幸灾乐祸的态度，故同人为之齿冷。❶

嘉庆廿三年（1818）元旦，黄丕烈跋影宋钞本《骆宾王文集》十卷："小读书堆本，涧蘋影钞之，以贻秦敦父太史，于嘉庆丙子开雕，昨岁大除始得寓目。刻板虽精，字句已有移易矣。"（《荛识》第511页）彼时主持校刻工作的，正是顾千里。

3. 嘉庆廿五年（1820）至道光十年（1830）

黄丕烈于道光五年（1825）去世。在人生的最后几年，他对于昔日的知己顾千里，连微词也没有了，而充满了遗憾、怀念之情。而顾千里则一反常态，从沉默而转为激烈，直至黄荛翁身后，仍痛诋不已。

嘉庆廿五年（1820）七月，顾千里自汪士钟处借得黄丕烈旧藏宋刻本《舆地广记》三十八卷，并对嘉庆十七年黄氏据宋刻所刻《舆地广记》及校勘记，大加挞伐。虽未点名，但言"与《札记》所言者十有七八不合……夫彼何以如是之用心，我则弗能知……吾愿汪君据此之真，显彼之伪"，语气已极重了。约同时，顾千里作《校勘〈舆地广记〉札记》二卷，称士礼居刻本"妄人凭臆定此意见""单看不觉其荒谬，借到底本一覆，其病万端。甚矣下笔之难也"（《顾集》第293~294页）。这是顾千里一反常态，以文字攻击黄丕烈的开始。

对黄丕烈的批评如此，对段玉裁，顾千里文中却有回转之意——本年四月，顾作《人寿金鉴序》云："曩识金坛段茂翁，述其师戴东原之言曰：'释氏之教，谓人生百年，但如泡影，必修至历劫不坏，乃为有以自立。我儒不然也，就此百年之中，求其所谓立德、立功、立言者，自足以不朽而无俟余求矣。'予闻而韪之。"（《顾集》第201~202页）此时段玉裁已经去世，但对于已去世之论敌，也勇为身后之谤，这本是顾千里的一贯作风，而在文章开头征引昔日论敌之语，并予以肯定，这

---

❶ 《黄谱》第83页云："标按：千里于至交而断绝者，今又得一人矣。所谓造作文字相诋毁者，闻尚之故后，千里挽以'人有千算'四字。"清道光顾阎年谱合刻本《阎潜丘先生年谱》卷四云："千里天性轻薄，于生平师事之段茂堂，一旦论学不合，辄痛加诟厉，无复弟子之礼。……于总帅至交之李尚之，其殁也，又造作文字，重相诋毁。顾吴羹通政尝述其事而太息曰：'不意千里之待亡友也如此。'"

对于顾的行事而言，是很少见的。所以这种征引，是否意味着顾对于段的某些论点，已经有所接受？此非本文重点，尚俟别文考之。

道光二年（1822）五月，黄丕烈跋校本《广韵》五卷云："道光壬午仲夏，坊友以李子仙手临顾涧蘋所录惠松崖、段若膺两先生校定本《广韵》示余……段、李皆作古人，涧蘋又交绝，无可访问矣。"（《荛识》第69～70页）这是黄顾二人现存文献中唯一一次对于"绝交"的确认。但黄丕烈此时对于"交绝"的心理，已经完全是知己反目的遗憾和故交零落的凄楚了。

而顾千里闰三月为汪士钟所作《艺芸书舍宋元本书目序》，对汪氏宋元本的重要来源黄丕烈，一语未及。（《顾集》第192页）

道光四年（1824）二月，黄丕烈于明刻本《博雅》十卷跋云："因思向时顾千里馆余家，为余校书……兹之所校，于影宋本佳字固无一遗。就千里所记，悉为表明。"（《荛识》第62页）这一年黄丕烈已经62岁，对往事和故交的回忆，是垂老之人的习惯，而他的生命，也于第二年八月，走到了尽头。目前未见顾千里的悼挽文字。

道光七年（1827）冬，顾千里跋艺芸书舍刻本《郡斋读书志》二十卷云："小学类颠倒错乱，当分六段移转……丁亥冬日，粗阅一过，黄、李訾说，无非无事取闹，至于确凿转写之讹者，则又茫然莫辨也，可笑可怜而已！"（《顾集》第300页）此事亦有旧因：嘉庆廿四年，李富孙为汪士钟以各本校勘袁廷梼旧藏、顾千里校跋衢抄本《昭德先生郡斋读书志》二十卷，以备刊行，刻本前有李氏《校衢抄本〈读书志〉跋》云：

顷寓吴门，获与汪阆源观察交。观察好古嗜书，储藏日富，兹以顾君涧蘋所钞衢本属校。乌马陶阴，错脱处至不可读。兼书目、别集两类，夺去一百余种。钱詹事《养新录》言瞿君中溶购得钞白衢本，以惜无好事刊行之。此书近归黄荛圃主事处，复假得雠勘。

顾千里对李富孙的批评予以反驳，本无可厚非，言辞激烈本是他的习惯。黄丕烈在汪士钟刊行此书的过程中，虽然曾经借出藏本并佐校勘，但并未见其对顾校置一辞，被顾千里捎上一起"可笑可怜"一番，实在是有点"躺着中枪"。

道光七年（1827），顾千里为张月霄作《爱日精庐藏书志序》，言"书之难聚而易散"，点出顾之逵、袁廷梼等人，对黄丕烈仍一语未及。（《顾集》第190～191页）

道光十年（1830）九月，顾千里代汪士钟作《重刻宋本仪礼疏序》，称宋刻残本"嘉庆初，入吾郡黄氏"（《顾集》第129页），这也是他言及黄时，少见的中性叙述。

总结黄顾交恶之后的二十年，顾对黄的态度，始终是避而不谈，到后期还有恶化趋势；而顾千里则一次次地在黄跋中出现，而且除了嘉庆十八年和二十年有过几次微词外，基本上都是以一种中性或怀念、惋惜的态度提及的。

另外还可以发现，假如黄顾交恶完全只是因为段顾论争之故，嘉庆十四年后的几年，应该是黄顾关系最为紧张的时期，却没有看到相关的迹象；反而顾千里在事过境迁之后，语气渐重，这与没有排比文献之前的印象完全不同，也足见兆衅早萌，二人的绝交并非偶然。只是其中究竟还有哪些曲折，我们一时（或者永远）无法弄清而已。

另外需要说明的是，《顾集》第369～370页有道光九年己丑（1829）十一月旧钞残本《中庵诗》十一卷跋云："右残本《中庵集》十一卷……后为黄君荛圃所得，复为校正数字。……今缺上七卷下二卷，荛翁收时已如此矣。"此处年代疑有误，"黄君荛圃""荛翁"这样亲密的称呼，不当出于此时的顾千里之口。

四、不尽遗憾——时人态度及影响

黄顾从交恶到绝交，虽然或许有段顾论争这个诱发因素，但实际上有一个长达数年的过程。同时代的当事者们，并没有留下文字来说出个谁是谁非，但从他们的行为也可以看出对这一事件的态度。

与二人关系最密的"藏书四友"中，顾千里从兄，黄丕烈引为知己、慷慨大方的顾之逵，去世于嘉庆二年（1797）。黄丕烈的亲家、顾千里的密友袁廷梼，在嘉庆中期家境败落，奔走谋衣食于江浙间，恰于嘉庆十四年（1809）八月黄顾交恶初起时病逝。他二人本是最适合的人选，却阴差阳错地没有机会居中调停。周锡瓒的年纪长于黄顾约20岁，嘉庆十四年前和顾千里的交往并不多，之后的交往记录则几乎没有。而他与段玉裁、黄丕烈，则一直颇有往还。

　　细审黄顾题跋及年谱可知：嘉庆十四年后，钮树玉、陈鳣、瞿中溶、孙星衍、鲍廷博、李福等黄、顾的共同朋友，则同时与二人保持较好的友谊。这一方面是两不得罪的人之常情，另一方面也可以看出他们对二人的交恶，并没有明显的倾向性，对各自的立场和性格都有所理解。

　　其实，嘉庆十四年后，黄顾二人各自的境况，和之前变化并不大。黄丕烈虽然因购书和家庭变故，晚年经济上有时出现一些困难，陆续开始出让宋元旧本，但他仍然可以算是衣食无忧的小康之家，亲事校雠之外，时不时地可以去访访天平山吾与庵的寒石和尚，或者与石韫玉、潘奕隽、彭蕴章等人结问梅诗社，诗酒唱和；除了出游、吊友之外，很少离开苏州，可以说仍算得上优哉游哉。而顾千里仍是时不时为衣食奔走于扬州、江宁等地，为孙星衍、秦恩复、胡克家、鲍廷博、廖寅、汪喜孙、《全唐文》馆、吴鼒、王引之、洪莹等校刻书籍，病困以终。

　　其实，嘉庆十三年后的十四年至十八年、二十年至廿四年，道光元年至四年，黄丕烈都曾刊刻书籍，❶累计达20种（黄氏一生刊行书籍约28种）114卷。二人如不绝交，总校刊之役的无二人选，必然是顾千里。如此黄顾合璧，自然会成就藏书和刻书史上空前绝后的辉煌。而有意思的是，二人绝交之后，对于彼此主持刊刻的古籍，都时有批评，这些不满的背后，有一种无法摆脱的情结在，或许也有一种易地而处的想象在。遗憾的是，黄顾二人交之厚，伤之重，绝之坚，在近20年的岁

---

❶ 姚伯岳：《黄丕烈评传》，南京大学出版社1998年版，第216~217页。

月里，他们终究还是没有走出和解的那一步，甚至连彼此交恶的真实原因和想法，也没有只言片语留给后人。笔者行文至此，仍觉得除了性格不合、段顾之争外，其中还有不为人知的因素。

历史是无法假设的，正如我们无法给黄顾交恶"归责"一样——如前所述，黄顾二人，虽有着巨大的性格、家境差异，但他们仍在数年的亲密合作中，给后人留下了众多珍贵的文化遗产。时至今日，学界仍习惯将"黄顾"并称，"黄跋顾校（批）"，仍是人所共知的球璧之珍。时间终将淡化那些人事上的纷纷扰扰，人们总会选择性地记住他们人生中最为光彩的部分，而黄顾交恶，则可以作为学者（友人）交恶的一个样本，来帮助我们理解那些类似的情节。

2013 年 8 月首刊于《文津学志》第六辑
2016 年 10~11 月一改
2017 年 3~4 月二改

黄丕烈名号藏印释义发微

荛翁名号、藏印颇多，见于其题跋、藏书，时贤已有若干研究。[1] 笔者于工作与研究时所见亦多，中有若干种，颇富深意，而未见阐发。今不拘其显、微，条分而缕析之，并择前修所略者详加考订。又本文所据之《荛圃藏书题识》[2] 因辗转传抄，干支、自署多有亥豕之讹，今于力所能及处，皆据荛翁原藏、原跋考订（书号前标"国"者，藏中国国家图书馆；标"上图"者，藏上海图书馆；标"台"者；藏台湾"国家图书馆"）。书囊无底，见闻未博，挂一漏万，是所难免，惟海内同人是正焉。

一、姓字类

黄/丕烈（白方二）、黄印/丕烈（朱方一，白方三）、黄丕烈印（朱方一）、丕·烈（连珠。朱方一，白、朱方一）、丕/烈（朱方一）、丕烈/之印（白方一）、丕烈/私印（朱方一）

荛翁名"丕烈"，大功业也。汉蔡邕《太傅安乐乡文恭侯胡公碑》：

---

[1] 笔者所见论列较详者有姚伯岳《黄丕烈评传》第三章（南京大学出版社1998年版，第53~59页）、林申清《明清著名藏书家藏书印·黄丕烈》（北京图书馆出版社2000年版，第149~152页）、彭文静《黄丕烈藏书印考论》（载《高校图书馆工作》2003年第1期）、姚伯岳《燕北书城困学集·黄丕烈的藏书印》（岳麓书社2010年版，第127~130页）。

[2] （清）黄丕烈撰，屠友祥注：《荛圃藏书题识》，上海远东出版社1999年版。下文省称《荛识》，为避烦琐，多附注于正文中。

"休绩丕烈，宜宣于此。"❶ 荛翁字承之，与名义相关。《黄丕烈年谱》❷云荛翁长兄名承勋（过继于伯父为子），疑实为其字。

荛翁名印颇多，据姚伯岳《黄丕烈的藏书印》云，"黄丕烈印"及"荛圃"印各自均有七方。❸

绍武、绍甫、承/之（朱方）

荛翁名"丕烈"，大功业也。绍，继承；绍武、承之，与名连读，有继承前人功业之意。苏州话武、甫同音，且甫为表字常用字。古人字号常有多个同音或近音写法，此亦一例。

"承之"印见于清抄本《朝野新声太平乐府》（国7872）。

荛/圃（朱方三、白方一）、荛圃（朱椭一❹）、荛圃主人、荛圃氏、荛圃/过眼（白方）、荛圃/手校（朱方）、黄荛圃手校善本（朱方）、荛圃/鉴藏（白方）、荛圃/钞藏（朱方）❺、荛圃/读/书记（朱方）❻

"荛圃"，此号最为习见，荛翁至迟在乾隆五十五年庚戌（1790）即号"荛圃"。明万历程荣刻汉魏丛书本《大戴礼记》（国5214）黄跋云："乾隆庚戌小春下弦后二日……荛圃烈识。"其义不易解。笔者原以"荛圃"自"绍武"或"绍甫"中来，盖彼此语音相近。后询苏州同人，❼始知口语中并无"荛"字，一般使用"文读"，接近官话，即仍发"rao"音，而并非"shao"。且口语中"圃"亦读如"pu"而非"wu"，则笔者之猜测，近乎臆测矣。

后阅清光绪二十三年（1897）刻本潘遵祁《西圃集》卷六，有《荛圃雅集画册为吴廉夫重熙题》诗，其序云：

---

❶ （汉）蔡邕著，邓安生校注：《蔡邕集编年校注》（上），河北教育出版社2002年版，第154页。

❷ （清）江标撰，王大隆补，冯惠民点校：《黄丕烈年谱》，中华书局1988年版，第1页。下文省称《黄谱》。

❸ 姚伯岳《燕北书城困学集》，岳麓书社2010年版，第128页。

❹ 此印见于明成化十七年（1481）孙仁西蜀重刊孙凯之钞补本《孙尚书内简尺牍编注》（台14616）。

❺ 此印见于士礼居抄本《沧海遗珠集》（台14296）。

❻ 此印见于明刻本《河岳英灵集》（国7765）。

❼ 承蒙苏州图书馆古籍部孙中旺先生指教，谨致谢忱。

吾乡黄荛圃先生举孝廉，当得县令，不就。葺荛圃于王洗马巷，是册为嘉庆辛酉同人觞咏之作。

又覆宋刻本《魏武帝注孙子》《吴子》《司马法》黄跋云："适余家命工翻雕影宋本《国语》毕，涧薲即影摹一本，就荛圃中开雕。"（《荛识》第230页）知"荛圃"确有其地。然潘氏不与荛翁同时，故"葺荛圃于王洗马巷"之说不确。如前所论，"荛圃"之号始于乾隆末年，而嘉庆元年（1796）荛翁始自昭明巷迁居王洗马巷，知昭明巷老宅即有"荛圃"。王洗马巷者，所谓"借名异地"也。

"荛圃"之义，今试另解之：荛者，柴草，"荛圃"者，柴园也。《诗·大雅·板》云："先民有言，询于刍荛。"❶ 刍荛指打柴割草之百姓。刍荛之言本是普通百姓的浅陋言辞，后则成为进言者之谦辞，自谦之中喻尽忠之意。如《汉书》卷八十五《谷永杜邺传第五十五》："陛下诚垂宽明之听，无忌讳之诛，使刍荛之臣得尽所闻于前，不惧于后患。"❷ 此号至翁晚年（道光元年），仍见诸题跋，终身用之不辍。

荛圃/卅年精/力所聚（白方）

笔者所见，钤此印者皆为宋刻，如宋嘉定三年刊嘉定四年至咸淳间递增补本《中兴馆阁录》《续录》（台04903）、宋本《东家杂记》（国3786）、宋刻宋元递修本《冲虚至德真经（列子）》（国9617）、宋刻《荀子》（国18132）、宋刻配元抄本《重雕改正湘山野录》《续湘山野录》（国8693）、残宋刻《图画见闻志》（国6865）、宋景定三年序刊咸淳间增修本《新定续志》（台03267）、南宋中期四川眉山刻唐六十家集本《孟浩然诗集》（国8705）、宋刻本《参寥子诗集》（国7672）、南宋浙刻本《管子》（国9601）、宋淳熙五年王崧刻本《窦氏联珠集》（国8737）、南宋刻本《王右丞文集》（静嘉堂）等。今存宋刻本中共有17部钤有此印。

---

❶（清）王先谦：《诗三家义集疏》，中华书局1987年版，第915页。
❷（汉）班固撰，（唐）颜师古注：《汉书》，中华书局1962年版，第3458页。

荛翁约自乾隆五十年（1785）始聚书。据北宋刻递修本《汉书》一百卷（国9592）嘉庆二十年（1815）十二月黄跋，此书得之已"三十来年"，逆推之，约在该年。故此印约刻于嘉庆二十年，合于"卅年"约数之说。又钤印本皆有汪士钟藏印（《参廖子》未钤，然见于《艺芸书舍宋元本书目》），而嘉庆二十二年（1817）荛翁跋南宋绍兴十二年瞿源蔡潜道墨宝堂刻本《管子》（俄罗斯国立图书馆）云"近日宋椠宋刻子部并归他人"（据《荛识》第251页），二十四年跋南宋本《姚少监诗集》（国3779）亦云"年来生计日拙，力不足以副书，所藏珍秘大半散失"。可推知此印或为散书之前陆续所钤，以为纪念故耳。

荛言（白长）、荛/言（白方）

此号自"荛圃"号引出。白居易《骠国乐贞元十七年来献之》诗引申前说云："贞元之民苟无病，骠乐不来君亦圣。骠乐骠乐徒喧喧，不如闻此刍荛言。"此盖印文之本意。"荛言"白长印未见，林申清《中国藏书家印鉴》著录。❶ 明影宋抄本《芦川词》（国7865），清抄本《朝野新声太平乐府》（国7872）有白方印。

又道光二年（1822）九月翁往金陵省祖墓，途中有诗六十余首，归以"荛言"为名刻之（有《士礼居丛书》本），此似取"荛翁之言"意，与"荛言"讽谏之说又有不同。

荛/翁（朱方一、白方一）、荛翁/籍读（白方）、荛翁/更字/复翁（白方）

"荛翁"之号，约始于嘉庆元年丁巳（1796）❷（时翁三十五岁，长孙美鋆即于本年出生，故始称"翁"），至道光五年乙酉（1825）仍见诸题跋。为嘉庆七年至十一年冬荛翁改字"复翁"前最喜用之号。

"荛翁更字复翁"印，见于清抄本《乐志园诗集》（国6007）。翁更

---

❶ 林申清：《中国藏书家印鉴》，上海书店出版社1997年版，第141页。
❷ 校宋本《国语》黄跋署"庚戌（今按为乾隆五十五年）腊月望前，荛丕烈又书"（《荛识》第100页），原书（国903）实作"庚戌腊月望前，荛圃烈又书"。又校明蓝印铜活字本《墨子》黄跋署"嘉庆丙辰春三月七□，从友人斋头赏牡丹归，烧烛书此。荛翁"（《荛识》第328页），原书（国4920）实作"嘉庆丙寅春三月七日"云云。

字复翁,在嘉庆十一年丙寅(1806)冬,故此印当刻于同时。

荛/夫(朱方一、朱长一)、荛父、荛、老/荛(朱方一、白方一)

翁自嘉庆后期自称"荛夫""老荛",尤多见于道光元年(1821)至道光五年(1825)。朱方"荛夫"印较多见,朱长"荛夫"印见于明影宋抄本《芦川词》(图7865)。又有所谓"荛父",仅见于嘉庆九年(1804)明抄本《古今杂剧》(国774)翁自署。以上皆自"荛圃"来。

"荛"之题署仅见于明正德十五年(1510)皇甫录世业堂刻本《博雅》(国7311)嘉庆二十三年戊寅(1818)春黄跋,署"是前辈识多见广,自愧后生不如多矣。荛记"。

学圃/荛夫(白方,夫字朱文)

"学圃荛夫"为翁晚年所用印。"学圃",学为种蔬,古人敷衍以为退隐之事。出《论语·子路》:"樊迟请学稼,子曰:'吾不如老农。'请学为圃。子曰:'吾不如老圃。'樊迟出。子曰:'小人哉,樊须也!'"朱熹集注云:"种五谷曰稼,种蔬菜曰圃。……小人,谓细民,孟子所谓小人之事者也。"杨氏曰:"樊须游圣人之门,而问稼穑,志则陋矣,辞而辟之可也。"❶ 如明唐寅有"学圃堂",即为此意。荛翁跋金刻本《新雕注疏珞琭子三命消息赋》《校正李燕阴阳三命》(国7521)云:

> 至于储藏家,胜朝登学圃堂,国朝入传是楼,墨迹图章,尤足引重。

即指是书曾经唐寅、徐乾学递藏。然蒋镜寰《吴中先哲藏书考略》云翁有"学圃堂"(《荛识》第1035页),实未见其据。

复翁

说详后文。

黄/中(仲)翁(白方)、黄仲/子(朱方)、黄氏仲子

"黄中翁"印罕睹,笔者仅见于元至大三年(1310)曹氏进德斋刻

---

❶ (宋)朱熹:《四书章句集注·论语集注》,中华书局1983年版,第142~143页。

递修本《中州集》（国7152）上（同书尚有"尧圃"及瞿氏"铁琴铜剑楼"印以为佐证）。"中"与"仲"通假，尧翁兄弟排行第二（《黄谱》第1页），故自称"中（仲）翁"。

"黄仲子"印见于清抄本《朝野新声太平乐府》（国7872）。又明影宋抄本《芦川词》（国7865）黄跋云："嘉庆庚午七月立秋后一日，黄氏仲子丕烈识于求古居。"

二、雅号类

佞宋主人、佞宋（印）

佞宋，由"迷"于宋（版书），至"媚"于宋（版书）。嘉庆九年（1804）冬顾千里《百宋一廛赋》云："佞宋主人搜求经籍，鸠集艺文，深识妙览，博学赡闻。"翁注云："'佞宋'出《述古堂书目序》，予恒引为窃比，故居士设此名也。"❶今检钱曾《述古堂藏书目序》云："然生平所酷嗜者，宋椠本为最。友人冯定远每戏予曰：'昔人佞佛，子佞宋刻乎？'相与一笑，而不能已于佞也。"❷此号不出于翁，经翁而发扬光大，后世论及藏书之好，常以"佞宋"为语。

静嘉堂藏有宋绍熙间眉山程舍人宅刻明修本《东都事略》，❸经顾之逵、尧翁旧藏。有"佞宋"印，惜形制未详，俟补。

书魔（朱长）、书/魔（白方）

嗜书入魔也。白居易《白发》诗云："况我今四十，本来形貌赢。书魔昏两眼，酒病况四肢。"❹元稹《寄吴士矩端公五十韵》："亦从酒

---

❶（清）顾千里：《顾千里集》，中华书局2007年版，第1页。
❷（清）钱曾撰，瞿凤起编：《虞山钱遵王藏书目录汇编》，上海古籍出版社2005年版，第312页。
❸［日］静嘉堂文库：《静嘉堂文库宋元版图录·解题篇》，汲古书院1992年版，第27页。
❹（清）彭定求等：《全唐诗》卷四百三十二，中华书局1960年版，第4775页。下引皆据此本。

仙去，便被书魔惑。"❶ 荛翁较时贤，更喜用此语。如跋残宋本《白氏文集》（国9634）、清初抄本《牧斋有学集》（上图756995－757000），皆署"书魔"。又如宋拓残本《蜀石经毛诗传笺》（上图17A337）题诗，亦云"出金相易务欲获，书魔自笑何其痴"。其余跋文中，亦时有所见。

朱长"书魔"印，所见钤于元大德三年（1299）广信书院刻本《稼轩长短句》（国8625）、残宋本《侍郎葛公归愚集》（上图754378－81）、明柳金抄本《渑水燕谭录》（上图762495）诸本之上。白方"书魔"印，所见钤于宋景定间刊咸淳间增修本《新定读志》（台03267）。此号亦见诸同人文字，周锡瓒《小通津山房诗稿》嘉庆十一年（1806）冬有《黄主政荛圃有病起口占之作即步其韵非敢言诗聊志喜跃之情尔》诗，其二即云："精心好古欲成魔（复翁有'书魔'印，荛圃病后又号复翁）。"❷

复/翁（白方二）、复初氏、一阳更生（朱方）、复见/心翁（白方）、见复居（生）、复旂（朱长）

荛翁于嘉庆十一年（1806）冬（十月上旬至十二月下旬）"病者五旬，死者二次"（钱谷手抄本《游志续编》，国8100），愈后更号"复翁"。翁于此号绝爱之，自嘉庆十二年（1807）至嘉庆二十四年（1820）十四年间，皆居当年题署数量之首，无一例外。累计使用约446次，占题署总量（约1293次）约35%，占该时段题署总量（约631次）约71%！足见此番大病于翁之铭心刻骨。

"复初氏"之号，当亦自"复翁"而来，而仅见于道光五年（1825）题署，如影抄元本《续宋中兴编年资治通鉴十五卷》（《荛识》第91～92页）、《山谷词》（《荛识》第838页）。

"一阳更生"印，清抄本《新刻洞天清录》（国00907）嘉庆二十年（1815）黄跋云：

---

❶《全唐诗》卷四百一，第4485页。
❷（清）周锡瓒：《小通津山房诗稿·文稿》一卷，清周世敬抄本（浙图5170）。

乙亥新正五日，复翁记。是日陈拙安为余镌"一阳更生"印，适来，即以钤于是跋之后。印文取"一阳更生"者，盖即更号复翁之意。

今考《易·复卦》为上坤下震，五阴爻在上，一阳爻（初爻）在下，故有"一阳更生"之意。此距其嘉庆十一年冬更号复翁，已近十年，而复生之意，仍未忘怀。

"复见心翁"号始见、屡见于道光元年辛巳（1821）秋冬跋语。《易·复卦》："反复其道，七日来复，天行也。利有攸往，刚长也。复，其见天地之心乎？"疑与新皇登基改元，荛翁复历一朝有关；又或与荛翁本年五十九岁，行将复历甲子有关。俟再考。"见复居"与"见复生"，其意当与"复见心翁"同，仅见于道光五年（1825）题署。其印曾见诸明刻本《意林语要》（国00900）黄跋后。

"复旃"印见于清抄本《来鹤草堂稿》（国7744）。王国维《传书堂藏书志》卷二影宋抄本《续资治通鉴长编》云："有'复旃'印，为黄复翁藏书。"❶ "旃"（zhān）有一意为"之焉"二字合读，此亦出于"复翁"号。

半恕道人

此号之意未明，今试强解之。《孟子·尽心上》云："强恕而行，求仁莫近焉。"❷ 谓勉力推行恕道，以达于仁。今翁称"半恕"，可与"强恕"对读，由勉力恕道至"半行恕道"，隐约暗示荛翁此时于友朋交往所持之态度。此号始见于嘉庆十六年辛未（1811）十二月廿七日荛翁跋明弘治十八年沈颉刻本《贾谊新书》（上图805261-65），多见于嘉庆十七年壬申跋语。

又叶启勋跋明嘉靖元年吴氏刊本《巽隐程先生集》云："壬申为嘉庆十七年，荛圃年五十矣。其二十年间如跋中所云之'日蹙一日'，则

---

❶ 王国维：《传书堂藏书志》，上海古籍出版社2014年版，第194页。
❷ 杨伯峻：《孟子译注》，中华书局1962年版，第302页。

'半恕道人'盖取'五十如心所欲'之义也。"❶ 今按"五十如心所欲"与《论语》不合，或叶氏偶误，但其拆"恕"为"如心"，意谓年将"半"百，将"如心"而为，似颇有理。

知非子

元刻本《中州集》（国 7152）嘉庆十七年（1812）九月晦日黄跋云：

> 九月晦日，又挑灯书此。情绪之恶，弥觉黯然。复翁。时年五十，拟易号曰知非子。

《淮南子·原道训》云："故蘧伯玉年五十，而有四十九年非。"谓年五十而知前四十九年之失，后以年五十为"知非"之年。此号多用于嘉庆十七年、十八年，然荛翁"情绪之恶"者为何，终未得明白指示。

五峰山人

此号仅见于明抄本《静春堂诗集》（上图 755674-77）嘉庆十八年癸酉（1813）十二月黄跋。苏州西南吴县藏书乡（今木渎镇）有五峰山，因有五座山峰得名，荛翁之父黄维即葬于五峰山下博士坞（金圣叹亦葬于该地），❷ "五峰山人"号当源于此。清嘉庆二十二年（1817）刻本《吾与汇编》卷六载翁《支硎山新以河工采石之令私为开凿爰作破山叹》诗云：

> 吾家荒垄五峰麓，旁有小岭争垂涎。传闻开伐已有日，我心遥遥如旌悬。龙穴沙水我莫辨，先人窀穸敢议迁？

诗述因河工采石支硎，几殃及黄氏祖茔，荛翁无力止之，复因传奇般出现的狂风磷火而事罢。又元刻本《元叟和尚语录》黄跋云"顷往

---

❶ 湖南图书馆编：《湖南近现代藏书家题跋选》第二册，岳麓书社 2011 年版，第 133 页。

❷ 姚伯岳："黄丕烈生前居所及庐墓家系略考"，载《文津学志》2013 年第 6 辑。

五峰展墓道，出支硎"（《荛识》第486页），当即为父扫墓也。

宋廛一翁、宋廛/一翁（白方）

"宋廛一翁"之号源于"百宋一廛"（详后文），始见于宋刻本《事类赋》（国8696）嘉庆十八年（1813）黄跋，至道光五年（1825）仍有题署。又有"宋廛一翁"印。

廿止醒人

嘉庆二十年（1815）五月荛翁跋校宋本《老学庵笔记》云：

> 余之享书福，不可谓不厚。岂此一事，果足折诸福，使余窘迫无地耶？家计日拙，虽迫于男婚女嫁，衣长食阔之累，前跋已略及之。而此书新载"廿止醒人"之自号，盖余取渊明诗意写照。所云廿止醒人者，渊明诗《止酒》一章廿句，句有廿"止"字。止酒，则醒矣，故余戏取以为自号云。余自甲寅丁外艰，乙卯遭火灾，遂至日蹙一日，然此二十年来，纵极支绌，不如今日之甚，究由余之梦。梦也今醒矣，殆将自止矣。渊明诗本有廿"止"字，而今适当廿年，非前定耶？"廿止醒人"之自号，抑何巧耶？（《荛识》第386页）

所谓"窘迫无地""家计日拙"者，恰如此本荛翁前跋所云：

> 今一再迁徙，家中人唯老妻犹是旧有者，长妇及幼儿幼女三孙皆后添矣。长儿已亡，长女、次女已嫁。时事变迁，可感也夫！（《荛识》第385页）

而导致荛翁"极支绌"之梦为何？跋中未明言，或即翁"藏书之梦"，翁藏书三十余年，成"百宋一廛"伟业，然约于嘉庆二十年前后陆续散出（参前"荛圃卅年精力所聚"印考证），故云"梦也今醒矣，殆将自止矣"。

员峤/散人（朱方）、员峤/真逸（朱方）

员峤，传说中上古之仙山。《列子·汤问》云："渤海之东不知几亿万里，有大壑焉，实惟无底之谷，其下无底，名曰归墟。八纮九野之水，天汉之流，莫不注之，而无增无减焉。其中有五山焉：一曰岱舆，二曰员峤，三曰方壶，四曰瀛洲，五曰蓬莱。"❶

此号题跋中未见。江标《黄谱》云"员峤山人，见陈氏《求古精舍金石图》序后印文"（第1页），故后世多据此云荛翁有"员峤山人"号。今检清嘉庆二十三年（1818）陈经说剑楼刊本《求古精舍金石图》，荛翁嘉庆二十三年戊寅（1818）七月十日序言后有墨刻朱方"员峤散人"印，盖江氏误记耳。

"员峤真逸"印为吴骞所赠，见于吴骞校清抄本《乐志园诗集》（国6007）。清道光二十七年刻本吴寿旸《拜经楼藏书题跋记》附录有《丙子岁除前六日过吴门访黄荛圃主事于士礼居赋赠二律》诗，其一云：

> 雪满楞伽又岁除，乍从江夏识林居。千秋盛业归求古，三世交游重访书。阁建长恩岚翠列（主事尝欲建长恩阁于虎阜），图传员峤墨光舒。只今故迹摩挲处，展对云山怆有余（先君子曾为荛翁作《员峤访书图》，时适携"员峤真逸"印，因以为赠）。

民山山民

此号仅见于明嘉靖八年（1529）刊本《石湖志略》一卷《文略》一卷（河北大学672/61.5）书前嘉庆二十四年（1819）六月荛翁题署。《荛识》作"民山一民"，盖原抄录者误将代表叠字的"、"视作"一"所致。

其义俟考。

长梧子

长梧子为《庄子·齐物论》中人物，其应瞿鹊子之问，有论梦一节："梦饮酒者，旦而哭泣；梦哭泣者，旦而田猎。方其梦也，不知其梦也。梦之中又占其梦焉，觉而后知其梦也。且有大觉而后知此其大梦

---

❶ 杨伯峻：《列子集释》，中华书局1979年版，第151~152页。

也，而愚者自以为觉，窃窃然知之。"❶ 荛翁取号之意，殆与前"廿止醒人"之意相类，视三十年藏书事业为南柯一梦耳。

此号仅见于影宋抄本《书苑菁华》嘉庆二十四年（1819）十月黄跋（《荛识》第306页）。

见独（朱长，无边栏）、见独学人

"见独"语出《庄子·大宗师》："南伯子葵曰：'道可得学邪？'曰：'……吾犹守而告之，参日而后能外天下；已外天下矣，吾又守之，七日而后能外物；已外物矣，吾又守之，九日而后能外生；已外生矣，而后能朝彻；朝彻，而后能见独；见独，而后能无古今；无古今，而后能入于不死不生。……'"郭注云："当所遇而安之，忘先后之所接，斯见独者也。"成疏云："夫至道凝然，妙绝言象，非无非有，不古不今，独往独来，绝待绝对。睹斯胜境，谓之见独。"❷ 见独，即见天下之至道也。

"见独"印见于金刻本《新雕注疏珞琭子三命消息赋》《新雕李燕阴阳三命》（国7521）道光元年（1821）黄跋前。此号常见于嘉庆二十五年（1820）至道光元年（1821），盖荛翁晚年悟道之证也。

抱守老人

抱残守缺者，于断简残编别有所好也。荛翁跋旧抄残本《阳春白雪》云：

> 余生平喜购书，于片纸只字，皆为之收藏。非好奇也，盖惜字耳。往谓古人慧命全在文字，如遇不全本而弃之，从此无完日矣，故余于残缺者尤加意焉，戏自号曰抱守老人。（《荛识》第866页）

翁早年于古书存"求全"之见，于元至正十五年（1355）嘉兴路儒学刻明修本《诗外传》（国10695）、金刻《萧闲老人明秀集》（国

---

❶（清）郭庆藩：《庄子集释》，中华书局1961年版，第104页。
❷ 同上书，第252~254页。

04299）皆因其残缺而交臂失之（二书后分归于袁廷梼、顾之逵），后乃去皮相而得真诠，遂有此号。

此号约用于嘉庆末、道光初。

癸未人、羊儿年（朱长）

荛翁生于乾隆二十八年癸未（1763），故称"癸未人"。

明弘治十年余杭知县冉孝隆刊本《涧谷精选陆放翁诗集》十卷、《须溪精选陆放翁诗集》八卷、《陆放翁诗别集》一卷（台10581）、道光元年（1821）四月翁跋、抄本《李文绕文集》道光三年（1823）正月人日翁跋，均署"癸未人荛夫"，仅见于道光初年。

"羊儿年"印亦与此有关。元人俗多以十二生肖配年为号，故俗有"羊儿年""狗儿年"云云。清光绪二十七年（1901）刻笺经室丛书本宋孟珙《蒙鞑备录》云：

> 去年春，珙每见其所行文字，犹曰"大朝"。又称年号曰"兔儿年""龙儿年"，自去年方改曰"庚辰年"，今日"辛巳年"是也。

清曹元忠校注云："又按明陆深《春风堂随笔》云：方言以十二生肖配十二辰，为人命所属，莫知所起。北齐周宇文护母留齐，贻书护曰：'昔在武川镇生汝兄弟，大者属鼠，次者属兔，汝身属蛇。'当时已有此语。北狄中每以十二生肖配年为号，所谓狗儿年、羊儿年者，岂此皆胡语耶？然则兔儿年、龙儿年之称，由来既以，故终元之世亦不尽改。……不尽如孟珙所言也。"

荛翁此印，必自元人文献中来；又翁生于乾隆二十八年癸未（1763），故自称"羊儿年（生人）"。

秋清逸士（叟）

此号多见于道光三年（1823）至五年（1825）秋，为荛翁晚年之号。校宋本《道德真经指归》道光三年秋黄跋云：

余连年入夏病暑，诸事不适，视书籍如仇。……交秋精神渐复，遇事喜为。(《莌识》第478页)

抄本《席上辅谈》道光三年秋黄跋亦云：

道光癸未秋七月，余病暑初愈，复理冷淡生活，故古书亦复喜寓目。……七月既望，秋清逸叟。时年六十有一岁。(《莌识》第483页)

盖翁晚岁病暑，诸事不得为，至秋方精神清朗，故有此号。民国上海蟫隐庐石印本叶昌炽《缘督庐日记抄》卷五录莌翁道光五年七月《咸宜女郎诗册》（今待访）题诗云：

青铜镜，青铜镜，我有真面目，见君益清净。忆自辛年来，常苦夏畦病。病时多尘容，颜色失其正。一入新秋来，精莹得金性。寄语磨镜郎，扬辉月秋盂。

"辛年来"云云，知翁病暑，约自道光元年辛巳（1821）起。

东隅/独树（白方）、独树逸翁

"独树逸翁"自署仅见于影宋本《碧云集》（台09920，清琴川张氏小琅嬛福地影抄南宋临安府陈宅书籍铺刊本过录此跋）道光三年（1823）黄跋，为莌翁晚年自号。又道光五年（1825）六月十二日，为黄庭坚诞辰七百八十周年，莌翁于百宋一廛悬像设祭，并举问梅诗社第二十八集，潘奕隽及同社石韫玉、张吉安、尤兴诗、彭希郑、彭蕴章诸人与焉。翁诗云："三松五柳并独树（自注：莌夫自号），会制联吟数首诗。"❶

---

❶ （清）尤兴诗等：《问梅诗社诗抄》四卷，清刻本（南图 GJ/92387）。此书得南京图书馆古籍部陈立主任助力，谨致谢忱。

"东隅独树"印见于宋咸淳元年重刊本《说苑》(国7484)道光元年(1821)九月荛翁跋语前。荛翁早年居城南昭明巷,嘉庆元年(1796)五月迁城西王洗马巷,嘉庆七年(1802)十二月迁居城东县桥(即悬桥巷),此或即"东隅"之所出。

荛翁此号,或亦为纪念方外友人寒石和尚。据清嘉庆二十二年(1817)刻本《吾与汇编·寒石大师小传》,寒石大师,浙江天台人。俗姓王,名古风,一名际风,字澄谷,号寒石,晚号独树,室名倚仗处。23岁,得法于杭州理安寺渔陆禅师。乾隆四十四年己亥(1779),来苏州传法,先后主苏州天宁寺、吾与庵,杭州理安寺。《吾与汇编》中颇多题咏涉及寒石和尚此号,如卷十有石韫玉《二月十五日入山为澄谷大师寿偶成一律仍邀诸君子同作》诗,荛翁和诗云:

弹指流光七十年,一身功行已完全。少如野鹤随云逸,老似苍松立雪坚(师自理安归支硎,晚以独树为号)。力引群生能渡海,道参诸佛可升天。语言文字非虚设,大阐宗风百世传(师近刻语录)。

龟巢老人、龟巢/翁(白方)

"龟巢"典出《史记·龟策列传》:"嘉林者,兽无虎狼,鸟无鸱枭,草无毒螫,野火不及,斧斤不至,是为嘉林。龟在其中,常巢于芳莲之上。"❶后代指莲叶,喻高洁之意。元末明初有武进学者谢应芳(1296~1392),筑室名"龟巢",自号"龟巢老人",乡里称"龟巢先生"。荛翁于道光元年辛巳(1821)曾得周锡瓒旧藏影抄明洪武十二年王著刻本《龟巢摘稿》(台11032),"龟巢老人"之号当出于此。

此号仅见于元刊士礼居影宋抄补本《伤寒明理论》(台05942)卷一后道光四年甲申(1824)七月翁跋,末署云"龟巢老人自记",为翁晚年之号。"龟巢翁"印,即钤于此跋之后。

---

❶ (汉)司马迁:《史记》,中华书局1959年版,第3227页。

三、斋名类

听松（拟）轩（主人）、听松轩（朱长）

"听拟轩"号含义难明，仅见于抄校本《吴都文粹》，题云"大清乾隆五十六年十一月二十八日，听拟轩主人黄丕烈呵冻书"（《荛识》第797页），为荛翁早年之号，江标《年谱》（第1页）即照此著录。

然王欣夫先生《年谱补》（第100页）云翁有号曰"听松轩"，且顾颉刚先生录《吴都文粹》黄跋，作"大清乾隆五十六年十一月二十八日，晴（今按此处当讹'聽'为'晴'）松轩主人黄丕烈呵冻书"。[1]"听拟轩"实即"听松轩"之误也，宋绍兴间（1131～1162）衢州州学刊明嘉靖万历间南监修补本《三国志》（台01431）中《吴志》书衣即有荛翁题字"听松轩藏书"。

读未/见书斋（朱方）、读未见书/斋收藏（朱长）

残宋本《编年通载》（国7379）黄跋云：

> 余性喜读未见书，故以之名其斋。自后所见，往往得未曾有，始信天之于人必有以报之也。古人云：思之思之，鬼神通之。余之于书，殆造斯境与？

又抄本《铁崖赋稿》跋云："余喜蓄未见书，故向以读未见书名其斋。"（《荛识》第740页）此即印、号之义所出。

此号始见于乾隆五十八年（1793）校宋本《礼记郑注》黄跋"时癸丑秋孟，黄荛圃识于读未见书斋"（《荛识》第40页），常见于乾隆末年至嘉庆前期，此后至翁去世，罕署此号。

小千顷堂（主人）、千顷/波（白方）、千顷陂（朱长）

明人黄虞稷有"千顷堂"藏书，荛翁以同姓，故自谦称"小千顷

---

[1] 顾洪、张顺华：《顾颉刚文库古籍书目》第二卷，中华书局2011年版，第861页。

堂"。此号见于乾隆五十九年（1794）至嘉庆元年（1796），为翁早期斋号。

"千顷陂""千顷波"印似出"千顷堂"，然皆源于东汉黄宪（75～122，字叔度）典。《世说新语·德行第一》云：

> 郭林宗至汝南造袁奉高，车不停轨，鸾不辍轭。诣黄叔度，乃弥日信宿。人问其故？林宗曰："叔度汪汪如万顷之陂。澄之不清，扰之不浊，其器深广，难测量也。"❶

黄宪器宇深广，称"万顷之陂"，故黄虞稷及莞翁皆自谦为"千顷"。"千顷波"印所见仅钤于宋刻本《孟东野文集》（国8402）。

补竹斋（朱长）、补竹/主人（白方）

"补竹"者，补种竹子。此号深意俟考。

"补竹斋"印见于旧抄本《罗鄂州小集》（台10488）卷首，此书有莞翁乾隆五十九年甲寅（1794）十月跋。"补竹主人"印，所见钤于明柳佥抄本《渑水燕谈录》（上图762495）莞翁乾隆五十九年甲寅（1794）十一月跋后。

综上可知，此斋号约用于乾隆末年。

士礼/居（朱方二、白方一）、士礼居（朱长）、士礼居藏（朱长）、士礼/居藏（白方）、士礼居/精校/书籍（朱方）❷

一般认为《仪礼》又称"士礼"，莞翁得宋刊严州本和景德官本《仪礼》两种，故以名斋，❸然未见莞翁自道，盖推论也。

今按此事或有别情。明刊本《金薤琳琅》（台05102）有乾隆五十一年丙午（1786）莞翁跋（过录），云"乾隆丙午七月，古吴平江黄氏

---

❶ 余嘉锡：《世说新语笺疏》，中华书局1983年版，第5页。
❷ 此印所见仅钤于清抄本《荀子》（国8135）。
❸ 《辞海·文化、体育分册》"士礼居"条，上海辞书出版社1981年版，第13页。其余诸论著皆持此说。

士礼居收护",❶ 此"士礼居"最早见诸文字之记录。而荛翁迟至乾隆五十八年癸丑（1793）除夕始得宋刻残本《仪礼疏》五十卷（存四十四卷，即景德官本），有诗，周锡瓒依韵和之，《小通津山房诗稿》癸丑年有《除夕黄孝廉荛圃得宋刻〈仪礼〉单疏残本有诗志喜依韵和》诗云：

枯坐冥心念念灰，淹中残帙一披来。经分象象编仍旧（注疏各为一书，犹古《易》之《象》《象》《文言》《系辞》各自为书，《通考》所载马廷鸾语），《礼》到齐梁学更该。《丧服》专家纷异谊，考亭集腋有新裁。奇辞莫再愁难读，善本重雕次第开（荛圃又购得宋版《仪礼》郑注本，将校正刊行）。

又《百宋一廛书录·仪礼注》自云：

余于癸丑岁除得单疏本《仪礼疏》，因思得陇望蜀，欲再得《仪礼注》以为双璧之合。越明年春，果得《仪礼注》于书船友，其实嘉定王状元敬铭家物也。

此即所谓宋严州本。据此，则宋刻二《仪礼》分别得之于乾隆五十八年、五十九年，反晚于"士礼居"之得名。然《金薤琳琅》荛翁原跋未见，此过录之跋已成孤证，是否其跋语未真，或者其干支有误，真相究竟如何，尚俟后考。

"士礼居"号颇著其名，翁自乾隆末至道光初，题署不绝。

学耕堂、学耕/堂印（朱方）

学耕者，古人所谓"一等人忠臣孝子，两件事读书耕田"之意，又或将治学喻为耕田，须勤恳（垦）方有所得。抄本《吴都文粹》荛翁

---

❶ 跋文全文为："此书为虞山陈见复先生所藏古刻善本，一时亦求之不得者。陈煌图先生精于篆隶，足征于金石究心深矣，勿泛视之。乾隆丙午七月，古吴平江黄氏士礼居收护。"荛翁

跋云"余去夏移居王洗马巷，思以旧宅学耕堂扁其新庐，而难其人"（《莞识》第799页），旧抄本《得月楼书目》黄跋云"道光甲申秋闰月十三日冬，莞翁记于学耕堂"（《莞识》第220页）。翁嘉庆元年（1796）五月迁王洗马巷，则此号莞翁自乾隆末年至道光四年（1824）始终用之。

养恬书屋、养恬轩

"养恬"出《庄子·膳性》："古之治道者，以恬养知；知生而无以知为也，谓之以知养恬。知与恬交相养，而和理出其性。"疏云："恬，静也。古者圣人以道治身治国者，必以恬静之法养真实之知，使不荡于外也。"❶ 引申指培养恬静寡欲之思想，过恬静之生活。

此为翁早年斋号。仅见于乾隆六十年（1795）冬、嘉庆元年（1796）初题署，时翁居父丧，且乾隆六十年六月家遭大火，财用一空，此号亦可见翁彼时心境。

红椒山馆

此号仅见于嘉庆四年己未（1799）十月。清咸丰九年（1859）刻本瞿中溶《古泉山馆诗集·金闾稿》卷二有《十月五日莞圃招集红椒山馆分得夜字》诗云：

> 昨归枫江舟，今速清嘉驾（初三日访寿阶，昨日始归）。屈指未三旬，两度蒙君迓。……秋色映红椒，不逐凡花谢。古朴静忘年，龙钟如老罢……座客有陈思，八斗才倾泻。含毫为作图，隽妙咸惊讶（时曼生为作红菽、古朴二图为对）。

知莞翁家时植有红椒，且倩陈鸿寿（曼生）作图。又十六日，莞翁跋宋刻配影宋抄本《愧郯录》（国6907），亦署"红椒山馆"。

联吟西馆

"联吟"者，联句也。莞翁好诗，晚年以此寄畅，早年亦颇富诗兴，

---

❶ （清）郭庆藩：《庄子集释》，中华书局1961年版，第548页。

常与友人集会赋诗，此当即"联吟"之所出。然此号之详义尚俟考。

此号见于嘉庆四年（1799）至十五年（1810），寥寥数次。

太白楼

此号见于嘉庆五年（1800）至嘉庆八年（1803），或与李白有关，为吟诗之所？其义俟考。

县桥（朱长）、县桥/小隐（白方）

嘉庆七年（1802）末，荛翁迁居东城"悬桥巷"，实为"县桥"之讹。据明崇祯汲古阁《津逮秘书》本《却扫编》（国00906）黄跋云：

> 余居在县桥，盖临顿路之东也。……旧学基址为长洲县旧治，此县东桥之得名以此，而县桥又以为里名也。吴人呼县桥巷为悬桥巷，余迁此始正之。

此印即迁居后所刻。然翁言虽辩，旧说已固不可易，"悬桥巷"之名，至今仍因而未改。

"小隐"本有隐迹山林之意。晋王康琚《反招隐诗》："小隐隐陵薮，大隐隐朝市。"❶此处盖反其意而用之。"县桥小隐"之号，偶见于嘉庆末、道光初。

百宋一廛（朱长一、白长一）、百宋一廛/清赏（白方）

廛，《说文通训定声·乾部第十四》云："廛，二亩半，一家之居也。……在里曰廛，在野曰庐。"❷嘉庆七年（1802）岁末，荛翁迁居县桥，构专室贮宋本百余种，取其约数，名百宋一廛，顾莼为题匾。后有张宗祥、袁克文辈慕翁伟业，亦以"小百宋一廛""后百宋一廛"自名。

又海源阁"宋存书室"（白长）印步趋"百宋一廛"（白长）印，观宋刻递修本《舆地广记》（国7887）首页《舆地广记序》旁二印可知。

---

❶ 逯钦立：《先秦汉魏南北朝诗》，中华书局1983年版，第953页。

❷ （清）朱骏声：《说文通训定声》，武汉市古籍书店影印1983年版，第766页。

冬蕙山房

"冬蕙"，冬日之兰草。此题署仅见诸明万历汉魏丛书本《说苑》（国898）嘉庆十二年（1807）黄跋："复翁书于冬蕙山房。时小春，盎中发蕙一枝。"其义甚明。

学山海居

清道光四年张蓉镜家抄本《萧闲老人明秀集》六卷（国02740）荛翁题诗云：

> 词山曲海费搜罗，宋刻元雕几许多。只有金源明秀集，错教当日眼前过。

自注云："李中麓家词山曲海，余藏词曲甚夥，名其藏弄之所曰学山海居。"又明刻本《太平乐府》黄跋云：

> 余藏词曲富矣，故拟颜其所藏之室曰"学山海居"，取汲古称李中麓词山曲海之意也。（《荛识》第869页）

李中麓，明戏曲家李开先（1502~1568）号。毛扆《汲古阁珍藏秘本书目·精抄张小山乐府》云："李中麓家词山曲海，无所不备，独无小山词全本。"❶ 荛翁不善词曲而好藏其书，"学山海居"之"学"者，以李氏为榜样也。此斋名仅见于嘉庆十四年己巳（1809）题署。

求古/居（朱方一、朱长一）、求古居士、求古居主人、求古主人、求古堂

荛翁《百宋一廛书录序》云：

> 予喜聚书，必购旧刻，昔人佞宋之讥，有同情焉。每流览诸家书目，以求古书源流。（《荛识》第938页）

---

❶ （清）毛扆：《汲古阁珍藏秘本书目》，清士礼居丛书本。

又明刻《开元天宝遗事》（台08278）跋云："遂持此册归，稍慰求古之心。"可解此印、号。今检翁题识，此号始见于嘉庆十五年庚午（1810），多用于嘉庆十六、十七年，至十七年《求古居宋本书目》之编纂，为其标志性事件。此后则未见再用。

"求古居"朱方印较常见，朱长印见于明影宋抄本《芦川词》（国7865）。又缪荃孙亦有朱方"求古居"印，似少人知，今特为拈出。参见宋陈解元宅刻本《王建诗集》（国7636）、明嘉靖二年武陵龚万钟手抄本《集篆古文韵海》（台00980）、清影宋抄本《东家杂记》（国8056）。

又部分论著云翁有"求古精舍"号，未知所据。

陶陶/室（白方）、陶陶轩主、陶复斋

陶陶室之名，自荛翁藏宋刻递修本《陶渊明集》十卷（国8368）、宋刻本《陶靖节先生诗》四卷《补注》一卷（国8369）❶二部陶集而来，二书分别有荛翁亲书"陶陶室藏靖节集第一本""陶陶室藏靖节集第二本"各一行。然"陶陶"本有"欢乐"意，《诗经·王风·君子阳阳》："君子陶陶，左执翿，右招我由敖。其乐只且！"❷此号遂有隐寓仿效陶公，归守田园之乐意，荛翁及友人屡言之。

据宋嘉泰淮东仓司刻本《注东坡先生诗》所存《追和陶渊明诗》二卷（国8453）黄跋，嘉庆十四年己巳（1809）秋，荛翁得宋刻《陶靖节先生诗》，并"以己巳冬新葺陶陶室，贮宋刻两陶集"。嘉庆十五年（1810）十一月末，嘉兴金锡爵借宿士礼居数日，获观宋椠多种。其跋宋刻本《新序》（国8138）云："陶陶室先后得二宋本陶集，取名其室。"嘉庆十六年（1811）九月，王芑孙作《黄荛圃陶陶室记》，❸阐其缘由云：

---

❶ 焦从海有《陶陶室藏宋板陶集聚散流传考》（载《文献》1985年第3期）一文，可参考。

❷ （清）王先谦：《诗三家义集疏》，中华书局1987年版，第320页。

❸ （清）王芑孙：《渊雅堂全集·惕甫未定稿》卷七，清嘉庆刻本。

同年黄荛圃得虞山毛氏藏北宋本《陶诗》，继又得南宋本汤氏注《陶诗》，不胜喜，名其居曰陶陶室。饮余酒，属余为记，余未及为也。后二年，又得南宋本施顾两家《注东坡和陶诗》，于是复饮荛圃家，而卒为之记曰……今者托趣于"陶陶"，非独喜其宋本之不一而足也。盖荛圃宜为县而不为，略似陶公；其力耕校书，又大致仿佛，故因以自寓焉。

　　十六年十一月，李福、孙星衍赴黄丕烈陶陶室宴集，李福作《陶陶室宴集》❶诗云：

　　　主人藏书富缃帙，标题甲乙琅嬛穴。其间宋椠两陶诗，贮之别构陶陶室。丰城神剑不可分，东坡和集合并存。……我辈中年半就衰，星星华鬓同看来。人生富贵浮云似，莫负当前酒一杯。陶室主人笑拍手，能作是言真吾友。君不见当日衡茅赋养真，不肯折腰博五斗。

　　十九年（1814）十月，李福等于陶陶室宴集，分韵赋诗，❷题云："陶陶室宴集，以主人西山看枫诗'折将红叶去，端的为诗媒'分韵，拈得红字。"大约此后不久，二陶集陆续入藏汪士钟艺芸书舍。

　　"陶陶轩主"号，见于江标《黄荛圃先生年谱》卷上，当有所据，但未见题跋自署。

　　至于"陶复斋"，嘉庆二十五年（1820）秋荛翁跋抄本《陶靖节诗选杜文贞律诗选》云："余生平酷爱陶诗，既收得两宋本，藏诸一室，名曰陶陶室。后辍赠人，又收得一宋本，改颜曰陶复斋。"（《荛识》第826页）后收宋刻本详情俟考。

碧云群/玉之居（白长）

　　道光三年（1823）三月，黄丕烈送三孙美镐往昆山玉峰赴考，得宋

---

❶（清）李福：《花屿读书堂诗抄》卷四，道光二十六年（1846）写刻本。
❷（清）李福：《花屿读书堂诗抄》卷五，道光二十六年（1846）写刻本。

临安府陈宅书籍铺刻本《李群玉诗集》三卷《后集》四卷及《碧云集》三卷（傅斯年图 844.1161），❶ 颇爱之，遂刻此印。影宋抄本《李群玉集》三卷《后集》五卷黄跋云："宋刊《碧云》《群玉》两集，予于去春送考玉峰时得者也。……携归日，即命三儿寿凤镌小印曰'碧云群玉之居'，钤于长笺短札，自谓得少佳趣。"（《荛识》第 560~561 页）

滂喜园

"滂喜"语出东汉贾舫《滂喜篇》（已佚），汉代字书，为扬雄字书《训纂篇》之续作。章太炎《菁兰室札记》第二一六则"滂喜"云："子云《训纂》终于'滂熹'二字，而贾舫遂作《滂喜篇》。说者以届滂沱大盛之谊，然亦可训为'喜悦'。按《后汉·孝灵帝纪》：光禄勋陈国袁滂为司徒。李贤《注》：滂字公喜。据名字相应，则滂亦喜也。"❷ 荛翁后，潘祖荫亦有"滂喜斋"。

"滂喜园"为翁晚年于玄妙观以西为长孙黄美镠所开书籍铺。朱彝尊手稿本《美合集》（台 13954）道光五年乙酉（1825）五月十一日（荛翁六十三岁生日）荛翁跋云："道光乙酉之春，予有滂喜园书籍铺之设，老友胡茂塘佐理其事，暇日则以书籍付装。"旧抄本《嫏嬛记》翁跋云："道光甲申长至日，予有滂喜园之设，一时故家多有以书籍来售者。然为长孙美鎏习业，所收在于易为脱手，非储藏可比。"（《荛识》第 398 页）此或道光四年冬筹备，至五年春始营业也。

四、其他类

平江/黄氏/图书（朱方）

北宋时苏州为平江府，故平江为苏州别称，吴人习用之。如"平江袁氏珍秘（袁廷梼）""平江贝氏文苑（贝墉）""平江汪氏藏书印（汪

---

❶ 本文所据书影及描述出于沈津先生《傅斯年图书馆的镇库之宝〈群玉集〉〈碧云集〉》（载《收藏家》2008 年第 8 期）。

❷ 章太炎著，沈延国、汤志钧点校：《章太炎全集·菁兰室札记》，上海人民出版社 2014 年版，第 105 页。

士钟）""平江汪振勋梅泉印记""平江汪宪奎秋浦印记"等。

江/夏（朱方）、无双（白长）、江夏中子

江夏（今湖北东部、河南南部一代）为黄姓郡望及发源地之一，有"天下黄姓出江夏，万派朝宗江夏黄"之说。宋刻宋元递修本《冲虚至德真经（列子）》（国9617）黄跋述其与顾之逵争购此书之事云："余亦以是书不归江夏（今按指尧翁），即归武陵（今按为顾姓郡望），倘惜财物，致失异书，大是恨事。"

"无双"出东汉黄香之典。《后汉书》卷八十上《文苑列传》云："黄香字文强，江夏安陆人也。……香家贫，内无仆妾，躬执苦勤，尽心奉养。遂博学经典，究精道术，能文章，京师号曰'天下无双江夏黄童'。"[1]

"江夏中子"印未见，王国维《传书堂藏书志》卷四校补明刊本《剡源戴先生文集》著录。[2]"中子"即前文"黄中翁"印之意，仲子也。

且还读/吾书（朱长）

语出陶渊明《读山海经十三首·其一》"既耕亦以种，时还读我书（一作'且还读吾书'）"句。[3]涵芬楼秘笈本宋吴则礼《北湖集》卷一《遣兴》诗云："大是陶渊明，且还读吾书。"可为佐证。尧翁晚年绝意仕途，大挑知县而不就，归隐士礼居，以藏书校书自娱，且购得宋刻两陶集，自号"陶陶室"，皆寓此意也。

校书亦已勤（朱长）

语出陶渊明《示周续之祖企谢景夷三郎》："马队非讲肆，校书亦已勤。老夫有所爱，思与尔为邻。"[4]此印罕睹。所知袁廷梼贞节堂抄本《嘉禾志》（台03278）卷十五末有此印，另王国维《传书堂藏书志》

---

[1] （宋）范晔撰，（唐）李贤等注：《后汉书》，中华书局1965年版，第2613~2614页。
[2] 王国维：《传书堂藏书志》，上海古籍出版社2014年版，第1039页。
[3] 袁行霈：《陶渊明诗笺注》，中华书局2003年版，第393页。
[4] 同上书，第98页。

卷四校补明刊本《剡源戴先生文集》著录。❶

问梅/诗社（朱方）

道光三年（1823）正月，荛翁偕彭希郑、尤兴诗至城西积善西院探梅，啜茗茹蔬。再游龙树庵，乘兴而结问梅诗社，❷ 是荛翁晚年除书籍外的重要寄托。

入门僮/仆尽/钞书（白方）、门仆/抄书（朱方）

"入门僮仆尽钞书"印见于士礼居抄本《新刻张小山北曲联乐府》（国9242）。嘉庆二十一年（1816）翁跋云：

> 越岁丙子季春十日，重展是书，已隔六年矣。其钞此书之门仆张泰，久去他所，因补钤"入门僮仆尽钞书"之图记于卷尾云。廿止醒人识。

此说出毛晋汲古阁事。影宋刊本《孙尚书大全文集》三十三卷（静嘉堂）翁跋云：

> （此书）虽不及毛钞之精，而一时好事之所为，以视汲古阁中"入门僮仆尽钞书"者，其风致何多让焉？❸

今考其源，仅见清康熙毛氏汲古阁刻本清人陈瑚《确庵文稿》卷十六《为毛潜在隐居乞言小传》：

> 子晋固有巨才，家畜奴婢二千，指同釜而炊，均平如一。……变革以后，杜门却扫，著书自娱。无矫矫之迹，而有渊明、乐天之风。……司李雷雨津尝赠之诗曰："行野樵渔皆拜赐，入门僮仆尽

---

❶ 王国维：《传书堂藏书志》，上海古籍出版社2014年版，第1039页。
❷ 关于该社，可参考睢骏《问梅诗社述略》（载《复旦学报》2000年第1期）。
❸（清）河田罴：《静嘉堂秘籍志》卷三五，见《日本藏汉籍善本书志书目集成》第七册，北京图书馆出版社2003年版，第503页。

钞书",人谓之实录云。

今人言及此,多据《书林清话·明毛晋汲古阁刻书之二》转引者,今特据原文表出。

又"门仆抄书"印,见于清嘉庆间(1796~1820)黄丕烈门仆钞本《南唐书》(台 01585)、清抄本《朝野新声太平乐府》(国 7872)等。

五、辨 伪

石泉古舍

石泉古舍,前人多以为系黄丕烈斋名。清初刻汉魏丛书本《说苑》(国 5994)黄跋云"适访海宁陈君仲鱼于石泉古舍";《徐陶园存札小引》黄跋云"辛未六月十有五日,过上津桥石泉古舍书。复翁黄丕烈"(《荛识》第 145 页),时所访者为"鬈翁"(陈鳣),则可推知石泉古舍为陈鳣所置苏州城外西北上津桥畔住所。

仪宋堂、小荸芦馆

一般论著常以此二号属荛翁,然《荛识》中未见。《玄机诗思图》(已佚)道光五年(1825)荛翁跋云:

> 道光乙酉新秋七月七日,凤儿(今按即翁子黄寿凤)邀集同人县桥小隐学耕堂,为吟社第三集……前此黄文节公生日会于仪宋堂,荷华生日立秋会于小荸芦馆,今七月七日又会于县桥小隐,皆一时知名之士,蓄道德而能文章者。吾子能往从之游,非老人之一快乎?❶

---

❶ 此原见诸《缘督庐日记钞》卷五。(清)黄丕烈撰,余鸣鸿、占旭东点校:《黄丕烈藏书题跋集》,上海古籍出版社 2015 年版,第 842 页。

此跋文意显然，黄寿凤与友人结吟社，轮流举行，第一集、第二集为"仪宋堂""小荽芦馆"邀集，第三集始至县桥小隐。故"仪宋堂""小荽芦馆"为黄寿凤友人之居，非翁之号明矣。

今按与尧翁跋后所列"与会同仁姓氏"相比对，可知仪宋堂为吴县吴嘉淦❶斋号，盖吴有《仪宋堂诗文集》；小荽芦馆为元和朱绶❷斋号，清光绪十八年陆润庠刻本陆嵩《意苕山馆诗稿》卷二《岁暮寄亲友书各系一诗》云："苦吟近日似君无，心事千秋肯自孤。为问故园风雪夜，几人曾到小荽芦。朱仲环。"即其证也。

此外尚有学圃堂、听拟斋、求古精舍等，皆非翁斋号，其说详前文。

六、余　论

前文将尧翁一生所用字、号、印一一列举并考订其含义，或有发前人所未见者，然其意仅止于此乎？中国传统文人，可以推见其生平遭际及内心服膺者，字、号、印是绝佳的观察角度。作为一个一生与书结缘而又情感丰富的人，尧翁的重要时刻和人生起伏，都在这几十个寥寥数字的字、号、印中得以展现。而这其中的始末缘由，世事风云，心情跌宕，却并非本文可以涵盖，而仅以本文为起点。

（本文曾得梁健康、丁延峰二先生指正，谨致谢忱。）

2017年5～8月初稿并修订

---

❶ 吴嘉淦（1790~1865），字清如，室名退斋、澄之、新有轩、仪宋堂。江苏吴县（今属苏州）人。道光八年（1828）举人，道光十八年进士。有《仪宋堂诗文集》。

❷ 朱绶（1789~1840），字仲环，一字环之。晚年复更字仲洁。号酉生，江苏元和（今属苏州）人。道光十一年（1831）举人。《清史列传》有传。工诗词，与戈载、王嘉禄（黄丕烈婿）、吴嘉淦、沈传桂、沈彦曾、陈彬华等人合称"吴中七子"，著有《知止堂文集》等。

袁廷梼生平发覆
——一个苏州家族的兴衰

袁廷梼（1762～1809），后更名廷寿。字又恺（凯），又字寿阶（亦写作授阶、绶阶、寿皆等）。江苏吴县（今苏州西南部）人。清乾嘉间苏州著名藏书家，与黄丕烈、顾之逵、周锡瓒并称"藏书四友"。

袁氏生前，藏书之名颇盛，然其身后之寥落，与同为"四友"的顾之逵、周锡瓒相较，亦仅稍胜而已。其中缘由，一则因家道递衰，中年谋食江浙，无力刊印家藏书目，❶ 以传名后世；二则因天不假年，年未五十而殁，未克将半生见闻，撰成题跋、书志，以垂之永久。此亦学者、藏家千古同悲同慨之常。故本节拟据各类传世文献，就其家世、姓字、年齿、交游、学行诸端为前人所略者，一一考订发覆，以褒大其人，彰明其事，并使古贤之所钟所痛，为今人所感所知，是所愿者。又袁廷梼出身之袁氏，为吴中世族，其兴衰亦颇具典型，故一并论之。

---

❶ 同治《苏州府志》（冯桂芬等）卷一百三十六《艺文一·吴县》列："袁廷梼：《五砚楼书目》《金石书画所见记》《渔隐录》《霜哺遗音集》《红蕙山房诗集》。"然今日五书中，后三者皆因刊刻而存，对于藏书家而言最重要的两部书目却已难见。谢巍编著《中国画学著作考录》第六卷（清代）有《金石书画所见记》条（上海书画出版社1998年版，第574～575页），"备考"云："是书早年承福州林石庐先生函告，谓昔年自北南归，过苏州购书，得见此书抄稿本，而以稿本索值，因价过昂，而未能获得，颇耿于怀。又谓此书颇有识见，为乾隆时一佳作。如此，于稿本之外，又有抄稿本，距今仅七十多年，未知尚存否？俟查访。"

一、姓字辨疑

乾隆二十五年（1760），年已花甲，却仅有一子袁廷檮的袁永涵纳19岁的韩氏为妾；一年多后的乾隆二十七年（1762）六月十四日，❶ 韩氏为他生下了次子袁廷梼。此时，袁永涵已经62岁。

在论述袁廷梼其人其事之前，有必要弄清楚与他的名字有关的几个问题。而这些问题，在其他人身上，并不常见。

袁廷梼的名字该如何读？这是第一个疑问。

袁氏名字中的"梼"字有三音，一作"chóu"，有"刚（坚硬）木"之意（《广韵》《集韵》）；一作"táo"，有"断木"之意（《说文》），常用于"梼杌"（恶兽、恶人、楚国史书名）、"梼昧"（愚昧）；一作"dào"，有"棺木"之意。从文义的褒贬上来看，"梼"字自然是该念作"chóu"，取"刚木"之意。同时，其兄名袁廷檮，"檮"字读如"yǒu"，有"积聚（木柴燃烧）"之意，《诗·大雅·棫朴》云："芃芃棫朴，薪之槱之。"兄弟之名同韵，也可为一佐证。

袁廷梼初字又恺，"又恺"义从何来，这是第二个疑问。

据《说文》，恺有"乐也""康也"之意，名、字间的关系（相近、相反）不明。注意到其兄廷檮字启蕃，蕃有"繁茂"之意，笔者猜度，

---

❶ 乾隆五十五年（1790）前后，袁廷梼主持编定《吴门袁氏家谱》六卷（南京图书馆藏）。本文所据为光绪末年袁来儁、袁颂平父子续修本八卷，民国八年（1919）石印本。续修本在基本保持原书面貌基础上，增加了乾嘉至清末百余年的袁氏家谱信息，较原谱为详。下文省称作《家谱》。袁廷梼生年出《家谱》卷五，袁氏生年及享寿，前人众论纷纭。丁子复《袁寿阶先生传》云："卒年四十八。"清咸丰八年有嘉树轩刻本钱林《文献征存录》卷九袁廷梼传云："卒年四十七。"清光绪五年刻本陆心源《三续疑年录》卷九云："袁绶阶四十七（廷梼）。生乾隆二十九年甲申，卒嘉庆十五年庚午。"柯愈春先生《清人诗文集总目提要》据此定袁氏生卒年为1764~1810年（北京古籍出版社2001年版，第998页）。各本文献人言人殊，多因生卒年记载歧异。据较为权威的丁子复《袁寿阶先生传》逆推，其当生乾隆二十七年壬午（1762）。郑伟章先生《文献家通考》据此定袁氏生卒年为1762~1809年（中华书局1999年版，第551页）。又嘉庆二年丁巳（1797）藏庸堂《拜经堂文集》（民国十九年宗氏石印本）卷四《渔隐小圃文饮记》云该年袁廷梼三十六岁，逆推之，亦在乾隆二十七年，均与《家谱》所载同。

如果说"启蕃"有长子带来家族繁荣茂盛之意,"又恺"则或有再次带给家庭康乐的欣喜。

袁廷梼何以改名"袁廷寿"？改名时间在何时？这是第三个、第四个疑问。

袁廷梼改名之因不详，但可以想象，如非特殊原因，决难轻改。盖因袁氏之兄及诸从兄弟，皆以"廷"加木旁字为名。据《吴门袁氏家谱》，有廷权、廷栋、廷桢、廷植、廷樊、廷模、廷杏、廷杞、廷标、廷枫、廷楷、廷梗、廷杰、廷樨，等。笔者推测，其改名，或者受易学及其衍生之姓名学中五行之理的影响，这类改名之举，在古代亦颇为常见。❶

至于改名时间，据笔者所撰袁氏年谱（草稿）排比，可见其端倪：自乾隆五十三年戊申（1788）正月初一日，袁序《吴门袁氏家谱》，自署"十六世孙廷梼谨序"起，至嘉庆八年（1803）五月，为黄丕烈题《唐女郎鱼玄机图》（国8713），署袁廷梼，十余年间，多作"廷梼"，而绝少作"廷寿"者。❷

至嘉庆九年（1804）夏，李福诗题称"袁寿阶廷梼"，❸而彭兆荪《扬州郡斋杂诗二十五首》第十九首咏袁氏，诗注云："袁寿阶廷寿卜筑枫溪，鉴别文史，极朋簪觞咏之胜。今亦橐笔康山，依人憔悴矣。"❹已露改名之迹。嘉庆十年（1805）九月，黄丕烈刻《百宋一廛赋注》中，有"有《周礼》一官，《春秋》泰半，忼许剑之待悬，怅籯金之莫换"句，黄注云："（《春秋经传集解》）同县袁廷寿寿皆甫亦有残本。"

---

❶ 如唐玄宗诸子初名多为"氵"旁，后多改"玉"旁；与袁廷梼同时的著名校勘家丁杰，改名之因则更能说明问题：清道光刻本桂馥《未谷诗集》卷二《客不识丁杰姓名口占答之》题注云："归安丁锦鸿久困场屋，日者占运，谓须'木火相扶'，因改今名，果登第。"

❷ 有个别作"廷寿"者，书皆刻于嘉庆后期或更晚，则无法证是原作如此或刻书时追改。如后文所引乐钧《题袁寿阶上舍（廷寿）移家载书图》诗，作于嘉庆二年，刻于二十二年。另赵怀玉《亦有生斋集》刻于道光元年，皆作"廷寿"，反而有追改的嫌疑。

❸ 清李福《花屿读书堂诗钞》（道光二十六年兰室重刊本）卷一有诗，题云："乐圃宴集感赋，与陈仲鱼鱣、徐懒云云路、袁寿阶廷梼、黄荛圃丕烈、吴春生嘉泰、孙蔚堂延、戴小愚光焘、竹友延介、董琴南国华、琢卿国琛同作（后略）。"

❹ （清）彭兆荪：《小谟觞馆诗文集》诗集卷八，嘉庆十一年刻二十二年增修本。

因《赋注》为莞翁手写上板，故袁氏更名，至此可确定无疑。

此外，国图藏明万历四十三年刻本《水经注笺》四十卷存十六卷（国2537）有嘉庆十年九月至十月袁跋多则，[1] 颇可注意（以下选录）：

> 廿四日以钞本校九卷十卷。绶阶。（卷十后）
> 九月廿五日以钞本校十一至十三卷。又恺。（卷十三后）
> 十月初四日灯下，以钞本校卅六至卅八卷。五砚主人。（卷三十八后）
> 初五日灯下，以抄本校卅九、四十卷毕。廷梼。（卷四十后）
> 此书涧薲得于扬州，今归与我。乙丑九月望廷寿记。（卷四十后）

由上跋可知，袁氏亲署名字，时而"廷梼"，时而"廷寿"，或者是名字新改，尚未成习之证据。又嘉庆十年春，袁廷梼跋清康熙六十一年陈师曾刻本《昭德先生郡斋读书志》（国图15049），亦署"袁廷寿"。

而嘉庆十年之后，袁廷寿之名则时有所见。清光绪刻本方浚颐《梦园书画录》卷二十二《姚姬传楷书金刚经册》载嘉庆十二年（1807）春"平江袁廷寿题"跋语。又嘉庆十九年甲戌（1814）王芑孙跋《绍熙云间志》，亦云"会吾乡袁君廷寿家遗书大出，先后得其数十种以去"。

综上可知，约嘉庆九年后，"廷寿"之名方始启用，然似未远播，袁氏藏印中绝无"廷寿"印，后人更多不晓。民国重刻《家谱》八卷，谱名均作"廷梼"，且于《长房支谱表》中袁氏名下，未及其更名之事，更可证其更名，多半出于某种改运或增寿的目的，故不欲张大其事。

又袁廷梼更名与添字之事，并非同时。大抵乾隆五十九年前，称

---

[1] 详拙文《国家图书馆藏袁廷梼题跋考释》（载《文献》2013年第3期）。

"又恺"者为多；五十九年后，称"绶阶"者为多（亦有同音混称授阶、寿阶者），称"寿皆"者较少。但新旧字并行不悖，友朋亦随各自习惯，照呼未改。《家谱·长房支谱表》称"字又恺，一字绶（按为绶字之误）阶"，前引嘉庆十年《水经注笺》跋中"绶阶""又恺"并用，亦是一例。

二、家世轶闻

（一）迁居吴门

袁氏祖先，虽以汝南为郡望，但"宋以上谱牒沦亡，世系莫可考"（《吴门袁氏家谱》卷一袁廷梼所撰《凡例》），[1] 故仅可追溯至元代的袁宁一，即《家谱》卷五中所称的"一世祖"：

> 先世汝南，从宋南迁，元至元中以荐征，官海道万户，授太中大夫，赐金虎符，驻节平江，赐第郡城之闻德坊。专司岁输管理粮储，巡视海运。兵民爱戴，颇著声绩，与宋通先后齐名。卒于官，享年五十有七。配吕氏，子孙遂家吴中。

袁宁一生平，仅见诸《家谱》。从谱文记载来看，其已跻身中上级武官之列，并驻节平江，赐第吴郡，在地方上显赫一时，可以说为从外地迁入，在吴地毫无根基的袁氏家族的绵延，奠定了极好的基础。

然而，从家谱记载来看，袁氏子孙自袁宁一身后，不仅未承继其从戎经历，甚至有衰落之势。宁一长子袁英，入赘城中章氏。元末遭乱，袁英遁迹山中，躬耕自给。其子袁福实，也初从母姓章。宁一第二子袁彻，洪武初（约1368）以贤良荐，授湖广布政司经历，其后无考。或者袁宁一去世之时，其二子年纪尚幼，族众未丰，祖荫固无法承庇，家

---

[1] 明代同宗袁年所修旧谱《袁氏本支纪略序》云："袁氏之先，汴人也。宋季乱，室毁于兵，谱牒不存。胜国之末，复遭兵燹，邈乎不可考矣。"参《家谱》卷四。

道亦不免中落。同时，苏州在元末为张士诚所据，在朱（元璋）、张之战后残破，文士、富贾被迫迁徙，明初又被课以重税，这大约是袁氏家族忽尔衰微的时代因素。

如此历经一百五十年，直至嘉靖初年（约1522），袁家虽传承六代，繁衍不绝，却既无科甲之盛，亦无商贾之富，或安居乡里，积善有余；或沉沦下僚，小吏终身。即使第四代中有曾任知县的袁政，以及官至南京兵部车驾清吏司员外郎、进阶奉直大夫的袁端，❶ 也绝未改变家族运数的轨迹。

（二）六俊之后

一件逸闻，似乎昭示着家族命运转折的契机。袁氏第六世祖有袁鼎、袁鼐、袁鼐兄弟三人（鼎为袁敬正妻俞氏所生，鼐、鼐为侧室赵氏所生）。长兄袁鼎在为父亲袁敬卜葬吴县西南三十里的宝华山时，风水先生称此地贵二、三房（幼弟袁鼐、袁鼐），而不利袁鼎所在之长房。此时的袁鼎，却显示了一位历任浙江秀水、江西南昌儒学训导，四川庆符儒学教谕的儒者的友悌情怀，他毫不迟疑地说："贵吾弟，吉地也，复何疑？"不仅将父亲葬于这块吉凶参半的墓地，其本人死后也与妻合葬于此。❷

无论是发语奇中的偶然抑或是否极泰来的必然，风水先生的话似乎得到了验证：袁鼐、袁鼐之后的家族第七代，在嘉靖间出了袁衮（谷虚公）、袁裘（志山公）、袁表（陶斋公）、袁褧（谢湖公）、袁褒（卧雪公）、袁袠（胥台公）六位文采高妙、驰名艺坛的隽才，时称"袁氏六

---

❶ 耐人寻味的是，袁政、袁端虽均归葬苏州，其子孙却分别定居浙江钱塘及山东东山，与家族就此失去联系。这也从侧面反映出家族在苏州并无可以依托而致显的产业，故不值得留恋。

❷ 事见《家谱》卷一《庆符教谕新斋袁公墓志铭》后自《汝南世泽》册中录方鸞墨迹，以及卷五袁鼎名下所载事迹。

俊"，❶ 彬彬之盛，一时无两。其后辈中，无论仕隐，皆诗礼传家，卓尔不群，有"三英""三贤""六贤"之称。❷ 袁褒子袁尊尼，嘉靖进士，仕至山东按察使司提学副使。袁褒子袁年（德门公），万历进士，更仕至陕西按察使（正三品）。❸ 明末清初的著名戏曲家、荆州知府袁于令（箨庵公），亦出于袁鼎—袁褒—袁年（其父）一支。

而袁鼎之后，虽然非如《汝南世泽》墨迹中方燮所言"六世单传"，但确实人丁稀少，家运维艰。康熙九年（1670），袁廷梼高祖袁之柱（号悦岩）在《本支家谱序》（《吴门袁氏家谱》卷一）中，重述这段轶闻，并且评论说："新斋公（袁鼎）以儒学名世，迄今六传，鲜有能继前人之美者。方斋（袁肅）、怀雪（袁鼒）两公之后，贵显不绝，子姓亦甚繁衍。……虽然，理数循环，无往不复，稽其岁时，已越百六十年，后有能读书穷理，增光先泽者乎？此柱之所深愿也。"

（三）长房肇兴

悦岩公之说，似乎也成了某种预言。长房一支的情况，约在康熙时期，从其子、袁廷梼曾祖袁士琏（1648~1729）起，确乎有了变化。《家谱》载袁士琏"诚信端方，敦本睦族。祖墓倾圮，时为修葺，好施与，不欲人知，里党称其厚德"，可见经济情况已有极大改善。其四子志鉴、志锷、志镛、志鏻及诸孙（永字辈）、曾孙（廷字辈），多为国子监生（"太学生"），并多有通判、州同甚至知府加二级等官衔，而绝

---

❶ "六俊"之生平仕履，在袁裘四世女孙婿汪琬所作《袁氏六俊小传》（康熙刻本《尧峰文钞》卷三五）及《家谱》中多有叙述。又刘延乾《江苏明代作家研究》有《吴县袁氏六俊》一节（东南大学出版社2010年版，第312~320页），论述颇详，可参看。其中袁肅子袁袠（1499~1578）进士出身，官至从五品的员外郎；袁鼒子袁褒（1502~1547）更连中解元、传胪，点翰林院庶吉士，成为六俊中的佼佼者。

❷ 三英指袁献可（初名袠，袁鼎子）、袁袠、袁襄；三贤指袁尊尼、袁年、袁麟。六贤指袁梦甦、袁梦鲤、袁梦草、袁堪、袁坊、袁埔。除袁献可外，均为袁肅、袁鼒之后。

❸ 袁年二子袁堪、袁坊亦官至同知。

少赴任者。可以推知的是，这些功名职衔，都是捐纳而来，非赖科举正途。❶ 其经济来源，自然应该是经商所得。经商带来的巨大财富，❷ 被袁氏家族用以获取等级制度中的社会特权，而这种特权，自然又会保障家族产业的稳定与增长。遗憾的是，在商贾为四民之末、并不光彩的时代，袁鼎一支子孙以何业发家、详情如何，《家谱》中并未言明，但袁廷梼之兄袁廷檖之婿戈宙襄所撰《袁绶阶二丈传》云"家业布商"，❸ 可知其家与同郡的汪士钟家族一样，都以布业起家，而包括布（绸）业在内的纺织业，正是明清以来苏州的支柱行业之一。❹

仕宦与经商"迭相为用"的二元模式，本就是清代江南宗族在职业选择上的一种特色，是官宦型、学术性、儒商型三种文化家族构成形式之一。❺ 具体而言，这种官商相辅，以商为根的模式，在袁廷梼的祖、父、叔袁志鉴、袁永涵、袁永淳（后改名袁煜）身上，也得到了延续。

《家谱》载袁志鉴为候选州司马，却"不赴参调，以林下终。好以医药济世，购方合药，费赀甚巨"，且"交游间不能举火者，为授餐；没不能敛者，为给棺椁；称贷不能偿者，悉焚券，置勿问。枲纩、茶水、药石之施无虚日"。❻ 袁永涵以国子监生授县主簿后，以父年老，归

---

❶ 如袁志镳子袁永滋，以太学生考授州同知，晋职知府加二级（正三品），诰授通议大夫（正三品散官），《家谱》卷一《诰命》中有"捐职知府加二级袁永滋"的祖父母、父母、妻诰命三轴，而家谱绝未载永滋仕履。永滋子廷栋，太学生，授职布政司理问加二级（从五品），诰授奉直大夫（从五品散官），卒年仅二十七，当亦未入仕。《家谱》卷一《诰命》中"捐职布政司理问加二级袁廷栋"父母、妻诰命二轴，也证实了笔者的猜测。据同治《苏州府志》卷二四，乾隆三十三年袁廷栋卒后，其妻蒋氏抚孤守节，置田七百余亩赡养族众，至六十年而建袁氏义庄，也可见其雄厚的财力。

❷ 据许大龄《清代捐纳制度》，乾隆三十九年（1774），由贡、监生捐知府，需银一万三千二百两；捐知县，需四千六百二十两。参见许大龄：《清代捐纳制度》，哈佛大学哈佛燕京学社1950年版，第44页。

❸ （清）戈宙襄：《半树斋文》（清刻本）卷十二《袁绶阶二丈传》。

❹ 参见段本洛、张圻福著《苏州手工业史》（江苏古籍出版社1986年版）、苏州市档案馆编《苏州丝绸档案资料汇编》（江苏古籍出版社1995年版）相关论述及材料。

❺ 徐茂名：《明清以来苏州文化世族与社会变迁》，中国社会科学出版社2011年版，第19页、第33页、第49~51页。

❻ 《家谱》卷一署"年姻家眷侄"，参见王鸣盛撰《皇清诰赠奉直大夫候选司马醒斋袁公暨配诰赠宜人蒋宜人合葬墓志铭》。

侍左右。弟永淳"市辽阳，舟溺，尽沉诸戚友货，殚家财不能偿，为所讼。君分财偿之，事乃已"（此事除了展现袁家世代相传的友悌之情外，亦可见袁氏家族商业脉络之一斑，或是将南北特有之货物丝绸、人参等彼此贸易，以获厚利）。乾隆二十一年（1755）以江赈例晋知州，并为弟输财得官。二十八年（1762）复捐资助修城工，"里中有公事，辄为众率先"。❶ 此外，袁永涵"能赴人之急，凡族中鳏寡孤独及戚友婚嫁殡埋之不能办者，周之惟恐后。有来乞假者，积券成帙，已而尽焚之"。这种豪侠磊落、急公好义的行为背后，自非有雄厚的家底而不能办。而这种热衷公益、行善积福的行为，本也是清代江南宗族的传统之一。

（四）兴衰轮替

而与此同时，袁䶅、袁鼐二支自六俊之后数代则盛极而衰，至康熙年间，已零落凋谢（汪琬《袁氏六俊小传》）。康熙二十五年（1686），袁䶅玄孙、六房袁裘曾孙袁士俊请于督、抚、学三部院，饬建袁氏六俊祠。祠位于玄妙观东醋坊桥，除奉祀六俊外，康熙三十六年（1697）、四十八年（1709），袁士俊又呈请将袁䶅、袁鼐两支之支祖、父辈及后辈贤者祔祀其中（详《家谱》卷三《六俊公专祠崇祀录》）。但当时人已经称他"一介贫士尔，顾能只手拮据，成兹旷典，为人所难也"，❷ 可见也是勉力为之。

《家谱》中关于本族祠堂变迁和墓地维护、修缮情况的记载，更可以清晰地勾勒出袁鼎支与袁䶅、袁鼐二支家业的消长。如宝华山袁敬墓（包括其三子、妻妾之祖坟）祭扫及完纳条漕，向为"发贵之房"承办，故入清以来皆由袁褒之后袁年一房承担。而到了康熙五年（1666），因"条漕重大，四房力不能支"，由长房（当即袁士珽）每年贴补银五两。这一重大而难以承受的钱粮是多少呢？《家谱》给出的数字是区区的漕米一石三斗三升四勺，条银一两二钱六厘，❸ 由此可见之

---

❶ 以上永涵事，均据《家谱》卷一彭启丰撰《皇清敕授奉直大夫布政司理问加二级候补知州袁君柳村暨元配敕封宜人汪宜人继配敕封宜人汪宜人合葬墓志铭》。
❷ （清）彭定求：《南畇文稿》卷六《袁令推家传》，清雍正刻本。
❸ 即使算上后增的土地，其漕米不过数石，条银不过数两。

前颇为发达的袁年一房的窘迫。此后直至乾隆五十一年，祖墓祭扫与条漕事务，一直由长房与大房（袁表后）会同办理。嗣后更归长房主持。康熙八年（1669）协置公产，捐银五十八两，见存三支六房中，长房独捐三十一两，超过一半，而余房中，二房仅捐一两，五、六房亦仅三两，彼此财力的差异，已经非常明显。

又乾隆十一年（1746），"袁氏合族"呈请在六俊祠增祀袁敬、袁鼎、袁蒹、袁鼒、袁献可、袁裘、袁襄。袁鼎一支首次入祀六俊祠，其背后的推动力量为谁，可想而知。次年建袁敬（介隐公）祠，并重建六俊祠。购地、建设、祭祀之费，皆由袁鼎一支袁志锷、袁志镛、袁永滋、袁永涵四股均派，而"不用合族亲房子姓各出祭分"（《家谱》卷三《建造祠堂议墨》）。建成后，又将袁鼎支袁柬（袁廷梼八世祖）、袁士琏（袁廷梼曾祖）、袁志鉴（袁永涵父）、袁志镰（袁永滋父）衬祀。至此，袁鼎一支成功地将"六俊祠"转变成"阖族宗祠"，"凡介隐公（袁敬）之后，都置主衬祀焉。"此后乾隆三十年（1765）的修造，也由袁永涵等四人负担。

袁鼎一支的兴起和袁蒹、袁鼒二支的衰落，也为袁廷梼日后的诸般作为，埋下了伏笔。

三、兄友母慈

乾隆三十二年（1767），袁永涵与妻子汪氏在两月内相继去世。彼时，袁廷梼年方6岁，妹妹素英尚在襁褓，生母韩氏26岁，长兄廷橺则已32岁。

客观地说，以当日袁家富裕的经济条件，置身秀美的别业园林（枫桥西之渔隐小圃）中，韩氏夫人虽守节抚孤，内心不可谓不苦，但如王鸣盛所说"饮冰茹檗"，或如钱大昕所咏"有衣但粗疏，有食但糠核。膏沐屏勿施，簪珥久已释。寒风吼檐牙，冻雪入窗隙"（《霜哺遗音》卷三），则未免言过其实，只是文学上的修辞。

不过，韩氏夫人识大体，知进退，则班班可验：她"幼习姆教，勤女红",大约属于稍有文化背景的贫寒之家。在嫁入袁家之后,"佐理家政,事事勤慤,凡饘酏涤瀡,挫针治繲,钩稽出纳之务,靡不亲也,縻不慎也"。不仅为汪氏夫人佐理家务,还参与了家族中的理财事务。然而在永涵夫妻去世后,对一切家事,她却说"有家督(按即嫡长子袁廷檮)在,吾惟知抚孤耳,他奚问耶",嗣后十五年中,坐卧一小楼中,足不轻下,将一切精力贯注在幼子稚女身上。❶ 此外,她还命袁廷梼对兄长廷檮"父事之"(《霜哺遗音》卷一杨昌霖《袁母韩孺人节行序》)。韩母的做法,博得了年纪反大于她的袁廷檮的尊重,时人云:"余居西塘时,渔洲袁君晨夕过从,常称道其庶母韩孺人之贤。谓其弟又恺循循有规矩,勤于学,乐观正人,皆韩母教也。及韩母卒,渔洲为之服期丧,致敬尽礼,重贤母也。"❷ 是以上下相感,内无间言,关系颇为和谐。

从另一方面来说,主理家务的长兄廷檮,也足称贤子贤兄。他字启蕃(藩),号渔洲,《家谱》说他"饶干济,工诗文,孝友笃诚,不为煦煦小惠",可知亦秉承了袁家数代以来以商为业而不废诗书的传统。他的年纪本可作廷梼的父亲,而恰好他多年乏嗣,直至四十二岁始得子(此时廷梼已十六岁)。可以想象的是,他于幼弟,应当有一种亦父亦兄的深厚情感。杨昌霖《袁母韩孺人节行序》也评价说:"且又恺嫡出之兄启藩氏待又恺曲有恩礼,孺人亦命又恺父事之。门以内无间言,是又孺人之行义足以感之,而启藩念鞠子哀,以长以教,不可谓非贤矣。"而袁廷梼对乃兄,也感念至深。钱大昕《渔洲袁君权厝志》云:"君殁后,廷梼每言及兄,辄涔涔泪下,以是知君之孝友,过人远矣。"(《家谱》卷一)

不过,袁廷檮对袁廷梼的影响,还远不止此:一方面,他喜好诗

---

❶ 本段事迹多据王鸣盛《袁母韩孺人传》,载《霜哺遗音》(详下文)卷一。
❷ 《霜哺遗音》卷二吴县王富学《题霜哺遗音集》诗序。

文，无意仕进；❶ 坐拥绮园，爱客好交；❷ 慷慨仗义，❸ 广有收藏，❹ 在性格和行为上，幼弟好像是他投射出的影子一般，样样兼擅。另一方面，大约正是他作为兄长而非父亲的身份，同时碍于庶母仍在，他对幼弟的宽容关爱，似更多于督促砥砺，致使袁廷梼并未继承家族的行商传统和持家之能。须知，前面那些风雅的喜好，假如不以财力或权势为基础，便如同沙上之塔，常毁于须臾。袁家后来的衰败，也正肇因于此，这是后话。

虽然如此，二十年间，正托赖兄友母慈，以维持家业，阻断流言，袁廷梼乃得以成才成名，成就闻名一时的五砚楼藏书。

四、五砚楼主

乾隆四十五年（1780），袁廷梼与"本地著姓"毛氏成婚。次年，袁母韩氏夫人谢绝了儿子们的祝寿之举，并以抚孤志成，当从夫于地下为言，旋以病卒，年仅四十。韩夫人逝后，江苏巡抚闵鹗元为具疏请旌表于朝。这种破例之举，也颇可见袁家彼时的影响。❺ 乾隆五十一年

---

❶ 按照家族近代以来的"惯例"，成为"太学生"，而并不应举或出仕。
❷ 《家谱》卷一钱大昕《渔洲袁君权厝志》云："春秋佳日，招致名流彭尚书芝庭（彭启丰）、王光禄西庄（王鸣盛）、吴舍人竹屿（吴泰来）、张处士古樵（张冈）、沙处士白岸（沙维杓）及族叔简斋太史（袁枚）、春圃方伯（袁鉴）辈觞咏其中，分题拈韵，有玉山雅集之遗风焉。"顾宗泰《月满楼诗文集》卷十七《系船集》（乾隆三十七年壬辰作）有《袁渔洲招集园中文燕即席有作》诗四首，可略见袁氏园林景物及好客之状。另《随园诗话》卷七第八则专论袁廷梼，可参看。
❸ 钱大昕《渔洲袁君权厝志》云："好施予，亲党以缓急告者，应之无吝色，事已亦无德色。故人某，贫而鬻其女，已成约矣。君闻之恻然，遽捐金代赎而毁其约。或疑君欲纳为簉，既而别择士族嫁之，众乃服曰：'渔州果义士。'"
❹ 钱文又云："君精于鉴赏，多蓄书画。自柳村君以来，宝藏先世手泽唯谨。君昆弟尤能推广先志，间有散落人间者，必多方购致之。吴中故家能诵芬咏烈者，以袁氏为第一。"
❺ 按明制，凡民间寡妇三十岁前夫亡守节，五十以后不改节者，方可旌表。清朝在执行标准上逐代以宽，但以袁母而言，其缙绅遗孀身份以外，袁氏兄弟必有"托于有力者之口"之举。《霜哺遗音》卷三王金英《题竹柏楼居图》云"大吏悯其贤，特奏旌表焉。按例殊破格，真诚感乃专"，可为一证。相关背景，可参看郭松义："清代妇女的守节和再嫁"，载《杭州社会科学》2001年第1期。

(1786)，兄廷橚卒，年五十一。此时的袁家人口，包括袁廷梼（二十五岁）、妻毛氏（二十二岁）、嫂稽氏（廷橚侧室，年不详），长侄兆蘩（十岁），尚有二侄、五侄女（均年幼），长子兆壎（四岁）。抚养子侄，维持家业，袁氏的兴衰，系于廷梼一身。

在此间及其后的十余年间，是袁廷梼人生的巅峰，也是他作为一个乡贤、文人、学者、藏书家，最为光华耀目的岁月。值得一书的事情，大约有如下几件。

（一）《竹柏楼居图》与《霜哺遗音》

袁廷梼事母至孝，戈宙襄转述其妻（袁廷梼侄女）幼时所见云："出塾后，在母左右毋违。母需物，必两手奉持，跪进之，御皆笑，公色益庄，起即竦而立。母病，夜恒守视，不肯寐，与食亦不食。母卒，毁瘠几不欲生。"（《袁绶阶二丈传》）慈母见背，袁廷梼的纪念方式，也彰显了他的性格和志趣：请王鸣盛作《袁母韩孺人传》、王昶作《袁母韩孺人画像记》、袁枚作《袁母韩孺人墓志铭》；倩书法家顾光旭题袁母所居曰"竹柏楼"，并先后请金子徵、袁树、方薰、陈诗庭、吴履、彭湘皋、骆佩香、王玳梁、陆修梅、钱载诸人作《竹柏楼居图》及遗像。❶

所谓"遗像"，当即今存南京博物院的《袁节母韩孺人小影》。❷ 此卷首有钱大昕"袁氏贞节堂画像文翰"题签，又以翁方纲为袁母故居所书"贞节堂"三字颜于卷首。后为陆淡容所写韩母半身正面像（着蓝袄），丁愫题款，像主及画家、题款者同为女性。像后接裱蒋元益、王鸣盛、袁枚、袁谷芳、梁同书、王文治、杨昌霖、王昶、彭启丰、汪

---

❶ 赵怀玉《亦有生斋集》文卷十一《竹柏楼居图赞并序》、清乾隆刻道光补修本王文治《梦楼诗集》卷二十四《袁又恺欲表其母韩太安人之节绘竹柏楼居图乞海内名流题识顷又乞余女弟子骆佩香暨女孙玳梁合写竹柏于卷余系以诗》、《霜哺遗音》卷一袁枚《竹柏楼居图诗序》、卷二王文治《篛石前辈为写〈竹柏〉二图表袁母之节且以慰贤子之心可称画史余因各系以诗》。

❷ 本节关于韩母画像的详情，主要参考毛文芳《霜哺之音：盛清袁节妇的画像观看与抒情复调》，见《明清文学与文献》第四辑，社会科学文献出版社2016年版，第3~40页。

亮、卢文弨、钱大昕、杨复吉、彭绍升、秦大成、长麟、❶孙志祖、顾光旭、邵飖、毛藻、阮元、钱大昕、吴锡麒、孙星衍等24人诗文题跋。

而约与遗像同时的《竹柏楼居图》绘成后，袁廷梼行迹所至必携之，或转寄海内，遍请名公题咏。直至嘉庆十二年（1807）左右，仍有张云璈《袁节母韩孺人竹柏楼居图为袁绶阶题》诗之作。今日《楼居》原图及题咏长卷、诗册虽不存，但于袁母卒后至嘉庆初随编随刻的《霜哺遗音》一书，保留了遗像与《竹柏楼居图》的大部分相关文字。"霜哺"之名，当远绍前明吴门寒士袁骏佣书孝母，集海内文士题咏成《霜哺篇》❷之事。"霜"喻寒而洁之质，"哺"有乳而育之意，孀妇含悲茹苦，养育孤儿之貌跃然纸上。但与袁骏家贫，甚至借征求所得"刻资"（实际上从未刊刻）侍母养家不同，《霜哺遗音》完全是袁廷梼出资刊刻的，即使在刊印后期，他的家境已经每况愈下了。

今按《霜哺遗音》一书，共六卷，❸曹谦光（卧云）题名，姚鼐、江声序（均手写上板，江序为篆书）。卷一有颂、传、墓志、序、记、赞、铭、诔、跋、赋等体裁，大约为较早之作。卷二至六皆为诗，俱云"随题随梓，不叙爵齿"。通计全书，约有作者170人，各类诗文200余首。❹作者中，有阮元、铁保、孙士毅、长麟、蒋元益、彭绍升、彭启

---

❶ 按据"'中研院'人名权威资料查询"系统，孙士毅约乾隆五十五年、五十六年任两江总督，长麟乾隆五十年至五十七年，历任江苏按察使、布政使，江苏巡抚。诗当即在任时所作。

❷ 同治《苏州府志》卷八八载："袁骏，字重其。早丧父，佣书养母。以贫甚，母节不能旌，乃征海内诗文，曰《霜哺篇》，多至数百轴。凡士大夫过吴门者，无不知有袁孝子也。弟孤贫，置产以赡之。母老不能行，庭前花开时，骏负母以看，作《负母看花图》，题咏亦数十轴。"按袁骏约当明末清初人，其《霜哺篇》前后历时五十余年，题咏书画者六千余人。详杜桂萍《袁骏〈霜哺篇〉与清初文学生态》（载《文学评论》2010年第5期）。

❸ 清嘉庆卧雪草堂刻本，一册，半叶十行，行二十一字，白口四周双边。本文所据均为国图藏本（普通古籍124891）。此书明载六卷，六卷后尚有词三阕，无分卷，与上卷隔半叶，而版心作"霜七"。

❹ 戈宙襄《袁绶阶二丈传》云袁氏"见人必泣陈母夫人苦节，出所绘《竹柏楼图》（韩夫人守节时所居楼），求作诗文以传。有不能面者，远在数千里外，必详书本末，恳人乞言，因是名公巨卿，毋不遍识。而人之应其请者，亦群称为孝子，无不大书特书，以彰著其心迹。公合之，得千余首，遂梓以行，今海内所称《霜哺遗音》者是也"，与实际情况有异。盖此书随编随刻，今日存世亦少，或者尚有篇数更多之版本。

丰等官贵，姚鼐、卢文弨、王鸣盛、钱大昕、袁枚、王昶、潘奕隽、潘世璜、赵翼、邵晋涵、赵怀玉、段玉裁、江声、顾千里、孙星衍、洪亮吉、吴锡麒、钱维乔、李兆洛、梁玉绳、法式善、钮树玉、顾莼、李锐、伊秉绶等学者文人，王文治、梁同书、吴俊、钱载、方薰、范来宗、李福等艺术家，以及鲍廷博、黄丕烈、瞿中溶、杨复吉等藏书家。其卷六依次载孙云凤、徐兰韫、汪瓒祖、孙云鹤、张秉彝、丁愫、吴淑慎、江珠、金兑、方芳佩十位苏杭闺秀❶诗十一首，也是彼时闺秀诗歌繁盛一时的反映。

当然，这近两百位作者中，有踪迹甚密、感其纯孝的前辈友人，也有受邀谬赞、应景敷衍的名流权贵，但无论如何，袁廷梼的交际网络和影响力，从此书的编刻上，也有所反映。

（二） 编刻《吴门袁氏家谱》

应该说，论当时的交际之广、声名之盛，袁廷梼在"藏书四友"中，可谓首屈一指。而张大其在家族中声誉的，则是乾隆五十二年（1787）至五十五年（1790）前后《吴门袁氏家谱》六卷的编刻。

苏州的家庭，呈现一种大宗族、小家庭的状态，同财共爨的大家族并不多见（袁家亦如此），"家庭的小型化也淡化了宗族的血缘观念"。❷同时，世家大族多居城市而非乡村，仕宦与经商的流动性，都使得苏州人的宗族观念较为淡漠。❸明末清初的魏禧对此有一段非常清晰的描述："余数游江南，世家大族广园囿第宅，而无宗祠以妥先祖，合其族人；著书汗牛马，于谱系则阙然，自高曾以上，有不能举其名氏者。"❹

在这种背景之下，编纂家谱，无疑是敦亲睦族、提高袁姓家族社会

---

❶ 其中孙云凤、孙云鹤、汪瓒祖、张秉彝、金兑均为随园女弟子，这也可以印证袁枚与袁氏兄弟的交谊。方芳佩、江珠也是当时名声甚著的女诗人。

❷ 徐茂名：《明清以来苏州文化世族与社会变迁》，中国社会科学出版社2011年版，第36页。

❸ 《明清以来苏州文化世族与社会变迁》将其负面表现总结为：对祖先不敬（如盗取祖先墓葬）、漠视族人疾苦（如宗族义庄发展缓慢）、祭祀祖先无法无序、编修族谱只图装点（伪造成风）。

❹ （清）魏禧：《魏叔子文集外篇》卷十七《吴君幼符家传》，清宁都三魏全集本。

地位的重要举措。但是，又是什么原因，使得年仅二十四岁的袁廷梼承担起如此重任，而又迅速克成其事呢？

《家谱》袁廷梼序，道出了其中部分缘由：首先，袁氏族谱自前明仕至陕西按察使的袁年修撰以来，历久未修。袁廷梼所在为长房，而自其高祖袁之柱（悦岩公）起，便"荟萃本支，列其世次，作谱图藏于家"（有康熙九年自序），其后曾祖士璉、祖志鉴、父永涵皆"敬承先志，递加修辑，本支世系，赖以独详"，可见修谱一事，既有责任，复有基础。其次，同宗从高叔祖、道士袁月渚❶将前世所辑家谱付诸廷梼，如此则本支之外，尚有他支谱牒，作为补充。当然，这里所言，无非"敦本睦族"这一类"神圣理由"。

序言未及的缘由，即所谓"世俗理由"，❷则包括修谱者的现实诉求，这一诉求，既可能是物质上的，又可能是文化上的，也可能兼而有之。自康熙时代以来，袁廷梼一系以儒商迭相为用，并多捐有功名，在其他支系家族尤其是"六俊"之后碌碌无为的背景下，无论财力或地位、志趣，在兄长廷櫋去世后，袁廷梼都是承担这一重任的不二人选。修撰族谱，不仅是前述敦亲睦族的需要，更是一种彰显修谱者家族地位的举措。这一点，是不便明言，却非常重要的原因，如果与前文袁廷梼一系在家族公务中承担多数责任和"六俊祠"转为"阖族宗祠"等事件相对照，会看得更加清楚。

仔细品读《家谱》，从纷繁的名姓和谱系中，还可以看出一些有意思的问题：其一，袁鼎支和袁鼒、袁鼏支的关系。《家谱》虽然历叙自元末袁宁一起的历代家族人物，但其叙述和记录的核心，则在五世祖袁

---

❶ 此人辈分既为"从高叔祖"，当与袁之柱同辈，家谱中却未载明，或非袁鼎、袁鼒、袁鼏三支之后。其人居玄妙观，乾隆五十九年（1794）六月曾导袁廷梼、钱大昕、段玉裁、戈襄、瞿中溶等观宋孝宗御书《通神庵石刻》，并以拓本见贻（《钱辛楣先生年谱》）。另潘奕隽《三松堂集》多有赠其之诗。

❷ 本节论述参考了张爱华《族谱话语与权力表达——明清泾县张香朱氏系列族谱研究》（华东师范大学 2012 年度中国古代史博士论文）一文的相关论述。

敬（兄弟尚有德、聪、俊三人）❶之后的袁鼎、袁鬴、袁鼐兄弟三支。鼎、鬴、鼐之后的献可（长房）、衮（三房）、裘（六房）、表（大房）、裴（二房）、褒（四房）、袤（五房）、袭（七房）、襄（八房）、衷（早卒），则被《家谱》称为"某房"支祖。虽然如此，因袁鼎为正妻俞氏所生，而鬴、鼐为侧室赵氏所出，故无论地位（嫡与庶）、年龄（差二十岁左右）、亲疏，❷均有所差别。

其二，三支的"瑜亮情结"。虽然"六俊"被作为袁氏先贤，在《家谱》中占据了非常重要的地位，通观全谱，给人留下最深印象并且多次出现的，却是前文述及的那段袁鼎葬父于"贵弟"之壤的家族往事。一方面，在"六俊"于清初已被圣贤化（如由国家许可而立专祠祭祀）的背景下，作为其后辈族人，自然与有荣焉；另一方面，长房与余房在历史上的家业消长，无形中也产生某种瑜亮情结。这段典故的反复讲述，一种积善获福报的本支形象，已经跃然纸上。六俊之骏烈，固然得到记录，而更加突出的"诵芬"，则是以替代明代袁鼐支显宦袁年所编《旧谱》的行为，展现了袁廷梼父子所在长房一支的"方兴未艾"。这种本支集体话语权的构建，在《家谱》中时有所见。

（三）五砚与手泽

自袁永涵以来，袁氏父子均有志搜集前代家贤及袁氏先贤遗物，不惜重价，辗转购归（参前引钱大昕《渔洲袁君权厝志》）。书画和手泽，是主要方面。❸目前可考知的藏品，则只有袁袠《墨梅卷》、❹袁袠诗文

---

❶ 袁敬三子名皆从"鼎"，而袁德、袁聪、袁俊诸子皆从"日"，如袁晟、袁昌、袁量、袁晨、袁昹等，《家谱》于其事迹，记载甚略。取名的近似程度，反映了关系的远近，这一点在同为袁敬之后的袁氏族人身上，也有清晰的反映。

❷ 据《家谱》卷一袁袠《敕封安人母葛氏行状》云："介隐公（袁敬）老，分三子居，而仲父（袁鬴）与我父（袁鼐）实同居。"又据此文，大房至八房诸从兄弟，皆为袁袠母葛夫人乳成，故"六俊"名为从兄弟，实与兄弟无异。其诸子名亦皆有"梦"字，与长房不同。

❸ 袁廷梼乾隆五十七年（1792）七月初一日跋鲍氏《知不足斋》本《世纬》，自称已将吴门袁氏先祖著作已刊行者收藏殆备，而先人手稿墨迹亦不下数十种。

❹ 潘奕隽《三松堂集》卷六《袁谢湖墨梅卷为袁绶阶题》。

稿一册、袁裘诗稿一册、明嘉靖吴县袁氏刊本袁袠《袁礼部诗》、❶ 袁袠著《世纬》、❷ 袁于令像、袁袠信札、❸ 袁枚信札及题字，❹ 以及宋代袁采著宋刻本《袁氏世范》（国图 8685）、元代长洲袁易的《静春堂遗墨》、明嘉靖二十五年袁褧刻本《夏小正戴氏传》四卷等。至于他的万卷藏书，宋元善刻，名抄秘本，则俟异日另文交代。《袁绶阶二丈传》云：

> 然公于十六七即喜聚古书，三十年间，积至数万卷，一一以善本校雠。又酷好先人手泽，凡自明六俊以下图书字画，专制旁题者，无不出善价争购，数不下万金，故收藏几遍。最爱者有五砚，三易居而皆以五砚名其楼，书画及古玩物亦皆贮楼中。常戒其子仲和曰："我身后他物不甚惜，至一楼先泽，皆吾一生心血所留，汝当宝藏勿弃也。"

在收集前代遗泽的过程中，最值得一提的是"五砚"的汇聚。袁氏原藏有先世袁敬（介隐公）、袁褧（谢湖草堂砚）、袁袠（列岫楼砚）所遗三方砚台。❺ 嘉庆二年（1797）初，王昶将所藏袁桷清容居士砚相赠，袁廷梼倩"西泠八家"之一的奚冈作《归砚图》，并请潘奕隽为《归砚图记》（《三松堂集》卷四）。❻ 稍后，他又获得了袁袠（谷虚公）

---

❶ 以上几种，参明嘉靖三十六年（1557）吴县袁氏刊本《袁礼部诗》二卷（台湾"国家图书馆"12188）。
❷ 鲍氏刻本《世纬》袁跋及钱大昕序，均言及此书为袁廷梼致书四库馆，录副寄回者。
❸ 瞿中溶《金昌稿》卷二嘉庆四年（1799）《正月二十日偕钮匪石戈小莲同访袁绶阶出其太夫人竹柏楼图属题得长句一首》诗。
❹ 袁廷梼《红蕙山房吟稿》述及袁枚手札事，又 2012 年嘉德秋拍有袁枚题赠袁廷梼隶书八言联："翠竹凌云苍松拔地，巨鱼纵壑健鹘摩天。"
❺ 乾隆六十年（1795）七月钱大昕跋袁廷梼藏元刻《古今韵会举要》三十卷（上图 800744-67），云其"爱购而藏诸三砚斋"。又钱氏作《五砚楼记》言曾为袁廷梼题"三砚斋"匾。
❻ 孙星衍《孙渊如先生全集·济上停云集》有《归砚图为袁绶阶廷梼题》（四部丛刊景清嘉庆兰陵孙氏本），许宗彦《鉴止水斋集》卷三有《题袁又恺廷梼归砚图（砚有袁清容款识）》（清嘉庆二十四年德清许氏家刻本）。

的廉吏石砚,并前所藏而五,还正式将他的藏书楼命名为"五砚楼"。

除了请友朋作记题咏之外,❶袁廷梼还如黄丕烈"祭书"一般,有"祭砚"之举。丁子复《袁寿阶先生传》云:"以五砚名其书楼,岁终陈砚,设酒脯以祭,作《祭砚文》勖其子。"今日《祭砚文》已渺不可得,大约祭文的用意,"意在勖子,欲使先代遗物,永宝弗替"也(《家谱》所载《传》后民国七年袁文凤跋云)。

(四) 汉学后进

吴地本是朴学或曰汉学的重镇。在乾隆末至嘉庆初,钱大昕、段玉裁、王鸣盛、王昶等知名学者相继归隐苏州一带,著书讲学。作为一时英髦的袁廷梼,不仅耳濡目染,在学术旨趣上受到影响,更获得亲炙于这些硕学鸿儒的机会。《袁寿阶先生传》说他"不事制举业,遗书万卷,点勘考索不少休。闻有善本,必得乃快。其时钱詹事大昕、王侍郎昶、光禄鸣盛、江徵士声、段大令玉裁诸公以耆德硕学,研经考史,各发明成不朽业。君上下议论,具有根据,诸公折节订忘年交",并非溢美之言。

除了好学深思,家境富裕等治学条件之外,五砚楼的万卷藏书也成为联系他与当时著名学者的重要纽带。除了日常的饮宴唱和之外,他们的学术交往,其可考者,包括但不止于以下数端:

乾隆五十二年(1787)、五十六年(1791)、六十年(1795)左右,参与卢文弨《群书拾补》《重雕经典释文》《仪礼注疏详校》的审校,列名书前《审定善本姓氏》《审定及校勘姓氏》之中。❷

嘉庆二年(1797),佐段玉裁成《汲古阁说文订》,❸刻并跋之。

---

❶ 较著者为钱大昕《潜研堂文集》卷二一《五砚楼记》(清嘉庆十一年刻本)、顾千里《顾千里集》卷一《五砚楼赋》(第26~27页)。

❷ 均见《抱经堂丛书》,清乾隆嘉庆间余姚卢氏刊本。参与审校时间,大致据卢氏自序。

❸ 《说文订》一书中时有袁氏按语,故其于此书之贡献,非独搜借善本、整理材料也。

至于钱大昕，他则更以门生自居。❶ 钱东壁、钱东塾在《皇清诰授中宪大夫上书房行走日讲起居注官詹事府少詹事兼翰林院侍读学士提督广东全省学政显考竹汀府君行述》中，也称"四方贤士大夫，下逮受业生徒，咸就讲席，折中辨论文史。如卢学士文弨、袁太史枚……周明经锡瓒……黄主政丕烈……袁君廷梼……或叩问疑义，或商论诗文，或持示古本书籍，或鉴别旧拓碑帖、钟鼎款识，以及法书名画，府君无不穷源竟委，相与上下其论议，至人各得其意以去"。❷ 钱氏文集及题跋中，与袁廷梼有关者，亦多反映在以上诗文唱和、书画赏鉴方面，而《廿二史考异》中，亦时可见"袁廷梼曰"之语。❸

而同时代的江藩，更将他正式列入《国朝汉学师承记》中，以王昶弟子的身份出现。江氏称"先生弟子中，以经术称者三人"，❹ 对于前两位的戴敦元、王绍兰，仅寥寥数语；而以大量的笔墨对袁廷梼的生平、学术（涉及对《尚书》《说文》等书的具体见解）、二人友谊做了详细的介绍，并说袁氏"无书不窥，精于雠校，邃深小学"。❺

此外，与袁廷梼关系较为密切的友人，尚有黄丕烈、顾之逵、周锡瓒等"四友"成员，以及钮树玉、顾千里、戈宙襄、瞿中溶（钱大昕婿）、臧镛堂、孙星衍等江浙同好，这一点在《霜哺遗音》的作者名单里，也可以窥见。

---

❶ 如嘉庆二年冬，袁廷梼与钱大昕、钱东塾、瞿中溶、钮树玉、周彩、金宜远等游苏州东、西山，钱大昕于西山林屋洞内题名云："嘉定钱大昕偕婿长洲瞿中溶、门人元和袁廷梼、吴县钮树玉、东山某某来游，期而不至者，潘奕隽、奕藻也。"（据光绪刻本潘钟瑞《香禅精舍集·游两山记》录文）又《潜研堂文集》卷尾常有"门人袁廷梼校字"语，知袁氏在汉学门槛内，复转益多师。

❷ 陈文和主编：《嘉定钱大昕全集·钱竹汀先生行述》，江苏古籍出版社1997年版，第16页。

❸ 袁氏校语自卷十九《晋书》起，涉及《宋书》《陈书》《隋书》《南史》《北史》，凡八次出现。其中两次是针对钱氏考异所作的补充，如卷二六《陈书·良吏传》："庚荜，父浚之，宋应州刺史。"钱考云："按宋时无应州，此必误也。《南史》：浚之，宋义兴太守。"袁考云："（应）当是雍字之讹。"

❹ （清）江藩纂、漆永祥笺释：《汉学师承记笺释》，上海古籍出版社2006年版，第378页。

❺ 同上书，第382~384页。

五、冷暖人生

（一）退守渔隐

独掌家业后，袁廷梼好古敏求，但拙于谋生的一面逐渐显露出来。《袁绶阶二丈传》载："家业布商，公恶为市道交，又素好与贤士大夫相接论，遂置家事不理，资日以耗。"大约在乾隆末年，或者就是母亲、兄长相继去世之后，袁廷梼一家迁至城内西北的金阊一域，并取"拜经阁"为书斋名。❶当然枫桥畔的渔隐小圃也并不冷清，文酒唱和之事，亦时而有之。

然而到了嘉庆二年（1797）夏，袁氏一家再次迁回渔隐小圃。这次迁居，并非如他的《丁巳夏日移居西塘渔隐小圃偶成七律四首》❷所云，是为了"却离阛阓嚣尘断"——住厌了城中的大宅，而要重寻野趣，另觅幽栖。友人乐钧《青芝山馆诗集》卷十八的《题袁寿阶上舍（廷寿）移家载书图》长诗，揭破了谜底：

> 书生性癖独可笑，坐拥图籍夸富藏。架插万轴胸万卷，瓶盎乃无三日粮。吾友袁生正如此，又好结客频倾囊。笃学平生嗣伯业，名流交口推中郎。城中大宅遂悬券，退守老屋枫桥旁。李谧弃产有不惜，张华徙居何所将。……买书而贫贫复卖，至今何止三篋亡。我亦因之念手泽，闲斋饱蠹游尘床。行箧故纸剩几束，饥不可餐徒压装。治生始感鲁斋语，焉用挟册亡臧羊。香山粟廪对书库，二者兼营宜不妨。要之物理聚必散，墨庄金穴俱难常。争如浮家事钓艇，尽除结习相徜徉。

诗中不无惋惜、规讽之意，可知他好客爱书，家业已有倾覆之忧。

---

❶（清）臧镛堂：《拜经堂文集》卷二《校影宋本经典释文后》。
❷袁廷梼：《红蕙山房吟稿》，《知不足丛书》第二十八集。

《袁绶阶二丈传》亦云"后徙其业于人,移居西塘予外父渔洲公之旧里,所谓'渔隐小圃'者"。不过,从他的移居诗四首中,只见徜徉山水田园的欣喜和坐拥万卷的幸福,稍有悲楚语,也是因看到了"午夜青灯竹柏楼",怀念母亲之故。此外,为了纪念这次乔迁,还绘有《移居载书图》,友朋多有题咏。❶

这座"渔隐小圃",位于苏州枫桥西南西塘附近,江村桥以南。原是袁廷檮首任岳父王廷魁(冈龄)所遗,名"江村山斋"。王氏工诗擅画,为沈德潜门下士。这座渔隐小圃,昔年沈氏曾与一时名流文酒诗会,《西塘雅集》石刻尚存。❷ 袁枚《小仓山房文集》卷十三《渔隐小圃记》云此园"在枫桥之西,袤广百弓,客之往来于吴会者,可以泛杭而至",❸ 园中有无隐山房、足止轩、燕睇堂、列岫楼、鸟催阁、来钟亭、小衡山池、戏荷诸景,江南园林精华,粹于一圃。

袁廷檮卒后,小圃曾短暂荒芜,到了袁廷梼时代,又拓而新之。依据王昶《袁又恺渔隐小圃记》,可以详细地了解园中的十六般景致:入门—贞节堂(三楹,后为袁母旧居竹柏楼)—洗砚池(楼旁,植芙蕖)—梦草轩—柳汕倚—系舟(倚左)—水木清华榭(倚右)—五砚楼—枫江草堂(楼东)—小山丛桂馆—吟晖亭(馆前小阜上)—稻香廊—银藤簃—挹爽台(楼西高处)—锦绣谷(草堂后,植牡丹芍药)—汉学居(西侧著书地)—红蕙山房(植红蕙数丛)。❹

这十六处佳景,皆倩名家题匾撰联,以见园中景物和主人志趣。如"渔隐小圃"为钱大昕隶书,黄易集《八公山碑》字题联云:"山颜浮郭迥,云影到门幽。""五砚楼"为刘墉行书,孙星衍篆书题联:"五公

---

❶ 除前引乐钧诗外,尚有洪亮吉《更生斋集》诗卷三《山椒避暑集·袁文学廷梼移居载书图》(嘉庆七年洋川书院刻本),吴锡麒《有正味斋集》诗集续集卷二《萍聚集》二《题袁绶阶移居载书图》(清嘉庆刻本)。

❷ (清)王昶:《春融堂集》卷四七《袁又恺渔隐小圃记》,嘉庆十二年(1807)塾南书舍刻本。

❸ (清)袁枚著,王英志主编:《袁枚全集·小仓山房文集》卷十三,江苏古籍出版社1993年版,第219~220页。

❹ 《红蕙山房吟稿·渔隐小圃十六咏》中,"锦绣谷"作"芙蓉径"。

门第无双士，万卷图书百尺楼。"夏文焘正书题联："述德齐灵运，登楼胜仲宣。""汉学居"为段玉裁行书，顾广圻正书题联："其人如浑金璞玉，得力在好学深思。""系舟"为王鸣盛行书，黄丕烈句、李锐行书题联："兼住陆舟张玉海，满装书画米南宫。"其余题字撰联者，尚有顾光旭、洪亮吉、高爕、程瑶田、梁同书、潘奕隽、管世昌、钱坫、顾莼、江声、瞿中溶、钮树玉、陈鸿寿、钱大昕、方薰、伊秉绶等。还有三处集文徵明、董其昌、黄淳耀字。❶

这十六景中，最后的红蕙山房，植有红蕙。❷关于这数茎红蕙，还颇有典故。

（二）红蕙流芳

嘉庆三年（1798）夏，友人钮树玉从外舅洞庭金宜远（岑斋）旧居观涛阁得红蕙一丛，并赋诗寄赠袁廷梼。❸廷梼大喜，和诗并书于新制纨扇之上。

原来，这红蕙却非凡物，乃是康熙朝徐乾学退居洞庭，总《大清一统志》修纂，开志局于观涛阁时所植。

康熙二十九年（1690）春，宦海沉浮，已渐为康熙帝疏忌的徐乾学辞别内廷，开书局于苏州东山，以副总裁之职继续编纂《大清一统志》，旧日幕府及江浙乡贤，多有预其事者，计有阎若璩、胡渭、顾祖禹父子、沈佳、黄仪、黄虞稷、姜宸英、查慎行、邵长蘅、李良年、徐善等多人。❹

袁廷梼得红蕙后，更请瞿中溶写红蕙图，并于当年七夕，自制红蕙笺、红蕙笔，以报友人赠诗者。徐氏本是吴中望族兼藏书大家，修官志

---

❶ 袁廷梼编刻：《渔隐录》一卷，嘉庆七年（1802）夏枫桥袁氏刻本，国家图书馆藏，索书号6231。

❷ 即红色的兰花。

❸ 《红蕙山房吟稿》录钮诗。另清同治刻本瞿中溶《古泉山馆诗集·金昌稿》卷二有诗题云："非石自山中分得红蕙一盆赠寿阶，又移牡丹数本赠尧圃，各有诗纪事。"由所赠之物，亦可见诸人交谊、志趣之不同。

❹ 详见牛润珍、张慧《〈大清一统志〉纂修考述》（载《清史研究》2008年第1期）、尚小明《徐乾学幕府研究》（载《史学月刊》1998年第3期）。

而以书局自随，更是当时及后世的一桩奇事，故颇为文人所乐道。❶ 也正因这一层机缘，似乎这丛红蕙，也成了前贤雅韵延续的载体和后学怀旧仰止的寄托，所谓"溯清芬于前哲，通夙契于良朋"（《渔隐录》载吴锡麒《红蕙山房记》语）也。

正因如此，这幅《红蕙图》及题诗，日久增帙，一时稠叠，至迟到嘉庆八年（1803），已经被称为"红蕙联吟卷"。❷ 嘉庆二十四年（1819）冬，龚自珍《题红蕙花诗册尾（并序）》，❸ 道出了袁氏与红蕙有关的诸般风流：

> 非石尝为君致洞庭山红蕙花一本，君大喜。贮以汝州瓷，绘以宣州纸，颜其室曰"红蕙花斋"，名其诗文曰"红蕙斋集"，刻其管曰"红蕙斋笔"。又自制红蕙花乐府，付梨园部。又征人赋红蕙诗。海内词流，吟咏殆遍。今嗣君抱来乌丝阑素册高尺许，皆将来蕙故也。君之风致，可想见矣。

而据道光四年（1824）春张鉴为袁廷梼之子所作《题红蕙联吟卷》，❹ 题咏者至少有袁廷梼、陈鸿寿、陈文述、吴锡麒、郭麐、李锐、瞿中溶、陶梁等人。

袁廷梼深爱这丛红蕙，连他的文集也命名为《红蕙山房吟稿》。❺ 附带一提的是，袁廷梼的诗，虽不名家，但无论古体、律绝，驱遣自如，在"藏书四友"中绝称魁首，远高于黄丕烈、周锡瓒等人的水平。

---

❶ 据李嘉球《徐乾学开馆东山修〈大清一统志〉》（载《吴县地方志通讯》1987年第3期）一文，当时人绘有《徐健庵司寇东山著书图》，多有名人题跋。
❷ 瞿中溶《古泉山馆诗集·金昌稿》卷三有《题非石红蕙联吟卷兼寄寿阶》，其略云："袁君嗜古夙所宗，遍徵词翰点染工。歌谣答响如霹春，一时稠叠堆诗筒。"
❸ （清）龚自珍著，刘逸生、周锡馥注：《龚自珍编年诗注》，浙江古籍出版社1995年版，第29~33页。
❹ （清）张鉴：《冬青馆集》甲集卷三，吴兴丛书本。
❺ 此集为袁氏卒后所刻，入选《知不足斋丛书》第二十八集。《袁绶阶二丈传》云："公生平抱才未试，所作诗文亦不多，然往往得古人风格。闻公婿贝君涧香已汇而刻之，公可稍慰矣。"当即指此。

（三）奔走江浙

正如我们可以考知的，袁廷梼在被迫迁居西塘之后，他的行事并未因"性好读书，不治生产，且喜挥霍，急人之难，坐是中落"（《国朝汉学师承记》所云），而稍有改变。无论是春赏牡丹，还是秋观桂华，甚至仿效"竹林七贤故事"，❶ 渔隐小圃中"座上客常满，樽中酒不空"，恰如《渔隐小圃记》所云："于是春秋佳日，吴中胜流名士，复命俦啸侣，来无虚日。而远方贤士大夫过吴者，挐舟造访，填咽于江邨桥南北，樽酒飞腾，诗卷参互，更非冈龄所能逮矣。"《袁绶阶二丈传》亦云："渔洲公亡后，园芜不治，公屡叹息，以为风流顿歇，继起无人。至是得栖息其中，大慰夙愿。每遇花月令辰，春秋佳日，广招名流硕彦，饮酒赋诗，或登阁望山，或临流倚石，或摩挲钟鼎图书，或评论古今人物，一时意兴所至，多徘徊止宿，不忍去。公有《常毋相忘卷》纪其人与事，余以戚近，常与末座，亲见夫公之泛爱，非可情度；公之豪举，非可数量。凡据林泉之胜者，可谓至公而尤雅；凡得友朋之乐者，可谓至公而极盛。真觉世无此乐，乐无此时，可以穷醉吟而不计，邈岁月而长存，而公已因是而贫矣。"

袁廷梼这种豪奢的生活，❷ 至其兄廷榴卒后十五年间，渐渐走到了尽头。但自小缺乏社会历练的他，无法重拾家族的经商故业，而是无奈地走上了仰人鼻息的入幕生涯。迟至嘉庆六年（1801）春，袁廷梼已经

---

❶ 据藏镛堂《拜经堂文集》卷四《渔隐小圃文饮记》，嘉庆二年（1797）十月廿三日，袁廷梼约钮树玉、费士玑、顾千里、藏镛堂、李锐、瞿中溶诸友七人，效竹林七贤故事，集饮于渔隐小圃，特延段玉裁同饮。

❷ 关于袁廷梼的性格是豪爽还是吝啬，有不同记载。《吴门袁氏家谱》卷一《传》云"交游中有一善，称不去口，过必讳。以急告，立应，家乃中落"，《袁绶阶二丈传》说"公性豪迈"；但丁绍仪《听秋声馆词话》（清同治八年刻本）卷五云袁氏"顾性吝，一介不轻与"，而所举例云："闻龙雨樵谪戍，袁湘湄（按即袁棠）典质所有，集二百金以赠，不禁咋舌曰：'是独不畏寒饿耶？'"笔者认为，《家谱》等传记及友朋的诗文、题跋中，袁廷梼均为一好客豪爽、不善治生的性情中人形象，值得采信。否则家资豪富而性吝之人，岂能为大收藏家，又岂能在十余年中散尽家财？而丁绍仪与袁廷梼并无交往，仅据一传闻而评骘人物，未免轻率。

有杭州之行，谋职于阮元。❶ 大约开始尚较为自由，之后随着家境日蹙，则奔走江浙间，❷ 再难重拾昔日的荣华。《渔隐录》一书刻于嘉庆七年夏，包含了诸家对渔隐小圃的题咏，正是对这种悠游林泉生活的最后致意。

真正爱书的藏书家，最为痛心之事，莫过于散书。但这种厄运也不可避免地到来了。嘉庆七年十月，刘嗣绾为袁廷梼题《袁节母竹柏楼居图为又恺作》，诗略云："昔儿读，不下楼。今饥驱，背母游。昔儿读，书充栋。今卖书，母心恸。母勿恸，当谅之。哭抱图，袁家儿。"❸ 明确地点出了袁氏因家道中落而外出谋生，甚至开始有了卖书之举。

嘉庆十年（1805）春，同人举吴中吟课，袁廷梼以家藏宋刻本《诗集传》归于陈鳣。❹ 十四年（1809）春，袁廷梼所藏《道藏》诸本尽归阮元。❺ 此外还曾以医书一橱归海宁友人。❻

但卖书的同时，他仍旧对家前贤的遗物遗迹，谨守不失。嘉庆七年（1802）二月，他与族人访得袁裒墓所在，修而复之（《家谱》卷一张敦仁《重修谷虚公墓域记》）。嘉庆八年（1803）重阳，他还从黄丕烈手中"豪夺"得明嘉靖二十五年袁褧刻本《夏小正戴氏传》四卷。❼ 可

---

❶ 该年三月廿八日跋褚南崖抄本《班马字类补遗》五卷云"是日从杭州回来，夜雨一灯，有怀顾千里焉"（详拙文《国家图书馆藏袁廷梼题跋考释》）。该年正月，顾千里、臧庸堂、何元锡等谒见浙江巡抚阮元于杭州，佐《十三经注疏》校勘事（王章涛：《阮元年谱》，黄山书社2003年版，第247~248页），三人皆为袁之友人；又廷梼与阮元诂经精舍中主讲王昶、孙星衍，或师或友，情谊皆非一般，故谋食于阮氏，亦非难事。又本年春，黄丕烈自京师获宋刻《梅花喜神谱》，袁廷梼影抄二本，一赠阮元（后收入《委宛别藏》），一藏五砚楼，亦可为一证。黄丕烈著，屠友祥校注：《荛圃藏书题识》卷五，上海远东出版社1999年版，第324页。

❷ 《袁绶阶二丈传》云："公性豪迈，贫不能抑郁以居，不得已而游，因抗直不俯仰随人，凡见流俗所为，公皆不屑为之……岁率一二游，无所获。"

❸ （清）刘嗣绾：《尚絅堂集》诗集卷三十三《芦中集》，清道光大树园刻本。

❹ 据宋刻《诗集传》二十卷存八卷（南图110038）吴寿旸录陈鳣本年春跋。

❺ 黄丕烈士礼居传抄道藏本《太平御览》三卷跋云："己巳春，袁氏道藏本尽归扬州阮氏，郡中藏书家未有刻本并录副者，此宜珍惜矣。"（《荛圃藏书题识》第406页）

❻ 元天历己巳刊抄补本《活幼心书》三卷（台湾"国家图书馆"05967）黄丕烈跋。售书之期与人皆未详。

❼ 黄丕烈著，屠友祥校注：《荛圃藏书题识》卷一，上海远东出版社1999年版，第44页。

以想见，袁氏藏书的散出，在他生前仍有节制，否则，以他雄厚的藏书和金石书画收藏，靠卖书为生谅非难事，也不必冒风露酷暑，仰食于人了。

约嘉庆七年夏，袁廷梼赴扬州康山草堂，入盐商江春之子江振鸿幕。❶此后数年，其一直在扬州，逢年节始回苏。❷嘉庆九年甲子（1804）九月，袁廷梼与江都张镠主持，为汪振鸿校刻《新安二江先生集》六种十卷，❸包括江氏两代江春、江昉、江振鹭、江振先四人的诗词著作，刻印至为精美，曾得周叔弢先生极高赞誉，❹也足见袁廷梼作为藏书大家，在刻书上的讲究之处。

同年秋，彭兆荪《扬州郡斋杂诗二十五首》有赠袁氏之作云："酒边临汝话前游，池馆琴樽一霎收。却与词人同失路，世间何事可回头（袁寿阶廷梼卜筑枫溪，鉴别文史，极朋簪觞咏之胜。今亦橐笔康山，依人憔悴矣）。"❺也点出了他家业破败，不得不外出谋食的窘境。

嘉庆十年（1805）、十一年（1806），扬州知府伊秉绶与丁父忧在扬的阮元议辑《扬州图经》《扬州文粹》二书。❻十一年三月，袁廷梼与焦循、赵怀玉、臧镛堂、汪喜荀等预其事，同事震其名，以"今之黄叔度"目之（《袁寿阶先生传》）。不料，次年伊秉绶即丁忧去职，阮元亦入都授职，其事遂寝。

嗣后，袁廷梼仍在江振鸿康山草堂谋食。江藩《国朝汉学师承记》

---

❶《壬戌五月晦日江文叔邀同汪晋蕃张开虞蒋春榭袁又恺集康山草堂》。见（清）焦循著，刘建臻点校：《焦循诗文集·雕菰集》卷五，广陵书舍2009年版，第103页。
❷ 李锐稿本《观妙居日记》（国04756）亦零星记载了袁廷梼此时期的行踪和生活状态。
❸ 此书牌记有云："大清嘉庆九年岁次甲子九月九日扬州康山草堂开雕，吴县袁廷梼、江都张镠同校字。"详郑伟章先生《江春藏书刻书考述》（见《文津学志》第六辑，国家图书馆出版社2013年版，第231~237页）一文。
❹ 周先生七十六岁时跋云："丙午新春重威先生出示《新安二江先生集》，写刻精好，纸墨莹洁，开卷便有惊人之处。余尝称清代刻本可上追赵宋，下俯朱明，正指此等书而言，不仅以传世至罕而见珍也。"周叔弢："弢翁藏书题识（续）"，载《文献》1980年第4期。
❺（清）彭兆荪：《小谟觞馆诗诗集》卷八，嘉庆十一年刻本。
❻ 王章涛：《阮元年谱》，黄山书社2003年版，第396页、第401页。

卷四云："颉云为俗僧小石构精舍于浙之西溪，属寿阶董其事。"❶ 这件事发生在嘉庆十四年（1809）左右。而袁廷梼董其事，也直接导致了他的离世。

（四）猝然弃世

嘉庆十四年（1809）秋，袁廷梼为营建西溪禅房，"冒暑热独步山中，得痢下疾。"（《师承记》卷四）"自浙抱病归，甫一宿而卒。"❷《袁绶阶二丈传》则云"体素强盛，夏至杭州，饮山泉于某僧所，即病而反，到家不一日而卒"。除了时令的因素，长期奔走劳苦，心情抑郁，应该是他猝然弃世的深层原因。

袁廷梼卒期，瞿中溶《瞿木夫先生自订年谱》嘉庆十四年云："十二月至黔阳……接友人信，知袁寿阶作古，惋叹竟日。"❸ 又据其婿贝墉嘉庆十五年庚午四月《重刻履斋示儿编序》（知不足丛书廿五集）云："先外舅去秋骤病溘化，手聚数万卷，一旦乌有，五砚楼头乃有赵清常武康山中之哭。"知在嘉庆十四年己巳秋。又据黄丕烈《周此山诗集》跋："兹届仲秋廿又五日，偶检及此，适为寿阶三七之朝，因赋二绝志感。"❹ 前推廿一日，恰为八月五日。❺

袁廷梼卒后，在黄丕烈帮助下，葬于城西支硎山观音山西龙池（《家谱》卷五）。婿贝墉辑其尺牍十一通，附以遗像，先后倩顾承、孙星衍、张问陶、吴翌凤、陈希濂、江沅、赵光照、丁子复、顾广圻题咏之，皆附于《红蕙山房吟稿》末。而他的夫人毛氏，已于前一年辞世

---

❶ （清）丁丙《武林坊巷志·孝慈庵》（浙江人民出版社1990年版，第63~78页）辑录文字多篇，详述孝慈庵及其历代住持逸事。清顺治初年，有周氏兄弟出家，奉母居杭州城东，故名孝慈庵。小石僧为彼时孝慈庵住持道源弟子。据此书引《涂说》，小石上人，名了学、字敏广，号小石，工诗词，敦气谊。尝卓锡扬州平山堂，与名公巨卿、文人墨士结交。故其结交江振鸿、袁廷梼，即在此时。又据其引《灵芬馆诗话》："诗僧小石，旧住武林之孝慈庵……后至扬州，为云台中丞、墨卿太守所爱重。康山江吉云买别墅于西溪，种梅筑室，令小石住持。"袁廷梼所从事营建者，即为江振鸿所购，赠小石之别业。
❷ 赵怀玉《亦有生斋集》诗卷二十二《挽袁上舍廷寿》诗注。
❸ （清）瞿中溶：《瞿木夫先生自订年谱》，民国二年（1913）吴兴刘氏嘉业堂刻本。
❹ 黄丕烈撰，屠友祥校注：《荛圃藏书题识》，上海远东出版社1999年版，第693页。
❺ 袁廷梼卒期，《中国藏书家辞典》（湖北教育出版社1989年版，第233页）、《历代藏书家辞典》（陕西人民出版社1991年版，第342页）均定为1810年，误。

(《袁绶阶二丈传》)。

（五）凄凉身后

袁廷梼卒后，该年冬，遗书失守。❶ 他"著书甚多，皆未编辑。其子椎鲁，不能读父书，所有稿本，散失无存矣"。(《师承记》卷四)

江藩笔下"椎鲁"的袁子，当为次子兆箎（长子兆壎早卒）。其为黄丕烈婿，时年二十。十余岁家境中落，父亲奔走四方，大约也耽误了对他的教、养，荛翁云"其孤余婿也，向未经理书籍事"（《荛识》第616页），可见一斑。父亲生前或有债务，故卒后未久，兆箎即整理先世遗物，搬出渔隐小圃，往城中依岳父生活。❷ 而此时的黄丕烈，也连遭家难，家境每况愈下，已无力助其婿重振家业。且为避嫌疑，他对女婿如何处理袁廷梼遗书，态度是非常谨慎的，如他收储袁廷梼生前许赠之残宋本《后山诗注》一卷，即跋之云："婿家书籍半就沦亡，而余代为储（今按即残宋本《后山诗注》），聊志我姻家以书作合二人，有同心之嗜，非书主人去即攘为己有，沾沾自喜也。"（《荛识》第616页）

《顾千里集》卷四《月下笛·过袁绶阶旧居有感同戈顺卿赋》上阕云："试问楼中，身前肯信，破家如此？生平已矣，陈迹偏经旧时里。魂归白昼常闻哭，想只恋、青箱未死。怪邻翁指点，墙头错叹，个人无子。"嘉庆十六年（1811），赵怀玉过吴门，其渔隐小圃则已售于人。❸

嘉庆二十四年（1820），龚自珍作《题红蕙花诗册尾（并序）》，对袁兆箎有这样的描述："家大人未第时，亦曾过其（袁廷梼）宅。君死后，家资泯然。今年冬，有皙而秀者，来谒于苏松太道官署，寒甚，出晋砚求易钱，则又凯嗣君也。大人赠以资，不受其砚。"可见生活困窘，

---

❶ 明初刊宣德五年（1430）补刊罗汝敬序文本《覆瓿集》二十四卷（台湾"国家图书馆"11123）黄跋。

❷ 《袁绶阶二丈传》云："今仲和已移至城中，依其妇翁黄荛圃居，遂将公生平所蓄古书及先世遗泽一切皆移去。荛圃亦吴中藏书家，与公存日谊好最笃，故结为婚姻，今必能教诲仲和，使其永保遗物，不致偶有散失，以贻先人之恨，无疑也。如是，则公必能释然于地下矣。"《荛圃藏书题识·校宋本〈钓矶立谈〉》（第136页）黄跋亦云"己巳初冬，至五研楼为袁婿仲和整理其先人寿阶亲翁遗书"。

❸ 《亦有生斋集》诗卷二十七《将往邓尉探梅雨阻不果》诗云："故人黄土柴门改，忍忆袁丝共昔游。"注云："丁卯春与袁君廷寿山中看梅，今袁殁三载，屋亦售于人矣。"

只得暂寻先人友朋，打点秋风了。❶

家境的窘迫也反映在家谱的书写话语中。光绪年间续修的八卷本《吴门袁氏家谱》中，袁兆簏二子之名皆失载。据《家谱》卷五，兆簏之子，其名失载，字子长。嘉庆十九年（1814）生，道光二十六年（1846）卒，年三十三。妻孙氏，守节抚孤，咸丰庚申（十年，1882）太平军陷苏州，袁子长长子袁禹伯（一作雨伯，名失载）殉难，次子（名、字皆失载）未娶，亦于该年病亡。袁廷梼之后，至此绝也。袁子长妻孙氏与长媳朱氏相依为命，以针黹度日。至光绪中先后病卒。

袁廷檮有三子：兆藁（聘戈氏）、兆燕（聘程氏）、兆夔。有五女，名未载，分适戈襄、嵇文炳、陈兆茀、王汝平，幼女（时）未字。据同治《苏州府志》卷一三九、民国《吴县志》卷七四下，适戈襄者名袁萼仙，为戈载母，著有《疏影暗香楼吟稿》。沈善宝《名媛诗话》卷九载其事。兆藁有二子毓菜、毓棠。兆燕有三子毓元、毓洪、毓槐。廷檮之后，至此亦失载。

2015年5月首刊于《天一阁文丛》第12辑

2017年8~9月二改

---

❶ 约道光八年（1828），屠苏作《题袁又恺先生遗照》二首，其一云："两家生计今尤拙，四海知交近更稀。"其二云："旧宅枫桥不忍论，移居辗转傍齐门。"皆可与前所考相印证。据《小草庵诗草》，清同治、光绪间吴县潘氏京师刊本。

顾之逵生平及书事述略

清代乾嘉之际,四海承平,文运隆昌,整个国家的经济中心、文华所萃之地——江苏一带,延续并发扬了往日的荣光,宋元秘籍,明清精抄,随着新藏家的不断崛起和专图射利书贾们的奔走往来,一时集于吴地,可谓众美辐辏,珍籍琳琅。

在这种生活富足、文风广被的背景下,藏书史上罕见的一个藏家群体——"藏书四友"❶应运而生,他们的名字,分别是周锡瓒、顾之逵、黄丕烈、袁廷梼。四人都生活在苏州一带,彼此以书结缘(袁廷梼与黄丕烈为儿女亲家),以书会友,一人得善本,则四人共抄之,共校之。❷如此同声相应,同气相求,一家享四家之藏,也为他们赢得了当时的美誉。

以一隅之士占尽时名,并非后人的夸饰——在"四友"陆续下世之后,他们的藏书也逐渐成为天下竞逐竞宝的珍品。艺芸书舍、爱日精庐、稽瑞楼、宜稼堂、铁琴铜剑楼、海源阁、皕宋楼……这些名震天下

---

❶ "藏书四友"之名,在四人生前便已远播。黄丕烈跋《唐女郎鱼玄机诗》云:"近日吴中讲究古籍,自香岩、抱冲、寿阶二十余年来先后作古,藏书四友惟余老荛一人存矣。"跋云:"余向属钱塘陈曼生作藏书四友图。四友中抱冲已作古三年,所存者三人耳。三人者何?香岩也,寿阶也,余也。图之作,在己未冬。"(清)黄丕烈著,屠友祥校注:《荛圃藏书题识》卷三,上海远东出版社1999年版,第586页、第787页。下引均据此本,省称"《荛识》"。

❷ 《荛圃藏书题识》卷三云:"吴中藏书家,余所及见而得友之者,首推香严周氏,其顾氏抱冲,袁氏绶阶,皆与余同时,彼此收书互相评骘,倘有不全之本,两家可以合成,必为允易。周、顾、袁三君皆如是也,故一时颇称盛事。今抱冲殁已二十余年,绶阶殁已数年,香严殁亦百日外矣。感何如之。"

的藏书楼，其赖以名世的珍品大半不出"四友"藏书的范围。就是百川汇海，集中国内古籍善本的国家图书馆，其精华中为"四友"旧藏者，数量亦复不少。

然而时至今日，在各类藏书史研究中，"四友"里只有黄丕烈获得了与其成就相称的评价，其余诸人，今人所知者少，能详言其事迹者则尤难获见。当代编辑的各类藏书家辞典，一面盛称其名（主要是所谓"四友"与"四大藏书家"），一面又陈陈相因，语焉不详。民国版《中外人名词典》（第三版）更闹出将顾之逵与从弟顾千里合而为一的笑话。❶ 而本文所要研究的，正是这位斋号为"小读书堆"的顾之逵。

顾之逵是"藏书四友"中生平事迹最为模糊者。我们既没有传记、墓志铭、行状等直接的文献记载可资借鉴，也无法对诸如"《顾抱冲集》"之类的著作加以稽考。❷ 于是在乾嘉乃至整个清代的重要藏书家中，他几乎被忽略了；而他在宋元善本及明清重要刻、钞本的收藏与流传史中的地位，更是一直没有得到应有的重视。

他生前典藏的大量为黄丕烈、顾千里所钦羡的精钞名刻，为何在深锁二十余年后忽然散佚？他的万卷藏书，插架堆床，却何以没有一部藏书目流传？顶着"藏书四友""乾嘉四大藏书家"的光环，他藏书、刻书、校书活动的研究，何以几近空白？他慷慨借赠友朋的宋元善本，跋文图鉴满纸，却为何独不见他的只言片印？他与众多入藏海内外图书馆、承载着历史与文明的古代珍籍，又有着怎样的或彰明较著，或隐晦曲折的联系？笔者将在本文中尝试解答。

---

❶ 刘炳藜、刘范、华文棋等编《中外人名词典》（中华书局1947年第三版）第1286页"顾之逵"条下云："清元和人，字抱冲，邃于学，藏书甚富。其藏书处曰小读书堆，多宋元善本，自刻《列女传》以传。名公巨卿延之刻书者甚多。每一书刻竟，综其所正定者为《考异》或《校勘记》于后。著有《遯翁苦口》《一瓶录》。"正是杂糅了二顾的事迹。

❷ 笔者有《国家图书馆藏顾之逵题跋考释》（载《文献》2011年第4期）一文，辑录了绝大多数已知顾之逵存世文字，可参看。

一、顾之逵的家世与生平

（一）吴中世族

顾之逵（1753~1797）❶，字抱冲（亦写作"袌盅""抱盅"），一字安道❷，号"抱冲道人"或"袌盅（学道人）"。清乾嘉间元和（今江苏苏州一部）人。他的形貌，因为没有诸如《黄荛圃先生像》❸之类的写真图，已很难确知。不过，焦循在《四哀诗·顾之逵》中，曾经将他描述为一位目光炯炯，身形清瘦的学者："抱冲奕奕，目光照人。鹤作形气，书为性真。"❹

顾氏本是吴中世族。凌郁之《苏州文化世家与清代文学》据史料记载总结道："江南顾氏以顾雍、顾徽、顾悌为最初三支，所谓吴丞相支、吴太守支、吴孝子支。顾雍十二传至顾野王❺，这一支最发达。在苏州娄门下塘、香山梅社、太湖阴山、西园石路塔水桥、元墓山奉慈、楞伽山上山岭等地还有各分支所建顾野王分祠。野王生五子……其后子孙繁衍，支派众多，……其中以五房之后为最盛，广泛分布在苏州、无锡、常州、扬州等地。苏州顾氏子孙大都出自五房允南之后，又支分派别，

---

❶ 顾之逵从弟顾千里《抚本礼记郑注考异后序》云："兄名之逵，元和廪贡生，没于丁巳春，年四十五。"顾氏卒于嘉庆二年（1797），逆推之，可得其生年。（清）顾广圻：《顾千里集》，中华书局2007年版，第133页。下省称《顾集》。

❷ 时人一般习惯称他为"顾抱冲"，但"顾安道"的叫法也见于钱大昕和段玉裁的文中。如："顾君之逵，字安道……其弟广圻，字千里。"（清）段玉裁：《经韵楼集》，上海古籍出版社2007年版，第397页。下均据此本。某些藏书家辞典不察，别列"顾安道"词条，实误。东晋戴逵字安道，顾之逵之号，当规仿前贤。

❸ （清）江标撰，王大隆补，冯惠民点校：《黄丕烈年谱》，中华书局1988年版，第1页。下引均据此本，省称《黄谱》。

❹ （清）焦循：《雕菰集》，中华书局1985年版，第14页。全诗为："抱冲奕奕，目光照人。鹤作形气，书为性真。我识君屋，背城面津。丹铅纵横，诵读不辍。诵读不辍，今辍且绝。将旅吴阊，我欲迁行。"

❺ 顾野王（519~581），字希冯，吴郡吴县（今江苏苏州）人。南朝梁、陈间著名的文字训诂学家、史学家。历梁武帝大同四年（538）太学博士、陈国子博士、黄门侍郎、光禄大夫，博通百家，兼擅书法丹青，所著《玉篇》，为《说文解字》之后最重要的文字学著作之一。其晚年隐居著述之地，名"读书堆"。

有天赐庄支、七浦塘支、齐门支、潭西守墓支、蒋巷支、仁孝里支、尚书巷支、葑门外顾墓支、金阊副使支、滚绣坊支、马医科支等三十多个支系。"❶ 因此，顾之逵与从弟顾千里均以顾野王的子孙自命：顾千里有一方"陈黄门侍郎三十五代孙"的藏书印，顾之逵的藏书斋名"小读书堆"❷，更分明是远绍顾野王"读书堆"之余绪，而喻自谦之意。

具体到二顾这一支系，则世代行医，❸ 而又不废文华：顾之逵的父亲顾文烜，字雨田（一作玉田）。李斗《扬州画舫录》卷十云其"以张仲景为法，尤通《素问》《灵枢》之理，扬州人以千金求其一至为幸"。❹ 同治《苏州府志》卷第一百十《艺术二》云："（徐锦）少学医于顾雨田，顾为伤寒大家，从游甚众……顾有遗孙大田，即从锦学，亦有医名。"❺ 又《吴医汇讲》卷一云："顾雨田，名文烜，号西畴，国学生，世居南城下。"❻ 顾之逵其实也秉承家学，焦循《顾抱冲小读书堆图记》❼ 云：

  抱冲为玉田先生仲子，玉田先生以岐黄家，夺河间、丹溪之席三十年，抱冲世其技，而能为经学如是。

读者或许会疑惑，何以顾氏昆仲没有继承祖业，却不约而同地在仕途无望的情况下，走上了藏书、校书的学问之路？其实中国传统医学根

---

❶ 凌郁之：《苏州文化世家与清代文学》，齐鲁书社2008年版，第91页。
❷ 清代平湖诸生顾其铭，字礼修，亦有《小读书堆集》，与顾之逵非一人。
❸ 赵诒琛《顾千里先生年谱》卷上云："（顾千里）曾祖沛，祖松字雨苍，父文熠字庭有，俱业医，世为吴人。庭有为雨苍第六子，生于乾隆五年庚申六月七日，移居元和县，故先生常称元和人。"民国对树书屋丛刻本（下引均据此本）。这段记载正是顾之逵、顾千里家族世代行医的明证。
❹ （清）李斗著，周光培点校：《扬州画舫录》，江苏广陵古籍刻印社1984年版，第235页。下引均据此本。
❺ （清）李铭皖等编：《苏州府志》，清光绪九年刊本。
❻ （清）唐笠山纂辑，丁光迪点校：《吴医汇讲》，上海科学技术出版社1983年版，第13页。
❼ （清）焦循：《里堂文稿》，清稿本，上海图书馆藏（线善791563-66）。下引均据此本。此文承沈从文兄代为抄录，谨致谢忱。

植于传统文化之中，大凡名医，常兼通文史，除广收医籍之外，对名刻名抄，也多有兴趣。顾氏先祖虽无证据表明其家藏善本甚众，但顾氏昆仲必然同时受到地域和家庭重文风气的浸淫。黄丕烈题跋中曾记载同乡名医程永培（瘦樵）欲收校抄本《金石录》之事，❶可见彼时吴郡文华鼎盛之一斑，亦可使顾之逵名医家庭出身而雅好藏弆的行为得到旁证。

在"学而优则仕"的时代，又居于以状元为"土产"的苏州地区，顾之逵人生的最初选择自然是科举。然而及第者光耀门楣的表象背后，是更多的人白首困于场屋的现实。顾氏兄弟的文运，也并不异于常人：顾千里以诸生屡应乡试不利，顾之逵在二十四岁中秀才之后，至少曾于四十岁时（乾隆五十七年，1792）应乡试，❷但也铩羽而归，《顾千里先生年谱》云："（乾隆四十一年）谢宗师科试，从兄抱冲入元和学第三名，题《明日》。后为廪贡生。"❸最终仍不免厄于一第。当然，如果我们注意到周锡瓒为贡生，袁廷梼为监生，黄丕烈举乡试、大挑知县后又弃官归隐的史实，或许也可以认为，这些家资殷富、以"书淫""书痴"自命的藏书家，在功名蹭蹬之余，将半生志趣，一腔心血，都倾注于学问与鉴藏，入世的功名利禄之心，较之旁人，自也淡薄许多。而这种以藏书骄人的自我实现方式，对于他们而言，也算是人生的一种补偿吧。

（二）小读书堆

雍正二年（1724），析苏州府长洲县地置元和县，元和（苏州府东南）、吴县（府西南）、长洲（府东北）三县同治于苏州城内。因此，户籍在城东南的"元和顾之逵"才能与"吴县人"周锡瓒、黄丕烈、

---

❶ 黄丕烈撰，屠友祥校注：《荛圃藏书题识》卷三，上海远东出版社1999年版，第212页。程永培，字瘦樵，元和人，清代医家，以喉科见长，辑有《六醴斋医书十种》。

❷ 国家图书馆藏清抄本《孔子集语》（书号3461）书末中有抱冲题跋云："壬子秋，应试金陵。"

❸ 《顾千里先生年谱》卷上。据《年谱》，谢宗师为谢墉，字昆城，号金圃，嘉善人，乾隆十七年壬申进士，时官工部侍郎、江苏学政。顾广圻《抚本礼记郑注考异序》亦云："从兄抱冲，名之逵，元和廪贡生。殁于丁巳。"廪贡生，指府、州、县的廪生被选拔为贡生，或以廪生的资格而被选拔为贡生者。

袁廷梼过从甚密,并称"藏书四友"。

顾之逵藏书处名"小读书堆"。据各种文献综合分析,其家宅应在苏州城西阊门一带,❶ 其势背城面津,是苏州当时的繁华所在。《焦里堂先生年谱》嘉庆元年(1796)❷ 七月条云:

初四日,自浙省上船归扬州,以儿病也。初六日午后至苏州,访顾雨田先生于阊门,已出,泊于其门。初七日,至顾雨田先生家,坐其(子)小读书堆,晤抱冲。少选,雨田出,诊廷琥脉。

《顾抱冲小读书堆图记》则如此记载:

夏六月,循以儿病,自杭至苏,求玉田先生治,乃至抱冲藏书室中。室有匾,曰"小读书堆",辛楣詹事书也。明日,抱冲将邀匪石、尚之(今按即李锐)、千里为湖上游,因儿病迫不可待,遂行。

焦循《四哀诗·顾之逵》复云:

我识君屋,背城面津……将旅吴阊,我欲迁行。

嘉庆二十四年(1819)黄丕烈跋《论语集解》亦云:

是书向藏碧凤坊顾氏,余曾见之,后归城西小读书堆。(《荛识》第52页)

---

❶ 小读书堆之所在,韦力先生微信公众号"芷兰斋"2016年10月25日《顾之逵小读书堆:顾野王之苗裔,顾千里之兄弟(上)》一文,据江澄波先生之言,定为"盛家带31号莳湄草堂",未知何据。今按该地在苏州旧城东略偏南一带,似与文献记载不符。
❷ 闵尔昌:《焦里堂先生年谱》,民国刻本。

此时黄丕烈居于城东悬桥巷。然而部分黄跋中又如此记录：

> 城南小读书堆，余故友顾抱冲藏书斋名也。（嘉庆末年，❶《荛识》第 369 页）

> 余后于城南小读书堆见之，字迹出于一手，愈知此本之足重。（时间不详，《荛识》第 1009 页）

黄丕烈一生两次迁居，始居城南昭明巷，❷嘉庆元年（1796）因旧宅失火，迁居城西王洗马巷（仍在阊门以东）。至嘉庆七年（1802）冬，又迁居城东悬桥巷。三处宅院无论如何对照，均在阊门以东（且或多或少偏南），且同为嘉庆末年跋语，一称"城西"，一称"城南"，彼此矛盾，可知"城南"的小读书堆，必另有其所。

嘉庆元年（1796）左右，顾之逵倩"西泠八家"之一的黄易作《小读书堆图》，焦循《顾抱冲小读书堆图记》云：

> （嘉庆元年）九月朔，仪征李艾堂斗自苏州来，携黄小松司马所作《小读书堆图》并抱冲札，属为之题。循不好吟，亦不敢谢，惟念抱冲所居之乡，百数十年经学盛兴，所师所友，均当世巨儒，其酝酿而成之者，殊可欣慕，因举所知而言其略。嘉庆元年秋末，将之衢州前一日。

约稍后，王昶复有《为顾秀才千里（广圻）题其兄抱冲小读书堆

---

❶ 同跋复云"抱冲殁在嘉庆之丁巳，二十年来，欲借观其遗书而不能得"，末署"荛翁"，知跋文书于嘉庆末年。

❷ 据姚伯岳《黄丕烈生前居所及庐墓家系略考》一文（见《文津学志》第六辑，国家图书馆出版社 2013 年版，第 54 页）所论，今为"照明弄"，"该弄在苏州老城区中部偏西南，位于今干将西路以南，连接太平桥弄和富郎中巷，为南北向的一条里弄"，距王洗马巷正南千余米。

图》诗四首❶，其一云：

> 黄门侍郎读书宅，近在淞南留旧迹。曾闻古篆得春申，名动天人人孰识（见法苑珠林）。千年遗泽蕃汊（亭林先生小名）传，生平私淑穷高坚。喜君鄂不继绝业，劬牵礼训兼诗笺。

言顾氏昆仲（鄂不）继承顾野王、顾亭林二位先贤治学的路数和精神。其二云：

> 昔人三年通一艺，专守师传精古义。次乃涉猎采群言，阅年十五良非易。迩来饾饤夸搜罗，撷拾星宿遗毰崴。盈科渐进圣所训，记丑而博将如何。

此为论学问之道与学问之忌。其三云：

> 李杜名节郑服经，东京风尚高崚嶒。雕虫小技宁足道，识字亦以研群经。松崖征君耽古籍，三载广陵共几席。绪言犹在为君陈，百行程朱守圭璧（定宇征君室中悬其尊人天牧先生对云："六经师郑服，百行法程朱。"）。桐桥日暖春融融，与君（谓千里）相见樽酒同。衣冠必中动作慎，气象颇有前贤风。惠施既往沈（果堂）戴（东原）逝，赖有君家好兄弟。应作金华独角麟，剖析微言疏大义。

是称赞顾氏昆仲的学识，并对其承继惠栋、沈彤、戴震等当代名家的学问寄予厚望。其四云：

> 小读书堆小松作，上有飞泉千仞落。乔林灌莽护茅堂，玉友金

---

❶ （清）王昶：《春融堂集》卷二十二，清嘉庆十二年塾南书舍刻本。《存养斋集》作于甲寅至丁巳间，排比各诗，考虑此图九月间在焦循处，且题咏与焦文有照应处，故系于此。

昆同寄托。嗟我衰迟旧学荒，识涂尚得驰康庄。他时一棹相过访，自古在昔穷虞唐。

此诗渲染小读书堆的景物，或许画家和诗人不无增饰，但也可知其地山林幽静，景物宜人。这种自然风物，当然不可能在阊门一代出现。这或可解释前文所举黄丕烈"城西""城南"的歧异——城西阊门一带为老宅，城南的"小读书堆"，则是飞泉乔林的山中别业，而以顾家雄厚的财力，也是很平常之事。只是这城南的具体位置，则仍是一个待解之谜。

（三）天不假年

虽然累世行医，顾之逵却留下了英年早逝的遗憾。据黄丕烈所记，他"病于（嘉庆）元年季冬，卒于二年四月"（《荛识》第790页），实为嘉庆二年四月初一日。清嘉庆十二年刻本吴骞《愚谷文存》卷五《元和顾氏重刊宋本列女传书后》云："今年夏复至吴趋，则抱冲已染瘵物故。"知顾之逵所患为肺痨，时年仅四十五岁。而此时他的父亲尚未过世，妻子亦尚年轻❶——名医难医子病，让人只能慨叹人生无常，寿夭有定了。

顾之逵卒后，诸友多为题挽诗以怀。钮树玉为作挽章及追题《小读书堆图》以志痛。❷稍后，瞿中溶亦有挽诗，详述他的藏书之路，诗略云：

苍沮造字鬼夜哭，酸辛愤郁天门触。天帝闻声动可怜，遂教造化为颠覆。书之所在鬼必随，聚而不散祸常伏。不遭水火与兵燹，即遣其人贫病蹙。……嗟嗟顾君好读书，百万牙签皆玉轴。宋刊元

---

❶ （清）吴骞《过小读书堆悼顾抱冲茂才二首》云："白发高堂泪，青灯少妇愁。"《拜经楼诗集》卷八，清嘉庆八年刻增修本。又焦循此前一年尚延请抱冲之父雨田为其子诊脉，亦可为证。

❷ （清）钮树玉：《匪石日记钞附遗文·题袁绶阶感旧辑存册页后》，商务印书馆1939年版，第18页。

印与明钞，插架堆床娱心目。一握书论一斛珠，购来手自三薰沐。黄金散尽为收书，秘本时时出老屋。君家从古多传人，《玉篇》卅卷今犹读。最后宁人无不窥，等身撰述登天禄。当日征求海内书，介山拟把书堂筑。今君有志事易成，惜乎天不从人欲。蒲柳无端衰早秋，蕙兰虽好萎空谷。哀哉弱息洎孀妻，终日号咷对书簏。惟君生逢太平时，聚书有力赀颇足。什袭珍藏爱护周，水火无缘侵榅椟。……膏肓上下不可攻，家有秦和命难续。至宝既得命可轻，瞑目甘心去不复。地下修文事渺茫，人间从此伤埋玉。令弟风流叹阿兄（谓千里），遗书谨守藏家塾。遍乞名公作传铭，《一瓻》和泪重编录（抱冲著有《一瓻录》）。我记去年访君时，读书堆（抱冲斋名小读书堆）里披心曲。重约观书愿屡违，因君疾作私常祝。谁知再见已难期，此愿今生无了局。❶

顾之逵去世时正当盛年，遗有"阿和""阿道"二子❷——这明显是两人的乳名。"抱冲之殁，在丁巳年（1797），其二子皆髫龄。"（《荛识》第358页）"嘉庆丁卯（1807）夏四月……抱冲之长子阿和出见，崭然头角，已成人。"（《荛识》第600页）这是黄丕烈题跋中的记载，可知顾之逵得子，已在四旬左右。因为文献的缺乏，目前尚无法确知抱冲二子的名、字。顾千里跋明刻本《梧溪集》云：

> 鲍丈渌饮向欲刊行《梧溪集》，知毛子晋所藏在先从兄抱冲小读书堆，属余勘定而未果也。……从望山侄借出，……校既毕，遂志于尾而归之。时嘉庆丁丑岁（1817）。"（《顾集》第370~371页）

---

❶（清）瞿中溶：《古泉山馆诗集·金昌稿》卷一《挽亡友顾抱冲茂才之逵》，清咸丰九年刻本。据《瞿木夫先生自订年谱》，嘉庆二年丁巳四月，其父署元和训导，瞿中溶当在此时赴元和并写作此诗。见《北京图书馆珍藏年谱丛刊》，北京图书馆出版社1999年版，第131册，第231页。

❷《荛圃藏书题识》卷二顾之逵旧藏"高注《战国策》三十二卷（影宋梁溪高氏本）"条下有顾千里跋云："嘉庆癸亥五月书此，留示阿和、阿道，回数家兄下世，已阅七年，为之泫然。涧薲居士广圻记。"（第106页）

可知"顾望山"大约是"阿和""阿道"中一人之名，这时距离顾之逵逝世已整整二十年。应该说，顾之逵是重视子弟的教育工作的，他曾专门延请友人施少谷为幼子教授书法（《荛识》第894页）。然而或者由于他的过早辞世，二子最终都未成才，其后事关他们的消息，大约就只有后文将涉及的"长而卖父书"了。

顾氏昆仲的人数及排行情况，目前可知的仅为顾之逵排名第二，尚有一位"季弟顾东京"。据黄丕烈所云，"岁丁巳，抱冲下世，遗孤尚幼，一切书籍俱托季弟东京代司管钥，以余素与抱冲好，故时得借观。"（《荛识》第509页）"（嘉庆丁巳）闰六月三日，东京以其仲氏遗书慨然见借。"（《荛识》第598页）这位顾东京的生平不详，论学问和赏鉴，他自不能和顾千里相比，但论亲疏，顾之逵将幼子与藏书托付给他，他亦责无旁贷。顾氏子最终未能守父书、读父书，因其祖父、母亲尚在，作为托孤之至亲，他自有责任，但或许不应受到过多的指责。

（四）与我同好

作为"藏书四友"的一员，顾之逵关系最为密切的友人，自然是另外三位大藏书家。"四友"中周锡瓒年齿最长（1742~1819），生于乾隆七年，大于顾、袁、黄十余岁至二十岁，故虽称"友"，实则为"丈"，关系自然是多敬而少亲。而顾、袁、黄则年齿接近，故交往颇密，但周、顾、袁三人的存世文字较少，相关文献零散，而黄丕烈则留下了洋洋数十万字的题跋、诗文，所以探讨"四友"的交谊和书事，自然以黄跋为第一手材料。

顾之逵收书，不惜重价，瞿中溶说他"黄金散尽为收书"，所言不虚。约乾隆五十年（1785）前后，黄丕烈与顾之逵同时开始较大规模购藏书籍，❶但势头之猛，黄不如顾：往往黄丕烈因价昂逡巡犹豫，最终割爱之书，都入了顾氏"老屋"之中。如荛翁《古列女传》跋云："壬子岁暮，从东城顾氏携来宋本《列女传》二册……心甚爱之，缘需值颇昂，仅留阅信宿而取去。……癸丑新春，余以公车匆匆入都，未及购

---

❶ 《荛识》第369页："抱冲收藏，与余同时，故两家书互相商榷而得之。"

买。迨夏初旋里，知是书已为友人顾抱冲所得，心殊怏怏。"（《荛识》第115页）又如校抄本《金石录》三十卷，向藏东城骑龙巷顾肇声家，其书散后，《金石录》尚存。名医程瘦樵曾因索值颇昂作罢，荛圃"由其族人取阅之，仍以议价不妥，还之。迟之久而知《金石录》已归吾友抱冲"（《荛识》第216页）。

实际上，不仅黄荛翁夫子自道如此，顾之逵的藏书之名，在时人眼中，起初也并不亚于黄氏。《扬州画舫录》卷十云："同郡黄丕烈，字荛圃，亦藏书最多，与抱冲并称。"❶ 这种情形，也反映在二人对宋刻《冲虚至德真经》的争购之中：

> 明晨访顾抱冲于小读书堆，郑书友已在坐，背抱冲问其直，索白镪六十金。余方以为价昂，不之得，而抱冲已喧传余之独得此书矣。盖是书先携至金阊袁绶阶处，后到余家，绶阶遂为抱冲言之，抱冲作书于辅义，指名相索，辅义含糊答应。忽见余与辅义耳语，知是书已留余家，故抱冲以余为必得也。余亦以是书不归江夏，即归武陵，倘惜财物，致失异书，大是恨事，因固留之，并不敢重与物主一观。辅义来议价者再三，仍执前所言，不得已，属其取向所见之宋刻《新序》同买之，许以八十金而始允。余虽知是书之贵，明为余与抱冲争购之故，然此爱书之私，终不为所夺，在余亦自笑其痴呆耳。（《荛识》第479页）

三位挚友（包括袁廷梼）间的"明争暗斗"，在荛圃不厌其烦的叙述中，表现得淋漓尽致。

不过，君子无所争，其争也君子。四友的关系，更多的还是体现在互通有无、同好同赏的书友之情上。黄顾交情深厚，"抱冲"是黄丕烈早期题跋中最为常见的名字之一，其辞世二十年后仍念念不忘，而顾之

---

❶ （清）李斗著，周光培点校：《扬州画舫录》，江苏广陵古籍刻印社1984年版，第235页。

遘病中仍命抄胥录宋本《二百家名贤文粹世次》以赠。由于文献记载的缺乏，顾之逵与周锡瓒、袁廷梼二人的交往情形，较黄顾之交往，要模糊一些，但仍有迹可查。如残宋本《舆地广记》，抱冲得后，先借予周锡瓒校其家藏抄本，而黄丕烈则迟至顾卒后，始得寓目。又如顾藏《伤寒发微论》，黄丕烈亦未见，而袁廷梼曾借录副本。在顾之逵去世后，袁绶阶曾取已故师友墨迹装订成册，取名《感旧辑存》，其中就有顾氏遗墨。❶此外，顾藏宋刻本《骆宾王文集》则曾分别为黄丕烈、袁廷梼、顾千里借去影抄。

作为居于"乾嘉学派"中心区域的藏书家，顾之逵藏书的宏富，为人的慷慨，❷自然容易为他（包括其余三友）赢得与当时著名学者交往的机会。

乾隆五十四年（1789），钱大昕应邀主苏州紫阳书院讲席，顾千里于此时入院读书。年近四旬的顾之逵虽未入学，却不乏拜见这位学林巨擘的记录：据《竹汀先生日记钞》❸，他曾从顾抱冲借观或"经耳"《存悔斋诗》（疑为毛氏影抄本）、宋本淳熙耿秉刊《史记》、宋本蔡梦弼刊《史记》、宋本《经典释文》（《左传》末三卷）、宋本《春秋左氏释文》、宋本《礼记释文》、毛抄《五经文字》、《九经字样》、宋本《切韵指掌图》、《资治通鉴长编》、《宋二百家文粹》、宋本李璧注《王荆公诗笺注》、残宋本《施注苏诗》等多部善本。❹顾之逵去世后，他还专门写了《题顾秀才抱冲小读书堆图二首（时抱冲已殁）》诗以致怀念：

东吴顾文学，坐拥百城书。意适思河豕，心闲逐蠹鱼。遗闻搜越绝，小说屏虞初。欲访黄门迹，空山自结庐。

---

❶ （清）钮树玉：《匪石日记钞附遗文》，商务印书馆1939年版，第18页。
❷ 这一点在黄丕烈、钮树玉、段玉裁、钱大昕等人的文字中可以看得很清楚。
❸ （清）钱大昕著，陈文和主编：《嘉定钱大昕全集》八《竹汀先生日记抄》，江苏古籍出版社1997年版。
❹ 这里所列，只是钱大昕文中明言者。许多经眼书籍，钱氏并未点明所藏之家。

> 小松潇洒客，为画读书堆。泉石缘非俗，风流尽可哀。箧留前度札，阶掩旧时苔。辛苦丹黄在，遗编忍数开！❶

另一位对抱冲赞誉有加的前辈学者是段玉裁。他在乾隆五十九年（甲寅）秋七月的《与刘端临第八书》中对顾氏兄弟多有推许：

> 顾君之逵，字安道，其学问甚优，又多购宋椠古本，不惜荆州之借，现在次儿同寓，此可与言学者也。其弟广圻，字千里，尤博而精，他日大驾到吴门，可晤。❷

这种背后之言，应当说是发自内心而无夸饰的。焦循《顾抱冲小读书堆图记》亦云：

> 近世发明古学，莫如惠氏（今按即惠栋）；而六书训故之精，则推金坛段明府玉裁；天文推步之术，惟詹事（今按即钱大昕）得其旨最深。壬子，段君在扬州，称吴中顾抱冲家藏书最多，尤饶宋刻。明年，段君迁于吴。近年辛楣詹事亦为吴中院长，天下名师宿儒聚于一邑，可谓盛矣。

段玉裁与顾氏兄弟的交往，始于乾隆五十七年壬子（1792）。是年十月，段玉裁迁居苏州，与黄丕烈及顾氏兄弟有了较多的来往。❸ 除了可以想见的段氏向顾之逵借读善本（如宋余仁仲本《周礼注疏》、宋刻《列女传》等）之外，顾之逵还曾借段氏校本《经典释文》参校通志堂经解本，将他本惠栋校语迻于段本上，并在归还时题二跋于段书。国图

---

❶ （清）钱大昕著，陈文和主编：《嘉定钱大昕全集》十《潜研堂诗续集》，江苏古籍出版社1997年版，第147页。
❷ （清）段玉裁著：《经韵楼集》，上海古籍出版社2008年版，第397页。
❸ （清）刘盼遂著《段玉裁先生年谱》（民国铅印本王学五种本）本年仅言"十月，避横逆移家居苏州，得识黄荛圃、顾千里"。焦循所言段氏迁居时间在次年，与年谱有异，但段玉裁和顾之逵熟悉，当在迁居之前。

藏清刻本《集韵》（书号4526）上，也留下了顾之逵所临的段玉裁校跋。

另一位有所交往的著名学者是扬州学派的焦循。焦循初自段玉裁处知顾之逵藏书之名，二人之初识，则在乾隆六十年（乙卯）："秋八月，在江宁得交蒋二蒋山蒸蔚。蒋二吴县人，受钱氏学。循就之，询匪石（今按即钮树玉）之为人。蒋山言匪石与抱冲，并以经学名者也。是日即放舟，访抱冲于秦淮水榭中。"（《顾抱冲小读书堆图记》）另据《焦理堂先生年谱》，次年七月，焦循为其子廷琥之病，初访小读书堆（参前文）。这次匆忙的访问，竟成二友之永诀。次年十二月焦氏再访吴门时，顾之逵已殁数月矣。❶ 焦循哀痛之余，为作《四哀诗·顾之逵》（见前文）。

此外，与顾之逵有交往的学者和藏家还有李锐、江藩与吴骞等人。顾之逵病逝前，还惦记着自己的朋友，吴骞《愚谷文存》卷五《元和顾氏重刊宋本列女传书后》云：

> 今年夏复至吴趋，则抱冲已染瘵物故。疾亟时，以新刊宋本刘向《列女传》属其从弟千里致予。千里亦博综嗜古，撰《考证》一卷，附刊卷末。予揽涕而读之，洵《列女传》之善本已。

在顾之逵倾尽心力，至死方休的藏书事业中，至关重要的两个人，一个是黄丕烈，一个是顾千里。黄丕烈小顾之逵10岁，顾千里更小他14岁。在顾之逵去世的1797年，黄荛圃不过35岁，闻名天下的"百宋一廛"藏书事业可以说仅仅初积跬步；顾千里更只有32岁，"清代校勘第一人"（神田喜一郎语）的学术事业，也仅仅初露头角而已。❷ 注意到顾千里、黄丕烈的年纪相仿，顾之逵罕有文字流传又英年早逝的史

---

❶ 刘瑾辉：《焦循评传》，广陵书社2005年版，第190页。

❷ 李庆先生《顾千里研究》（上海古籍出版社1989年版，第45页）嘉庆元年（抱冲卒前一年）目后云："此数年间，千里就读吴中，谒师交友，切磋学问。得先辈指点提携，于学界崭露头角。"

实，我们自可以部分理解，何以顾黄二人能够风云际会，成为藏书、校勘史上的天作之合；而与这两位巨擘关系密切的顾之逵又何以隐没其后，声名未彰了。可以想象，假如黄丕烈、顾千里早生一纪，或顾之逵得享遐龄，那么，也许艺林史上就会有"二顾一黄"交相辉映。

同时，从黄顾两人文字中念念不忘的追忆可以了解，这位藏书宏富而又为人慷慨的兄长与挚友，虽然天不假年，却对二人的藏书事业、学术事业与人生轨迹，有着重要而深远的影响。

二、顾之逵的藏书生涯

（一）长鲸吸百川

顾之逵从何时开始较大规模的收藏善本书籍？史无明文，笔者推断，大约在乾隆五十五年（庚戌，1790）前后。

证据有三。其一，从现存顾之逵题跋来看，均作于壬子岁（乾隆五十七年，1792）至丙辰岁（嘉庆元年，1796）。此时他不仅可以用诸多宋本校勘明世德堂本《六子书》❶，眼光也已很高。如国家图书馆藏清抄本《孔子集语》（国3461）书末中有顾氏题跋云：

> 壬子秋，应试金陵。遍览书摊，无一当意之本。……因思金陵为江南都会，且明时焦氏藏书甲于天下，何风流歇绝，坊间所储之书，略无一善本流播耶？抑亦吾辈之嗜好与人异趣耶？

其二，黄丕烈自述，顾之逵收书与其同时："抱冲收藏，与余同时，故两家书互相商榷而得之。"（《荛识》第369页）而《汪刻衢本〈郡斋读书志〉》嘉庆二十四年己卯（1819）十一月黄跋云："盖余从事于兹，逾三十年，自谓目录之学，稍窥一二。"（《荛识》第889~890页）此种后来回忆，多取其约数，逆推之，荛翁收书，或在乾隆五十三年

---

❶ 见国家图书馆藏明世德堂本《六子书》（书号8359）顾之逵跋。

（1788）中举之后，盖彼时科第之负稍轻，宜其留意于藏书之事也。另据《黄丕烈年谱》，他有记录的较多购入、题跋、批校古籍，也约始于乾隆五十五年前后。

其三，作为顾之逵的友人，钮匪石留有一部始自乾隆五十六年辛亥（1791）的《匪石日记钞》，其中初次记载拜访顾之逵，是在乾隆五十八年末：

> （十二月）十八日，候顾抱冲、千里，见校宋本《汉·艺文志》（校于汪本上）、校宋本《列子》（校于世德堂本上）、毛钞《药石尔雅》。倾之，有顾姓携元刻《草堂集》来，索价百金。又观元版《济生拔萃方》，共十九卷。朱竹垞跋误为六卷，是未见其足本也。"❶

可以看出，此时顾抱冲家中已广蓄宋元本，而且已有人主动上门兜售善本。钮氏的这类记载直到顾之逵去世的前一年（嘉庆元年）。可以说，从乾隆五十五年到嘉庆二年四月的七年多时间，是顾氏收藏的黄金阶段，而这一全盛之势也随着他的英年早逝，戛然而止了。

历来藏书家成就百川归海的万卷藏书，或得自家传，或辛苦搜求。从目前掌握的材料看，顾之逵的藏书，尤其是宋椠元刊，基本上都是历年访求所得。除了间接源于同郡的毛氏汲古阁、钱曾等人，重要的直接来源是本郡的顾珊。顾珊，长洲人，字听玉，居于苏州东城华阳桥，藏书斋曰"试饮堂"。其祖父顾若霖是本地的名士，诗文书画，涉猎广博，尤喜宋元书籍与古彝鼎。到了顾珊这一代，却开始典卖家藏。黄丕烈说"自谓试饮堂中余与亡友抱冲已拔其尤"（《荛识》第325页），仅据《荛圃藏书题识》所载，抱冲珍藏中得诸顾珊家者，便有宋刻本《孙可之文集》、宋刻《巨鹿东观集》、宋刻《魏武注孙吴司马法》、残宋本

---

❶ （清）钮树玉：《匪石日记钞》（附遗文），商务印书馆1939年版，第2页。下引均据此本。

《舆地广记》、明嘉靖本《汉天师世家》、高丽刊本《须溪先生评点简斋诗集》等。从多则黄跋综合推测，顾珊虽不断地借抄、出售藏书给黄、顾二友，但大约仅为了维持生计，并非贱售、急售。在顾之逵去世之后，仍陆续出手。后其子侄瓜分遗书，直到道光二年（1822）仍在散出。此外还有得自"东城顾氏"❶若干分支者，如宋刻本《列女传》、宋刻本《昆山杂咏》、残宋本《续颜氏家训》、残金本《蔡松年词》、影宋抄本《战国策》、明叶盛抄本《金石录》，以及"碧凤坊顾氏"（汲古阁影抄本《存悔斋诗》、日本抄本《论语集解》）、顾怀芳家（残宋本《礼记》）等。❷可以说，近水楼台先得月，本郡落拓的世家、故家，是顾氏得书的重要途径。收书的初始阶段，自然需要眼勤、口勤、腿勤，待到藏书之名远播之后，登门兜售者便络绎不绝了。前引《匪石日记钞》中"有顾姓携元刻《草堂集》来，索价百金"之语，便可见其时情形之一斑。此外，诸如书贾、书坊、书棚、友朋借抄等一般获书途径，也可以从顾氏自道（如应试金陵时购书）以及黄丕烈等其他藏家的题识、日记中得到证明。

如此"长鲸吸百川"式的搜求，顾之逵收藏的善本数量便可想而知。可惜的是，他生前自编的关乎藏书情状的《一瓻录》，今日却似在若存若亡之间。❸或者，此书本就是一些未经编订的零札散章。顾千里在道光七年（1827）所作《爱日精庐藏书志序》中曾经明言："予又念抱冲之存，尝为读书志。徘徊矜慎，汔未具稿。"（《顾集》第191页）这种对自己的藏书目审慎甚至带有几分虔诚的编纂态度，一方面令人想见其藏书的精善、治学的严谨，另一方面又使人感到万分的遗憾。而笔者仅据顾氏题跋，黄丕烈、顾千里、钮树玉诸家题识日记及部分藏书

---

❶ 《荛识》第180页："盖东城顾氏有三家，一骑龙巷，一任蒋桥，一混堂巷。余生也晚，骑龙巷之书久散，余所及收者畸零而已。混堂、任蒋两家才有去志，而余与顾抱冲得诸最夥。"

❷ 以上内容，散见于《荛圃藏书题识》中诸书名下之识语。

❸ 一瓻，一瓶（酒）。《说郛》卷四十下引《东皋杂录》云："《集韵》释'瓻'字：'酒器也，古以借书。'谓借书馈酒一瓻，还书亦馈酒一瓻。"因之此书有可能是顾氏收书、借书、藏书活动的记录，甚至就是他的"小读书堆藏书记"。

目，便已考得百余种顾氏藏书，大部分都是国之珍宝的"宋刊元印与明抄"，限于篇幅，拟另撰《小读书堆藏书志》以详考其始末源流。这里仅检两种颇具代表性的善本略加评述，以见其（包括"四友"藏书）承前启后的价值。

1. 金刻本《萧闲老人明秀集注》六卷存三卷（国4299）

此书亦是黄丕烈倾心之物，只是原主出售之时，恰逢其子病危，只得作罢。未及借观，顾之逵已殁。之后顾氏藏书扃闭，黄丕烈得知此本消息，已在二十年后的稽瑞楼中。然而陈揆秘藏此书，竟致他终身未能寓目，只好遗憾地在张月霄影抄本（国2740）上题诗以志其事（《荛识》第855页）。此集自清代中期现世，其后所有抄、刻本，本源均为此金刻残本。已知有"东城顾氏（顾珊）—顾之逵（苏州人）小读书堆—'常昭人家'（常熟、昭文一带）—'郡中周氏'（常熟人，未详）—陈揆稽瑞楼（常熟）—铁琴铜剑楼（常熟）—国家图书馆"这一流传线索。

2. 宋淳熙四年抚州公使库刻本《礼记》郑注二十卷（国0843）、《礼记》释文四卷（国9586）

《释文》迟至清代已与原刻郑注二十卷分离，顾之逵约于乾隆末年先后获藏二者，又分别散佚。最终，二书又先后由海源阁、铁琴铜剑楼入藏国图，始称完璧，可谓合久必分，分久必合。已知有"顾从德（明人）—季振宜—徐乾学—顾之逵—汪士钟—杨氏海源阁/铁琴铜剑楼—国家图书馆"这一流传线索。

此外，国图藏顾氏遗书，至少还有南宋刻本《南华真经》十卷、南北宋之际四川眉山刻本《骆宾王文集》十卷（配补毛氏影宋抄本）、宋刻本《孙可之文集》十卷、宋开禧三年昆山县斋刻本《昆山杂咏》三卷、宋刻本《和靖先生诗集》□卷、宋刻本《毛诗诂训传》二十卷（存三卷）、南宋刻本《说文解字系传》四十卷（卷一配明抄，存卷三十至卷四十）、宋刻本《续颜氏家训》八卷（存三卷）、宋刻本《舆地广记》三十八卷（存二十一卷）、明叶盛抄本《皇朝文鉴》一百五十卷（叶恭焕补抄）、吴岫旧藏明抄本《重刊增广分门类林杂说》十五卷、汲古阁藏明抄本《姚少监诗集》十卷（卷六至十配另一明抄本）、汲古阁影宋抄本《东家杂记》二卷、汲古阁钞本《存悔斋诗》一卷《补遗》一卷（毛扆校补）等。同时，海内部分图书馆，以及日本静嘉堂、我国台湾地区的"中央图书馆"也收有部分顾氏藏书。另外，还有不少宋元本的下落存亡，需要进一步的细致考察。

（二）散之若繁星

世间之物，未有聚而不散者。藏书家身后，其书籍也难免星散之命运。然而这命运的造成，大抵三分天灾（水、火、蠹鱼之厄），七分人祸（兵燹、贱卖、盗售等）。从前引瞿中溶诗及黄丕烈跋文中关于顾之逵身后事的描述，可知他去世时二子尚幼，藏书由季弟顾东京代司管钥，其万卷藏书先是藏于家塾，可能还有供族人借阅传抄之意。而顾千里则代家属"遍乞名公"为他作《传》《铭》，并为他重新编录遗作《一瓻录》。然而今日我们既难以找到顾之逵的《传》《状》，也无法从他不知所踪的《一瓻录》中，窥见他的藏书生涯。

顾之逵藏书在暂存家塾之时，已不轻借，但生前至交则不在其内。钮树玉《匪石先生文集》卷下，有《说文系传跋》云："嘉庆六年六月，从顾东京假得抱冲所藏毛氏旧钞《系传》，校录于上。"❶ 而黄丕烈更依然可以借校借抄，如残宋本《林和靖先生诗》（嘉庆二年）、宋本《骆宾王集》（嘉庆九年）等。其中《骆宾王集》黄跋云：

岁丁巳，抱冲下世，遗孤尚幼，一切书籍俱托季弟东京代司管钥，以余素与抱冲好，故时得借观。（《荛识》第509页）

不过，大约至迟到嘉庆十二年（1807），抱冲遗书已"扃闭橱中"，不再外借，而黄丕烈则仍存着一丝希望：

---

❶（清）钮树玉：《匪石先生文集》，《丛书集成续编》第192册，新文丰出版公司1991年版，第768页。

回忆抱冲之殁在丁巳四月，近（今按即嘉庆十二年丁卯）因其弟东京徙居，往贺焉。抱冲之长子阿和出见，崭然头角，已成人。问其遗书，尚扃闭橱中。今其子年渐长，庶几能读父书乎？而余以父执老友，或可藉寓目，亦未可知。书此志喜。（《荛识》第600页）

或许可以猜测，有可能顾东京以叔父身份代管众多秘籍，❶ "恐惧流言"，甚至有可能出现故友借书不还或遗失书籍之事，故一锁了之，以避嫌疑。黄丕烈在《林和靖集》跋中说"还书之日，聊附数语于尾，藉以明余之不欺死友云"（《荛识》第600页），可能即是这种背景下而发。

而嘉庆末年黄丕烈在《麈史》跋中则如此说：

抱冲殁在嘉庆之丁巳，二十年来，欲借观其遗书而不能得。盖始其孤皆幼，即有季弟在，以非其所典守，故未之许。余幸其尚能慎守弗失，可敬也。近闻稍稍有动摇之意，余亦力绌，素所藏者尚不能自保，遑问其他乎？后探知典质消售俄空焉，从坊间得残零书帐，因属贾人之与往来者检取数种，以为留存故交遗物之计，但开直甚昂，不但世好在先未便较量，而勉力为此，断断不能多收。（《荛识》第369页）

从这则跋语中，我们不免读出了其他的意味：嘉庆后期，黄丕烈与顾家踪迹日疏，尤其与顾之逵二子并无来往，甚至其子卖父书，都没有想起这位黄世伯。❷ 这中间有什么缘故呢？笔者推断，除了年辈有差，

---

❶ 另据日本抄本《论语集解》（静嘉堂）陈鳣批语云："惜乎顾君安道已归道山，其父雨田先生将所藏书扃置一室，遂无可问津矣。"（［清］钱曾撰，章钰校证：《读书敏求记校证》，上海古籍出版社2007年版，第31页）可知此事或是顾氏父子的共同决定。

❷ 黄丕烈虽然自称无力收书，但实际上他仍收藏了部分顾氏遗书。

或许和同时期黄丕烈与顾千里的交恶也不无关系。❶

小读书堆书籍的散出,始自嘉庆二十四年(1819)夏:

> 此旧钞《急就篇》颜注本也。苦无别本相勘,己卯夏季小读书堆书出,因见有毛藏钞本,审之,乃浚仪王应麟伯厚补注本也,与此颜注本时有异同,竭几日力校之。(《荛识》第58页)❷

终于道光元年(1821)左右:据《顾千里年谱》,其嘉庆二十五年(1820)夏秋尚从顾望山侄借出宋本《礼记释文》、残宋本《舆地广记》校勘他本。而道光元年初,黄丕烈购得小读书堆残宋本《说苑》后,便再无购入或寓目之记录。

虽然"索价甚昂",但顾之逵遗书散出的速度仍快,可见藏家对其所藏的希求之甚。当时收购最多者,一为同郡之汪士钟,❸一为常熟陈揆(字子准)稽瑞楼和张月霄(字金吾)爱日精庐。❹这一点,可以从黄丕烈、顾千里等人的记述,以及三家的藏书目❺得到确证。其后,这些书又随着世运、家运乃至个人命运的变迁,汇入宜稼堂、持静斋、过云楼、皕宋楼、铁琴铜剑楼、海源阁、国家图书馆,乃至我国台湾地区和海外(如静嘉堂)……这其中的始末缘由,一言难尽,就要别撰他文,再加探求了。

---

❶ 参笔者《黄顾交恶新解》一文。

❷ 据《荛识》,本年黄丕烈所见、所收顾氏藏书还有抄本《青箱杂记》、抄本《论语集解》、蓝格抄本《洛阳伽蓝记》、精抄本《沧海遗珠》、明抄本《西溪丛语》等,可以确知本年夏,正是抱冲遗书散出之时。

❸ 应该说,四友藏书多有归艺芸书舍者。潘文勤《艺芸书舍宋元本书目跋》:"吾郡嘉庆时,黄荛圃、周香严、袁寿阶、顾抱冲,所谓四藏书家也,后尽归汪阆源观察。"(清同治光绪间吴县潘氏京师刊本《艺芸书舍宋元本书目》)其所收顾之逵藏书,尚有宋本《孙可之文集》、宋本《昆山杂咏》等。

❹ 《荛识》第184页:"(嘉庆二十四年)中秋后五日,钱唐何君梦华邀余陪琴川陈张二君。陈字子准,张字月霄,皆近日好购古书之友,谈及顾氏小读书堆书,渠两家所收颇夥。"

❺ 参见《艺芸书舍宋元本书目》《稽瑞楼书目》《爱日精庐藏书志》。

三、顾之逵的校书与刻书

（一）涂抹与留白

历来藏书家有盛名传于后世者，"藏书"只是第一步，"校书"方显真境界。顾之逵在世德堂本《六子书》（国8359）中，曾这样描述自己对于批校书籍的喜爱：

> 凡读古书，先须着眼其通同假借之字。……然后考其谬误，订其异同，味其义理，乃援笔点读，信口雒诵，真人生大快意事也。或曰："汝重价购之，草率涂抹，毋乃可惜乎？"余曰："余之看书，只取自怡而已，不斤斤为名，何论夫书之价值哉！"

如此看来，顾抱冲是一位"读书家"而非重藏轻读的"收藏家"。他亲手题跋批校的本子，已知有《经典释文》（清通志堂经解本）、《集韵》（清康熙曹寅本）、《汉书》（明嘉靖汪文盛本）、《唐书》（明嘉靖闻人诠本）、《甘泽谣》（汲古阁津逮秘书本）、《孔子集语》（清抄本）、《六子书》（明嘉靖世德堂刻本）、《淮南子注》（清乾隆庄逵吉刻本）、《南丰先生元丰类稿》（明嘉靖黄希宪本）、《皇朝文鉴》（明抄本）、《刘宾客文集》（明抄本）等。[1]

可是细心人看看这份单子，便可以发现无一例外，都是明清抄、刻本，而没有一种宋元善本。更令人吃惊的是，从国图藏书来看，顾之逵不仅没有在自己收藏的多种宋元善本上留下一个字，甚至几乎连一方藏印也没有留下——与文字上的惜墨如金相对应，他还有一个特别的习惯，不喜钤印，这与一般藏书家喜欢在善本的卷首卷尾依次盖满形制各异的藏书印（如"十全老人"那般要靠大块头的玺印来昭示存在，实在令人生厌）不同。作为当时的著名藏书家，其藏书印在诸多的藏书家

---

[1] 关于顾氏题跋与批校情况及特点，详见笔者《国家图书馆藏顾之逵题跋考释》一文。

辞典、文献家考订著作中均未著录，也印证了这种现象。就笔者管见所及，只有国图藏明嘉靖十二年世德堂刻本（国8359）《六子书》中，有"抱冲庐藏书玺章"（朱文方印，《列子》卷一末）、"褒盅校本"（朱文长印，《列子》卷二首）各一方。这些又与上文的自述发生了矛盾。

其实，顾之逵题跋批校可以称得上书法秀整，他却没有黄丕烈那样浩浩生涯与悠悠文事同入一跋的散文体文风。或者说，没有黄氏那般身具"题跋癖"，❶并在跋语中倾诉心中一切与书有关的喜怒哀乐的爱好。具体而言，黄跋的字数一般远多于同书的他人题跋，其中涉及的内容，也可谓细大不捐。余嘉锡先生《藏园群书题记序》中，贬称黄"颇类卖绢牙郎"，其题跋"于学子实无所益，岂惟远逊晁陈，即持较《通志·艺文略》《国史经籍志》之杂钞书目者，亦尚不及也"。❷所评虽不无严苛，却也道出了黄跋之一端。然而，后世的史家、学者与收藏家乃至地域文化研究者所需要的，正是类似黄跋那样宝贵的第一手资料，它既有小品文❸的多情风致、日记体的史料价值，又兼具一般藏书题跋详述版本、次第、篇章、源流的特征。我们可以想象，若顾之逵也如黄丕烈般详记藏书琐事于书后，后世对他的认知与重视，或不在黄之下。今日看来，顾之逵广储博观而惜墨如金，却适足为贤者之累。

一方面自称对藏书"援笔点读，信口雒诵"，甚至被友人称为"重价购之，草率涂抹"；另一方面却对宋元善本惜墨如金——这种矛盾的现象，需要一个解释。在笔者看来，这位慷慨而谨慎的藏书家要么是对宋元善本抱有超乎他人的敬意与宝重，不忍"亵渎"；要么是在等待合适的机会——这样的机会，或许是在遍读、遍校群书，自觉够格在球璧之珍上施以丹黄之后，或许是在成为德高望重的藏书巨擘，为一生藏弄得失做出总结的耄耋之年（如黄丕烈所为）。从他对撰写《藏书志》

---

❶ 这样说并无贬义，因为黄跋正是今日研究重要的第一手文献。黄丕烈题跋的精确数量，目前尚难确知，但缪荃孙、王欣夫等先生历年所辑，已在七八百种，足令并世诸公，瞠乎其后了。

❷ 傅增湘：《藏园群书题记》，上海古籍出版社1989年版，第4页。

❸ 前引上海远东出版社出版的《荛圃藏书题识》，属"宋明清小品文集辑注"书系。称黄跋为小品文，并非笔者杜撰。

"徘徊矜慎"的态度，完全可以推知这些。可惜，这一切的一切都随着顾之逵的天不假年而永远成了泡影。但他对于善本古籍的珍爱与虔诚，仍值得我们尊敬。

(二)《列女》与"越绝"

历来开明的藏书家总在尝试让善本秘籍化身千万，沾溉学林。时常大方地将自己重价购来的善本借观、留阅同好亲朋的顾之逵自不例外。在收书大有所得之后，他也开始尝试刊印宋元秘本，但与题跋、钤印方面的遗憾相似，顾氏的刻书事业，起点竟成了终点，所以顾千里在《抚本礼记郑注考异后序》中充满遗憾地说：

> 往者家从兄抱冲收善本经籍，将次第刊行之，不及而没。其收得各种，皆广圻预审定者也。……（中叙为张古余刻顾之逵藏抚州本《礼记郑注》之经过）……深感此书得托先生以传之幸，而痛家兄之有志未逮也。(《顾集》第132~133页)

其实，虽然"不及而没"，顾之逵还是为世人留下了一部元椠《列女传》八卷❶（今已佚）的重刻本。此即钱曾《读书敏求记》卷二所云"牧翁乱后入燕，得于南城废殿"❷之本。乾隆五十七年末，黄丕烈曾见此本，"装潢精雅，楮墨俱带古香，心甚爱之，缘需直颇昂，仅留阅信宿而取去"。次年春，荛翁赴京应会试，夏初返乡，此书已为顾之逵所得（《荛识》第115页）。乾隆六十年（1795），顾千里为顾之逵依此本校刻《列女传》，嘉庆元年（1797）末蒇事，次年顾之逵便去世了。❸

---

❶ 诸家历来将此本定为宋本，或更名之曰"南宋本"，有可议处。此本当定为南宋嘉定七年（1214）蔡骥刊本的元代余氏勤有堂"模刻"本。孙闻博《刘向〈列女传〉流传及版本考》对此有详尽分析（北京大学历史系：《北大史学15》，北京大学出版社2010年版，第42~45页），大要如下：（1）勤有堂刊本凡署年号者皆在元代。（2）元建本开始在正文小题之上使用鱼尾及"○"符号以为醒目；元建本改大题作双行大字；元建本题名喜用"新刊某某书"；元建本多用俗体字。此本符合以上所有特征，且字体颇类元代刻本。

❷ （清）钱曾：《读书敏求记》，书目文献出版社1984年版，第50页。

❸ 《重刻列女传序》《列女传考证后序》，见《顾千里集》，中华书局2007年版，第139~140页。

此书刊刻极精，"董校雠之役"的顾千里还专作《考证》一卷附于其后，颇为后世藏家所喜。❶ 只是顾千里认为原书上方的附图（元刻为上图下传）为宋人所加，非顾恺之原绘，故删而未刻，曾经引起江藩、吴骞、黄丕烈等人的异议。❷ 书成之时，顾之逵已在病中，仍以新刊之书托顾千里转赠吴骞，足见他对此书的重视。❸ 需要说明的是，此书之成，顾千里独任其事，参考了顾炎武、段玉裁、钱大昕、黄丕烈等人的研究成果，却并非如《清史稿》等文献所言，有梁玉绳及其孙女梁端参与。❹ 约嘉庆二十五年（1820）二月，元刻入阮元揅经室。道光五年（1825）秋，阮元子阮福据元刻影刻一本。❺ 此后元刻不知所踪，已知有"明内府—钱谦益—钱曾（书在二钱斋中时，毛晋或曾借阅并题签）—苏州迎驾桥顾氏—顾之逵—汪士钟—阮元（阮福）—?"这一流传线索。

此外，还有一套古代小说丛书"秘书四十八种《艺苑捃华》"被列入"顾刻"名下。此书汇集了汉代至清代的罕见小说（包括传记、诗

---

❶ 叶德辉曾于是书扉页题识云："余藏有此书，不知何时失去，在苏州寓中，莫楚生（莫棠）观察来访，偶尔谈及是书刻本之善，惜不再遇！观察云：彼曾藏有二部，可以其一相让，因检此见赠。良友之惠不可忘也。书记册首，子孙其永宝之。"转引自：魏隐儒：《中国古籍印刷史》，印刷工业出版社1988年版，第160页。

❷ 江藩《宋刻新编古列女传跋》："《列女传》八卷，宋建安余氏所刻，余氏名仁仲，曾刊注疏，何义门学士所谓万卷堂本也。……予少时闻此书在吴中迎驾桥顾氏家，恨不得见。乾隆戊申，此书为亡友顾君抱冲所有，始得见之，不觉为之色飞眉舞。抱冲从弟千里以此本开雕，因王回序有'好事为图'之语，遂不刻上方画像。予谓千里曰：'此图即好事者为之，亦宋画也，存之为是。'然书已杀青，不能重刻矣。"见（清）江藩著，漆永祥整理：《江藩集》，上海古籍出版社2006年版，第261页。大致而言，诸人意见皆与江藩相近，以为舍图不刻，殊为可惜，这也是后来阮福重刻的动因之一。

❸ 吴骞《元和顾氏重刊宋本列女传书后》："元和顾抱冲氏性好藏书，家多宋元以来善本。……今年夏复至吴趋，则抱冲已染瘵物故。疾亟时以新刊宋本刘向《列女传》属其从弟千里致余，千里亦博综嗜古，撰《考证》一卷附刊卷末，余揽涕而读之，洵《列女传》之善本已。"

❹ 《清史稿·列女传》云："梁，名端，字无非，钱塘人。幼为祖玉绳所爱。元和顾之逵校刻《列女传》，玉绳为审定，端辄胪其同异，退而笔之，玉绳为之折衷。"似乎梁玉绳及孙女梁端参与其事。徐兴无力辨其非，详其《清代王照圆〈列女传补注〉与梁端〈列女传校读本〉》一文，见张宏生主编：《明清文学与性别研究》，江苏古籍出版社2002年版。

❺ 元刻入阮家事，皆据阮福影刻本跋语。

话）四十八种九十九卷，如《西京杂记》《神仙传》《二十四诗品》《虬髯客传》《红线传》《竟山乐录》《本朝诗钞小传》等，蔚为大观。此书的有趣之处，在于最早的印本是距离顾之逵之殁已六十年的"同治七年务本堂本"。清孙衣言首序云：

> 《艺苑捃华》者，小读书堆顾氏刊本也。……属以游历传烽，甫闻洗甲，桑田有感，枣木如新……用广流传，为书缘起。

可知顾之逵生前已刻好书版，而因故未能刷印，在太平天国劫余之后，才有幸面世。此序后有乾嘉间赵怀玉序云：

> 小读书堆主人插架既富，尤嗜说部，丹黄之余，摘择善本，仿《百川学海》，荟而梓之。不惟克聚古人之心，且足以怡后世之目，既名之曰《艺苑捃华》，复序其缘起如此。

赵怀玉与袁廷梼交情匪浅，❶ 大约因其为介，为此书作序，但序文未收入赵氏《亦有生斋集》中。

可能是当时畅销的说部书籍书估攒集作伪之风颇盛，以及刊、印年代相距过久，使后世学者不能无疑。鲁迅《〈唐宋传奇集〉序例》云："顾复缘贾人贸利，撮拾彫镂，如《说海》，如《古今逸史》，如《五朝小说》，如《龙威秘书》，如《唐人说荟》，如《艺苑捃华》，为欲总目烂然，见者眩惑，往往妄制篇目，改题撰人，晋唐稗传，黥劓几尽。"❷ 丁锡根在《中国历代小说序跋集》中为此书加按语云："顾氏为著名藏书家，是书所收，率见《龙威秘书》、《唐人说荟》，以其收藏之富，鉴别之精，不当简陋如此。盖书贾从《龙威秘书》等丛书中随意抽取、杂凑而成。"❸ 直接怀疑此书为托名之作。但笔者倾向于相信此书确为顾

---

❶ 赵怀玉《亦有生斋集》中有多篇诗文述及与袁廷梼之交往。
❷ 鲁迅：《唐宋传奇集》，人民文学出版社1952年版，第9页。
❸ 丁锡根：《中国历代小说序跋集》，人民文学出版社1996年版，第1798页。

刻，这里有两点需要注意。第一，且不论赵怀玉序是否为假，顾之逵"尤嗜说部"，且多有搜集，信而有征：前引钱大昕《题顾秀才抱冲小读书堆图》诗中"遗闻搜越绝，小说屏虞初"句便是明证。第二，《龙威秘书》初刊于乾隆五十九年，《唐人说荟》初刊于乾隆五十八年，假如《艺苑捃华》确为抱冲生前所刊，时间当也在此前后。这些书籍的同时刊刻，是否代表了彼时的一种风气？❶ 或者说顾之逵刊印此书，既属个人爱好，也未必没有迎合市场的目的。

四、余 论

四十五岁的英年早逝，矜慎徘徊，纵使他博闻广见，满腹锦绣，也来不及留下几许文字；两百年的白云苍狗，宠辱皆忘，纵使他"黄金散尽为收书"的事业如何名噪一时，也只能硬生生地被历史掩埋。这么一位没有藏书目留传、存世文字罕见，几乎完全存在于亲友们断简零札之中，需要学者拼合和阐释的藏书家，其研究的意义究竟何在？

其一是找回历史的本原。学术研究的意义之一，即在于揭橥历史的本原，凸显历史人物在当时存在的价值。在后人尤其是今人眼中，顾之逵几乎只剩下了"藏书四友"之一、"乾嘉四大藏书家"之一的空壳，他的人生经历如何？个人藏书的内容、理念如何？对当时藏书界乃至学术界的影响如何？他在藏书史中，究竟应该获得怎样的评价？种种问题，都需要在细致的考辨和缜密的分析中寻找答案。此外，以顾之逵所属的藏书家群体"藏书四友"为例，张金吾《爱日精庐文稿·陈子准别传》云："君藏书先金吾十余年，彼时郡中若周香严锡瓒、袁寿阶廷梼、顾抱冲之逵、黄荛圃丕烈四先生辈，皆以藏书相竞，珍函秘笈，流及吾邑者盖寡。"❷ 四人藏书之名盛于当时，既并称四友，便有铢两悉

---

❶ 可参看王桂平关于清中期江南藏书家注重刊行小说的相关论述。王桂平：《清代江南藏书家刻书研究》，凤凰出版社2008年版，第129~132页。

❷（清）叶昌炽著，王欣夫补正：《藏书纪事诗》卷五，上海古籍出版社1989年版，第626页。

称、难分伯仲之意，但二百年后，学界的印象里，却似有黄丕烈独占时名，余者皆碌碌之势。这固然是历史的选择和命运的安排，但其中的缘由，以及昔日四友切磋研讨、互通有无的情状，却需要得到解释和复原。同时，四友群体研究的推进，也必然有助于加深对于某个似乎已经研究得比较充分的个体（如黄丕烈）的更进一步研究和理解。

其二是揭示顾之逵在诸多宋元善本、明清抄本递藏链条中的位置。诚如文中所言，在可以确证为顾之逵旧藏的多种宋元善本、明清精抄本中，不仅时常没有他的只言片语，连藏书印也极为罕见。这与历史上其他藏书家的情况大相径庭。顾千里《爱日精庐藏书志序》中曾言"予又念抱冲之存，尝为读书志。徘徊矜慎，汔未具稿"，"黄绢初裁好著书"的期待和英年早逝的不幸，留下了永久的遗憾。顾之逵对待珍籍和学术"矜慎"而虔诚的态度，在客观上却湮没了他在藏书史上的地位和意义。然而，细心的梳理使我们发现，很多国宝级善本在元、明时期的流传历程，往往空白；其在清代中期重现于世的契机，往往集中在小读书堆、集中在顾之逵身上；此后的递藏顺序，又往往转而非常清晰。虽然这种现象和彼时好古风盛、讲求版本的时代背景密不可分，但仍可以说，顾之逵（包括"藏书四友"）是众多善本古籍递藏链条中继往开来的重要一环。这一点，至今仍被学界忽视。

其三是彰显顾之逵"与众共之"、分享藏书的精神。顾氏在《六子书》跋文中清楚地表明了自己购书的态度：只为读书自怡，而不为藏宝待沽，所以不避"重价购之，草率涂抹"。与此相关的是，他慷慨地将自己重价购来的善本借观、留阅同好亲朋，而不像有些藏书家连藏书目都秘而不宣，要靠"雅赚""潜采"才能使之沾溉艺林的行为，也可以印证上述这一点。同时，在黄丕烈、顾千里、周锡瓒、袁廷梼、钱大昕、焦循、段玉裁、钮匪石、瞿中溶等人的各类文字中，均可以看出，顾之逵是一位"爱书者"而非"守书奴"，这种分享珍籍、赓续文化的精神，也是大藏书家才有的风度与气度。

莘莘当时名，寂寞身后事。历史给顾之逵留下了未尽的遗憾，但两百多年后的今天，我们藉以认识顾之逵、了解顾之逵的，却正是文中所举的那些今日光芒掩盖了他的亲人和朋友。另外,顾之逵形象和他的藏书史实的重新建构,也使全面地、历史地认识藏书家群体,以及进入"过程"、还原"场景"的藏书史研究成为可能。

2012年6~12月首刊于《国家图书馆学刊》第3~4期

2017年9~12月修订

中 编

芸香永续——宋椠明抄

士礼居善本书志稿（一）

自　序

　　世间万事，不脱一缘字。庚寅（2010）初秋，余入天禄执役，自是日以书山纸海为家宅，版刻源流为性情。新知未成，旧学多忘，惭悚之余，日夜覃研。某日雨窗校书，惫极，坐而假寐，忽有老人自远而来，黄衣青藜，温醇古雅，若向所识者。余凝思半晌，忽惊悟云："丈莫非黄荛圃先生乎？小子曾见丈晚年镜中影小像。"老人不答，但微颔首。

　　少顷，荛翁从容语余曰："闻子欲撰余与香严、抱冲、寿阶诸友年谱，有诸？"余答云："旧谱苦疏略，未惬私心，故有合谱之作。今编纂有年，稿已盈尺，虽犹未成，终可使后世读者，见诸公痴爱素心，独钟于古人精神所寄之简编，而油然生踵武重光之志矣。"

　　翁拈须微笑曰："善哉。吾辈平生汲汲以佞宋求古为务，然聚散之机，岂人所主？向日笃爱，生前已多非我有，此不足惜也。惟曾立志辑《所见古书录》而未成，旧稿亦散，常以为憾。今子既好古敏求，余欲倩子重撰其书，以成夙愿，其有意乎？"余对曰："唯唯。长者之命，敢弗以诸。然小子何人，能以爝火助日月，培塿益泰山乎？此亦非余所能梦见者。且未知翁素所服善者，体例如何。"

　　翁复笑曰："自昔《别录》《中经》，迄后《通志》《提要》，流别各异。《汉志》之简要，《敏求》之才情，《琳琅》之'佞宋'，《廛赋》之新体，各有擅场，岂能一哉？自余言之，辨其版刻，考其异同，订其得失，记其源流，辑其序跋，皆无不可，然其文则当润其才，无枯其笔也；其体则宁骋其逸，莫守其固也。吾书多入天禄，而子膺其选而治学乎此，是亦吾与子之一种因缘。可不必过谦。"

余尚待辞，忽遥闻市声。开目视之，则红日初现，白云拂窗，宛然在目；侧耳听之，而竹林钟鼓，楼外车马，喧阗如常。盖前所闻者，恍然一梦耳，亦一笑置之。

岂意南柯、黄粱之事，未必非真。不数日，友人约撰书志稿，余诧其恰符梦中之言，可以遂翁之愿；又思《谱》《志》互参，可以相补，乃决意勉力而成其事。遂将数年所见闻，一一排比，首之以天禄所藏，而参之以他处，未寓目之书，亦暂列入，以成其规模，俟异日得此眼福，而复订补。初名其曰"士礼居善本书志稿"，并撰《例言》若干则，同附于后。窥天指地，无裨学术，海内高明，幸赐教焉。

例　言

一、是编据四部分类，每部下类目略依《四库总目》之例。同书之中，则依版刻先后，以宋元刻（抄）居首，明清本次之。每类目下，首取曾经士礼居递藏之善本（自刻之书亦列入），次附荛翁平生寓目而未得之书，此亦《所见古书录》之旧例也。

一、是编作意，以考订士礼居书事为要，而兼之以撰者生平、文章得失、版本先后、递藏源流诸端。故与通行之例，未能悉同，读者其察之。

一、每本后附载原书序跋及藏家手书题跋。又传世黄跋文字，多辗转传抄，时有讹夺错简，今皆据原书或影像，重录其文，附于其后，以便学者。其未能校正者，姑略之以俟。

一、是编常引之书，《百宋一廛赋》省称《赋》或《廛赋》，《求古居宋本书目》省称《求古目》，《百宋一廛书录》省称《书录》，《荛圃藏书题识》省称《荛识》。❶又征引诸家论著，首现则详标其著者、书

---

❶ 以上诸书，皆据屠友祥校注《荛圃藏书题识》及附录，上海远东出版社1999年版。

名、刊行者、刊印年代及页码，后引则仅列书名及页码，以避繁芜。

一、是编之书，皆列现藏地及索书号，以便核验。未知存佚者标待访，以俟稽考。书前号码，前者为该类目下序号，括号内为总序号。

一、是编各书名下脚注，将所见该本前人论著，皆一一标明，以示不剿袭、不掠美。其新见旧说，亦赖以自明。

经　　部

经部·易类

1（1）.周易集解十卷易传略例一卷❶

（唐）李鼎祚撰。明汲古阁公文纸（嘉靖五年）影宋抄本。黄丕烈跋。❷ 十册。半叶（下同）八行十八字。宋讳贞、殷、恒等缺笔。毛褒旧藏。待访。

【附】周易集解十卷（存八至十共三卷）

（唐）李鼎祚撰。南宋嘉定五年（1212）鲜于申之蜀地刻本。六册（存二册）。八行十八字，白口，左右双边。毛表旧藏。现藏波兰克拉科夫雅盖隆大学雅盖隆图书馆。

《荛识》著录据此影宋本所校之《津逮秘书》本《周易集解》十七卷。

是书之归士礼居也，存一段书林佳话。据陈鳣《经籍跋文·宋本〈周易集解〉跋》（清《涉闻梓旧》丛书本）云：

嘉庆十一年（1806）十月，吴阊陶氏五柳居书肆持以相视，索直十两。余正拟购得，黄君荛圃已先知之，急遣人来，携首册而

---

❶ 著录：（清）陈鳣《经籍跋文·宋本〈周易集解〉跋》；张金吾《爱日精庐藏书志》卷一。
❷ 《经籍跋文》陈跋云"荛圃为跋于后"。

去。未几芫圃卧病，然犹持书不释。余欲其速愈也，因让之，乃竟如其直买之。病果起，遂以香楠制椟而藏。是冬除夕祭书，此其首列。

嗣后陈欲以二十金相易未成。至嘉庆十四年（1809），黄适有所需，陈乃复以三十金购之。至嘉庆廿一年（1816）冬，黄又自陈处假得此书，其友张绍仁因从转假，校于胡震亨《秘册汇函》本《易传》十卷上。❶陈之大度，黄之痴爱，二公之交态，于焉可见。

陈跋详列此本行款、序次、装潢及递藏，今复移录如下：

《周易集解》十卷，影宋写本。首题"易传卷第几"，下题"李氏集解"。……前列《易传序》，称"秘书省著作郎臣李鼎祚序"。次载晁公武书，又次李焘书，又次鲜于侃书，又次侃子申之书。末附《易传略例》❷，后载计用章序。每叶十六行，行十八字，自乾、坤二卦以外，卦爻下俱列"某宫""某月""二世"等字，作三行。凡遇贞、恒等字俱缺笔。❸……此即从嘉定本影写者，用明时户口册籍纸，上有"嘉靖五年"等字，既薄且坚。反面印格摹写，工整绝伦，纤毫无误。前有"毛襄字华伯号质庵"印，襄即毛晋之长子，知为汲古阁藏书。装潢极精，以墨笺为而背，藏经纸作签，殆所谓"宣绫包角藏经笺"也。凡十册，每册黏签，犹是旧题。考毛疑（扆）斧季《汲古阁秘书目》以此居首，注云宋版影抄，定价银五两。以呈潘稼堂，又不知几易主，后为潢川吴氏所有。

---

❶ （清）陆心源：《皕宋楼藏书志》卷一"《易传》十卷《略例》一卷张敦仁校宋本"，清光绪万卷楼刻本。详后文。
❷ 按当为魏王弼《周易略例》。
❸ 据《爱日精庐藏书志》卷一此本（"《易传》十卷附《略例》一卷"）云，避讳字有贞、殷、恒。

今按此本确为毛氏影宋抄本，然其所据之宋本如何？日人神田喜一郎（1936）、高田时雄（2009）尝亲见其书，并先后撰文。❶ 综其所述，宋本十卷，八行十八字，白口左右双边，版心上方镌鱼尾，下方镌"易传几"，并有刻工姓名。板框高22.2厘米，宽14.7厘米；原书高28.5厘米，宽19.5厘米。其序跋与前陈鱣所述略同，据知北宋庆历四年甲申（1044）淮安太守"采阳公"之子"彦孚"及孙景初刻《周易集解》，计用章序之。南宋乾道二年（1166），资州（今四川资中、资阳一带）郡守鲜于侃以鼎祚为资之乡贤，其书又"世罕传焉"，乃刻此书，藏版于当地学官。嘉定五年（1212），其子鲜于申之以"板复荒老，且字小，不便于览者"，遂重刻之于蜀中，即此宋本。

宋本钤"东吴毛晋""字子晋""子晋之印""汲古阁""毛""在在处处有神物护持""晋""虞山毛氏汲古阁所藏""毛氏藏书子孙永宝""海虞毛表奏叔图书记""中吴毛奏叔收藏书画印""毛表奏叔""季振宜藏书""PR. ST. BIBLIOTHEK BERLIN"等印，可知毛晋卒后，宋本归四子毛表，影宋本归二子毛褒，自是殊途悬隔，聚首无期。

据宋本附叶识语及《津逮秘书》本《周易集解》十七卷黄跋，❷ 宋本原亦为十册，与影宋本同，毛表之后，归于季振宜，复入清宫。乾隆五十一年（1786）宫中重装为六册，何焯尝见之。约清末民初，入藏德国柏林普鲁士国家图书馆。"二战"中为避战火，辗转迁移。今藏波兰克拉科夫雅盖隆大学雅盖隆图书馆，仅存两册（卷八至卷十）。

而影宋本自向山阁散出后，复入于常熟张月霄插架。《爱日精庐藏书志》卷一载"《易传》十卷附《略例》一卷影写宋刊本汲古阁藏书"，并全文录鲜于侃、鲜于申之序。❸ 张氏书逸，此本则不知所踪。

---

❶ 参见高田时雄《宋刊本〈周易集解〉的再发现》（见北京大学国际汉学家研修基地编：《国际汉学研究通讯》第2期，中华书局2011年版，第138～147页）文。神田氏《宋刊的〈周易集解〉》一文原载日本《书志学》第8卷第2号。

❷ 宋本题识云："《易传》，原二套十本。五十一年十月初六日，畅春园发下，去衬纸，改一套六本。"黄跋见《荛识》第45页。

❸ 按此二文又见于曾枣庄、刘琳主编《全宋文》第4997卷（第225册）、第6939卷（第304册），上海辞书出版社、安徽教育出版社2006年版，第185页、第79页，兹不录。

有论者以前述皕宋楼藏"《易传》十卷《略例》一卷张敦仁校宋本"即此影宋本，❶愚以为不然。今按《皕志》此书下，依次列李鼎祚序、鲜于申之序（全文）、计用章序（全文）、张敦仁跋（全文）、张金吾《藏书志》（全文）。且张跋明言所校为"胡刻"（胡震亨《秘册汇函》丛书本），又以影宋抄之《周易略例》为胡刻所无，复校之于程荣《汉魏丛书》本上。

陆氏何人，竟不辨影宋抄与张校本之别？窃疑此所谓"张敦仁校宋本"，含胡刻《易传》十卷及《汉魏丛书》本《周易略例》一卷两种，并剔除胡刻《易传》原附之《易解附录》一卷。或张绍仁为"使天壤间多一善本流传"，存影宋本面目，故有如此安排，陆氏得书时即如此。疑陆氏成《皕志》时，鲜于申之序据《爱日精庐藏书志》过录，计用章序则自胡刻过录耳。

2（2）.周易集解十七卷附略例一卷

（唐）李鼎祚撰。明嘉靖三十六年（1557）朱睦㮮聚乐堂刊本。❷册数不详。八行十八字。白口四周双边，单白鱼尾，上刻"聚乐堂"，中记书名卷第及叶次。待访。

《荛识》载。其"校影宋本《周易集解》"一书跋云："丕烈案：余新收朱睦㮮本十七卷。"

朱睦㮮为明宗室，修学好古，有万卷楼藏书。此本首潘恩《刻李氏周易集解序》，次朱睦㮮《刻周易集解序》，次李鼎祚《周易集解序》。正文每卷首行题"易传集解卷第某"，次行题"资州李鼎祚"。正文后附《周易集解略例》，次行题"王弼"二字。此本今日未知所在。

据朱氏序文，其所据者，为宋季刻本，当为前述鲜于申之本。

---

❶ 谷继明："论李鼎祚《周易集解》的流传"，载《周易研究》2012 年第 3 期。其文以为影宋本即张校本，入皕宋楼，其后散佚。

❷ 按黄藏本今待访，行款序跋皆据台湾"国家图书馆"藏本（00014）著录。谷继明《论李鼎祚〈周易集解〉的流传》一文于此刻有详述，可参看。

兹据别本录潘、朱二序于下：

刻李氏《周易集解》序

上海潘恩撰

序曰：此唐李氏鼎祚所辑《易解》，刻之者，我明宗室西亭氏也。六经之道大矣，而《易》为之原。自古庖牺氏之王天下，始画八卦，重之为六十四。周文王作卦辞，公旦作爻辞，孔子系之以《十翼》，所以阐阴阳之秘，发天地之房者，斯其至哉！语有之："乾坤毁则无以见《易》。"言《易》与天地相始终也。自卜商以后，传注百家，惟王、郑为众所宗，颇行于代。李氏谓郑则多参天象，王乃全释人事，易之为道，岂偏滞于天人者？于是采摭遗言，历汉迄唐，集虞翻、荀爽三十余家，刊辅嗣之野文，补康成之逸象，其用意勤矣。夫二气运行，彰往察来，莫赜于天道，而八象备之，消息盈虚，其数不可略也；贞悔相因，杂物撰德，莫辨于人事，而六位穷之，乘承失得，其理不可遗也。故曰易也者，天人之间者也。孰或合之，而孰或离之？李之宗郑斥王，过矣。迨及有宋，儒道彰明，若正叔程氏之《易传》，晦庵朱子之《本义》，皆渊源王学，而二书沛然大行于时。近世因之，立于学官，凡师之所以教、弟子所肄习，独宗朱子。是故童幼而专一艺，白首而或未能言，盖安于所习，毁所不见，卒以自蔽，此学者之通患也。儒先有言，隋唐以前《易》家诸书逸，不复传，赖李氏此书，犹见其一二，然则是编何可废哉？西亭氏者，负陈思之轶才，慕河间之大雅，词翰踔绝，跻古作者之途。迩年好《易》，潜心韦编，遂以所得宋本募善工刻之，以广传布，讵不谓知本者耶？今夫昆仑之水，其发源也，漾漾无垠，演而为河流，汇而为沧海，至于海，而水之观尽矣。羲、文、周、孔之易辟，则昆仑之源也；李氏之《集解》，辟则河之众流也；程朱之《传》《义》，辟则海之会归也。是故由《集解》而溯四圣之微言，则其端倪可测矣；由《集解》而征程朱之著述，则其脉络益明矣。《传》云："先王之祭川，先河而后海，或原或委，之谓务本。"然则是编之刻，其先河之义也夫？刻既完，授余读之，且属余序。余遂诠次其略，俾后之览者，有所考焉。

嘉靖丁巳夏四月既望。

刻《周易集解》序

后学汴上睦㮨撰

予观《唐·艺文志》，称李鼎祚集注《周易》十七卷。据鼎祚自序，云十卷而首尾俱全，初无亡失。不知唐史何所据，而云十七卷也。《崇文总目》及《邯郸图书志》亦称七篇逸，盖承唐史之误耳。鼎祚解经，多避唐讳。又取《序卦》冠于各卦之首，所引有子夏、孟喜、焦贡、京房、马融、荀爽、郑玄、刘表、何晏、宋衷、虞翻、陆绩、干宝、王肃、王弼、姚信、王廙、张璠、向秀、王凯冲、侯果、蜀才、翟玄、韩康伯、刘瓛、何妥、崔憬、沈驎士、卢氏、崔觐、伏曼容、孔颖达，凡三十二家。又引《九家易》《乾凿度》诸说，义有未详，鼎祚乃加增削。予尝综其义例，盖宗郑学者也。自商瞿之后，注《易》者百家，而郑氏玄、王氏弼为最显。郑之学主象数，王之学主名理。汉晋以来，二氏学并立。至刘宋初，颜延之为祭酒，黜郑置王，时陆澄、王济辈皆以为不可。自是河汾诸儒，多主于郑；江左及青齐，多主于王。唐兴，孔颖达受诏撰定《五经正义》，于《易》独取王传，而郑学遂废。先代专门之业，亦复不传，可胜叹哉！夫易有圣人之道四焉，世之言理义之学者，以其辞耳，象、变与占，其可阙乎？昔吴季札之鲁观乐，见《易象》，喜曰："周礼尽在鲁矣！是故象者，易之原也。象成而后有辞，辞著而后有变，变见而后有占。若乃专尚文辞，不复推原《大传》，天人之道，歧而为二，可乎？康成去古未远，其所纂述，必有所本。鼎祚恐其失坠，以广其说，均之为有裨于《易》者也。是编刻自宋季，人间稀有存者。顷岁予得之李中麓氏，复用校梓以传，欲使圣人之道，不致偏滞；而自汉迄唐三十家之言，亦不至埃灭弗闻也。鼎祚，资州人，仕唐为秘阁学士，以经学称于时。尝进

《平胡论》，预察胡人叛亡日时，无毫发爽，象数精深盖如此。❶ 及阅唐列传与蜀志，俱不见其人，岂遗之耶？抑别有所载耶？因附论著于此，以俟博雅者考焉。

嘉靖丁巳冬十二月望日。（后刻白方"灌父"、朱方"西亭子印"、白方"授经堂印"三印）

3（3）. 易传十卷易解附录一卷❷

（唐）李鼎祚撰。明毛氏汲古阁刻本。清黄丕烈批校，张绍仁覆校并跋。四册。九行十八字。白口左右双边，单白鱼尾，鱼尾下记书名卷第及叶次（版心无"汲古阁"三字）。过云楼旧藏。现藏凤凰出版传媒集团。

此本首鲜于申之序（别纸抄补，非原刻所有），次李鼎祚《易解序》（仅百余字），次《郡斋读书志》文（附胡震亨按语），次胡震亨《李氏易解附郑康成注序》。正文首题"易传卷第某"，次行署"明武原胡震亨海虞毛晋同校"。正文后为计用章《易传后序》，次姚士粦《易解附录后语》。后为《易解附录》，题"汉郑玄康成注　明胡震亨孝辕辑补"。

嘉庆廿一年（1816）冬，张绍仁自黄丕烈处借得汲古阁影宋本《周易集解》（荛翁从陈鳢处借回）。同时，黄以此自校本，属张重勘。张覆校此本后，又自校一本（即前所述皕宋楼旧藏"《易传》十卷《略例》一卷张敦仁校宋本"）。故《周易集解》一书，张校已知有两本。

此本张氏校毕后，当仍归士礼居，嗣后散出，辗转为过云楼所藏。乙酉（2005）、辛卯（2012）两现于世，今归凤凰出版传媒集团。

---

❶ 今按："尝进《平胡论》……盖如此"句，诸家传录文字多无。
❷ 著录：陈海燕主编《凤凰出版传媒集团典藏过云楼藏书书目图录》，凤凰出版社2014年版，第70~73页。著录作"明万历三十一年胡震亨刻本"。今按此本为胡震亨、毛晋同校，当即《秘册汇函》遭火，残板归于毛氏后重刻之本，胡氏亦预其事。今存李氏《集解》有三种毛氏刻本，此即其一。另一十卷本（版心标"汲古阁"三字）为其二，十七卷本为其三。详谷继明《论李鼎祚〈周易集解〉的流传》一文。

今据书影等辑录此本胡震亨、姚士粦序跋及张绍仁手跋如下：

李氏易解附郑康成注序

初，汉世施、孟、梁丘、京四氏《易》列学官，费氏《易》惟行民间。自马融为传授郑玄，注《易》者相承皆用费氏《易》，而独玄与魏王弼最显。玄主象数，弼尚名理。弼撰《略例》，云："互体不足，遂及卦变；变又不足，推致五行。一失其原，巧喻弥甚。"殆讥玄也。晋人讥弼，复谓其"六爻变化，群象所效，日时岁月，五气相推，多所不关，将泥大道"。盖互有所短云。于后南北诸儒，好尚各异。江左则宗王学，河洛则用郑义。隋世王注盛行，唐复敕撰《正义》，而郑氏始绌。旧注九卷，至宋遂亡佚失传焉。唐惟李鼎祚宗郑，汇诸家为《集解》，郑注盖多所采用。宋王应麟复联缀其散在《释文》《易》《诗》、三《礼》、《春秋》义疏、《后汉书》《文选注》者，合《集解》所载为一卷，名曰《集郑康成易注》。盖易道统备天象人事，王郑两家不可偏废，而郑氏之学，鼎祚撮其最，应麟搜其逸，则两书又当并观者也。余故刻《集解》，而并取应麟所辑除已见《集解》者为附录，而序其说如此。《集解》旧无刻本，此本得之海虞赵清常氏。清常得之锡山孙兰公氏，兰公复得之南都焦弱侯先生。转相传写，差误不少。行求焦氏原本校之，会迫计偕未暇也。癸卯七月望日，海盐胡震亨识。

易解附录后语

孝辕搜拾郑注不见《易解》者为《附录》一卷，大都一准王氏集本意。以王极博赡，无复遗脱，偶阅《正义》《释文》，则王氏犹有绠漏者。如《乾卦》：惕，惧也。确，坚高之貌。《坤卦》：驯，从也。《屯卦》：君子以经纶。以纶为论，谓撰书礼乐，施政事。《蒙卦》：渎，亵也。击蒙为系蒙。《贲卦》：趾，足也。《复卦》：七日来复。云建戌之月，以阳气既尽，建亥之月，纯阴用事。至建子之月，阳气始生，隔此纯阴一卦。卦主六，日七分，举其成数言之，而云七日来复。《明夷》：以蒙大难。蒙犹遭也。《夬卦》：次且作赼，且却行不前也。《萃卦》：赍，咨嗟，叹之声也。《井卦》：繘，绠也。赢读曰虆。《震卦》：虩虩，恐惧貌。《渐卦》：离群，丑也。离犹去也。《兑卦》：丽泽为离泽。离犹并也。《小过》：已上也。上作尚，庶几也。《既济》：繻有。繻音须。《系辞》：天地准，准中也，平也。故君子之道尟，尟，少也。言天下之至赜而不可恶也。与爱恶相攻，二恶字俱乌落反。议之而后动，以议为仪。神武而不杀。杀，所戒反。《说卦》：为专。专，守恋反。凡得二十五则。录示孝辕，孝辕曰：君寻校至勤，何可抹煞，不妨书附，用为王氏忠臣。因刻以附卷尾。海盐姚士粦叔祥识。

附录此本张绍仁跋：

　　借影宋本《易传》于黄荛翁所，荛翁以此校本属为重勘，拾遗补阙，又得一百五十余字，记于下方云。
　　绍仁。（姚士粦序后，后钤朱方"张学安"、白方"切庵"二蓝印）

附皕宋楼旧藏"《易传》十卷《略例》一卷张绍仁校宋本"本张绍仁跋（据《皕志》过录）：

　　此《易传》李氏集解十卷，次第虽不缪于古本，但其中之舛错脱讹，几不可读。黄荛翁近从海宁陈君仲鱼借来汲古阁毛褎华伯影宋大字本，余因从荛翁转假，以校此本。影宋本后有王氏《略例》，胡刻所无，别校于程荣本上。时适感冒风寒，力疾钞补缺失，虽自嗤其癖，然使天壤间多一善本流传，庶不为虚费日力也乎？嘉庆丙子季冬，张绍仁记。

4（4）．周易集解十七卷
（唐）李鼎祚撰。明末毛氏汲古阁刻津逮秘书本。清吴骞、陈鳣、

黄丕烈批校并跋。册数不详。九行二十字。白口左右双边。现藏浙江省博物馆。❶

　　此本《荛识》有载，题"校影宋本"，为"海宁钱氏"藏书。

　　此浙博藏本未亲见。台湾"国家图书馆"藏一《津逮秘书》本《周易集解》十七卷（00016），九行十九字，白口左右双边，版心上记"周易集解"，中右记叶次，中左记卷数，版心下题"汲古阁"。框高18.5厘米，宽14厘米。首李鼎祚《周易集解序》，次朱睦㮮《周易集解序》❷，题"后学汴上睦㮮撰"。

　　汲古阁刻书，无虑数百种，嘉惠学林，厥功茂焉。然其刻书，常为后人所讥。孙从添云其所刻十三经、十七史"校对草率，错误甚多，不足贵也"；黄荛翁云其"刻书富矣"，却"每见所藏底本极精，曾不校，反多臆改，殊为恨事"。❸前贤固不无过甚之言，然此一公案，亦非"所见宋元善刻在后，所梓在先"一语可解。此津逮秘书本《周易集解》，亦其例也。

　　如前所述，毛藏宋本、影宋抄皆十卷，且曾有十卷本之刻。此毛刻津逮本复析为十七卷，❹是本黄跋云"近见何义门跋津逮本是书，云斧季云是书胡氏初开者❺讹脱不可读，其尊人得宋本，遂重开之，独为一

---

❶ 其行款据天津图书馆编《稿本中国古籍善本书目书名索引》（中）所录（齐鲁书社2003年版，第10页）。

❷ 此序为软体字，与全书不同，且书口处为全黑墨条，无"汲古阁"三字。

❸ 以上所引，据叶德辉《书林清话》之《明毛晋汲古阁刻书之一》（复旦大学出版社2008年版，第164～166页）。

❹ 《周易集解》卷数，向有十卷与十七卷、十八卷三说。详谷继明《论李鼎祚〈周易集解〉的流传》、李致忠先生《唐李鼎祚〈周易集解〉略考》（载《文献》2010年第4期）二文。

❺ 今按即胡震亨《秘册汇函》之李鼎祚《易传》十卷。

书之冠云",则毛晋得宋本于前,刻津逮本于后。❶据何氏转述毛扆之语,似毛刻即据宋本"重开",然据今人考订,其所据者,实为明嘉靖三十六年(1557)明宗室朱睦㮮聚乐堂十七卷本。❷

朱刻自序已明谓"予观《唐·艺文志》,称李鼎祚集注《周易》十七卷。据鼎祚自序云十卷,而首尾俱全,初无亡失,不知唐史何所据而云十七卷也",且其所据刻者,乃"刻自宋季,人间希有"之本(当即南宋嘉定五年鲜于申之刻十卷本),付梓时乃仍析为十七卷。朱、毛二氏皆手握宋本,而犹执《新唐书·艺文志》之说,削足适履,强分卷次,所谓信古太笃,而至于泥古也。

因未见原书,故不录诸家手跋。

5(5). 张先生校正杨宝学易传二十卷❸

(宋)杨万里撰,(宋)张敬之校正。宋刻本。八册。十行廿字小字双行廿六至廿八字。细黑口左右双边,双鱼尾。有朱笔圈点。宋讳贞、恒、桓、构、慎、敦字皆缺笔。铁琴铜剑楼旧藏。现藏国图(6675)。

【附】张先生校正杨宝学易传二十卷

宋刻本。元郑希圣、明朱良育跋。行款同。十册。海源阁旧藏。现藏国图(7880)。入选《名录》(00203)。❹

---

❶ 冉旭《〈秘册汇函〉考》(载《古籍整理研究学刊》2004年第3期)谓津逮本有毛晋题词,云"据毛晋题词,是《秘册》残板易主后,毛氏据家藏宋嘉定大字本重雕编入,然已析分卷数",与黄跋所云合。然笔者翻阅数种津逮本,并检《汲古阁书跋》,皆未见毛晋题词。谷继明文亦云未见。

❷ 谷继明《论李鼎祚〈周易集解〉的流传》一文考订颇详,可参看。其证据大略有三:一为朱毛二刻分卷悉同;二为朱毛二刻皆割裂《系辞传》"知之未尝复行也,易曰不远复"二句,分居十五、十六卷;三为毛刻卷首亦有朱序。今按:毛刻卷首朱序题"后学汴上睦㮮撰",朱刻则题"汴水朱睦㮮撰",又有不同。

❸ 著录:(清)瞿镛《铁琴铜剑楼藏书目录》(上海古籍出版社2000年版),第24~25页;李致忠《宋版书叙录》(北京图书馆出版社1994年版),第30~31页;中华再造善本工程编纂出版委员会《中华再造善本总目提要·唐宋编》(国家图书馆出版社2013年版),第15~16页;丁延峰《存世宋刻本书录》(国家图书馆2012年博士后出站报告),20号,第23页。

❹ 按本文所指"《名录》",指《国家珍贵古籍名录》。

《求古目》云："《杨诚斋易传》三册。"与现存者不同，知经改装。

《赋》云："其余又有朱杨之易，徐解拾遗。"《注》云："《张先生校正杨宝学易传》二十卷，每半叶十行，每行廿一字。张先生者，诚斋门人张敬之显父也。前有淳熙戊申诚斋自序及奏札。此二种（今按指朱熹《易学启蒙》及此书）宋人说经之未入徐氏《通志堂经解》者，故曰拾遗也。"

另《书录》亦著录。

是书宋杨万里（1127～1206）著，又名《诚斋易传》。《四库提要·诚斋易传》云："是书大旨本程氏，而多引史传以证之。初名《易外传》，后乃改定今名。宋代书肆，曾与程《传》并刊以行，谓之《程杨易传》。……舍人事而谈天道，正后儒说《易》之病，未可以引史证经病万里也。……然其书究不可磨灭，至今犹在人间也。"❶

此本前有杨万里宋孝宗淳熙十五年戊申（1188）八月二日自序，后有宁宗嘉泰四年甲子（1204）四月八日后序，历十七寒暑，知杨氏晚年精力，尽于此书。后世以杨为诗人，而《宋史》以其入《儒林》，❷良有以也。《自序》次为"诚斋易传投进本末"，后附嘉定元年（1209）八月十八日"下吉州录进《易传》指挥省札"、嘉定二年（1209）四月二十二日"《易传》进呈毕宣付史馆下吉州照会指挥省札"。据其可知杨氏身后，遗著经群僚上奏，有旨给付笔札，移文吉州其家，经其子"承议郎前权通判道州军州兼管内劝农桑营田事"杨长孺录进，并宣付史馆。

此本各卷卷端或题"张先生校正杨宝学易传上经卷第某"（卷一、卷五、卷六、卷八），或题"张先生校正杨宝学易传卷之某"（卷二、卷三、卷四、卷九、卷十二、卷十八、卷十九、卷二十），或题"张先

---

❶（清）纪昀总纂：《四库全书总目提要》，河北人民出版社2000年版，第86~87页。

❷（元）脱脱等：《宋史》卷四三三《儒林传三》，中华书局1977年版，第12863~12870页。

生校正杨宝学易传卷第某"（卷七、卷十、卷十一、卷十三），或题"诚斋先生易传下经卷第某某"（卷十四、卷十五），或题"诚斋先生易传经卷第某某"（卷十六），或题"诚斋先生易传卷第某某"（卷十七）。次行下题"庐陵杨　万里　廷秀"（均有），三行下题"门人张　敬之　显父校正"（卷一、卷三）。卷末或题"张先生校正杨宝学易传上经卷第某"（卷一、卷六），或题"张先生校正杨宝学易传卷第某"（卷二、卷三、卷四、卷五、卷七、卷八、卷九、卷十二、卷十八、卷二十），或题"张先生校正杨宝学易传卷之某"（卷十、十一、十三、十七），或题"诚斋先生易传下经卷第某某"（卷十四、卷十五、卷十六）。其卷十九末叶以纸幅促狭，乃于末行中部镌一鱼尾，下刻"卷之十九"四字。题名即杂乱如此，皆书坊刻本成于众手，未经精校之故。

　　书名"张先生校正"者，以书经杨氏弟子张敬之校正故也；"杨宝学"者，以杨曾为宝谟阁学士故也，其辞乃书坊之结习。张敬之其人，史传无征，惟朱熹《晦庵先生朱文公文集》（四部丛刊影明嘉靖本）卷五八有《答张敬之显父》《答张敬之》二文，论及《孟子》文义及治学之道，当即其人。又明朱衡《道南源委录》（明嘉靖刻本）卷十一"朱氏门人无记述文字者"云："张敬之。名显父，顺昌人。"清李清馥《闽中理学渊源考》（文渊阁四库全书本）卷二二"朱子延平门人并交游"中，亦列有"张敬之先生显父"条，云"其字敬之，顺昌人"。可知张氏为杨万里门人，亦曾问学朱子。又其为福建人，则前辈"此本为竹纸印造，字体颇有柳公权笔意，看去极类闽中刻本"之说，❶得一佐证。

　　此本刊行年月，前人定于嘉定三年（1210）至宝祐六年（1258）。❷今检存世《诚斋集》，多有"嘉定元年（1209）春三月男长孺编定　端平元年（1234）夏五月门人罗茂良校正"之语，❸知杨长孺于其父卒

---

❶ 李致忠：《宋版书叙录》，北京图书馆出版社1994年版，第29页。
❷ 同上书，第30页。
❸ 如缪荃孙《艺风堂藏书续记》卷六所载，上海古籍出版社2007年版，第421~422页。

后，即有整理遗编之举，《诚斋集》《易传》皆是也。又《诚斋集》卷浩帙繁（一百三十三卷）而难成，《易传》（二十卷）名彰幅短而易就，其校正、刊刻之期，或在理宗端平元年校正《诚斋集》之前。书中"贞""恒""桓""构""慎""敦"字皆缺笔，避讳至宋光宗赵惇（1147~1200）。

此本虽列诸《廛赋》《求古目》，然无黄氏钤印题跋，故自清末杨绍和起，便生一极大误会，迁延至今，不得不为之一辨。按海源阁亦收有此书宋刻，有元郑希圣、明朱良育跋，不意《楹书隅录》云"《百宋一廛赋》著录"，❶故后世皆以海源阁藏本即是此士礼居藏本。❷然黄氏《百宋一廛书录》首列此书（《杨诚斋易传》）云：

> 张先生校正杨宝学《易传》二十卷……宋本世不易得，五柳主人云，昔年某王府许以二百金购此书，鲜有获者。今晚出，而求之者已下世。❸书亦有遇有不遇也。予得此本后，又见一宋本，与此板刻正同，而朱笔点抹，亦略相似，为西崦朱叔英藏书，前题后跋，索直一百六十金，予以一笑置之。此本为汪❹文升所藏，则吾吴故物也。又有真实斋图书记，在明为冯梦祯所藏。古香馣馣，勿以宋人经学少之。❺

已明言所得为冯梦祯、汪士鋐旧藏本，而朱良育跋本则以价昂未得。然则此非孤证，如《书录·迂斋先生标注崇古文诀》云：

---

❶ 王绍曾、崔国光等整理订补：《订补海源阁书目五种》，齐鲁书社2002年版，第36页。

❷ 《宋版书叙录》，第30页（《再造善本题要》未及此说）。又丁延峰《求古居藏宋刻本存佚考录》亦将海源阁藏郑希圣、朱良育跋本列入，而未及此本。

❸ 今按："某王府"或即怡亲王府，乾嘉道咸时代以藏书称。其人或即怡恭亲王永琅，嘉庆四年（1798）薨。

❹ 按此字原缺，今据书中钤印，知为汪士鋐，字文升。

❺ 《荛识》，第939页。

向见一杨诚斋《易传》，为西崦朱叔英藏书，始知吾郡有其人，并看其题识，知为明初人。其书未之得，故于心耿耿焉。❶

据书中钤印，是本后归汪文琛、汪士钟父子，滂喜斋丛书本《艺芸书舍宋元本书目》有载"《杨诚斋易传》二十卷"，或即此书也。嗣后则入铁琴铜剑楼。❷ 自明至清，未出吴郡一域，中华人民共和国成立后，入藏今国家图书馆。

书中钤印有：真实斋图书记（冯梦祯？）、开卷一乐（汲古阁？）、汪印士鋐、文升、夷白轩（长洲汪士鋐）、宋本、平阳汪氏藏书印、汪印文琛、民部尚书郎、三十五峰园主人、汪印士钟（长洲汪文琛、汪士钟父子）、绶珊经眼（王体仁）、瞿氏鉴藏金石记、虞山瞿绍基藏书之印、瞿印启文、瞿印启科、铁琴铜剑楼（瞿氏）、北京图书馆藏。

海源阁本书末有元武宗至大二年（1309）端午郑希圣跋，云得自"鬻书客潘生"。又有明武宗正德十一年（1516）四月三日吴郡朱良育（叔英）跋，云此书经宋末元初修道好《易》之吴郡隐士俞琰、明长洲藏家朱存理（1444~1513）、长洲书法家祝枝山（1460~1527）递藏而归于己。❸ 后又经汲古阁、传是楼所藏，累累钤印，班班可验。

书中钤印有：郑氏希圣、郑希圣印、三家邨芭蕉林下散人（郑希圣）、吴郡西崦朱叔英书画印、吴郡朱叔英西崦草堂印、叔英、西崦（朱良育）、宋本、汲古阁、汲古主人、毛氏子晋、毛·晋、❹ 子·晋、子晋、毛晋之印、毛晋私印、东吴毛氏图书、子晋书印、汲古得修绠、繁花坞（汲古阁）、乾学、徐健庵（徐乾学）、顾诏书印、栗堂、骏佳、顾骏佳氏藏书、金粟之印、琅环精舍图章、默斋秘玩（以上藏者生平俟考）、汪士钟曾读（汪士钟）、杨印以增、至堂、杨东樵读过、杨绍和

---

❶ 《莞识》，第1012~1013页。
❷ 《瞿目》标云"《张先生校正杨宝学易传》二十卷 宋刊本"，以其与明刻略校，云"而宋椠之精亦略可见矣"，然未言曾为士礼居旧藏。
❸ 二跋全文可参见王绍曾、崔国光等整理订补：《订补海源阁书目五种》，齐鲁书社2002年版，第35~36页。
❹ 本书以间隔号标识连珠印，下同。

藏书、绍和筑岩、臣绍和印、东郡杨绍和印、绍龢、竹言居士、彦合珍玩、杨氏彦合、彦合读书、杨氏彦合、储端华重、协卿读过、杨二协卿、协卿、东郡杨氏鉴藏金石书画印、杨氏海源阁鉴藏印、四经四史之斋、宋存书室、禄易书千万值小胥钞良友诒阁主人清白吏读曾经学何事愧蠹鱼未食字遗子孙承此志（海源阁）、东莱刘占洪字少山藏书之印（刘占洪）。

另有钤印：武氏家藏、琴鹤主人、听松风处、书香千载、传之子孙。

海源阁藏本，版式、行款乃至断版处❶均与此本略同，知为同版。二本均有朱笔句读圈点（黄藏本另有少量朱墨文字），然位置不尽同。黄藏本中"开卷一乐"印，若为汲古阁所钤，颇疑二本昔日皆藏毛氏。

6（6）.《易学启蒙》二卷（上下）

（宋）朱熹撰。宋刻本。七行十五字。传是楼旧藏。待访。

《赋》云："其余又有朱杨之《易》，徐《解》拾遗。"《注》云："朱子《易学启蒙》上下卷，每半叶七行，每行十五字，卷首自序一通，末署'云台真逸手记'，亦逸闻矣。……此二种（今按指杨万里《张先生校正杨宝学易传》及此书）宋人说经之未入徐氏《通志堂经解》者，故曰拾遗也。"

《书录》云："宋元经学，一变汉唐之旧，故余家所储绝少。《易学启蒙》因宋刻，故储之，且检阅各家书目，往往载胡方平《易学启蒙通释》、税与权《易学启蒙小传》，而朱子之书恒略焉，岂流传未广欤？卷首序不直书姓名，而曰'云台真逸手记'。曾质诸钱竹汀先生，先生云朱子尝为云台之官，所谓云台真逸者，犹诸华阳真逸之类。据是则此六字，正可见朱子仕迹，而它处有削去者，何耶？此本为昆山徐氏旧藏，知珍惜者已久矣。"

---

❶ 如二本卷十四"终莫之胜"叶、卷十五"六二丰其部"叶、卷十六最末页断版均同；又卷十七末"诚斋先生易"几字脱落。

《求古目》未载。

《四库提要》论宋人朱鉴编《朱文公易说》云："朱子注《易》之书，为目有五：曰《易传》十一卷，曰《易本义》十二卷，曰《易学启蒙》三卷，曰《古易音训》二卷，曰《蓍卦考误》一卷，皆有成帙。其朋友论难与及门之辨说，则散见《语录》中。"❶ 至元人黄瑞节辑《朱子成书》不分卷，则列有《太极图说解》《通书注》《正蒙》《西铭解》《易学启蒙》《家礼》《律吕新书》《皇极经世》《阴符经注》《参同契考异》等十种。

据《朱子成书》所收《易学启蒙》卷首"云台真逸手记"，此书成于宋孝宗淳熙十三年（1186）丙午春。今按云台者，华州云台观也。《宋史》卷四二九《道学》三本传云："（淳熙）十年，诏以熹累乞奉祠，可差主管台州崇道观，既而连奉云台、鸿庆之祠者五年。"❷ 则"云台真逸"云尔，自况兼自嘲语也。

此书之卷第，《朱子全书》册一《易学启蒙·附录二》附诸家书目所载颇详，❸ 今稍加排比，移录于此：

陈振孙《直斋书录解题》、马端临《文献通考》、钱谦益《绛云楼书目》著录作一卷，其目曰：本图书、原卦画、明蓍策、考变占，凡四篇。明陈第《世善堂藏书目录》、清钱曾《述古堂藏书目》作二卷。❹ 《宋史·艺文志》、焦竑《国史经籍志》作三卷。《澹生堂藏书目》、邵懿辰《四库简明目录标注》作四卷。明清藏书目著录此书者，尚有明《文渊阁书目》（一册两部、二册一部）、明叶盛《菉竹堂书目》（一册两部）、明周弘祖《古今书刻》（南京国子监、浙江绍兴府、福建书坊三种）、明赵琦美《脉望馆书目》（二本）等。

---

❶ （清）纪昀总纂：《四库全书总目提要》，河北人民出版社2000年版，第98~99页。
❷ （元）脱脱等：《宋史》，中华书局1977年版，第12757页。
❸ （宋）朱熹撰，朱杰人、严佐之、刘永翔主编：《朱子全书》第一册《易学启蒙·附录》，上海古籍出版社、安徽教育出版社2002年版，第321~326页。
❹ 《世善堂目》作抄本，《述古目》未详。

此宋刻上下二卷本颇罕觏。明《南雍志·经籍考》于《周易本义》及《周易大字本义》条下，均注称"《启蒙》上、下"。又朱子身后，《启蒙》《本义》常合刻行世。❶ 今存世宋刻《周易本义》，一为咸淳元年吴革六行十五字本（国图4922、11517），一为宋刻七行十五字本（国图12337、❷ 傅斯年图092.251 103❸）。现存七行十五字本两种，体例完整，似皆非与《启蒙》合刻者，故此《启蒙》之由来，尚俟察考。

尧圃《书录》言诸家书目恒略此书，盖因其初非单行之本也。又所谓"珍惜者已久"之昆山徐氏，其传是楼书目（清味经书屋抄本）及《传是楼宋元本书目》（清玉简斋丛书本）亦均未载。

又此本《求古目》未载，则迟至嘉庆十七年壬申（1812）冬《目》成时，已非士礼居所有，嗣后更湮没无闻矣。

今据台湾"国家图书馆"藏元刊《朱子成书》本零种《易学启蒙》（索书号00043），录朱熹自序云：

> 圣人观象以画卦，揲蓍以命爻，使天下后世之人，皆有以决嫌疑，定犹豫，而不迷于吉凶悔吝之途，其功可谓盛矣。然其为卦也，自本而干，自干而支，其势若有所迫而自不能已。其为蓍也，分合进退，纵横顺逆，亦无往而不相值焉。是岂圣人心思智虑之所得为也哉？特气数之自然，形于法象，见于图书者，有以启于其心而假手焉耳。近世学者类喜谈《易》，而不察乎此，其专于文义者，既支离散漫而无所根著；其涉于象数者，又皆牵合傅会，而或以为出于圣人心思智虑之所为也。若是者，予窃病焉，因与同志颇辑旧闻，为书四篇，以示初学，使毋疑于其说云。淳熙丙午暮春既望，云台真逸手记。

---

❶ 《朱子全书》第一册《易学启蒙·校点说明》，第203~204页。
❷ 此本为项笃寿、毛晋、天禄琳琅旧藏。《天禄琳琅书目后编》卷二著录。
❸ 此本为陈鳣、汪士钟、蔡廷相、蔡廷桢等旧藏。包括上下《经》二卷，《传》十卷，《附图》一卷，《筮仪》一卷，五赞一卷。

7（7）．易经解不分卷❶

（宋）朱长文撰。旧抄本。四册。八行廿二字。无格。现藏台北"国家图书馆"（00022）。存疑。

此本《赋》《书录》《求古目》《荛识》均未著录。

荛圃服膺汉学，尝自云"宋元人解经，余所不喜，故此书见而未得"（《诗说》跋）、"余于宋元经学不甚喜购，然遇旧刻，亦间收焉"（《读四书丛说》跋）、"宋元经学，一变汉唐之旧，故余家所储绝少"（《书录·易学启蒙》）。❷ 而此书著者北宋朱长文（约1040~1098），字伯原，号乐圃、潜溪隐夫，苏州人。《宋史》卷四四四《文苑六》云其"年未冠，举进士乙科，以病足不肯试吏，筑室乐圃坊，著书阅古，吴人化其贤。长吏至，莫不先造请，谋政所急，士大夫过者以不到乐圃为耻，名动京师，公卿荐以自代者众……有文三百卷，《六经》皆为辨说"，❸ 一副吴中高士、苏城乡贤面目。❹ 黄氏所以破例收之者，殆以此欤？

此书罕见，《四库》未收，湖北省图书馆藏明崇祯四年（1631）王文禄刻本（下称王本）为存世最早（清方功惠《碧琳琅馆丛书·朱氏易解》即据此重刊）刻本。❺ 王本不分卷，六册，九行十七字，白口左右双边。首列《八卦取象歌》《分宫卦象次序》《上下经卦名次序歌》《上下经卦变歌》，次《易象图说》《伏羲八卦次序》《伏羲八卦方位》《伏羲六十四卦方位》《伏羲六十四卦次序》《文王八卦次序》《文王八

---

❶ 著录："国家图书馆"特藏组《"国家图书馆"善本书志初稿·经部》（"国家图书馆"，1996年），第7页。
❷ 以上分见《荛识》第10页、第55页、第943页。
❸ （元）脱脱等：《宋史》，中华书局1977年版，第13127页。
❹ 另参见：邓小南："北宋苏州的士人家族交游圈——以朱长文之交游为核心的考察"，见《国学研究》（第3卷），北京大学出版社1995年版，第451~472页；邓小南："朱长文家世、事历考"，见《北大史学》（4），北京大学出版社1997年版。
❺ 《续修四库全书》第一册，上海古籍出版社2002年版，第499~612页。

卦方位》《卦变图》，次《筮仪》，次《上经》，次《下经》，次《上系》，次《下系》，次《说卦传》，次《杂卦传》。首题"宋儒朱长文注明后学王文禄重校"。前有序，署"绍圣元年秋九月既望吴郡朱长文伯原序"；后有跋，称"因将所藏宋本付诸剞劂"，署"崇祯辛未初夏茂苑后学王文禄谨识"。而此旧抄本亦不分卷，八行廿二字，四册，首卷首行上方题"易经解"，次行低一格题"宋儒朱长文注"，前有序，亦署"绍圣元年秋九月既望吴郡朱长文伯原序"，篇目则全同崇祯本。既称"宋儒"，则抄本所据，绝非宋本。

柯劭忞《续修四库提要·朱长文易经解》以其说多抄袭程朱之言，而"长文著述名家，不应简陋至此"，断为"赝托"之作，❶可备一说。

此书黄氏得诸何地何时，皆不能考。后归爱日精庐，亦未见载于其《藏书志》。清末入藏艺风堂，缪氏《藏书记》卷一著录"《朱氏易解》五卷"，云"缺自《讼》至《离》约半卷"。❷并云有张金吾三印，于黄丕烈三印则只语未及，或皆民国书贾（陈立炎？）所钤伪印乎？惜不得亲见此本，无以证之。

书中钤印有：黄印丕烈、复翁、士礼居藏（黄丕烈）、张印月霄、秘册、爱日精庐藏书（张金吾）、云轮阁、荃孙（缪荃孙）、古湖流通处、陈立炎（陈氏）、国立中央图书馆收藏。

今据湖北省图书馆藏崇祯本，录朱长文原序如下：

> 易之为书，言近而指远，广大而悉备。举凡道德性命之原，开物成务之故，一出于奇耦往来不穷之变。溯自汉魏，迄今专门诸儒，奚啻数百家。其所论注，非不繁夥，顾或执阴阳，或泥象数，或推之于互体，或失之于虚无。诵其言，皆若幽深而艰奥；绎其义，每多扞格而拘牵。未免使世之读者，如泛沧海，罔知向往。余壮岁属疾，杜门却扫，惟留心编述，聊以自娱。曩所著《春秋通

---

❶ 中国科学院图书馆整理：《续修四库全书总目提要·经部》，中华书局1993年版，第29~30页。

❷ 缪荃孙著：《艺风藏书记》，上海古籍出版社2007年版，第5页。

志》《诗赞》《书说》《礼记·中庸解》及《琴史》《墨池编》《阅古编》《吴郡图经》诸书，既先后问世，遂以未得阐明大易为憾。爰是探求经义，演列象图，撷诸氏之英华，抒一心之领会，重加注订，名曰《易经解》，盖取显明条畅，详简适宜，言似浅近，而指实深远。俾大易之旨，粲然昭著，不为艰晦之辞所蔽，读者亦得醒豁心胸，可免扞格不通之患。则是书也，未必非后学之一助云。

绍圣元年秋九月既望，吴郡朱长文伯原序。

经部·书类

1（8）. 婺本点校重言重意互注尚书十三卷 ❶

（汉）孔安国传，（唐）陆德明释文。南宋刻巾箱本。六册。十行廿字小字双行同。细黑口四周单边，双鱼尾，匡、恒、慎、敦缺笔。有朱笔句读。金镶玉装。现藏台北故宫（购善002827-002832）。

《书录》载此本云："余访友虞山，偶于书坊得此，虽非宋刻上驷，然亦古本也。昔五柳主人自都中归，携得《左传》注本一册，亦题曰婺本。此《尚书孔氏传》正与之同，重言重意互注，宋人刻经往往有此，亦足见旧时面目。上有'彭城楚殷氏读书记'一印，知是虞山故物。又有'传家一卷帝王书'小圆印一，若专为《尚书》设者，是一奇也。"

《赋》《求古目》《荛识》未载。

此宋刻十行"婺本"巾箱本，今尚存《婺本附音重言重意春秋经传集解》三十卷存十四卷（上图，《名录》02587）、《婺本附音春秋经传集解》三十卷存一卷（上图线善825589）两种，皆宋时书坊所刻帖括

---

❶ 著录：陈鳣《经籍跋文·宋本〈尚书〉孔传跋》；《铁琴铜剑楼藏书目录》卷二；丁延峰《存世宋刻本书录》47号，第26页；张丽娟《〈百宋一廛书录〉著录经籍十种今存考》（见《文津学志》第六辑，国家图书馆出版社2013年版），第5~6页。

之书也。❶

　　此本首题"尚书序",次行题"唐国子博士吴县开国男陆德明　释文附",次行小字双行题"释文此孔氏所作述尚书起之时代并叙为注之由故相承讲之今依旧为音"。序言大字下逐句附小字,首标"释文"二字。

　　正文首题"婺本点校重言重意互注尚书卷第一",次行依次题"尧典第一""虞书""孔氏传"。次行接正文,"嗣后《传》下即入《释文》,不加识别;《释文》下即入《重言》《重意》《互注》等,皆标以阴文"(瞿《目》),正文外皆小字。

　　此本既无尧翁题识,亦未钤其印,故后世多不知其尝在士礼居。《书录》成于嘉庆八年六月,《赋》成于九、十年间,书之离散,即在是时;又陈鳣得书于"吴闾书肆",在嘉庆十一年后,❷且陈跋无只字及黄,盖亦不知。则是本与尧圃之缘甚浅,旋得旋失而已。

　　陈鳣之后,汪士钟得其书,《艺芸目·经部》载"《尚书孔传》十三卷"。后入铁琴铜剑楼,乙卯岁(1915)八月晦日,傅增湘先生尝一见之。❸民国中归沈仲涛,❹或乱离中未及相携赴台。癸未(2003)秋忽现于嘉德,为台北故宫博物院所得。宋刻可宝外,以研易楼主人藏书,身后皆捐赠于彼,所谓合浦珠还也。

　　书中钤印有:彭城楚殷氏读书记、传家一卷帝王书(钱沅)、陈仲鱼读书记、得此书费辛苦后之人其鉴我、仲鱼图象(陈鳣)、宋本、汪印士钟、阆源真赏(汪士钟)、铁琴铜剑楼、瞿印秉渊、瞿印秉沂、瞿印秉冲(常熟瞿氏)、山阴沈仲涛珍藏秘籍(沈仲涛)。

---

❶ 详见:张丽娟:"宋刻经书中的纂图互注重言重意本",见《版本目录学研究》(第二辑),国家图书馆出版社2010年版,第273~274页。

❷ 清涉闻梓旧本陈鳣《经籍跋文》载此书。另据张丽娟《〈百宋一廛书录〉著录经籍十种今存考》考证,是书陈得于王昶卒后,王即卒于该年。

❸ 傅增湘:《藏园群书经眼录》卷一,中华书局1983年版,第25~26页。

❹ 据昌彼得先生《志存文献、名留宛委——悼念沈仲涛先生》(载《故宫文物》1993年第4期)一文:"(沈先生)得自常熟瞿氏铁琴铜剑楼的宋版,虽只有三部——余氏万卷堂刻公羊、谷梁传及广东漕司本集注杜诗,都是极难得的孤本秘籍。"如计入此本,则为四部。

经部·诗类

1（9）. 监本纂图重言重意互注点校毛诗二十卷图谱一卷❶

（汉）毛苌传，（汉）郑玄笺，（唐）陆德明释文。南宋刻本（卷五至卷七配士礼居影宋抄本）。八册。劳健、周叔弢跋，劳健录黄丕烈跋。十行十八字，小字双行廿四字。细黑口，间有白口，四周双边，双鱼尾。版心记刻工姓名，书耳处记篇名。宋讳玄、匡、贞等缺笔，避至慎字。现藏国图（7916），入选《名录》（00236）。

《莞识》载。
《求古目》云："小字《毛诗》八册。"
《赋》《书录》皆未载。

此"监本纂图"十行本，已知尚有此本及同名近似版本《毛诗》一部（存十二卷，国图7917）、《监本纂图重言重意互注礼记》二十卷（上海图书公司）、《监本纂图春秋经传集解》三十卷（南图）、《监本纂图重言重意互注论语》二卷（北大）、《监本纂图重言重意互注点校尚书》十三卷（嘉业堂旧藏）等，亦皆书坊所刻，以便初学者也。❷

此本首《毛诗图谱》五叶，耳记"诗谱"；次《四诗传授之图》一叶。正文首行题"监本纂图重言重意互注点校毛诗卷第一"，次行题"唐国子博士兼太子中允赠齐州刺史吴县开国男陆　德明　释文附"，三行题"周南关雎诂训传第一"。四至七行为小字双行注文，释文与传、

---

❶ 著录：傅增湘《藏园群书经眼录》，第36页；《藏园群书题记》，第14～17页（上海古籍出版社1989年版）；李致忠《宋版书叙录》，第76～84页；丁延峰《存世宋刻本书录》，59号，第28页。

❷ 详见：张丽娟："宋刻经书中的纂图互注重言重意本"，见《版本目录学研究》（第二辑），国家图书馆出版社2010年版，第270～272页。

笺相连，未加识别；八行为大字"毛诗国风"。❶重言、重意等项，皆加墨围以别之。

据钤印，此本明万历十六年（1588）后曾为王祖嫡❷所藏。嘉庆十四年（1809），黄丕烈得于"郡故家"，已阙卷五至卷七。次年夏，五柳居陶氏自京购得全本此书（国7917），❸归于陈鳣。荛翁复自陈处借得，影抄缺卷并校之。至十六年（1811）末，复重装之。荛翁晚岁生计日凋，然统计此本收、补、装之费，已至百金，书魔之好如此，使后人读之，不能无伤也。

是本稍后为同郡汪文琛所得，《艺芸书舍宋元本书目》所载"诗经解诂（抄补）二十卷"，或即此。民国癸酉（1933），书入自庄严堪；己卯（1939），陈鳣藏宋本亦归自海源阁（国7917）。今二本皆庋藏天禄。

此本尚有一事，可备掌故。原书黄跋三叶，不知何时与书剥离，曾藏江标（建霞）表兄赵元益（静涵）家，至光绪十二年（1886）十月已归于王颂蔚（芾卿）。❹民国廿二年（1933）叔弢先生得书后，尝倩劳健据《荛圃藏书题识》补录黄跋。至廿九年正月，忽得北平文禄堂王文进（搢青）寄到黄跋两通，云收自苏州，❺弢翁大喜，遂以高价购之。人书之遇合，一奇至此。又此二通黄跋，编入《荛圃藏书题识》

---

❶ 其余卷第亦如此。李致忠先生以《周南·关雎》小题居前，《毛诗·国风》大题居后，为竹简书之遗韵。

❷ 王祖嫡（1531~1591），字胤昌，别号师竹，河南信阳卫人，军户出身。其父王诏即好藏书，至祖嫡更弃武从文，隆庆五年（1571）辛未进士，选翰林院庶吉士。历任翰林院检讨、司经局洗马兼翰林院修撰、右春坊右庶子兼翰林院侍读等职，有《师竹堂集》。参见牛建强《明代河南学者王祖嫡行实研究》（载《黄河文明与可持续发展》2012年第1期）。又书中钤"辛未进士""太子洗马"印，据付瑛《王祖嫡年谱》（载《信阳师范学院学报》1988年第1期），其升"司经局洗马"，在万历十六年四月，知得书于此之后。

❸ 按此本与黄藏本行款版式皆同，然非一版。详后周叔弢跋。

❹ （清）叶昌炽《缘督庐日记抄》（民国上海蝉隐卢石印本）卷四"丙戌十月"云："十四日，建霞见示荛圃四跋。据云皆赵静庵物，有跋无书，以赠芾卿矣。"四跋者，即此书三跋（含"余自购求书籍以来"一跋，详后文）及《职官分纪》五十卷跋。又江标《黄荛圃先生年谱》（中华书局1988年版）第54页亦云："标按：此书不可得。原跋一纸，旧藏赵静涵表兄家。"

❺ 周跋以为得自赵静涵，不知后归王颂蔚。王即苏州人。

时，因无原书可对，遂分属两书，一为此本，一为子虚乌有之"毛诗传笺残本□卷"，此亦须一辨。

然而三跋得其二，尚有遗叶。约民国末年，黄裳先生尝自书友郭石麒❶处得此跋，装入"自校补本《藏书纪事诗》"（见于上海嘉泰2007年春拍1296号）中，并于同纸末题识云：

> 此题跋一叶，买得于菰里瞿氏。书已不存矣。缪艺风、吴伯宛所辑士礼居题跋，以此跋冠于卷首，余以订入此书，以存荛翁故迹。旧藏黄跋诸种，均已易去，箧中仅余此叶及赠月霄一诗矣。裳记。❷

此本钤印有王印祖嫡、胤昌、太子洗马、辛未进士、师竹山房藏书私印（王祖嫡）、求古居、黄丕烈（荛翁）、宋本、平阳汪氏藏书印、汪印文琛、三十五峰园主人、汪士钟读书（汪氏）、周暹、叔弢、自庄严堪（周叔弢）、劳健（劳氏）、北京图书馆藏。

另《天禄琳琅书目》卷一著录另一本，二函十册，为季振宜、徐乾学旧藏。

附录此本黄丕烈、劳健、周叔弢手书题识：

> 宋刻《监本纂图重言重意互注毛诗》，余于向年得之郡故家。内原阙第五至第七，计三卷。其时适有别本宋刻小版者，亦属残本，而此三卷可配入，故并购之，拟重装焉。因循未果。今岁夏初，五柳主人从都中归，携有全部宋刻，行款正同，谓可借以影抄补全。无如已许售海宁陈仲鱼，遂转向仲鱼借之，以了此愿。抄毕，复手校其误，三卷中止误一字，七卷六叶三行"淫"误为"浮"，竟改之，墨痕可验也。

---

❶ 参见黄裳《记郭石麒》（载《瞭望周刊》1993年第26期）一文。
❷ 按此跋与黄跋全文、影像及其留存详情，皆载黄裳《海滨拾遗记》（载《上海书评》2012年1月7日）。

嘉庆庚午秋八月朔日，复翁黄丕烈识。（卷二末衬页，后有"黄丕烈"印）

此残宋本《诗经传笺》附《释文》本，余得诸己巳年，抄补于庚午年，犹未及装潢也。顷又得一小字本，大同而小异。合诸延令季氏《书目》所云"郑笺陆德明释文《诗经》二十卷　八本"之说，正符其目。又载"《监本纂图重言重意互注点校毛诗》六本"，乃得此本之名。是书虽非季氏旧物，而监本之名从此识矣。监本亦非一刻，余新得者，标题《监本重言重意互注毛诗》，较此少"纂图"字、"点校"字，可知非一刻矣。昔人聚书，不妨兼收并蓄，故得成大藏书家。余力万不逮季氏之一，而好实同之。兹藏二刻，居然相埒，后之得是书者，其殆将由百宋一廛之簿录，而沿流溯源乎？喜而书此，以志余言之非妄云。

辛未初冬，复翁书于求古居。

越月季冬望后一日装成，原收及装潢抄补之费，共计百金。（卷二末衬页）

余自讲求书籍以来，于宋刊《毛诗》传笺附释文本凡五见，而有其三。一为顾氏小读书堆本，相传为南宋光宗时刻，余未及借校，友人钮非石校于葛本上，其佳处（原作"本"，点去）实多焉。一为毗陵周九松藏本，一为此本，一为小字本，一为陈仲鱼本。然已上四本，皆有重言、互注等附入，非传笺净本也。向闻吴稷堂家有宋版《毛诗》传笺，未之见，心甚怏怏，不过守此册为至宝，小字本虽全，未易驾而上之。顷松江书籍铺以吴本归余，取对此刻似胜，即检一条：《邶·柏舟》（旁注"小序下"三字）"柏，木名"，此已阑入笺（原作"传"，点去）文，而吴本云"柏，木名，以为舟也"，于《传》下加（原有"方"字，点去）圈以别之，且未脱'以为舟也'四字。况无重言、互注等，安得不以吴本为甲，而此本逊居乙耶？因附记于此。小字本近归三松堂潘氏，非余有矣。

癸酉立秋后十日下弦（缺末笔），复翁识。（黄裳藏散叶❶）

癸酉四月，叔弢出示新得宋本《毛诗》二十卷，士礼居旧藏，尧圃跋尾久已佚去。据江剑霞所编黄氏《年谱》，原跋一纸，曾在赵静涵家，今更不知流落何所。叔弢因属余依江氏辑本传写一通，以明此书流传之原委。陈仲鱼本后归海源阁，仅存卷一至卷十一。近日杨氏遗书颇有散佚，叔弢傥收得以补此书原缺之卷，岂非快事耶？桐乡劳健笃文识于自庄严堪。（卷二末衬页，前有劳健录"嘉庆庚午秋八月朔日"黄丕烈跋。后有"劳健"印）

宋刻《监本纂图重言重意互注点校毛诗》，士礼居旧藏。原有黄荛圃手跋，不知何时佚去。江剑霞氏曾见原跋于赵静涵家，并云此书已不可得。余初得此书时，见有"求古居"印，又七卷六叶三行"浮"字改"淫"字，遂定此为士礼居故物。乃乞笃文道兄依《荛圃藏书题识》补录黄氏跋语，以志其源流。今年春正月，北平书友王揩青忽邮寄黄氏《毛诗》手跋两通，蠹痕宛然，正此书所佚者。其徒乔景熹新得之苏州，当从赵氏散出。合浦珠还，为之大喜过望，亟命工补缀装之首册。虽索值奇昂，亦不遑谐价矣。

庚辰正月二十日，至德周暹记于自庄严堪。（卷二末衬页，后有"自庄严堪"印）

海源阁本，丁丑小除夕杨君敬夫曾拟归我，当时卒岁之资尚筹措未足，焉有余钱收书？乃婉词谢之。越岁己卯二月，始得与金本《通鉴节要》同收之。细审杨本与余本，实非一刻：杨本《图谱》，版心作《诗谱》，误字（二卷一叶八行"匪席"误"匪石"，三卷十七叶八行"市朱"误"市宋"）余本皆改正。宋讳缺笔，杨本较

---

❶ 文字据黄裳《海滨拾遗记》所列黄跋影像整理，括号内文字为黄裳所加。

谨严，余本或依杨本翻雕也。惜杨本四周余纸短狭，比之余本宽阔，相差远甚。黄氏既未以小字宋本配入而抄补之，余亦仍黄氏旧贯而不改装。特附记得书之艰苦于此云。叟翁又记。（卷二末衬页，后有"叔叟"印）

2（10）．监本重言重意互注毛诗二十卷

（汉）毛苌传，（汉）郑玄笺，（唐）陆德明释文。宋刻本。册数不详。行款不详。有重言互注。待访。

《荛识》载，题"毛诗传笺二十卷"。
《求古目》《书录》《赋》均未载。

前述国图7916本嘉庆十八年（1813）秋黄跋略云："余自讲求书籍以来，于宋刊《毛诗》传笺附《释文》本凡五见，而有其三。一为顾氏小读书堆本，❶ 相传为南宋光宗时刻，余未及借校，友人钮非石校于葛本上，其佳处实多焉。一为毗陵周九松藏本。❷ 一为此本。一为小字本。一为陈仲鱼本。❸ 然已上四本，皆有重言互注等附入，非传笺净本也。向闻吴稷堂家有宋版《毛诗》传笺，未之见，心甚怏怏，不过守此册为至宝，小字本虽全，未易驾而上之。……安得不以吴本为甲，而此本逊居乙耶？因附记于此。小字本近归三松堂潘氏，非余有矣。"知此本亦重言互注一类坊刻。❹

据黄跋知此本亦为小字，且为全本，或于嘉庆十七年季冬《求古目》成书之前，即归潘奕隽，故未载。

---

❶ 按此本为宋刻《毛诗诂训传》二十卷（国840），顾之逵旧藏。
❷ 按此本后为张金吾所藏，《爱日精庐藏书志》卷三载，详后文。
❸ 按此本为《监本纂图重言重意互注点校毛诗》二十卷《图谱》一卷存十二卷（国7917）五册，原全，海源阁旧藏。
❹ 江标《黄谱》云此跋乃为"吴稷堂家宋本毛诗传笺"所作，误。

3（11）．纂图互注毛诗二十卷附毛诗举要图、毛诗篇目❶

（汉）毛苌传，（汉）郑玄笺，（唐）陆德明释文。宋刻本。缺卷十一至卷十四，抄补，五册。十二行大廿一字小廿五字。《传》《笺》下附《释文》及互注重言重意。周良金旧藏。待访。

《求古目》载云："小字《毛诗》残本五册。"
《茝识》《赋》《书录》皆未载。

前引《监本重言重意互注毛诗》二十卷嘉庆十八年（1813）秋黄跋，云其"自讲求书籍以来，于宋刊《毛诗》传笺附《释文》本凡五见，而有其三"。《求古目》成于嘉庆十七年冬，收此"小字《毛诗》残本五册"，则其当为前跋所述"五本有其三"之一。

五本中，一为顾之逵藏《毛诗诂训传》二十卷（国图840），一为陈鳣藏《监本纂图重言重意互注点校毛诗》二十卷《图谱》一卷（国图7917），此皆非茝翁所有。《求古居藏宋刻本存佚考录》133页以国图7917本现存十二卷五册，即以为《求古目》所载五册小字残本，然彼本迟至"辛酉（1861）寇乱"始于聊城杨氏遭焚而缺，显非《求古目》所云者。

五本中，余本尚有前述与陈本略同者二十卷八册（国图7916）、《监本重言重意互注毛诗》二十卷八册、明周良金旧藏本（缺卷十一至卷十四）三种。则《求古目》中"小字《毛诗》残本五册"，当为周藏本也。

国图7916本黄跋云："宋刻《监本纂图重言重意互注毛诗》，余于向年得之郡故家。内原阙第五至第七，计三卷。其时适有别本宋刻小版者，亦属残本，而此三卷可配入，故并购之，拟重装焉。"此周藏本或即同时购入、卷五至卷七皆全之残本"宋刻小版"。

周藏本后为张金吾所得，《爱日精庐藏书志》卷三载："《纂图互注

---

❶ 著录：张金吾《爱日精庐藏书志》卷三。

毛诗》二十卷附《毛诗举要图》《毛诗篇目》。……盖南宋麻沙坊本也。《传》《笺》《释文》俱双行小字，《传》无标题……《笺》以笺云冠之……无《传》者亦无标题……犹是郑君之旧。《释文》则以一圈隔之。……每页二十四行，每行大二十一字小二十五字，缺卷十一至十四，抄补。每册首末俱有'周良金印''毗陵周氏九松迂叟藏书记'两印。"

周九松本曾经莞翁藏弄，然或未钤印、题跋，故张《志》一语未及。然此事亦有旁证，钱泰吉《甘泉乡人稿》卷九（清同治刻本）有"家梦庐翁记所见旧本书"条，录钱天树于张《志》眉间记所经眼善本。其一云：

　　《纂图互注毛诗》：昔藏吴门读未见书斋，书友携来，曾一寓目。

盖钱氏寓目后未久，即归张金吾。
又朱彝尊《经义考》卷一百十一亦收录《纂图互注毛诗》二十卷一部，全引陆元辅语云：

　　此书不知何人编辑，锼刻甚精。首之以《毛诗举要图》二十五。曰《十五国风地理图》，曰《太王胥宇图》，曰《宣王考室图》，曰《文武丰镐之图》，曰《春藉田祈社稷图》，曰《巡守柴望祭告图》，曰《灵台辟雍之图》，曰《閟宫路寝之图》，曰《我将明堂之图》，曰《诸侯泮宫之图》，曰《兵器之图》，曰《周元戎图》，曰《秦小戎图》，曰《有瞽始作乐图》，曰《丝衣绎宾尸图》，曰《朝服之图》，曰《后夫人妇人服之图》，曰《冠冕弁图》，曰《带佩带图》，曰《衣裳币帛之图》，曰《祭器之图》，曰《乐舞器图》，曰《器物之图》，曰《四诗传校图》。上下各图，或引注疏，或引礼书，详注其下。《传校图》则按汉三史而为之者也。次之以《毛诗篇目》。每诗题下采《毛诗》首句注之，其卷一至终，则全录大小《序》及毛《传》、郑《笺》、陆氏《释文》，而采《左传》、三《礼》有及于诗者为互注。又标诗句之同者为重言，诗意之同者为重意，盖唐宋人帖括之书也。

与此本略同。《天禄琳琅书目》卷一以"监本纂图重言重意互注点校毛诗二十卷"与此"纂图互注毛诗二十卷"为同书，未确。书坊刻本，多递相袭仿，拃扯为常；即自家所刻，亦多所变改，是故所见诸纂图重言重意互注本，皆大同小异。

今台北故宫亦存一明项笃寿旧藏宋光宗绍熙间建阳书坊刊本《纂图互注毛诗》二十卷附《毛诗举要图》《毛诗篇目》（"故善"001247-001252）。共六册，与此本行款、版式略同，可供参考。台故宫本左右双栏，版心小黑口，双鱼尾、间抑或作三鱼尾，中缝中记寺几（或诗几），下记叶次，书耳有小标。"玄""敦""炖""匡""筐""桓""构""贞""慎""祯""征""殷"字缺末笔。

4（12）.《毛诗传笺》

（汉）毛苌传，（汉）郑玄笺。宋刻本。册数、行款不详。无重言重意。吴省兰旧藏。待访。

《莞识》称为"吴稷堂藏本"。
《求古目》《书录》《廛赋》皆未载。

据前《监本重言重意互注毛诗》二十卷黄跋，此本为吴省兰（字泉之，号稷堂，1738~1810）[1]旧藏，是所谓"传笺净本"，经取对它书，定为甲本。因其于嘉庆十八年（1813）得自松江书铺，故十七年成书之《求古目》未载。

吴氏嘉庆四年（1799）因涉和珅案降职，九年（1804）休致还乡

---

[1] 吴省兰生卒年，据清道光刻本张廷济《桂馨堂集》附《感逝诗》第六首诗注，其生乾隆三年（1738）五月初七寅时，卒嘉庆十五年（1810）正月廿六日子时，年七十三。

（上海南汇），嘉庆十五年（1810）卒。此本即自身后散出。《存世宋刻本书录》未载，或已不存。

2017 年 1 月初刊于《书志》第一辑
2017 年 10~12 月修订

重辑小读书堆善本书志（经部）

乾嘉之际，国家承平日久，稽古右文，秘赜罕觏，屡有见焉。《四库》新开，润色鸿章；《唐文》重订，揄扬盛美。石渠已盛，天禄既盈，流风所扇，士夫辈亦纷然争骛，至以丹黄点染，日夕校雠；坐拥书海，遂忘封侯。此雅事之极也。江南为吾国数百年文运所钟，苏州复为江南文脉所系，时乃有所谓"藏书四友"，称盛一时。四友者何？周锡瓒、顾之逵、❶黄丕烈、袁廷梼也。

顾氏生当盛世，家复饶于财，故得肆其志。收书未及十载，已隐然迈前辈而俯同侪。然其兴也速，其亡也忽，洎顾氏天不假年，赍志以殁，又以矜慎其人，自娱其志，遂使小读书堆中，群籍散亡，《一瓻》无闻（瞿木夫尝云顾氏有《一瓻录》，当即其书目一类，然迄今未见；顾千里复言其从兄生前尝为《读书志》，终未具稿）；苦心孤诣，尽付流水。惜哉！

余自庚寅（2010）而执役天禄，日埋首于载籍之林薮，时凝思乎文献之渊海，心申时彦，神交古贤，颇以前修"没世而名不称焉"为忧，乃于顾氏生平、藏弆、题识数端有所注意，皆已见诸文字。❷今复为重辑《书志》，专以见昔人爱书乐群之忱，潜德幽光之遗也。又文献之道，

---

❶ 顾之逵，字抱冲（裦盅、抱盅），一字安道（此当自戴逵字安道而来），号抱冲（学）道人。苏州元和县廪贡生，顾千里从兄。乾隆十八年（1753）生，嘉庆二年（1797）四月卒，年四十五。

❷ 笔者有《清藏书家顾之逵生平考论》（载《国家图书馆学刊》2012年第3期）、《清藏书家顾之逵藏书、校书、刻书活动述略》（载《国家图书馆学刊》2012年第6期）、《国家图书馆藏顾之逵题跋考释》（载《文献》2011年第4期）等文，可参看。

以无征不信为旨归，然顾氏惜墨如金，尤不喜钤印，故当日插架万卷，称盛一时，今日惟赖故友片语，见其鳞爪，是以失之眉睫之憾、差之毫厘之讥，皆所不免。兹以数载钩稽考索之力，仅得百余种，虽万不及一，而不乏世宝。今首奉其经部《书志》廿二种，以为嚆矢。前辈、同人已有论列者则略言之，迄无所及者则备陈之。蠡测管窥，愚衷未尽，海内通人，幸垂教焉。

1.《周易本义启蒙翼传》四卷

（元）胡一桂撰。元刻本（？）。八册。十一行廿一字，白口左右双边。过云楼旧藏。现藏凤凰出版传媒集团。

是书为元胡一桂撰，署"新安前乡贡士胡一桂学"。一桂字廷芳，徽州婺源人，与其父方平均精于易。《元史》本传述其易学源流，可归为"朱熹—黄榦—董梦程—沈贵宝—胡方平—胡一桂"。书分上、中、下、外篇四卷，前有元皇庆二年（1313）胡氏自序，自云此书主旨："先君子惧愚不敏，既为《启蒙通释》以诲之；愚不量浅陋，复为《本义附录纂疏》，以承先志。今重加增纂，又成《翼传》四篇。"

此本函套有李福题签云：

元椠周易启蒙易传（大字）小读书堆藏　李福题（小字双行）。

知为顾之逵旧藏。是书黄、袁、周、顾（千里）、钮（树玉）诸亲友诗文、日记均未言及，亦可见抱冲先生藏书，鲜为人知者仍夥。题签者李福❶与黄丕烈为姻亲，其女慧生适尧圃三孙美镐，故其称尧圃为"二姻叔"。❷据李氏《花屿读书堂诗钞》及《尧圃藏书题识》、❸潘奕

---

❶ 李福字子仙（一字备之），吴县人，嘉庆十五年庚午（1810）举人，诗词书画俱佳，有《花屿读书堂诗钞》八卷（附《词钞》《文钞》各二卷）传世。

❷ 见西泠印社2011年春拍2584号拍品《毛怀、李福致黄丕烈丛札集卷》。

❸ 如《尧圃藏书题识》（上海远东出版社1999年版，下省称《尧识》）嘉庆二十年乙亥《桂林风土记》跋云："人日，吴春生因钱辛楣先生降生之辰，效苏斋修东坡生日瓣香之祝，余亦往焉。晤李子仙，云有竹坨翁跋《桂林风土记》在。"（第191页）另宋刻《鱼玄机诗》亦有李福题词。

隽《三松堂集》❶诸书，知其嘉庆中与"藏书四友"中黄、袁、周诸人多有诗酒往还。顾之逵过世较早，而此书题签，或为顾、李交游之孤证。

书虽旧版，而中无藏印，书品颇新。与顾氏不喜钤印，尤不在宋元本钤印之习若合符契。小读书堆书散后百余年，是书或终未出吴郡之地。晚清，书又归顾氏过云楼。傅增湘先生《顾鹤逸藏书目》"宋元旧椠"目曾有著录。❷首次现世，则在乙酉年（2005）某拍卖会，为杨氏所得。❸壬辰（2012）春，此《周易本义启蒙翼传》随过云楼遗书陈展国图古籍馆文津楼，不佞曾有幸展阅。书今归凤凰出版传媒集团。

此书上海图书馆亦藏一本（《名录》号00212），题"元皇庆延佑胡氏家刻本"，对比书影，二者大同而小异：此本白口左右双边，上图本则为黑口四周双边；此本字画爽利，而上图本则更具元刻特色。经陈先行先生指点，颇疑过云楼本非元刻，而实为明人影刻者，书此以俟后考。

2.《毛诗诂训传》二十卷

（汉）毛苌撰，郑玄笺，（唐）陆德明释文。宋刻本。查慎行、顾广圻跋，吴荣光题款。一册。十三行二十四字，小字双行同。细黑口四周双边。现藏国家图书馆（840）。存三卷（卷十八至卷二十）。

是书毛传、郑笺、陆氏释文外，尚有互注、重言、重意之例，盖帖括之书也。

此本踪迹，始见于《读书敏求记》。雍正二年乙巳（1724）二月查慎行跋云此书"二十卷，首尾完好。惟篇首仅有图数页，又无序"（时

---

❶ 卷十三有嘉庆五年春诗，题云："黄荛圃孝廉招同吴玉松、汪浣云、蒋宾崌、夏方米、沈书三、周香严、李子仙、顾涧蘋、袁绶阶共饮牡丹花下，分韵得青字。"
❷《国立北平图书馆馆刊》第五卷第六号，国立北平图书馆1931年版，第81页。
❸ 2012年6月15日《晶报》载《"最贵古籍"引纷争，"过云楼藏书"花落谁家》一文，有韦力云："2005年（过云楼藏书）拍卖的时候，藏书是被上海的一个杨姓企业家拍得的。听说这个人也不是古书籍收藏圈内人士，他是在美国和上海从事电子商务行业的，在去北京的飞机上看到了当时拍卖的信息，在名录上看到有一本书和他的祖父有关，他就拍下来了。"此杨氏当即杨崇和。

已致仕，年七十五)。又跋云"此本购自江西志局"，核查氏康熙五十八年（1719）秋至次年（1720）冬应巡抚白潢之邀，赴南昌修《江西通志》，书即得于此时。雍正四年、五年（1726～1727）查嗣庭案后，查慎行寻卒。生前尽售玩器以偿贷，身后囊无余储，所存"惟手勘书万卷而已"。《训诂传》当即于此后散出。❶

书后有嘉庆七年（1802）九月顾千里跋云：

  钱曾《敏求记》云"《毛诗》郑氏笺廿卷，南宋刻本，首载《毛诗举要图》"者，即此刻本也。十年前，家兄抱冲收得之，藏于小读书堆。近始借在西湖寓馆，校读一过。所见毛、郑诗本子，莫有旧于此者，洵足宝已。

据此可知乾隆五十七年（1792）顾之逵收得此书，顾千里、钮树玉（详后引黄丕烈跋）先后借读、借校，以为"佳处实多"。

此书后归扬州汪中、汪喜孙父子。道光六年（1826）八月，吴荣光曾于京师借读并有观款。❷道光二十七年（1847）汪喜孙卒，二十九年（1849），杨以增自汪氏购得此书，储于"四经四史之斋"。咸丰十一年（1861）二月，几毁于捻军之手（仅余三卷）。❸丙戌（1946）年，随海源阁遗书九十二种，入藏国立北平图书馆。❹

然杨氏《楹书隅录》引张金吾《藏书志》，以张所云"南宋麻沙坊本"者即此本，则大谬不然。据道光刻本《爱日精庐藏书志》卷三，张氏所藏本题作"纂图互注毛诗二十卷附毛诗举要图毛诗篇目 宋刊本

---

 ❶ 以上关乎查氏生平者，见（清）陈敬璋：《查慎行年谱》，中华书局2006年版，第33～34页、第37页；张晨：《查慎行年谱》，广西师范大学文学系2010年硕士学位论文，第60～61页、第63页、第66页。

 ❷ 据《吴荷屋自定义年谱》，其本年六月自护理贵州巡抚职入京奏对，八月抵京。据清光绪九年（1883）刻本刘文淇《青溪旧屋集》卷九《诰授中宪大夫道衔怀庆府知府汪君墓表》，此时汪喜孙正在户部任上。

 ❸ 王绍曾：《订补海源阁书目五种》，齐鲁书社2002年版，第38页。

 ❹ 详见李致忠主编：《中国国家图书馆馆史数据长编》（上），国家图书馆出版社2009年版，第384～387页。

毗陵周氏九松迂叟藏书"，又云"是书……南宋麻沙坊本也……每页二十四行，每行大二十一字，小二十五字，缺卷十一至十四，抄补。每册首末俱有'周良金印''毗陵周氏九松迂叟藏书记'两印"，实与此本不合。又黄丕烈跋宋本《毛诗传笺》二十卷云："余自购求书籍以来，于宋刊《毛诗传笺》附释文本凡五见，而有其三。一为顾氏小读书堆本，相传为南宋光宗时刻，余未及借校，友人钮非石校于葛本上，其佳处实多焉。一为毗陵周九松藏本。"（《荛识》第3页）似此则此本与明人周良金（九松）藏本，显非一本。

书中钤印有：溪庄、岐山草堂（二印傅增湘云为宋印）、得树楼藏书（查慎行）、顾印广圻、涧蘋（顾千里）、汪印喜孙、喜孙审定、江都汪氏问礼堂收藏印（汪喜孙）、臣荣光（吴荣光）、阮氏小云过目（阮常生）、四经四史之印、彦合珍玩、杨绍和藏书、杨绍和鉴定、聊城杨氏所藏（海源阁）、北京图书馆藏。

3.《周礼》十二卷

（汉）郑玄注。南宋福建余仁仲刻本（一至四卷配别本宋刻，首卷有抄补，九、十两卷抄补）。待访。

宋相台岳氏《刊正九经三传沿革例》云："世所传《九经》，自监、蜀、京、杭而下，有建余氏、兴国于氏二本，皆分句读，称为善本。"

此余刻《周礼》十二卷者，《天禄琳琅书目》卷一著录二函十二册。诸家《书目》、题跋虽屡有述及，终罕言其行款。今据存世之南宋绍熙二年（1191）余氏万卷堂刻本《春秋公羊经传解诂》、万卷堂刻本《礼记》（郑注）二十卷、《春秋经传集解》三十卷、《春秋谷梁传》十二卷四种揆之，其行款或为半叶十一行，行十九（或十八）字，注文小字双行，行廿七至廿八不等，细黑口，左右双边。"卷末均详记本卷经、注、音义字数。均有'仁仲比校''余仁仲刊于家塾'或'万卷堂'字样。经文有句读，而注文未标句读。"[1] 是书今似已不存。

宋刻本《纂图互注重言重意周礼》十二卷有嘉庆十一年（1806）

---

[1] 张丽娟、程有庆：《宋本》，江苏古籍出版社2002年版，第81~86页。

黄丕烈跋云：

> 宋刻《周礼》所见有三本，一为余仁仲本，藏于小读书堆，系中版，独阙《秋官》。倚树吟轩有蜀本❶，止《秋官》两卷，则大板也，见为余有。（《荛识》第32页）

又《百宋一廛书录》此书黄复云："余友顾抱冲收得小字本《周礼》，独缺《秋官》，以抄补刻，已称难得。"（《荛识》第939页）据黄跋，则所缺当为九、十两卷。

然乾隆五十八年癸丑（1793），段玉裁尝借此书校勘，跋云："钱孙保、季振宜所藏宋板《周礼》，《春官》《夏官》《冬官》为余仁仲本，《天官》《地官》则又别一宋椠，《秋官》则抄补者也。余假诸顾秀才之逯，又参以岳本校讫。"（《荛识》第29页）与黄说歧异。段氏既校此书，所言自更有据，则卷一至卷四，亦配补也。据段跋，是书曾为钱孙保、季振宜所藏。季氏《延令宋版书目》载《周礼》两部，一为六本，一为二本，以缺损程度衡之，当为前者。

又王鸣盛《蛾术编》卷二《说录二·经典释文》云："予所见有宋板《周礼》，每句旁有圈、有郑注、有释文。释文首冠以'陆曰'二字，无疏。每卷尾列'经若干字'、'注若干字'、'音义若干字'。音义者，释文也。末一条云'余仁仲刻于家塾'，余仁仲刊本，见《相台岳氏书塾刊正九经三传沿革例》。跋云：'岁在戊戌重装，海虞穷民钱孙保识。'孙保字求赤，戊戌系顺治十五年。顾文学之逯买得，予从顾处一观。"则书中有钱孙保跋。

另乾隆五十九年春（1794）钮树玉亦曾借校，跋云："甲寅春，假顾抱冲所藏宋余仁仲刊本《周礼》附《释文》校，所附《释文》全载，其注中已具则不复出。首卷抄补十一叶，而《秋官》两卷全是抄补，故

---

❶ 此本现藏静嘉堂。严绍璗：《日藏汉籍善本书录》，中华书局2007年版，第88~89页。

未校。钮树玉。"❶ 知小读书堆藏本首卷亦有抄补。

4.《纂图互注礼记》二十卷

（汉）郑玄注。宋刻本。林佶（题名），尤侗、钱天树、孙鋆、杨希钰、李兆洛、陈銮、吴宪澄、张尔旦、李锡畴、吴辅仁、张蓉镜跋。十册。十二行二十一字，小字双行二十五字，白口左右双边。现藏国家图书馆（7273）。

道光十二年（1832）十月，常熟张蓉镜自邵松岩❷处得小读书堆旧藏此本，书后张跋云：

> 壬辰十月，书友邵松岩以此纂图互注重言重意本《礼记》来售……国初入蒋文肃家，未知何时流传郡中。今为小读书堆散逸，仍归海虞。

张氏欣喜之余，于嗣后数年间屡屡出示于诸友，故有钱、孙、杨诸家跋文。苟非张氏自道，世人绝不知此本曾归小读书堆插架，盖黄、顾诸家文字中无一言及此。惟慷慨如顾之逵，其藏书之善，亦有亲友所未知，昔时之盛，可以想见。

据诸家目录、题跋及书中累累藏印，可知其宋末元初为名画家钱选（1239~1299）所得，元代曾为倪瓒（1301~1374）清閟阁中之宝。❸元明之际，上虞刘履（字坦之）为补抄卷一文字计二十五叶。❹明中叶，长洲文徵明（1470~1559）玉磬山房收得此书，并经其长子文彭、其孙文元发（字子悱）鉴藏。

---

❶（清）顾千里：《顾千里集》，中华书局2007年版，第266页。

❷《荛识》第630页："（嘉庆二十五年）七月二十五日，五柳主人招饮白堤，晤邵松岩。松岩即近日为小读书堆携书出售者也。"顾氏藏书，约于嘉庆廿四年（1819）夏至道光元年（1821）散出（详见笔者《述略》一文），而此书则迟至道光十二年始出，足见其珍贵。

❸ 书中有钱选及倪瓒印，故张跋云"元时未知由钱时入清閟阁，亦不识舜举向倪氏借读也"。实则由钱、倪生卒年可知，"舜举向倪氏借读"一说，绝无可能。

❹ 钱天树言缺页为文元发笔迹，张蓉镜据抄页所钤刘履印，断为刘所抄。吴宪澄则以其书法不工、讹谬不少，断为庸手所为。

入清后，与此书有渊源者，除题跋者外，尚有长洲尤侗（康熙三十五年［1696］借读）、侯官林佶（康熙五十四年［1715］题篆）、常熟蒋廷锡（1669～1732）、海宁查慎行（1650～1727）、其孙查岐昌（字石友）等人。或者早在道光十年庚寅（1830），张蓉镜便曾留阅此书。❶十二年得此书后，张氏绘其祖张燮像于卷端（今已不存），并于十二年（1832）十月（钱天树）、十一月（孙銮），十三年六月（杨希钰），十四年正月（陈鉴）、七月（李兆洛）、冬（吴宪澄），十七年十月（张尔旦），二十六年（1846）闰五月（季锡畴）倩诸友题跋鉴赏。

咸丰八年至九年（1859），书为其族弟张伯夏所得。十年庚申（1860），太平军陷苏、常，是书幸免于火。战后为同族张辑甫自友人处索回。❷后又经常熟赵宗建（1828～1900）旧山楼、涵芬楼收藏，现藏国家图书馆。

是书自明中叶入长洲，至康熙中后期入常熟，乾隆末入元和，道光间复入常熟，实为彼时苏、常两地藏弄兴替、书籍流转之缩影。

书中藏印有：钱选之印（钱选）、清閟阁印（倪瓒）、刘履、坦斋（刘履）、玉磬山房、文彭、三桥、文寿承氏、寿承氏、文印元发、元发、文氏子悱、子悱（长洲文氏）、蒋扬孙读书记（蒋廷锡）、林佶、鹿原（林佶）、得树楼藏书、海宁查慎行字夏重又曰悔余、南书房史官、臣名岐昌、字曰药师、石友过眼（海宁查氏）、曾藏张蓉镜家、张·蓉镜、芙川氏、张伯元别字芙川、芙川蓉镜、张蓉镜观、蓉镜珍藏、芙川心赏、琴川张氏、小琅嬛福地、味经书屋、味梦轩、双清、且得游心翰墨间、明月前身、冰莲（张蓉镜）、研培（杨希钰）、养一、申耆（李兆洛）、程印恩泽、云芬（程恩泽）、天树印信、子嘉、味萝轩、梦卢（钱天树）、臣銮私印、秋山（孙銮）、宪澄、霄显氏、小卢（吴宪澄）、

---

❶ 书中程恩泽跋云："道光庚寅三月二日，古歙程恩泽观于芙川先生斋头，因识。"如此跋时间无误，则道光十二年得此书前，张氏必曾有留阅之举。

❷ 同治五年（1866）吴辅仁跋云："是书与宋刊《荀子纂图互注》于戊巳年间张伯夏沪镇表兄得于族兄芙川家。庚申粤逆陷苏常，吴地藏书为贼焚毁几尽，而兄之尊翁印川公练勇御贼，力竭阵亡，室毁于贼，书籍荡然。是编以先期寄出，得免一火。大兵克复后，伯兄已西逝。缉甫表弟索诸友人，始得珠还合浦。"

眉叔（张尔旦）、锡畴之印、松云、目利（季锡畴）、陈鎏之印、棠芝仙馆（陈鎏）、长·卿（吴辅仁）、宗建私印、旧山楼（赵宗建）、涵芬楼、涵芬楼藏、海盐张元济经收（涵芬楼）、北京图书馆藏等。

5.《礼记》二十卷

（汉）郑玄注，残宋本，存佚不详。

嘉庆二年（1797）十月五日，黄丕烈跋"《礼记郑氏注残本》九卷"云：

> 宋本《礼记》……又有残本，先系顾怀芳物，曾从借来，校于惠松崖所校明刻郑注本上，内《曲礼》"石恶"一条，足正诸本之误，今归于抱冲。（《荛识》第37～38页）

黄跋书就时，顾之逵已于四月病逝。顾怀芳者，顾应昌（五痴）之侄也。

又据同书黄跋，嘉庆十一年（1806），顾千里为张敦仁影刻《礼记》，未以此本参校。

6.《礼记》二十卷

（汉）郑玄注。南宋淳熙四年（1177）抚州公使库刻本。清顾广圻跋。六册。十行十六字，小字双行二十四字。白口四周双边。现藏国家图书馆（843）。❶

书末有顾千里题跋两则（文见《顾千里集》第263～264页），又据《顾千里集》中《抚本礼记郑注考异序》（代张古余）、《抚本礼记郑注考异后序》（《顾千里集》第131～133页），可知此书曾经顾之逵收藏，未及刊行而殁。嘉庆十一年（1806）顾千里从其家中借出，交张敦仁影刻上板，取世行各本校雠，并为作《考异》二卷。

---

❶ 此本价值及详情，学界早有专论，可参见：李致忠：《宋版书叙录》，北京图书馆出版社1994年版，第126～129页；王锷：《〈礼记〉成书考》，中华书局2007年版，第334～335页；王绍曾、崔国光等整理订补：《订补海源阁书目五种》，齐鲁书社2002年版，第52～54页。此节仅略陈前贤未及者。

此书后原有《释文》四卷。顾氏得时,《释文》早已为人割去,书中衔名叶亦不存,故嘉庆二年(1797)十月五日,黄丕烈跋"《礼记郑氏注残本》九卷"云:"宋本《礼记》惟故人顾抱冲小读书堆有全本,《曾子问》中多'周人卒哭而致事'句,定为太平兴国本。"黄氏之说或本段玉裁,❶ 嘉庆十一年(1806)顾跋中"不知者辄认以为旧监本"、二十五年(1820)《释文》顾跋中"有借校者,臆断为毛谊父所谓旧监本,而同时相传,皆沿彼称矣"之语,或即就此而发。故此书与段顾之争乃至黄顾交恶亦颇有关联。后顾千里据顾之逵复得之单本《释文》相较,彼与此"板式行字以至工匠计数罔不相同,而名衔年月在焉"(《顾千里集》第264页),方考实"定为太平兴国本"之"监本",实为此抚州公使库本。

各卷天头行间有墨笔批校,傅增湘先生以为宋人墨迹,据今人考订,批校者当为宋元间浙江学者金履祥(1232~1303),❷ 则此书非特宋刊,兼有宋批。

据诸家书目及藏印,可知小读书堆之前,抚本《礼记》曾经宋金履祥、明顾从德(字汝修)、徐乾学递藏。约乾隆末年为顾之逵所得,顾氏身后,《礼记》及《释文》双归汪士钟艺芸书舍。其后则又分储南北——《释文》归常熟瞿氏,《礼记》则为海源阁(四经四史之斋)所藏。辛未年(1927)三月十三日,傅增湘先生于天津盐业银行经眼此书,许为至宝。民国三十五年(1946),北图收购海源阁抵押天津盐业银行善本九十二种,此即其一。

书中藏印有:顾印汝修(顾从德)、徐健庵、乾学(徐乾学)、思适斋、顾印广圻(顾广圻)、汪士钟曾读、宋本(汪士钟)、海源阁、以增之印、至堂、杨东樵读过、四经四史之印、四经四史之斋、杨绍和

---

❶ 《荛识》,第37~38页。另参见乔秀岩:"《礼记》版本杂识",载《北京大学学报》2006年第5期。

❷ 傅增湘:《藏园群书经眼录》,中华书局1983年版,第51~52页;廖明飞:"抚本《礼记》金履祥批点小识",见《儒家典籍与思想研究》(第四辑),北京大学出版社2012年版,第273~285页。

藏书、臣绍和印、杨绍和鉴定、杨绍和读过、杨氏彦合、彦合读书、彦合珍玩、聊城杨氏宋存书室珍藏、杨印保彝（海源阁）、北京图书馆藏。此外尚有：宜子孙印、痴绝。

7.《礼记释文》四卷

（唐）陆德明撰。宋淳熙四年（1177）抚州公使库刻本。清顾广圻跋。四册。十行大小字不等，白口四周双边。现藏国家图书馆（9586）。

据前抚本《礼记》所述，乾隆末年，顾之逵先得《礼记》，人多以为宋监本；复得《释文》，始定其版本。嘉庆十一年（1806）顾千里佐张敦仁（古余）影刻抚本《礼记》，因顾之逵遗孤尚幼，藏书扃闭，《释文》一时检之弗获，故以通志堂翻本❶暂代。后广圻再以此《释文》校翻本，冀异日一一改回，以复其旧，然终以张古余久移江右，而己留滞乡里，未克如愿。

当日顾之逵收得抚本《礼记》与《释文》，未将其重装或置于一匣，故亦为二书未几散佚，齐云吴树，分储南北，埋一伏笔。据诸家书目及书中钤印，抚本《礼记》与《释文》自小读书堆散出后，为汪士钟所得。然其身后，《礼记》入海源阁，《释文》则归其族晚汪振勋（汪三），合未久而再分。汪三之后，《释文》入藏铁琴铜剑楼，衔名、岁月之叶仍在。❷ 约在民国间，此书为书商王文进收入，❸ 历经王体仁（绶珊）九峰旧庐、陈清华郇斋收藏，终由北京图书馆于乙未年（1955）自香港购回，自此延津剑合。

书中钤印有：广圻审定、顾广圻字千里号涧薲、陈黄门侍郎三十五世孙（顾千里）、汪印士钟、阆源真赏、宋本（朱椭，一大一小）（汪士钟）、修汲轩、振勋私印、吴下汪三、汪印振勋、梅泉（汪振勋）、

---

❶ 详见：华喆："赵烨行实与抚本《礼记释文》简介"，见《版本目录学研究》（第二辑），国家图书馆出版社2010年版，第247~262页。

❷ 《铁琴铜剑楼藏书目录》云："卷中有衔名七行，岁月一行。"上海古籍出版社2000年版，第88页。

❸ 王文进：《文禄堂访书记》，上海古籍出版社2006年版，第24页。著录《释文》诸印鉴，至铁琴铜剑楼而止。

恬裕斋镜之氏珍藏、铁琴铜剑楼（常熟瞿氏）、绥珊经眼（王体仁）、郁斋、祁阳陈澄中藏书记（陈清华）、北京图书馆藏。

8.《礼记释文》四卷

（唐）陆德明撰。宋刻本。存二卷（卷二、卷四）。存佚不详。

乾隆五十九年（1794）六月廿二日，袁廷梼跋《经典释文》云：

> 去秋有书贾持宋刻《礼记释文》来，止有第二、第四两卷，即乞臧在东校于此本。其书后为顾抱冲所得。今向借到，补校第一、第三两卷。……
>
> 宋刻虽分四卷，却不著第一第二，其叶数则四卷统排长号。廿二日晚，校完此卷。（卷十一末，《礼记》末）❶

此跋所记顾之逵所得宋刻《释文》，显非抚州本《释文》，然今日亦难稽考矣。

9.《大戴礼记》十三卷

（汉）戴德撰。惠栋校并跋。（疑）清刻本。存佚不详。

明万历程荣《汉魏丛书》本《大戴礼记》（国图5214）有黄丕烈跋数则，其乾隆五十七年壬子（1792）跋云：

> 十一月中，偶于书肆得朱刻本，适余友顾抱冲欲得惠校本，因照原值归去，以惠校即据朱本也。❷

据同书黄跋，此"惠校本"为惠栋手校，原藏滋兰堂朱奂家。❸ 乾隆五十五年（1790）十月，黄丕烈曾借校程荣本。五十七年壬子

---

❶ 周法高："记诸家校本《经典释文》"，见《中国语文论丛》，正中书局1963年版，第359~360页。

❷ 黄跋所云"朱本"，指康熙中朱轼刊本，《尧识》均录作"宋本"，盖因不明其事而想当然也。详后文。

❸ 朱、惠交情莫逆，朱奂富藏书，惠栋著书，多得其助。而惠氏卒后，其校本、稿本，亦多藏朱家。

(1792)九月,惠校本归于黄。旋又入小读书堆,如黄跋所言。程荣本中黄录惠校外,并有所录乾隆二十二年(1757)惠栋校跋数则:

> 丁丑九月上澣甲午日巳刻校毕。松崖。(卷三末)
>
> 丁丑重阳日校毕。松崖。(卷六末)
>
> 丁丑重阳后三日校。时病瘖,弗辍也。松崖。(卷九末)
>
> 丁丑九月望前一日校毕。松崖。(卷十三末)

此黄、顾先后藏弆之"惠校本"版本如何、是否存世,皆一时难明。遍检常见公私书目多种,得一清刻本《大戴礼记》(国图12266),❶ 著录为"惠栋、戈襄批校并跋 顾广圻批校"。

书中有顾千里批校,多作"广圻按"云云,中一则署"甲寅三月",知批校于乾隆五十九年(1794)。另有戈襄批校,多作"襄按"云云。末有短跋云:"道光二年(1822)岁在壬午正月十六日校,至二十日竟。觉朱本颇佳,惠先生死从蔡本。"书中有"戈小莲秘籍印""小莲校本"印。

书中有惠栋批校多处,卷十三末并有惠跋云:

> 高安朱文端公刻藏书十三种,内有《大戴礼记》一种。序云"于年友满制府案头得宋刻善本,录而读之,为正句读,而付之梓",则是刻乃从宋本校刊。丁丑季秋从雅雨先生借校一过。松崖。

跋中所云"朱文端公刻藏书",即朱轼于康熙末所刻之前代及自撰著作十三种,❷ 光绪二十三年(1897)重刻本《朱文端公藏书十三种·大戴礼记》载朱轼自序,署"康熙五十七年(1718)戊戌孟秋高安朱

---

❶ 此书与《雅雨堂丛书》本颇类,有卢见曾、卢文弨序跋,然非一本。
❷ 包括《周易传义合订》《春秋钞》《孝经》《仪礼节略》《大戴礼记》《礼记纂言》《吕氏四礼翼》《张子全书》《颜氏家训》《温公家范》《历代名儒传》《历代名臣传》《历代循吏传》等十三种。

轼题于浙署之自启斋"。此外惠氏亦据明蔡文范刻本校勘，故有戈襄"惠先生死从蔡本"之说。

惠跋所云，与前引程荣本黄氏过录之惠跋日期、内容均若合符契，所谓"惠校本"，似即此本。然所异者，黄丕烈所录惠跋四则，均不见于此书；此书惠跋，又不为黄本所录，则惠校《大戴礼记》似又非仅一本也。❶

10. 《春秋左氏释文》六卷

（唐）陆德明撰。南宋刻本。存佚不详。

《经典释文·春秋左氏音义》三卷

（唐）陆德明撰。宋刻本。一册。存佚不详。

据宋抚州公使库本《礼记释文》顾千里跋云："抱冲续又收得单行《释文》两种，一《礼记》，一《左传》，亦皆南宋椠本。"又顾氏跋《经典释文》三十卷云：

　　《春秋经典释文》六卷，南宋椠本，亦小读书堆藏，其本乃附《春秋经传》后者。钮匪石校一过如右，在乾隆甲寅年。（《顾千里集》第267页）

此书顾氏未详述其版本，断为南宋，当有所据。观顾氏二跋，所谓单行本，可知仍附于宋刻《春秋经传集解》后。

清康熙纳兰成德刻通志堂经解本《经典释文》（国图2135）卷十五《左传释文》末有顾之逵批语云："前几页乃用宋刻《左传》附释文者所校，以△别出。"所云即此本。又别本通志堂刻《释文》（国图7944）卷二十末有佚名录段玉裁跋云：

---

❶ 清刻本《大戴礼记》（国图12266）书中钤印有：小莲校本、戈小莲秘籍印、德均所藏、甲子丙寅韩德均钱润文夫妇两度携书避难记、松江读有用书斋金山守山阁两后人韩德均钱润文夫妇之印、百耐眼福、蒋祖诒读书记、北京图书馆藏。知经戈襄、韩应陛、邹百耐、蒋祖诒递藏或经眼。

顾抱冲有北宋刊《春秋音义》，抱冲既为予以其善处书此本之上方矣。予仍借其校出本补注之，黑字是也。凡与叶抄合者，用黑圈；凡抱冲以红字书上方者，亦用黑圈。甲寅六月卅日，若膺氏。

跋中所云"北宋刊《春秋音义》"，当即此本。

是书未见诸家书目著录。抚州公使库刻本《春秋经传集解》与《礼记郑注》不同，并无释文，故此《释文》必非抚州本。然其版本为何，尚俟深考。

又钱大昕《竹汀先生日记钞》卷一云：

晤顾安道，见宋椠《经典释文》一本（《左氏》末三卷）。《春秋左氏释文》、《礼记释文》两种，亦宋刻（卷首不题《经典释文》，但题《春秋左氏释文》、《礼记释文》，盖与各经注疏相辅而行者。今监本《周易注疏》后别刻《释文》，亦宋时旧式也）。❶

则顾氏所藏，单行本《左传释文》外，仍有宋椠《经典释文·春秋左氏音义》一册。又国图藏宋刻宋元递修本《经典释文》（国图6710）卷六末有乾隆五十八年九月臧镛堂跋云：

右毛子晋所藏宋雕《释文》，《左氏》一卷，借自明经长洲顾安道家。虽断圭残璧，然益足宝贵。近通志堂徐氏板，出于叶林宗借绛云楼藏本影写。余新见叶本，知徐本之妄改者甚多，犹觉叶本亦有误，恨不及见绛云楼真面目。而此卷当即与钱本同。今取以勘叶本，既皆印合，并多原板不误而影写误者。……或病余之泥古，试质之明经，其与余见合否也？

---

❶ "竹汀先生日记钞"，见《嘉定钱大昕全集》（八），江苏古籍出版社1997年版，第10页。

未知臧氏所言《左传释文》，单行本欤，《释文》本欤？

11.《经典释文》三十卷

（唐）陆德明撰。清康熙纳兰成德刻通志堂经解本。清顾之逵校跋并录惠栋、段玉裁、臧镛堂校。现藏国家图书馆（2135）。

书中通篇有顾之逵校语，卷四末（《尚书》）、卷六、卷七、卷八末（《毛诗》）、卷十一、卷十四末（《礼记》）、卷十五末（《左传》）有顾跋，❶作于乾隆五十九年（1794）二月。据跋可知顾氏以惠栋校批本❷、段玉裁校、臧镛堂校叶林宗影抄本《释文》（此影抄本藏周锡瓒处）、❸宋刻巾箱本《毛传》（当即宋刻《毛诗诂训传》），宋抚州本《礼记》，宋刻《左传》附《释文》分校通志堂本。

顾氏藏书虽多，然生平未尝于宋元旧刻上着一字，非不能也。其矜慎之态，与黄荛圃大异其趣。

书中藏印有：沅叔审定、藏园秘籍、江安傅氏藏园鉴定书籍之记、双鉴楼珍藏印、洗心室图书章、忠谟继藏、晋生心赏、国立北平图书馆收藏等。知此书后曾经傅增湘、傅忠谟父子递藏，于民国间归北平图书馆。

12.《论语集解》十卷

（晋）何晏集解。日本旧抄本。五册。黄丕烈、翁广平跋。静嘉堂。

是书始见诸钱曾《读书敏求记》（书中亦钤钱氏印），故为乾嘉藏书家所重。然钱氏以其书得自朝鲜，定为高丽抄本。书后嘉庆廿四年（1819）翁广平、黄丕烈跋辨之甚力（《荛识》第51～53页），不待赘言。黄跋复云：

---

❶ 详见笔者《国家图书馆藏顾之逵题跋考释》。

❷ 惠栋校本今不知存佚，现存诸家校本多辗转录其批校。

❸ 明末，叶林宗以绛云楼所藏北宋本《经典释文》影写（详见：管廷芬、章钰校证：《读书敏求记》，上海古籍出版社2007年版，第40～42页），即世所谓"叶抄本"。清初徐乾学与卢文弨分别以此为底本，校、刻通志堂本及抱经堂本。民国十九年（1930）宗氏石印本臧庸堂《拜经堂文集》载乾隆五十八年癸丑（1793）作《校影宋〈经典释文〉书后》云："此书旧藏吴县朱文游家，学士卢召弓师曾借校，今刊行抱经堂本是也。近归同邑周漪塘，金坛段若膺明府往假是编，委余细校，因复自临一部。"

是书向藏碧凤坊顾氏，余曾见之，后归城西小读书堆，今复散出，因亦以重价购得。

《集解》何时入藏小读书堆，史乏明文。据《敏求记》此书陈鳣校语云："此本今藏吴中顾氏，鳣著《论语古训》，尝借校之。惜乎顾君安道已归道山，其父雨田先生将所藏书扃置一室，遂无可问津矣。"（《敏求记校证》第31页）光绪刻本《简庄诗文钞》卷二有《论语古训叙》，作于乾隆五十九年（1794）十二月朔，则陈氏借书之期、顾氏收书之时，必在此前。至嘉庆廿四年（1819）夏，小读书堆藏书散出，是书即于此时为黄所得。

清末，书归陆心源，《皕宋楼藏书志》卷十著录。后随陆氏藏书入日本静嘉堂。❶

13.《说文解字》十五卷

（汉）许慎著。清初毛氏汲古阁刻本。七行大小字不等。王鸣盛跋。存佚不详。

国图藏汲古阁刻《说文解字》十五卷（索书号7316）有嘉庆三年（1798）袁廷梼跋云：

此《说文解字》乃汲古阁初修印本，同小读书堆所藏者。较未修初印本❷已逊，然比时俗印本远胜也。顾君千里知予重出，以所校《荀子》易去。时嘉庆戊午季秋既望，袁廷梼记。

据袁跋，顾氏所藏与此本同。又光绪七年淮南书局刻本《说文解字》有段玉裁《说文跋》云："向时王光禄跋顾抱冲所藏初印本云：

---

❶ [日]河田罴："静嘉堂秘籍志"，见《日本藏汉籍善本书志书目集成》（第四册），北京图书馆出版社2003年版，第110~114页。
❷ 所谓"初修印本""未修初印本"，系指汲古阁本曾经修改与剜改一事而言，详见潘天桢先生《汲古阁本〈说文解字〉的刊印源流》（载《北京图书馆馆刊》1997年第2期）一文。

'汲古延一学究校改,至第八卷已下,学究倦而中辍,故已下无异同。'"知此书曾由王鸣盛经眼,且撰有跋语。

14. 《说文解字系传》四十卷

(南唐)徐锴撰。宋刻本(卷一配明抄本)。四册。七行十四字。白口左右双边。国家图书馆(3748)。存十二卷(卷一,卷三十至卷四十)。

此书《百宋一廛赋》《百宋一廛书录》均有著录,历来以为黄氏藏书,然其与顾氏亦具渊源。钮树玉《匪石日记钞》乾隆五十九年甲寅(1794)四月有如下记载:

> 二十日,抱冲手札云有宋本《系传》,即往观。惜止存三十至四十十卷(今按:原文如此),上有赵凡夫图记并手抄后叙。余为代校五卷,其行款与顾氏所藏钞本正同,而亦有错乱处。❶

《日记钞》自乾隆五十六年辛亥(1791)起,乃钮氏于诸友如"藏书四友"处观书之记录。钮氏日记,有一固定格式,即某月某日—于某人所—观某书—书之详情,于善本递藏情形,尤其注意,而乃一语未及黄丕烈。

嘉庆八年(1803)成书之《百宋一廛书录》"说文系传"条云:

> 近时搜访书籍,顾抱冲曾得一旧钞本,余亦得一钞本,为钱楚殷藏书,行款与顾本同。余友洞庭钮非石留心《说文》,曾借去校读,叹为奇书,则《系传》真惊人秘笈矣。今又得残宋本,为吴郡赵宦光家经籍。❷

---

❶ 钮树玉:《匪石日记钞》,《丛书集成初编》本,商务印书馆1939年版,第3页。
❷ 《荛识》第948页。黄跋所云"钱楚殷藏书",即残宋本之完抄本。《百宋一廛赋》"南唐《系传》,难弟楚金"句下注云:"残本《说文系传》……予又有虞山钱楚殷家所抄完本,钮君树玉曾借去校读,击节不置。"

黄丕烈于"书事"记述，向来巨细无遗。于顾之逵与残宋本之渊源，其《书录》《赋》中则一语未及。然则此书先归于顾，后归于黄与？抑先经眼于顾，后转归黄与？

此事一时难明。然黄收此书，决在《日记钞》所载顾、钮观书之后。一则钮氏日记可证，二则乾隆五十九年（1794），黄丕烈收书未久，于善本喜全而厌缺，不免仍存皮相之见。宋刻残本《续颜氏家训》、金刻残本《萧闲老人明秀集》（《蔡松年词》）失收，即是一例。嘉庆九年（1804）冬黄跋明刻《古今杂剧》云：

向年曾见《蔡松年词》金刊本，因其未全，失之交臂，后为抱冲所得。盖其时犹于古书未能笃好，不免有完缺之见存也。（《荛识》第876页）

又道光四年（1824）影金本《萧闲老人明秀集注》跋云："卅年前见两奇书，觌面相逢付子虚。小读书堆藏弄久，云烟化去已无余（宋椠《续颜氏家训》、金椠《蔡松年词》皆郡城故家物，先携示余，时因次儿病危，无心绪及此，后归顾明经抱冲）。"（《荛识》第855页）逆推三十年，其"犹于古书未能笃好，不免有完缺之见存"之时，恰在顾抱冲倩钮树玉观、校残宋本《说文系传》之年（1794），则彼时黄顾之眼力、见识，高下立判。

书中钤印有：吴郡赵颐光家经籍（赵宧光）、沈氏隐侯、沈伯守印（沈伯守，未详为名或字，当亦为吴郡人）、顾千里经眼（顾千里）、汪士钟藏（汪士钟）、子雝金石、铁琴铜剑楼（常熟瞿氏）、北京图书馆藏。

15.《说文解字系传》四十卷

（南唐）徐锴撰。汲古阁毛氏旧抄本。毛扆校并跋。七行十四字，白口左右双边。存佚不详。

黄丕烈《百宋一廛书录》残宋本"说文系传"曾云顾之逵有一旧抄本（详前文），行款与宋本同。复检《匪石日记钞》（第3页）乾隆五十九年（1794）四月十三日记云：

> 又观钞本《说文系传》，毛斧季手校，后有跋语。惜有阙卷，而校之汪刻则大胜，盖楚金之说，汪刻多删去，此则尚全也。

又《匪石先生文集》卷下，有《说文系传跋》云：

> 嘉庆六年六月，从顾东京假得抱冲所藏毛氏旧钞《系传》，校录于上。旧钞《系传》有二部，其一为黄荛圃所得，去岁十二月曾借荛圃藏本，略观一过。岁暮不及校，率作一跋还之。二本所缺悉同，而顾本较胜。……今新刊汪本《系传》，任意增损，贻误将来，则旧钞本诚足宝贵矣。顾本为后人以《解字》本涂改，往往有点金成铁之憾。七月二十九日自洞庭山校毕，因跋于后。❶

顾之逵卒后，藏书由季弟顾东京代司管钥，旧友如黄、钮等人仍可不时借观。据钮跋，小读书堆藏本为汲古阁毛氏旧抄本，略有残损（钮跋云毛本与钱本"所缺悉同，而顾本较胜"，而《百宋一廛赋》注则云"予又有虞山钱楚殷家所钞完本，钮君树玉曾借去校读，击节不置"），其中并有后人以《说文解字》涂改之迹。

又周锡瓒著《小通津山房文稿》（清抄本，浙图5170）嘉庆二十三年戊寅（1818）载周氏《说文系传校本》跋云：

> 余先将段茂堂先生所校本（即顾抱冲购毛氏钞本）校过，补缺刊误，稍为是正。又于士礼堂假钱楚殷藏钞本参校，补木部数页，此书庶得完备。两书谬字颇多，不能尽改，终须得真宋本一校，方无憾尔。

---

❶ 钮树玉：《匪石先生文集》，《丛书集成续编》第192册，新文丰出版公司1991年版，第768页。

据周跋，段玉裁亦曾自顾之逵处借校毛抄《系传》，且残宋本《系传》，此时或已归汪士钟（据宋刻钤印），故未能一并自士礼居借得。而顾藏毛抄所缺，大约即在卷十一"木部"。

此顾藏毛抄下落如何，文献无征。然嘉庆八年癸亥（1803）顾千里曾据以校乾隆四十七年（1782）汪启淑刻本，校本有顾氏批校题跋多处，如"汲古阁藏钞本校补十一至廿""此新刻《系传》，校旧钞本十一至二十凡十卷，多脱误。癸亥七月草草录一过。廿三日涧苹记"等。❶

又顾千里亦有一影宋本，为道光十九年（1837）祁寯藻刻本之底本。清道光刻本李兆洛《养一斋文集》卷七《重刊说文系传跋》云："道光丁酉之岁，淳父先生祁公奉命视学江苏。……先生见即问小徐《说文系传》行世者何本？别有佳本否？兆洛对以此时通行者惟歙汪氏启淑本，讹陋不足凭。现在苏州汪氏有宋椠不全本，顾氏有影宋钞足本，皆佳。先生立命往借之，至即鸠工梓之，命兆洛为之校理。越一年刻成。"时顾千里已卒，李兆洛自其孙瑞清处借得。前人多径以毛氏抄本为此影宋本，如杨绍和《楹书隅录》、王献唐《说文系传三家校语抉录》。若是，则顾之逵卒后，此书转归顾千里。嗣后，则湮没无闻矣。

16.《五经文字》三卷

（唐）张参撰。影宋抄。三册。毛扆跋。八行十四字小字双行二十至廿一字，白口左右双边。现藏国家图书馆（7973）。

17.《九经字样》一卷

（唐）唐玄度撰。汲古阁毛氏影宋抄。一册。毛扆跋。八行十四字小字双行二十至廿一字，白口左右双边。现藏国家图书馆（7974）。

《匪石日记钞》（第3页）乾隆五十九年甲寅（1794）四月十三日云：

---

❶ 杨绍和：《楹书隅录·校本说文解字系传四十卷十册》，《订补海源阁书目五种》，第68～69页。又王献唐《说文系传三家校语抉录》（载《山东省立图书馆季刊》1931年第1期）、杜泽逊《长伴蠹鱼老布衣——记藏书家张景栻先生》（载《藏书家》第四辑，齐鲁书社2001年版）于此书介绍甚详。

候顾抱冲，观景宋毛钞《五经文字》《九经字样》，有田敏序。抱冲云校石刻有异同。

又《竹汀先生日记钞》（第 11 页）云：

晤顾抱冲，观所藏《五经文字》《九经字样》，前有开运丙午国子祭酒田敏序，系常熟毛氏钞本。

又书中有"袁廷梼借观印"，袁氏当即自小读书堆饱其眼福。据士礼居丛书本毛扆《汲古阁珍藏秘本书目》载：

《五经文字》三本　宋板影抄　六两
《九经字样》一本　影宋板精抄　二两

当即顾之逵所藏之本。清末书归海源阁，《楹书隅录》卷一亦著录，❶ 二书四册共一函，并录书中毛扆手跋文字。其《五经文字》跋略云：

扆购得《五经文字》一部，系从宋板影写者，比大历石本注益详备，前有开运丙午九月十一日田敏序。

又《九经字样》跋略云：

余当年有《九经字样》，与《五经文字》并得。昆山校《经解》时，两书皆携去，归时失去《九经字样》，不胜怅怏。闻武林赵师道书坊有宋板者，觅之不得；后闻钱遵王往彼影写一本，亦未之见。昨过钱婿家（遵王孙也），始得见之。借归，与石刻细

---

❶ 此据《订补海源阁书目五种》上册，第 72~75 页。

校……此书既得之又失之，今复宛转而得之，殆彼苍怜余笃好小学，投老而使之一乐乎？亟命友人影写一通，写毕述此，以识生平之幸云。

知此本实为影宋抄本之影写本，故其与影宋抄《五经字样》字体、风格，亦略有不同。

民国间，周叔弢先生自杨敬夫手得此二书，后捐赠北京图书馆。周先生批注《楹书隅录》，云"白纸精抄，席氏原装，书品宽大"❶，今二书（国图7973、7974）均著录作"清初席氏酿华草堂影宋抄本"，或即源于此。

兹详录书中藏印，以见其递藏源流：虞山席鉴玉照氏收藏、赵宋本、墨妙笔精、希世之珍、席鉴之印、席氏玉照、别字萸山、酿华草堂、学然后知不足（席鉴）、袁廷梼借观印（袁廷梼）、平阳汪氏藏书印、汪印士钟、三十五峰园主人（汪士钟）、宪奎、秋浦（汪宪奎）、宋存书室（白长、白方、朱方各一）、宋存书室珍藏、仪晋观堂鉴藏甲品、仪晋旧堂、杨以增字益之又字至堂晚号东樵行一、杨东樵读过、关西节度系关西、东郡杨绍和字彦合藏书之印、杨氏协卿平生真赏、协卿珍赏、东郡杨绍和鉴藏金石书画印、彦合珍玩、杨绍和读过、东郡杨二、绍和筠岩、杨彦合读书、聊城杨承训珍藏书画印（海源阁）、周暹（周叔弢）、北京图书馆藏。

18.《集韵》十卷

（宋）丁度等撰。清康熙四十五年曹寅扬州使院刻本。清顾广圻校，顾之逵并临段玉裁校跋，夏世堂观款。现藏国家图书馆（4526）。

书中卷五至卷十末皆有顾之逵跋语，均作于乾隆六十年乙卯（1795）。其卷十末跋略云：

> 段若膺先生从周君漪塘借得毛子晋影写宋本细校此书，凡宋本

---

❶ 转引自《订补海源阁书目五种》上册，第75页。

全本之误，勘正甚多。比之宋本为更便于后学。余于昨岁春间，承先生出示此书，方校一本，因未假归。后见袁君绶阶、钮君匪石并有临本，遂先携归，度校一过。其不能释然者，未将宋本及段校重勘耳，行当就二公借之。乙卯正月二十一日抱冲校毕记。

跋中"段若膺先生从周君漪塘借得毛子晋影写宋本细校此书"，乃乾隆五十九年三月至六月间事。❶"余于昨岁春间，承先生出示此书，方校一本，因未假归"语，当指乾隆五十九年春顾校《经典释文》一事（参前文）。

顾氏既以袁、钮所临段校对勘，并不以为足，乃复欲借段校原本及影宋本重勘，所谓师法前辈而不盲从也。"比之宋本为更便于后学"之语，所谓好宋而不惟宋也。

书中钤印有世堂读过、于省吾印、双剑誃。知后曾为夏世堂、于省吾递藏或经眼。

19.《切韵指掌图》一卷

题（宋）司马光著。宋刻本。一册。（疑）现藏国家图书馆（9590）。

宋刻《指掌图》，入清以来罕有著录。钱氏《敏求记》卷一之下有"司马温公切韵指掌图一卷"，❷粤雅堂本《述古堂藏书目》卷一"韵学"目下有"温公切韵等字一卷　宋板"，《述古堂宋板书目》"韵学"目下作"温公《切韵指掌图》一卷"。

《竹汀先生日记钞》（第11页）云：

晤顾抱冲，观所藏《五经文字》《九经字样》……又司马温公《切韵指掌图》，后有嘉泰癸亥番阳董南一跋，绍定中刊本也。

---

❶ 段玉裁以周锡瓒藏影宋本（今藏天一阁）所校者，为曹寅本，今未知所在。国图藏曹寅本两种（10697、7990）有佚名及陈鳣所录段氏跋语（略有差异），可知其事之起讫。

❷ （清）钱曾著，管廷芬、章钰校证：《读书敏求记校证》，上海古籍出版社2007年版，第66~67页。章钰按语以为即宋读书堂刻本。

钱大昕观书小读书堆之事，《日记钞》未署年月，然《五经文字》二书归于顾氏，在乾隆末年，故亦可大略推知。

国图藏（书号9590）宋绍定三年（1230）越州读书堂刻本（中华书局1986年影印），傅增湘、李致忠、刘明等前辈、同人早有详论，❶约略言之，此书行、字数不等，白口左右双边，版口下记刻工姓名。末有嘉泰癸亥鄱阳董南一跋、绍定三年庚寅司马光"四世从孙"某跋。

今据所见及诸家所记，识得书中钤印有：陈氏惟寅、❷丛书堂印、沈弘正印、字公路、（季沧苇、❸徐乾学印❹）、天禄琳琅、天禄继鉴、嘉庆御览之宝、❺许珩藏书、祁阳陈澄中藏书记、北京图书馆藏。其余未能考实者尚有苍王堪、东平王一十六世孙、大雅、任侠自喜等。

书末有跋语两行云："宣统十七年（1925）春，书友魏经腴作缘归我，遗洋□□□□元。书价骇人听闻，书痴加人一等。"此跋当为许珩书。吴希贤《历代珍稀版本经眼图录》载明活字印本《秦隐君集》，❻恰有同此书"许珩藏书"印及许氏"宣统甲子（1924）得此于文友书坊"一跋，遗老立场，揭示无疑。另《清华大学图书馆藏善本书目》载《六朝文絜》四卷，❼据云亦有"许珩藏书"印及宣统三年（1911）许氏题跋。此魏经腴，即文友堂主人也。

设若国图本即为小读书堆旧藏，则可敷陈其递藏始末如下：元末书

---

❶ 傅增湘：《藏园群书题记》卷一《宋本切韵指掌图跋》，上海古籍出版社1989年版，第58~59页；李致忠：《宋版书叙录》，第303~304页；刘明："宋刊《切韵指掌图》底本考辨"，载《中国典籍与文化》2010年第2期。

❷ 元末明初吴门有处士陈汝秩字惟寅，生元文宗天历二年（1329），卒明太祖洪武十八年（1385）。详清王氏十万卷楼抄本《张子宜诗文集》卷五有《故陈惟寅圹志铭》。或即其人。

❸ 按季沧苇、徐乾学二家印未见，此据傅增湘先生《题记》所录。《季沧苇藏书目》作"元本温公切韵指掌图一本"。《丛书集成初编》本，商务印书馆1935年版，第30页。

❹ 此书《传是楼宋元本书目》不载，味经书屋抄本《传是楼目》"日字四格书"目下有"切韵指掌图 一卷 宋司马光 一本"。

❺ 傅增湘先生以其进御在嘉庆朝，故《天禄琳琅书目》前后编皆未及著录，甚是。另按：《续编》成书于嘉庆二年（1797）。

❻ 吴希贤：《历代珍稀版本经眼图录》，中国书店2003年版，第274~275页。

❼ 《清华大学图书馆藏善本书目》，清华大学出版社2003年版，第243页。

为吴门陈汝秩（惟寅）所得，有明一代为长洲吴宽丛书堂、嘉定沈弘正所藏。入清，书归钱曾、季振宜、徐乾学，约乾隆末为顾之逵所得（或寓目）。嘉庆中，书入大内。民国间，书自清宫流出，经文友堂魏经胏作缘，归于许玠（1925年）。不知何故复流入文友堂，壬申（1932）正月，傅增湘自魏经胏处寓目。后为陈清华所藏，乙未岁（1955）自港购归北京图书馆。❶

20.《押韵释疑》五卷

（宋）欧阳德隆著。宋刻本。（疑）现藏国家图书馆（3382）。

《匪石日记钞》乾隆五十九年（1794）四月记云（第3页）：

> 四月十三日候顾抱冲……又观宋本欧阳德隆《押韵释疑》，亦稍缺。其辨官押之韵颇严，今《礼部韵略》虽具而删去甚多。

此宋刻《押韵释疑》，世罕其传。检《中国古籍善本书目》，仅国图藏一本，❷ 著录作"《押韵释疑》五卷《拾遗》一卷"，定为宋嘉熙三年（1239）禾兴郡斋刻本，❸ 半叶十行，行大字不等，小字二十五字，白口左右双边。存上平声、下平声、上声、入声、拾遗，缺去声。

书中钤印有：永嘉蔡氏文懿世家、永嘉蔡昭祖宗文印、蔡昭祖章、昭祖、西云蔡昭祖宗文印章、蔡氏宗文、宗文父（蔡昭祖）、王献臣藏书印、❹ 槐雨亭印、王氏敬止、王氏图书子子孙孙永宝之、吴门（王献臣）、乾学、徐健庵（徐乾学）、阆源父、士钟、汪士钟印、三十五峰园主人所藏（汪士钟）、恬裕斋镜之氏珍藏、虞山瞿绍基藏书之印、铁

---

❶ 丁瑜："郋斋携港藏书回归知见杂记"，载《文津流觞》第13期，2005年3月。

❷ 另有上海图书馆藏宋刻《紫云先生增修校正押韵释疑》五卷一部，此书宋欧阳德隆撰，宋郭守正增修，与钮树玉所记，显非一本。

❸ 此书李致忠先生《宋版书叙录》（第312~316页）、《昌平集》（第395~396页，上海古籍出版社2012年版）均有专文详论，此不赘。

❹ 王献臣，明人，嘉靖间于吴门构拙政园。同治《苏州府志》（光绪九年刊本）卷八十有传。

琴铜剑楼（常熟瞿氏）、北京图书馆藏等。

《日记》云顾藏本"稍缺"，而国图本恰缺去声一部；且其书递藏上承传是楼，下启汪阆源、常熟瞿氏，此正合"藏书四友"珍籍之源流。颇疑国图藏本，即顾氏旧藏也。

21.《增修互注礼部韵略》五卷

（宋）毛晃增注。宋刻本。六册。存佚不详。

嘉庆七年（1807）九月，周锡瓒跋明长洲邵弥（字僧弥）❶家藏本《礼部韵略》云：

> 此书邵僧弥家藏本，上平声缺首五页，上声缺第三十五、第三十六页，去声缺首叶，入声缺廿五页下五页，其余残缺字甚多。余于南城顾抱冲处借所得顾步岩家藏汲古阁宋本六册，其《韵略条例》一册，邵本所缺，倩友王士安照样补录于后，并补书缺页十三页。其缺字处不敢辄加全补，用别纸附录于每册之后。缘毛本亦有残缺，后人乃用曹栋亭本补完，细核宋本，微有不同处也。其黑圈识者邵本字未缺，因文及之。红点识者毛本用曹本全补。略为识别，俾后之览此书者有可考订，不至如毛本用后来刻本妄加全补焉。嘉庆壬戌仲秋，漱六居士周锡瓒记。❷

据周跋，可知顾氏所藏《韵略》有如下特征：宋刻六册，汲古阁、顾阶升（步岩）旧藏，残缺之处以清曹寅刻本补全。此本今不知存亡，毛扆《汲古阁珍藏秘本书目》未载。

莫友芝《邵亭知见传本书目》"《增修互注礼部韵略》五卷"目下注云："宋刊有绍定庚寅上巳重刊本，藏邵僧弥家。后归顾抱冲。"❸ 如

---

❶ 邵弥（约1592～约1642），明画家。字僧弥，号瓜畴，芬陀居士，江苏长洲（江苏苏州）人。好学多艺。工诗书画，善取百家之长。吴伟业《邵山人僧弥墓志铭》载其事。

❷ 周跋见于康熙曹寅刻本《附释文互注礼部韵略》五卷（国图7991），为陈鳣所录。周氏《小通津山房文稿》未载。

❸ （清）莫友芝撰，傅增湘订补，傅熹年整理：《藏园订补邵亭知见传本书目》第一册，中华书局1993年版，第96页。

此，则邵本与国图藏南宋绍定三年戊寅（1230）藏书阁本（国6589）同，国图本有明吴县王鏊（"济之"印）、吴县周天球，清长洲顾若霖（"吴下阿霖"印）、长洲汪士钟、常熟瞿氏诸印，未见邵僧弥印，然以上诸家皆在苏州一带，所谓善本"不出其境"，则其曾为邵氏所藏，未为不可。又莫氏云邵藏宋本后归顾之逵，未知实有所据抑或言之有误，俟考。

2014年8月首刊于《文津学志》第七辑

2017年9~10月二改

清黄增禄稿本《拜石词》及诸家题跋考略

受"一代有一代之文学"之说的影响,一提及清代文学,人们总是习惯性地想起戏曲小说,而有意无意地忽略了其他文体。实际上,经过二十年来对于清代文学的深入研究,学界已经认识到,清代是包括诗、词、赋、文等在内的中国文学各种体裁集大成的时代。而词学在经历了宋代的极盛和元明的衰落之后,也迎来了中兴。目前已经出版的《全清词·顺康卷》及《补编》《全清词·雍乾卷》,收词约十万首,已超过存世宋词的五倍。整个清代词学之盛,更可以想见。

虽然清词迄今不远,未经历太多偶然和必然的删汰、残毁,较多保存了原貌,但仍有大量的词集以稿、抄等孤本的形式流传于民间,有湮没沉沦之虞,亟待整理与介绍,以供学界研究。

一、《拜石词》简论

近日,笔者于某拍卖行见到一部署作"震泽 黄增禄 子苇填"的《拜石词》,是清道咸间书画家黄增禄的词集。关于黄增禄,蒋茝生《墨林今话续编》(清咸丰二年刻本)云:

> 黄子苇,名增禄,字谷卿,吴江人,庚子孝廉。从金子山[1]写

---

[1] 金侗,字子山,号右宾,武进(今江苏常州)人。以墨竹擅名,山水亦自秀韵有致。

山水，出笔幽秀。书法瓯香馆，❶尝见余藏松壶师❷书赠诗册，假去临玩。不数日，酷似之。蝇头小楷，舒展自如，尤不易得也。

综合同治《苏州府志》卷六五及其他资料可以知晓，黄氏于道光二十三年癸卯（1843）中举（而非《墨林今话续编》中所说的道光二十年庚子），❸此后并无进士及第或入仕的记录，可知他人生所寄情者，正在书、画与词这样的雅事。

"拜石"之名，当取自宋代"米颠"米芾拜石的典故。❹清人词集以此名者，尚有朱骏声《拜石词》一卷、❺顾翰《拜石山房词钞》四卷（清光绪十五年刻本）等。

这部《拜石词》，一册不分卷，以蓝格稿纸抄就，八行廿四字，书口下方标有页数，稿纸印有"赐书楼写经草诗述古纪事之笺"字样，书中除诸家题跋、钤印外，尚有朱文长印"百岁堂"。

这部词集正文三十五叶，共有词六十七首，❻特点鲜明，写景寄怀等一般题材之外，题画之作尤多，这也与词人的画家身份密切相关。画作中有友人图像（如《题刘筠岩照》），有风景名胜（如《题家秋士西

---

❶ 恽格（1633~1690），清画家，字寿平，后以字行。改字正叔，号南田。江南武进（今属江苏）人。明亡，不应科举。擅长诗、画、书法。往往自画自题咏自书，世称"南田三绝"。瓯香馆为其故居。

❷ 钱杜（1763~1844），初名榆，字叔枚，后更名杜，字叔美，号松壶。钱塘（今浙江杭州）人。工诗文，擅山水、人物、仕女、花卉，以山水著称。山水师法文徵明，参以宋元人笔意，笔法细腻，意境幽深；其金碧山水，描绘精工，风格妍雅。著《松壶画忆》《松壶画赘》《松壶诗存》等。

❸ 黄氏中举时间，当在道光二十四年，详后文考证。

❹ 宋叶梦得《石林燕语》卷十云："（米芾）知无为军，初入州廨，见立石颇奇，喜曰：'此足以当吾拜。'遂命左右取袍笏拜之，每呼曰'石丈'。"（中华书局1984年版，第155页）又宋费衮《梁溪漫志》卷六"米元章拜石"条云："米元章守濡须，闻有怪石在河壖，莫知其所自来，人以为异而不敢取。公命移至州治，为燕游之玩。石至而惊，遽命设席，拜于庭下曰：'吾欲见石兄二十年矣！'言者以为罪，坐是罢去。其后竹坡周少隐过是郡，见石而感之，为赋诗。其略曰'唤钱作兄真可怜，唤石作兄无乃贤。望尘雅拜良可笑，米公拜石不同调'云。"（三秦出版社2004年版，第198~199页）

❺ 抄本一册，九行廿字，无格。有朱笔校改，钤"天马山房藏书印"（白方）、"马印叙伦"（白方）等印。现藏北京师范大学图书馆，索书号3237 善。

❻ 以词牌记数，一词牌下同时所作数首词，记为一首。

湖小景扇头为王迪甫作》），有流风雅韵（如题袁春巢《楼居春雨读诗图》），甚至其交游也多与此有关（如《金缕曲·题周庐仙通判〈湖上草堂图〉即送其人入都铨选》）。而其风格，"词情画意"，自然以清新雅隽为主。

如入选两种清人选集的《浪淘沙·天寒翠袖画册为小谷家仲题即倚其调》❶ 云：

慵唱女儿箱，秋老潇湘，一回徙倚一思量，偎玉谁教添半臂，怕冷残阳。

独自诉愁肠，闲立昏黄，莫轻弹泪湿衣裳，制作扇兜裁作篋，还要凄凉。

题云"天寒翠袖画册"或"题天寒倚竹画册"，当即杜甫《佳人》诗末句"天寒翠袖薄，日暮倚修竹"诗意。但与《佳人》诗对读，可知少了那些凄惨的身世和悲凉的弃捐，而就"天寒翠袖薄"诗意另辟蹊径，是一种伤春悲秋，叹年华老去，知音难觅的情怀。

又如《摸鱼儿》词，题云："元宵后二日至苏，舟泊盘溪，东风日暮，闲步至梅家桥，瞥遇一姝，清臞秀靥，旖旎可人。归舟倚此，弥觉鬓影衣香，黯然凄眷矣。"词云：

这相思，起从今日，愁魂跟定他去。那人不管挨身向，料也别难推处。眉眼诉，诉不尽，相思回味中心苦。乍吞乍吐，奈百结回肠，盘旋九曲，肯便一时住。

钟情甚，一笑千金已许。名花毕竟谁主？相逢更幸雏年纪，引凤仙缘初度。卿恐故，头掉转，情深忍不将余顾，由他日暮。且缓逐春弓，梦寻蘡薁，牢把粉香护。

---

❶ 谭献《箧中词·今集四》（作《浪淘沙·天寒翠袖画册》）、丁绍仪《国朝词综补》卷四十五收录（作《浪淘沙·题天寒倚竹画册》）。

虽事涉香艳，却有乐而不淫之象。应该说，黄词的风格，大抵如此，但也不乏别样面目。如《满江红（用张芦川体）·拟〈小游仙〉词迭韵三阕》，其一云：

　　海雨天风，只吹得、蓬山半脚。云生处、乱垂千鹜，横空一鹤。枯树不黏秋后蒌，瑶花尽种长生乐。讶旧游，石子已成岩，步时却。

　　炉中火，光流铄。涧中水，寒飞落。有古今无死，那知魂魄。姑射仙人都绰约，太和元气严穿凿。礼法宽、惊座哄余狂，敢轻薄。

词中清气佚荡，意境宏远，已不同于前。❶ 又如咏史之作《满江红·读〈宋史〉至三字狱感而填此》云：

　　浪涌钱塘、淘不尽，栖霞碧血。冲冠怒、风波狱起，精忠胆沥。烟月常横西子黛，胡沙不返南辕骨。叹数年、辛苦费崇朝，空劳力。

　　城万里，谁崩裂；土半壁，谁安辑？对朦胧史册、恨多未雪。铁骑三千星电扫，金牌十二风云绝。弑徽钦，构桧共操刀，难分列！

文徵明《满江红·题宋思陵与鄂王手敕墨本石田先生同赋》词论岳飞莫须有狱云"岂不念中原蹙，岂不念徽钦辱？念徽钦既返，此身何属？千载休谈南渡错，当时自怕中原复。笑区区一桧亦何能，逢其欲"，将其归于宋高宗与秦桧的私欲。增禄词更将徽、钦二帝之死，归罪"构桧共操刀"，较前人所论，更为痛切。至于词风，虽有"骆驼奋迅"、强作豪迈之嫌，但作者不囿于一隅，求自我突破的努力，还是应当肯定的。

---

❶ 集中用苏、辛词韵之作，亦非少见。

二、周星誉、施燕辰跋

这部黄增禄的稿本《拜石词》，固有其文学价值。而书前卷末的七家题跋，亦多论及《拜石词》乃至清词之风格，与原稿金容玉质，相得益彰，其文物价值与学术价值更不容轻觑。本文即对各家题跋以时代相次，并加考略。

在黄增禄生前，这部《拜石词》便最先为周星誉[1]所赏，书前有周氏跋云：

> 举酒属山，远气斯逸；泛琴入月，宵音忽流。是则江文通之潭思，应休琏之山志。兼兹二妙，综为一奇。至若翠叶书香，金荃谱艳；琢露得韵，向花讨春。又复态极纤浓，感均顽艳，将使郎中牙板，遍传井水之乡；学士香囊，永寿山云之制。时丰楸申坚岁端正月牡丹生日，年愚弟周普润跋尾。（后有朱文方印"周氏卡云"）

《汉书·律历志》云："此阴阳合德，气钟于子，化生万物者也。故孳萌于子……申坚于申……丰楸于戌。"知跋作于道光二十八年戊申（1848）八月十五日。

书前衬页有周氏题签云：

> 《拜石词》 戊申仲商节[2]，坐颐花吟馆为子蒂年仁兄揭橥，倚竹生普润并识。（后有朱文方印"周氏卡云"）

---

[1] 周星誉（1826~1885），原名普润、誉芬，字畇叔，一字叔云，号鸥公。祖籍浙江山阴（今绍兴市），寄籍河南祥符（今开封府）。道光三十年进士，历任翰林院编修、广西右江道、两广盐运使兼署广东按察使等职，加二品衔。时人谓其诗词胜于文。著有《东鸥草堂词》《鸥堂剩稿》《鸥堂日记》《传忠堂古文》等。

[2] 指八月。

据冒广生《小三吾亭甲集·皇清诰授资政大夫二品顶戴赏戴花翎两广盐运使司盐运使伯外祖周公昀叔行状》，周氏"年十九，中道光二十四年举人，❶三十年成进士"，又检清代进士题名，道光三十年进士中，周誉芬（周普润、周星誉）为二甲第五十三名，❷无黄增禄之名。故周跋署"年愚弟"，当指乡试而言。❸又星誉《东鸥草堂词》卷二《祝英台近》词题云："孤馆积阴，独居无作。黄子苹孝廉增禄持《晓风残月图》便面属题，爰赋此词，以摅归思。"知二人本有交往。

周氏学问优渥，精于绘画，诗词亦自成一家。冒广生《小三吾亭词话》卷一云："《东鸥草堂词》小令之工，几于温（庭筠）、李（煜）……使十八女郎执红牙板歌之，恐听者回肠荡魄也。"其才情流宕，于跋文亦有所见。

周跋对黄词评价颇高，"江文通之潭思"，以江淹为比，言其词旨深远；"应休琏之山志"，以应璩《百一诗》"隳官去"诗意，言其志在恬退。"又复态极纤浓，感均顽艳"数句，则言黄词语言之细腻浓郁，富丽华美。"郎中牙板""学士香囊"二句，引柳永、东坡之典，赞其词兼婉约、豪放二体。

应该说，周星誉的评价，或笃于年谊，不无溢美，但他对黄词风格的把握，还是准确的。

稍后，任职松江（笠泽）的施燕辰，也在《拜石词》扉页及书尾跋云：

> 己酉清和月梦玉施燕辰浣诵。（扉页。后有白文方印"叔虞读过"）

---

❶ 另据孙延钊撰，徐和雍、周立人整理《孙衣言孙诒让父子年谱》附《道光二十四年顺天乡试同榜题名录》，本年"周普润（改名誉芬）"中举。上海社会科学院出版社2003年版，第483页。

❷ 房兆楹、杜联喆：《增校清朝进士题名碑录附引得》，哈佛燕京学社1942年版，第180页。

❸ 据（同治）《苏州府志》卷六十五、卷一百三十八，黄氏中举在道光二十三年，疑误。

清隽有余。道光己酉春初梦玉诵于笠泽官舍。（书尾）

施燕辰，据徐世昌《晚晴簃诗汇》卷一四三："原名燕，字叔虞，号梦玉，一号梅岩。宛平籍会稽人。道光庚子（1840）举人，官内阁中书，改江苏知县，特用道。有《红豆秋居诗稿》。《诗话》：'梦玉少客郑州，以书生从戎，飞书走檄，名重一时。工倚声……宰震泽。'"清抄本杜文澜《憩园词话》卷四云："（施）司马❶名燕辰。顺天籍山阴人。历宰江苏剧县，升同知，引退。性颇豪华，佚荡诗酒，兼工于词。"

据跋文，施燕辰诵阅这部《拜石词》，正在道光二十九年（1849）"春初"至"清和"间，即正月至四月。本年之前的数年，他的仕途坎壈不平，多次因捕盗不力、欠解漕粮被革职，❷而宦海浮沉，祸福相继，他的闲情雅致却并未因此稍减。

从时间、地点及跋文中的敬语可知，施燕辰与黄增禄当有交往，而这部词稿，有可能正是直接自黄氏处借观或取得。"清隽"者，清新隽永，是施氏对黄词的评价。

三、姜、谭、袁、易、张诸家跋

此后一百二十余年间，随着清廷国祚的衰微，这部稿本《拜石词》流转世间，其详情已难考。直至光绪二年丙子（1876）三月，年甫而立、尚寂寂无闻的大画家姜筠，在北京琉璃厂的书肆中，慧眼识珠，购得了这部沉埋已久的《拜石词》，并在书末跋云：

光绪丙子三月购于厂肆故书堆。（后有朱文方印"姜筠拜观"）

---

❶ 清代称同知为司马。
❷ 清李星沅《李文恭公遗集·奏议》（清同治五年李概等刻本）卷九《特参疏防盗案各员折子》、清福趾《户部漕运全书》（清光绪刻本）卷七十七"奏销考成"条、光绪《武进阳湖县志》卷十八。

姜筠（1847~1919），字颖生，一字宜轩，别号大雄山民，安徽怀宁人。光绪十七年（1891）举人，官礼部主事。工书画篆刻，其画学王翚❶，在清末民初风靡一时。姚华❷《题姜筠画》云："低首耕烟只后尘，都门晚近说姜筠。文章一例堪论画，突遇昌黎更几人。"❸对其画作之短长、驰名都下之情状皆有所述。

此后数十年间，这部《拜石词》便一直为姜筠所藏，而多位词坛、画坛耆宿，借观之余，也在书前卷末，题写了多则跋文。

如谭献光绪五年（1879）春跋云：

> 光绪五年立春后六日，于怀宁姜颖生案头借读。清言何绮，雅韵欲流。道光间，周叔云、陈珊士辈长短句，皆是此派。略近草窗、竹山，不涉叫嚣，斯为难耳。还而质诸颖生。杭州谭献识。（后有朱文方印"中修""□□姜筠"❹）

谭献（1832~1901）为近代词坛宗师，力尊词体。其积二十余年之功，仿唐元结《箧中集》例，编选《箧中词》，专收清人杰作。光绪八年初刻六卷中，收吴伟业以下209人，词作不及600首，知去取颇严。黄增禄《浪淘沙·天寒翠袖画册》词亦为选入（自《拜石词》选）。施蛰存先生云："所录嘉庆以前之词，主要采自于王昶、黄燮清的《国朝词综》；嘉庆以后，多以朋好传钞之词录存，有存人之意。"❺谭氏于黄词，或不无存人之意，但称其"略近草窗（周密）、竹山（蒋捷），不涉叫嚣，斯为难耳"，评价也颇为不低。跋中"周叔云""陈珊士"分

---

❶ 王翚（1632~1717），字石谷，号耕烟、清晖主人等，江苏常熟人。其画作学者极众，称虞山派，为清初"四王""六家"之一。

❷ 姚华（1876~1930），字重光，号茫父，贵州贵筑（今贵州贵阳）人。于诗文词曲、碑版古器及考据、音韵等，无不精通。著有《弗堂类稿》《说文三例表》《金石系》《黔语》《古盲词》等。

❸ 姚华：《姚华诗选》，贵州人民出版社2000年版，第279页。

❹ 此印前二字模糊难辨。

❺ 施蛰存："历代词选集叙录"，见《词学》第六辑，华东师范大学出版社1988年版，第23页。

别指周星誉、陈寿祺❶。

约在光绪末年，著名的书画家、收藏家袁励准❷跋云：

囊于海王邨见《银光笺》十番，为震泽徐虹亭、叶元礼❸酬唱小词，俊远清微，爱不忍释。闻已为邓孝先❹同年购去，深用于邑。今读《拜石词》，叹其导源乡先辈，而冷隽过之。笠泽词人，先后踵武。颖老久藏箧衍，将为梓行，有功于词坛不尠矣！袁励准记。（书于衬页上，后有朱文方印"珏生"）

还在书衣上题签：

《拜石词》宛平袁励准署端。（后有白文方印"屐篷楼人"）

陈廷焯《白雨斋词话》卷三云："叶元礼词，直是女儿声口。……又'罗裙消息落花知'，又'清波一样泪痕深'，又'此生有分是相思'等句，纤小柔媚，皆无一毫丈夫气，宜其夭亡也。"袁氏以为《拜石词》风格，自吴江前辈徐釚、叶舒崇而来，而"冷隽"过之，大约正是就"纤小柔媚"的"女儿声口"之说而言，认为黄词无此弊，并隐然视之为笠泽词人的典范。此外，袁跋还透露出姜筠有刊行《拜石词》之意。

宣统元年（1909），与袁克文、梁鸿志、黄秋岳等并称"寒庐七

---

❶ 陈寿祺（1771～1834），清代学者，字恭甫，号左海。
❷ 袁励准（1876～1935），字珏生，号中州（舟），别署恐高寒斋主，河北宛平人。光绪二十四年进士。授翰林院编修，会试同考官。民国后任清史馆编纂、辅仁大学教授。工书画。行楷宗米元章，篆学李杨冰，文静典雅，甚得时誉，"新华门"三字即为其所书。画学马远，亦有高致。以收藏驰名于世。
❸ 即明清之际的徐釚（字虹亭）和叶舒崇（元礼），徐为画家，叶为词人。
❹ 即近代著名藏书家、群碧楼主邓邦述。

子"的易顺鼎❶，应姜筠（宜轩）之邀，在书前衬页上题词云：

> 宜轩三兄属题此卷，宣统元年四月谥簫弟易顺鼎倚装。
>
> 把词人醉魂唤醒，是仙还是山鬼。银钩小卷，分明在，经过劫灰第几。金铸泪、便辽鹤归来，早换沧桑矣。柔情总累，叹千古才人，命如纸薄，还剩几篇纸。
>
> 论慧业兰畹，金荃而已。赏音旷代，知己不知，秦七兼黄九，正复干卿何事，张秋水应问，我前身可是张春水。乌丝格子，把女婿微云女郎，残月弹落烛花穗。《迈陂塘》

词中对这位身名有湮没之虞的作者，寄寓了深切的同情与感慨。本年元月易氏自武昌至京，四月授广东钦廉道，将赴粤，故云"倚装"。❷

至宣统二年庚戌（1910）正月，此书仍在姜筠手中。时张祖廉❸跋云：

> 袁中舟、谭复堂题识，谓其略近竹山，泂然。复堂《箧中词》曾选《浪淘沙·题天寒翠袖画册》一阕，今颖翁拟为印行于世，俾六十年前孤吟幽唱，一卷留贻，不即湮没者，亦表章先民之谊也。敬志数语以归之。庚戌正月，祖廉记。

---

❶ 易顺鼎（1858～1920），龙阳（今湖南省汉寿县）人。字中实，一字实甫，亦作硕父，号哭庵、法宗，光绪举人，官至广东钦廉道。少有神童之目，长从王闿运游，治骈文及诗歌，师张之洞，友樊增祥，文名籍甚。民国后，任袁世凯政府印铸局局长，参与袁氏复辟帝制请愿活动。著有《四魂集》《经史杂著》《盾鼻拾遗》等。

❷ 参王飚《易顺鼎年谱简编》本年条。见《琴志楼诗集》（下），上海古籍出版社2004年版，第1575～1576页。

❸ 跋文署祖廉，经比对书迹，断为张祖廉书。林葆恒辑、张璋整理《词综补遗》（上海古籍出版社2005年版，第1623页）载其生平："张祖廉，字彦云，浙江嘉善人。光绪壬寅举人，资政院秘书长。有《娟镜楼词》。彦云以孝廉荐试特科，授江苏知县，旋改学部主事，充资政院秘书。改革后，襄陇海路政，专擢督办，规划经营，稍抒其素抱。词取法定庵（龚自珍），倜傥不群，固其同调。"

张祖廉题跋之时，距《拜石词》的成书，已逾六十年。张氏赞同谭献对黄词"略近竹山（蒋捷）"的评价，对姜筠欲刊行以免其湮没、"表章先民"的厚意，颇以为是。但遗憾的是，这一计划迄今仍未施行。而《拜石词》之后百年间的递藏线索，包括何时自姜筠手中散出，又为何人所得等，则因文献阙如，未能考实。

　　古人认为，文之传与不传，有幸与不幸。这部黄增禄稿本《拜石词》，本是一位画家的词作，在后世的流传中更为多位词坛、画坛名家所赏所藏，篇帙虽小，却具有独特的学术与文物价值。本文所论简略，引玉之诮，亦未敢辞。其网罗亡佚，钩稽深隐，则尚俟方家。

2012 年首刊于《广韵楼藏书研究论文集》
2016 年 10 ~ 12 月二改

诸本《高氏三宴诗集》考略
——兼论两种"双生"清抄本

一、《高氏三宴诗》的编定

约在明万历年间，以编刻小说等通俗读本闻名的杨尔曾❶重雕了一部唐人诗集。集中包括《高氏三宴诗集》（三卷）与《香山九老会诗》（一卷）二书，❷分别收录了唐高宗调露二年（680）正月高正臣等多至二十一位诗人在洛阳的三次宴集，以及唐武宗会昌五年（845）白居易等九位诗人在洛阳的一次诗会。❸

从内容上看，《高氏三宴诗》是典型的初唐宫廷诗体。这类诗滥用名物的板滞之病，以及"没筋骨""没心肝"的摹拟空洞之弊，一望即知。宇文所安先生在《初唐诗》第十七章《高氏林亭的一次私人宴会》中，对此有详细的分析："除了陈子昂的诗，每首诗的第三联（包括组诗中的其他诗），都以一句咏柳和一句咏梅相对，柳叶总是含着烟雾或如烟似雾，梅花总是如同雪花。如果我们讨论了这组诗中的所有诗篇，就可以抽出全部的陈词滥调，保留某些对句中的某些旨意，把它们随意

---

❶ 杨尔曾，明钱塘（今浙江杭州）人。字圣鲁，号卧游道人、雉衡山人等，室名"夷白堂"。以编刻小说及刻书知名，辑刻《新镌海内奇观》《仙媛纪事》《杨家府演义》及《韩湘子传》等书。

❷ 《四库提要》定此书为唐高正臣辑、宋鲍慎田重雕，实误。详汤华泉《关于四库著录的〈高氏三宴诗集〉版本、编者诸问题》一文（载《古籍整理研究学刊》1996年第3期）。

❸ 据白居易序，本年三月二十四日，七老会于洛阳白氏宅中并赋诗。其年夏，李元爽、卢贞亦与会并续赋二诗，与前诗合称九老诗。

摆在一起，凑成一首可以在同组诗中乱真的作品。"❶ 一般认为诗风刚健质朴的陈子昂，参加了其中的两次聚会，其诗作究其实，也并无不同。如《晦日宴高氏林亭》云：

寻春游上路，追宴入山家。主第簪缨满，皇州景望华。
玉池初吐溜，珠树始开花。欢娱方未极，林阁散于霞。

又如《晦日重宴高氏林亭》云：

公子好追随，爱客不知疲。象筵开玉馔，翠羽饰金卮。
此时高宴所，讵减习家池。循涯倦短翮，何处俪长离。

正如宇文所安所说："这类诗歌向我们显示了题材对于创造性的破坏力，它能够将才华洋溢的诗人和无能的诗人拉成大致同一的水平。"❷

至于《香山九老会诗》，虽然彼时的诗风与初唐已判若云泥，但题材和场合的限制，使白居易这样的诗人，也无法有超凡的创作。如白诗云：

七人五百八十四，拖紫纡朱垂白须。手里无金莫嗟叹，尊中有酒且欢娱。
诗吟两句神还王，酒饮三杯气尚粗。嵬峨狂歌教婢拍，婆娑醉舞遣孙扶。
天年高过二疏傅，人数多于四皓图。除却三山五天竺，人间此会更应无。

陈尚君先生《唐代文学丛考》云："今本《三宴集》上元宴缺高正

---

❶❷ ［美］宇文所安著，贾晋华译：《初唐诗》，生活·读书·新知三联书店2014年版，第224页。

臣诗,《晦日重宴》缺周彦晖序。疑今本即从《古今岁时杂咏》卷七、卷九录出,未必有所谓北宋本。"❶ 但《三宴集》上中下三卷分别为《晦日宴高氏林亭》《晦日重宴》《上元夜效小庾体诗》,与《唐诗纪事》《岁时杂咏》顺序不同(《纪事》《杂咏》二书同)。其陈子昂《晦日置酒林亭并序》、长孙正隐《上元夜效小庾体诗并序》为节选,与《唐诗纪事》类似,而《杂咏》则全文收录。故此书当为明代书贾所编,其与《唐诗纪事》《岁时杂咏》二书的异同,以及书中的多种错讹(详后文),正是书贾拼凑恶习所致。《香山九老诗会》的情况也与此类似(其余考证详汤华泉文)。而《四库提要》说"盖高氏三宴与香山九老俱系唐人,又俱在洛阳,故并为之开雕",大约正点中了二书并雕的原因。

二、《高氏三宴诗》存世版本比较

不过,入清以后,二书的明刻本已经不存。至《四库全书》收入之时,虽断其为宋人重雕,但所据"江苏巡抚采进本"实为抄本。书前提要云:"……则此诚秘本矣。第当时就宋本传抄,其中不无讹处。"《总目提要》文字有所不同,亦云:"而《三宴诗》之名,新旧《唐书·志》皆不载,盖当时编次诗歌,装裱卷轴,如《兰亭诗》之墨迹流传,但归赏鉴之家,故不著藏书之录。后好事者传钞成帙,乃列诸典籍之中耳。惟辗转缮录,不免多讹。"直至宣统元年(1909),沈宗畸辑刻《晨风阁丛书》,据"旧抄本"收入此二书,才正式有了新的刻本。

就目验及查阅各家书目,知现存各本《高氏三宴诗》(附九老诗)均出自"夷白堂重雕"本,行款却大致有两种格式。第一种以四库本(及其原据抄本)为代表,包括丁丙文澜阁传抄本、❷ 晨风阁本(及其

---

❶ 陈尚君:《唐代文学丛考》,中国社会科学出版社1997年版,第203页。
❷ 丁抄本附《香山九老诗》,红格上黑口,左右双边,单黑鱼尾,版心下镌"当归草堂",钤"钱唐丁氏藏书""风木庵""四库著录"诸印,现藏天津图书馆,索书号S2977。

所据"旧抄本")、孙诒让藏文澜阁传抄本❶等。四库本八行廿一字,丁抄本九行廿一字,晨风阁本十一行行廿一字。第二种以翰林院旧藏清抄本❷和国图藏清抄本为代表,行款均为十行十八字。

此外,其他几种未见且无法断定其行款、版本者,还有王闻远(莲泾)旧藏抄本、❸陈揆稽瑞楼藏抄本、❹静嘉堂藏陆心源旧藏抄本❺等。

笔者选取四库本、晨风阁本与翰林院旧藏本、国图藏本加以校勘,得出结论如下。

(1)四库本对诸本的"诗人小传"部分涉及的官职(如改高峤"司府郎中"之职为"司门郎中")、年号(如改"咸宁"为"咸亨")等做了订误,尤其是他本中"张锡东 武城人"的明显错误,四库馆臣也据史料改为"张锡 东武城人",应该说这部分改动,言之成理,也显现了校订者的学力。

(2)正文部分,四库本文字,时与其余三本不同。聊举数例可见:卷上弓嗣初诗"箫鼓林亭晚,倒载欲还家"句(四库本),余本作"倒戴欲还家",四库本胜。❻王勔诗"景落春台雾,池浸旧渚沙"句(四库本),余本作"池浸臼渚沙",误。❼卷中韩重轩诗"凤苑仙吹晚,龙楼夕照披"句(四库本),余本作"凤苑先吹晚",四库本胜。❽"落日催金奏,飞霞送玉卮"句(四库本),"金奏"指击钟等为乐,因日落

---

❶ 孙诒让《籀顾述林》卷八《唐明征君碑跋》云:"予家藏文澜阁传写本《高氏三宴诗集》三卷,即正臣与陈子昂、周彦晖、长孙正隐等唱和诗也。"中华书局 2010 年版,第 275 页。

❷ 此本现藏"广韵楼"主人胡关妙手中。

❸ 据丁丙文澜阁传抄本跋,王藏墨格精抄本,有王氏印及"得者宝之"印,于咸丰十一年(1861)冬太平军攻陷杭州之时丧失。但丁氏未言此书行款、版本。

❹ 吴县潘氏刊本《稽瑞楼书目》著录为"《高氏三宴诗集》三卷钞一册"。

❺ 据《静嘉堂秘籍志》卷四十七,《唐四僧诗》六卷与《高氏三宴集》三卷、《香山九老会诗》一卷合抄一部。末附《四库提要》原文,知亦为夷白堂抄本。《日本藏汉籍善本书志书目集成》第八册,北京图书馆出版社 2003 年版,第 572~574 页。

❻ 明嘉靖本《唐诗纪事》、文渊阁本补配文津阁本《岁时杂咏》作"萧散林亭晚,倒载欲还家"。

❼ 《唐诗纪事》《岁时杂咏》作"池浸旧渚沙"。

❽ 《唐诗纪事》《岁时杂咏》作"凤苑先吹晚"。

天晚，而催奏音乐。余本作"落日摧金奏"，误。❶ 由上可知四库本较他本为胜之处，大约都是经过了后人的校改，而《高氏三宴诗集》原所据的《唐诗纪事》《岁时杂咏》诸书，亦多不误，由此可见明人刻书的粗疏和四库本亦有可采之处。晨风阁本虽刻于清末，却仅据旧抄本加以刊印，而未能吸收四库本的诸多胜处。

（3）两部清抄本（翰林院旧藏本和国图藏本）还有一些四库本和晨风阁本均没有的错误。如上卷陈嘉言诗"人是平阳客，地即石崇家"句，清抄本作"人是年阳客"，误。卷中高瑾诗"赏洽林亭晚"句，清抄本作"赏合林亭晚"，误。卷下陈嘉言诗"连手窥潘掾，分头看洛神"句，"潘掾"指潘岳，以其曾为太尉贾充之掾吏。清抄本作"连手窥潘椽"，误。另卷下后高正臣、周思钧生平介绍，清抄本均羼入《香山九老会诗序》文后。这些错误，应该都是由抄写导致的。而由此，我们更惊奇地发现，翰林院旧藏本和国图藏本，实际上正是同一抄手笔下的同胞双生。

三、两部"双生"的清抄本

在翰林院旧藏清抄本上，分别钤有"黄·小松"（白、朱文连珠印）、"士锺"（白文方印）、"阆源父"（朱文方印）、"明善堂珍藏书画印记"（朱文长印）、"翰林院印"（满汉朱文方印）、"翼盦珍秘"（朱文方印）诸印，知其历经黄易、❷ 汪士钟、怡亲王府、翰林院、朱文

---

❶ 《唐诗纪事》《岁时杂咏》作"落日催金奏"。
❷ 黄易（1744~1802），字大易，号小松，又号秋庵，浙江杭州人。官山东兖州府济宁运河同知。精于博古，喜集金石文字，广搜碑刻，著有《小蓬莱阁金石文字》《嵩洛访碑记》等。工书法，娴熟隶法。其隶法中往往参以钟鼎，愈见古雅。篆刻师事丁敬，有出蓝之誉，与丁敬并称"丁黄"，为"西泠八家"之一。

钧❶诸名家递藏。书衣有墨笔题字二则，其一云："《高氏三宴诗集》翰林院官书　汪阆园曾藏。壬戌冬，翼厂所收。"其二另人题云："有明善堂藏书印、黄小松章。"

前跋为朱文钧先生所书，知其所重在汪士钟与翰林院曾藏。书收于壬戌（1922）冬，据朱家濂先生《先父翼厂先生年谱长编》，本年朱先生四十一岁，"秋季，迁居地安门外帽儿胡同，宅甚宏敞，后园颇有亭台之胜。道光间为大学士文煜故邸，后归冯国璋所有。……我家所住系其西所。"❷再检朱家济先生1926年奉父命所作《翼厂暂编藏书录》卷三，著录云："《高氏三宴诗集》三卷（旧抄本　汪郎园旧藏）附香山九老会诗一卷（旧抄本）。"❸则此书递藏源流，历历可信。

国图所藏清抄本，在卷首依次钤有"黄·小松"（白、朱文连珠印）、"撝叔珍藏"（白文方印）、"延古堂李氏珍藏"（白文长印，四周兽纹）诸印。知书经黄易、赵之谦、天津李氏延古堂收藏，并于1930年入藏北平图书馆。❹此本上的文字讹误，有不少后人添改痕迹，如卷上周彦晖诗"既狎忘筌友"句，清抄本均作"既狎志筌友"，显误，国图本"志"字旁有改字"忘"，而翰林院旧藏本均无。

二书行款、次第（包括前述将《三宴诗》高、周二人履历羼入《香山九老会诗序》文后）、内容完全一致，字迹亦颇相类，更有意思的是，以首页为例，其中"平""是""留""济济""锵锵""凡"诸字，或异体或俗体，写法带有明显的手书风格，且点画顿挫完全相同，明出一人手笔，且抄写时间相近。又均有黄易藏印，知均为黄氏旧藏。

翰林院旧藏本《三宴集》《九老诗》之后，还附有宋人张抡《道情

---

❶ 朱文钧（1882~1937），字幼平，号翼厂，浙江萧山人，著名收藏家、鉴定家，朱家溍之父。长期从事文物审查鉴定工作。平生嗜藏古钱、古钞名校和汉唐碑帖。藏书繁富，古籍善本两万余册，汉唐碑版七百余种，其中多罕见珍秘之本。藏书室取名"六唐人斋"。著有《欧斋石墨题跋》等。1949年后，其后人秉承其遗志，将其所藏善本、碑帖、文物先后捐献给国家，是近代捐赠文物质量最高、数量最多的收藏家之一。

❷ 政协浙江省萧山市委员会文史工作委员会：《萧山文史资料选辑》第5辑《朱翼厂先生史料专辑》，1993年版，第150~151页。

❸ 同上书，第223页。

❹ 据《天津延古堂李氏藏书》（载《今晚报》2010年7月15日）一文。

鼓子词》、宋人许棐《梅屋诗余》、元人李孝光《五峰词》三书，篇幅短小，但明显均为后人同时所加。其理由有四：其一，三书字迹相同，带有稚拙之气，而《三宴诗》《九老诗》二书部分则颇秀丽，彼此相异；其二，《三宴诗》《九老诗》二书与后三书纸张明显不同，且后三书有明显的镶补痕迹；其三，书中钤印均在《三宴诗》《九老诗》二书中，且"明善堂珍藏书画印记"分别钤于《三宴诗》卷首与《九老诗》卷末，而后三书无印；其四，国图藏本无后三书。

客观地说，两种黄易旧藏清抄本在校勘价值上，并没有四库本高，但其毕竟是存世较早的《三宴集》本，并有与众不同的行款格式，对于考察"夷白堂重雕本"的实际情形，具有很独特的意义。《中国古籍善本书目》著录的天津图书馆藏丁丙文澜阁传抄本，是四库本行款系统的代表；而两种清抄本尤其是翰林院旧藏本历经黄易、汪士钟、怡亲王府、翰林院、朱文钧诸名家文苑所藏，其文物价值之高，于丁抄本容有过之。

2012 年首刊于《广韵楼藏书研究论文集》

2017 年 5～6 月二改

国家图书馆藏清顺治间傅以渐家抄本《贞固斋书义》及诸家序跋考略

傅以渐（1609~1665），字于盘，号星岩，室名贞固斋，山东聊城人。清顺治二年乙酉（1645）举人，三年丙戌（1646）成进士，殿试一甲第一名。顺治十五年（1658）授武英殿大学士，成为清代历史上首位"状元宰相"。道光二十三年癸卯（1843）重修本《东郡傅氏族谱》（以下简称《族谱》）三卷的家传，称其职衔为"皇清诰授光禄大夫少保兼太子太保武英殿大学士兵部尚书加一级"，可谓位极人臣。❶

入仕期间，傅氏奉诏主持或参纂了多部官颁的重要典籍如《明史》《太宗实录》《通鉴全书》等，但全面真实体现他思想及学术成就的个人著作，则多毁于回禄。耿贤举《皇清诰授光禄大夫少保兼太子太保武英殿大学士兵部尚书加一级傅公家传》（以下简称耿《传》）云"公自诸生以迄通籍，垂四十年。读书嗜学，手不释卷。凡天文、地理、礼乐、法律、兵农、漕运、马政，无不讨论。手集《十三经》《二十一史》《性理》《通鉴》及诸子百家，咸荟萃成书。公殁之年，尽毁于火"❷，这也给傅以渐研究带来了根本性的困难。

---

❶ 傅氏生平，参《东郡傅氏族谱》中《少保大学士傅公传》《皇清诰授光禄大夫少保兼太子太保武英殿大学士兵部尚书加一级傅公家传》《皇清诰授光禄大夫少保兼太子太保武英殿大学士傅公家传》，以及陶陶《傅以渐生平学行论述》（载《聊城大学学报》2009年第2期）。

❷ 又徐世昌《晚晴簃诗汇》卷二三傅以渐名下注云："著述皆毁于火。卢雅雨辑《山左诗钞》时，求其遗诗，仅得《早朝》一篇。书翰亦罕流传，德州李星来源见可园中有星岩题'青未了'三字，雅雨犹及见之。"（中华书局1990年版，第713页）

虽然家传说法如此，但傅氏著作及部分手稿当时实有留存。《族谱》卷二"二支"中傅以渐名下的小传，在列举了其主持修纂的官颁著作外，并云"（其余）著作甚富，悉毁于火，惟《四书》《易经》制义存于家"，大约火起时二书藏于别所而幸免。巧合的是，《族谱》中所列二种劫余，今日皆藏国家图书馆，即题名《贞固斋书义》（索书号6540）和《贞固斋易义》（索书号6539）的两种蓝格抄本。

其中《贞固斋书义》四卷八册，十行二十二字，白口，四周双边。除原书本有的孙肇兴序、傅以渐自序外，还有刘凤诰、李元春、贾声槐、熊家彦、吴其浚等名家显宦的手书序跋。细读是书，觉其内容及书前卷末的诸家文字，对研究傅以渐及傅氏后人的思想、交游等情况，都具有不寻常的意义。故不揣谫陋，按次加以考略，或亦不无可取焉。

一、《贞固斋书义》的基本情况

全书开篇为顺治七年（1650）八月傅以渐业师孙肇兴所拟《贞固斋书义叙》，于八股的正面意义多所阐明，对状元公的人品学问，亦颇推重。叙云：

> 通经学古，大儒之材也。而国家取士以制义，岂非极天蟠地，震古烁今，洞筋擢髓，尽性立命，经济理学，无一不包举八股中，乃足拜献明廷，立言不朽也哉？有谓八比时义为敲门砖者，此其人品望可知。况《四书》文字，不特与杂艺不同，并策论不得而同之。身心性命，确有达于圣学与夫当今治天下之故。就题索脉，就脉索神，就神生华，复就华起悟，奇非斗艳，瘠非坠玄，个中妙致，挥洒出之，而四座皆惊。吾本不为非常之惧，人不解题吾解题，则解题异矣；人不用法我用法，则用法奇矣。要之题有何解，又有何法？脉者，出言之绪；神者，注射之本。以一句时义，能引伸后学之悟性于无穷。全经大史，无思致精华不为文用，不杂不冗，不枯不泛。浅者服其合功令，深者叹其补经传。读之久者，且

恍然知曩来题苦于难，文字之难也；文字之难，不求法解之过也。余研几此道数十年，而门墙最久，无日不作文，无日不讲道，无日不求治天下，莫如星岩为甚。其今古经史，无不勒成手集。孝友谦恭，意气如云，寒暑弗间，破釜沉舟，文乃字字绝巅。读其全部，奥博纯正，法老神苍，英异卓绝，无一不腠理关合，直将孔孟理学经济，畅发无余。真有协于当今，真有助于古人。庶朝廷取士，吾辈靖献，和盘托出。不然，何法不可得才，谆谆八股为也？何八股不足博名，斤斤章脉为也？吾用此正告天下。前之掇鼎魁者，朕公景之不赘。今上开辟天造，星岩倡先状头，固不专以文重而正文体；屡廑揆席，抑惟有此等文字是真文字。经纶品行，真则俱真；调元赞化，正不出此。星岩勉哉！顺治七年秋八月，有莘孙肇兴谨识。

作者津津乐道的八股之"法""脉""神"，观其文可知。值得注意的是，文中"玄"字不避康熙帝讳，亦不缺笔，综合全书其他信息，可以断定本书抄成于顺治七年（1650）秋至顺治十八年（1661），盖次年即改元康熙。

关于这位孙肇兴，清嘉庆十三年刻本《东昌府志》卷三十《列传五》有详细的介绍：

孙肇兴，字兴公，号振宗，莘人。明天启二年进士，授山阳令。治行循卓，升工部虞衡司主事。忤珰张宪❶下狱，论谪戍，旋复兵部主事。国朝擢天津兵备道，旋督学山西，历江南、广西布政使，中途得病归。杜门著书，以山林隐逸、怀才抱德征。世祖章皇帝问以治平之策，肇兴立进《用人惩贪疏》。授宗人府府丞，寻升工部右侍郎，转左侍郎。以老乞归，卒年七十九，祀乡贤。著有

---

❶ 据清谷应泰《明史纪事本末》卷七四《宦侍误国》："（崇祯）四年秋九月，命太监张彝宪总理户、工二部钱粮。……（本年）罢工部郎中孙肇兴。肇兴监督盔甲厂，以忤诎，疏劾张彝宪。上怒，落职。"知太监名当为"张彝宪"。中华书局1977年版，第1234页。

《四书约说》行世。

这位孙夫子，在明末的黑暗朝局中堪称诤臣、忠臣，可是在明清鼎革的时代大变局中，他却没有如晚明的孤臣们那样，或做抗清的义士，或为山林的隐逸，而是随时宛转，进退裕如：明朝时他是忠臣，清朝来了他依然尽心竭力；得病了就回乡著书，朝廷征召便建言献策，这大约就是晏子所谓的"一心可以事百君"吧。可以想象，孙肇兴的处世、事君之道，言传身教，对崇祯八年乙亥（1635）列入门墙❶的傅以渐，会有着怎样的影响。

孙序之后，有傅以渐顺治元年（1644）八月的《自叙》，对自己青少年时代博览群书，矢志为学的经历，以及拜师后的治学心得，叙述颇详，甚至可以作为他35岁之前的自传：

> 余自十余龄好为强识，凡天文、律历、兵农、河漕、隘塞、户口、屯盐、茶马，莫不网罗百氏，期成全集。而家无积书，外鲜共事之友，兼遭兵荒连岁，佣仆掉臂；举火无资，何言忘餐。实时艺一道，任笔纵驰，每年不下百纸。然无师之智，虽博不精；题旨未晢，才学俱困。乙亥，得拜孙夫子之门，始知看书有看书之定诀，实字寻意，虚字索解，有无上下之间，会神按脉，其长篇全文，自吸自应，逗泄既尽；即只节孤句，字意位置，前后语气，铺叙侧落，入眼正自了了。或意罄于本句，或旨见于开口，或神注于转关，或影现于支意。余波互发，于上下别章，以经说经，力省功倍。作文有作文之定诀，全题使如一句，一句括尽通章，单节词组，更须彻天彻地，设身逆志而为言。不问题之为庸熟，为新研，为板重，（为）生动，各予以堂堂正正、虚虚实实、化化变变，而未有已。清庙明堂，树其体统；"六经"《史》《汉》，壮其声援。一言胜人千百，以为经济，则真经济；以为理学，则真理学。解须

---

❶ 据同书傅以渐《自叙》。

入彀，文得气先，冠冕富丽，不草野倨侮、羽士纶巾、老妪妆束为也。阅今十载，得可存者盖三百篇，虽不敢谓尽合时宜，有当古圣，要以呕心刻骨，无字不毕。万一之得，出箧问世，所谓暴我中藏，与天下相见。其是否工拙，幸蚤教我，用端趋避焉尔。虽然，《公》《谷》《左》《胡》，当合为一传；《周》《仪》《戴记》，当合为一经。二十一史，马、班尚有参驳，何况《南》《北》棼乱，《宋书》太觉琐碎，益加《辽》《金》支庞。全古人之长，不必居其名也；备当今之用，不必争其功也。余尝立志曰：做有用人品，读有用书籍，建有用事业。日以自勉，日以自愧，功候有何穷竟也哉！时甲申阳月之朔，谨记。

从《自叙》可知，傅氏对明清人交相诟詈、视为"尘饭涂羹"的八股时艺一道，倾倒不已，更几乎将其视作可以经纶天地的大学问。虽不免言过其实，但他出入经史百家的广博，强识兵农茶盐之崇实，却远迈同侪，并"预流"了晚明学风的新变。❶ 这种广博与崇实，是在仰赖八股这一"敲门砖"跻身仕途之前而非之后，便尤其显得难能可贵。这一点，结合其师孙肇兴的进退出处，可以很好地解释傅以渐何以能在顺治朝脱颖而出，成为"国朝"人引以为荣的"状元宰相"。

值得注意的是，本年正月初一日，清改元顺治；五月，清军入北京；六月，巴哈纳、石廷柱率师定山东；九月，顺治帝入北京。❷ 而傅《自叙》正作于十月初一日。在这个风声鹤唳、天下鼎沸的敏感时刻，书斋中的傅以渐没有采用明、清任何一家的年号，从耿《传》中傅氏"以明季天下大乱，不欲仕，因子科不应举子试"，却苦读不辍，并预言"使天下有真天子出，亦必用读书人"的记载来看，他大约早已经做好了"建有用事业"的准备，是故顺治二年便应乡试并中举了。

---

❶ 关于晚明学风在"空疏"之外的潜在变化，参见段超《晚明"学风空疏"考辨》（载《社会科学战线》1998年第1期），亢学军、程建军《明代考据学复兴与晚明学风的转变》（载《河北学刊》2005年第5期）。

❷ 赵尔巽等：《清史稿·世祖本纪一》，中华书局1976年版，第84~88页。

傅氏《自叙》后,是全书的目录,包括《大学》和《中庸》:

大　学

"大学之道"一节;"物有本末"二句;"欲修其身"四句;"君子无所不用其极";"尧舜帅天下以仁";"诗云桃之"三节;"有德此有……本也";"君子有大……得之"。

中　庸

"天命之谓"三句;"中也者天"一句;"君子中庸";"君子而时中";"君子而时中";"舜其大知也与";"用其中于民";"故君子和"四句;"道不远人";"故君子以人治人";"所求乎臣"二句;"必得其名"二句;"故栽者培之";"武王缵大"一句;"夫孝者善"一节;"夫孝者善"一节(内容与前不同);"践其位"五句;"修道以仁";"知仁勇"二句;"知所以修"二句;"修身也"九句;"敬大臣则不眩";"柔远人则四方归之";"斋明盛服"三句;"凡事豫则立";"道前定则不穷";"诚者天之"一节;"诚之者择"二句;"明辨之笃行之";"自明诚谓之教";"可以赞天地之化育";"形则着着则明";"诚者自成也";"是故君子诚之为贵";"成己仁也"二句;"成己仁也"二句;"性之德也"三句;"性之德也";"故时措之宜也";"悠远则博"二句;"博厚所以载物也";"悠久无疆";"天地之道";"久也";"万物覆焉";"纯亦不已";"大哉圣人之道";"洋洋乎发"二节;"发育万物"二句;"故君子尊"一句;"致广大而尽精微";"敦厚以崇礼";"本诸身征诸庶民";"建诸天地而不悖";"行而世为天下法";"行而世为天下法";"上律天时";"大德敦化";"此天地之"一句;"惟天下至圣"一节;"宽裕温柔"二句;"斋庄中正"二句;"文理密察"二句;"溥博如天";"凡有血气"二句;"知天地之化育";"朒朒其仁"三句;"朒朒其仁";"浩浩其天";"衣锦尚絅";"知远之近"三句;"君子笃恭而天下平"。

二、《贞固斋书义》的诸家题跋及始末

当然，此书的价值，不仅在以上这些内容。《自叙》后、《目录》前，有刘凤诰❶嘉庆八年癸亥（1803）十月手跋云：

少保星岩傅公，开国时状元宰相。自以显荣太骤，盛年告归，杜门著书，世称其得老聃之学。壬戌冬，按部东郡，访其后，求其遗编，云俱毁于火，搜得公自定《贞固斋书义》四百首。读之竟，叹公之谋谟笃棐，理学渊通，平生俱见。录出，仍还原本，并语傅氏："世世贤子孙，匪惟守其书，尤望尊其学，以勉为发闻，毋以八比非有用事业，庶乎得公之大意也。"嘉庆癸亥冬十月小雪日，西江刘凤诰识。

据石韫玉《独学庐稿》五稿卷三《故宫保刘公墓志铭》（有序）云："（嘉庆）辛酉……是秋，典山东乡试，即授山东学政。在任一迁内阁学士兼礼部侍郎，再迁兵部侍郎。甲子七月任将满，有旨内召，充实录馆副总裁，专司进呈稿本。又充经筵讲官、文渊阁直阁事。"跋中"壬戌冬，按部东郡"之言，即指其任山东学政之事。2014年嘉德四季第37期拍卖会，曾有一红格精抄本《贞固斋书义》，著录云"清嘉庆间抄本"（未知何据）。盖《贞固斋书义》流传稀少，除国图藏本外未见著录，嘉德拍本或即刘氏所录之本，亦未可知。

目录后浮签有李元春❷跋云：

---

❶ 刘凤诰（1761~1830），字丞牧，号金门。江西萍乡人。乾隆五十四年（1789）进士，授编修。历任侍读学士、提督广西学政、国子监祭酒、太常寺卿、兵部侍郎、《实录》馆副总裁、吏部侍郎等职，屡典乡试。嘉庆十四年（1809），涉浙江乡试案，遣戍黑龙江，后赦归。道光十年（1830），病逝于扬州。擅诗文，有《存悔斋集》。

❷ 李元春（1769~1854），字仲仁，号时斋。陕西朝邑人。嘉庆三年（1798）举人。咸丰二年（1853）加州同衔。曾先后主讲潼川、关西书院数十年，其论主程朱，以圣贤之学为归。著有《华原书院志》《潼川书院志》等。

少保公制义，直自成一子，浅者不能窥也。偶有妄评，他日可用用之，否则弃之而已。李元春。

此书中有多处李氏夹签批语，多评论书义，文繁不尽录。
又卷一"尧舜帅天下以仁"条后有贾声槐❶批语云：

承"不出家而成教于国"来脉，贯穿通章之理，指点入化，是何等神力。后学贾声槐。

书末有另附手书文字数纸，为三家笔迹。其一为熊赐履（傅以渐弟子，谥文端）之玄孙熊家彦❷《拟〈贞固斋文集〉后叙》，叙云：

先文端以世庙戊戌通籍，历官宰辅。予告后，寓居白下，自生平著述若《学统》《经义斋（集）》《下学堂札记》《朴园迩语》数十种外，《年谱》《齿录》概无存者。是以渊源之地，数典忘之。今春，彦以属吏谒秋屏方伯，阅手版籍贯，询及先文端，始知出聊城相国傅少保公门下。方伯为公嫡裔，略分言情，叙两家世谊甚笃，遂出示是科《名录》及《熙朝宰辅录》，命彦手书以补家乘所未备。并得读公《贞固斋文集》中策论表判各数通，益叹先文端理学、相业为有本。而公以开国廷对第一人，不十年而荐入纶扉，翊赞太平圣治，尤不可及也。考公布衣时，即留心经世之务，天文、地理、兵制、河防，均勒有成书，以毁于火不传。传者《四子书》制义、《羲经》经义而已。夫胜代末造，国运陵替，文运驳杂，因之公生其时，独能涤荡几社、复社余习，经经纬史，博大昌明，名

---

❶ 贾声槐（1767~1845），字阁闻，一字直方，号艮山。山东乐陵人。嘉庆四年（1799）进士。官户部主事，迁员外郎，擢监察御史。凡为国民之事无不言，后因不合上官意罢归，闭门著书。有《四书思辨录》十四卷、《周易解》四卷、《约我斋偶录》四卷等。书中有多处贾氏批语，多评论书义，文繁不尽录。

❷ 熊家彦，字仲山，道光十八年（1838）进士，知云南太和、石屏，升临安府知府，候选道。工时文，官云南，所至辄以文课士，成就甚众，刊有《双柏山房制艺》。

世气象也。而理精脉细,闳中肆外,直集归、胡、章、罗于一手,为后此己丑诸公以文名家者开其先,而非若金、黄所遭不幸,慷慨激烈,仅得目为变征之音,可不谓盛欤?昔宋王沂公未遇,以《梅花诗》献吕文穆,感时赋物,不过寄怀高远,识者已卜其安排状元宰相。况公道德经济,悉包孕发皇于是,未知当时以为何如也。今方伯将梓其集行世,今日士大夫未获睹公相业,犹得读公文章。其文章、其相业也,立言不朽,与太山、东海同其高深,夫何疑焉。窃尤有感者,先文端著作甚富,岁久板片漫漶散佚,为之后者复衰弱不能自振,无以表章万一。近幸裕东岩先生搜讨遗文,取《学统》、经义斋诸集,捐廉复刊,以广其传。求如方伯诵世德之清芬,绵功宗之厚泽,岂可得哉,岂可得哉!彦非知文者,尤非能知贞固斋之文者,幸得与于校字之列,不揣僭妄,缀言简末,方伯之念孔李通家而不弃之乎?楚孝感后学仲山熊家彦沐谨叙。

文中"秋屏方伯"指傅绳勋❶。据清光绪十年刻本王先谦《东华续录》"道光四十九"及"道光五十一",傅绳勋道光二十四年甲辰(1844)二月癸卯(初六)至二十五年乙巳(1845)正月壬申(初十)任云南布政使,熊家彦以属吏身份拜谒,当在道光二十四年春傅氏初到任时,《叙》亦作于当年。

其二为贾声槐手书《贞固斋书义序》,序云:

有一代之兴,必有一代之才。夫所谓才者,秉天地灵秀之气,敦庞淳固,而其学贯天人,融经史。上下千古,以精其实;包罗众有,以宏其度。风云元感,聚精会神,真学问,大经济,固不仅以文章著。而积厚流光,见于著作者,人共服为大儒事业,气运所关,非偶然也。我朝定鼎之初,名世英贤,云蒸霞蔚。其以科甲文

---

❶ 傅绳勋(1793~1865),字接武,号秋屏,山东聊城人。傅廷辉子,傅以渐玄孙(五世孙),嘉庆十八年(1813)中举,十九年(1814)联捷成进士,授翰林院庶吉士。历任工部主事、郎中,云南、广东布政使,浙江、江苏巡抚等职。晚主泺源启文书院讲席。

章，冠冕多士，刘黄冈、熊钟陵，既开风气之先；张京江继起，文福兼隆，位至宰相，岂非元气凝聚，蔚为国华者哉？聊城相国傅少保公，为本朝开科状元，官跻台辅，燮理襄赞，黼黻升平，尚矣。其于天文、地理、兵农、河防，皆勒为成书，以烬于回禄，世人既未之见。有《书义》八卷、《经义》二卷，藏于箧，未之发也。乙亥仲冬，其元孙秋屏太史出以示余，余读之而肃然起敬也，曰：大儒之事业，征于此矣。公之学，深于经而取材于史，精微广大，勃窣理窟，于《四子书》寻其脉络，观其会通，因题发挥，每于节解句疏，见全章之旨，得当年立言之神，简练之至，归于精卓。其发为议论，云垂海立，石破天惊，若独有千古。而雄厚博大，浑沦朴茂，早为熊刘诸家开先。元识相度，皆可想见。呜呼！间出之才，必有实学，不当作帖括观也。昔范文正公做秀才时，即以天下为己任，先忧后乐，穷达一致。公《书义》《经义》，皆未第时所作，而学养经猷、规模气象，已巍然元辅之望。文以载道，亦以觇品，古今人其殆有同契乎？夫博观史册所载硕德巨公，苟有断简残碑之流传，犹相与忾慕而流连之，而况文章之富与其功德并足不朽如公者哉？秋屏追述旧德，秉承家学，其志可嘉。而余以谓公之勋业文章，元气包含，以发圣代之光华，而为群材之领袖者，尤当与海内士大夫郑重而爱慕之，以相传于无穷也。《诗》云："乐只君子，邦家之光。"又曰："乐只君子，德音不已。"公其有焉。嘉庆二十年季冬之月，乡后学乐陵贾声槐谨序。

序作于嘉庆二十年乙亥（1815）十二月，书中批语当亦作于同时。

其三为时任云南巡抚吴其濬❶行书《傅少保相国文集书后》（此文散叶次序凌乱，今据文义重加连缀）：

---

❶ 吴其濬（1789~1847），字哲甫，号瀹斋，雩娄农。河南固始人。嘉庆二十二年（1817）进士。历任湖北学政、兵部侍郎、湖广总督等职。道光二十三年（1843）调云南巡抚兼总督。

文章根于性情学识，而气格则视乎所历之穷通治乱。故一代有一代之文，即一代中亦复有盛与极盛之别。方我朝定鼎燕蓟，统一华夏，维时应新命而对大廷者，类皆播越于疮痍盗贼之余，而获睹菟伐荡平之盛。故其为文也，激昂奋迅，剧古颂今，譬如百川壅阏，骤注东溟，虽清浊大小，各不同源，而其凌厉无前之气，欢愉发越之音，即矮屋寸晷，振笔而疾书者，俱足觇其抱负闳深。而新朝规模久大，亦略见一端。文与运会，非第人力也。山左傅少保相国为开创时廷试第一人，不十年跻宰辅，天下仰其经纶黼黻，以为房、杜、苏、张。浚尝厕史馆，直承明，每寻其奏牍著作不可得，即制艺应举之作，亦尠见有选辑者，心窃疑之。兹少保元孙秋屏方伯莅滇，手少保文集一巨帙见示，则对策表判及《四书》艺与所习《易义》皆在焉。熔经铸史，浩汗潆洄，其魄力与国初诸先辈相颉颃上下。而疏密纡余，雍容之度，与斟酌时势以立言者，则先辈或有未逮者焉。盖其际遇非常，当万物作睹之时而独冠群伦，为四方所瞻式，如以洪钟雷鼓，振发众响。故与诸先辈同者，其学其识而不同者，则所历之时为乱之极、治之极，即一身之穷通，亦各造其极。虽上承启祯名家文章矩矱，而光明俊伟，要自成为开国盛世之文，且为极盛之文。此岂规之于简练揣摩者，所能仿佛其形似哉？顾少保诏命不以付剞劂，百余年来，第藏于家。维少保歉然不自足之心，过人远甚，而后学靡由仰唏，非艺林之憾与？浚幸读《全集》，得窥作者性情学识，虽玉堂制诰，削稿不存，而由表判骈俪诸体观之，则其大手笔之典重唐皇，上抗燕、许可知也。即其启沃吁谟，国史不能具载，而所以代圣贤立言者，上下千古，得失兴废，烛照数计，扶掎纤悉。则本此以赞帷幄而辅翼郅者，有非永徽、贞观所能比烈矣。因劝秋坪方伯亟刊行以启后人，而缀所见于集末，以志景仰。道光二十五年三月，后学吴其浚谨识。

据书中诸家跋语序文，知其始末如下：崇祯十七年（1644）十月初一，傅以渐著成《贞固斋书义》并序之。顺治七年（1650）八月，其师孙肇兴作《贞固斋书义叙》。顺治十八年（1661）以前，傅家抄成此书，并藏于家，且幸免于火。嘉庆八年（1803）十月，山东学政刘凤诰索观此书，跋而还之。此后傅以渐玄孙傅绳勋搜采高祖遗文，有编刻《贞固斋全集》之念。至嘉庆二十年（1815）年冬，时任翰林院庶吉士傅绳勋请同乡贾声槐作《贞固斋书义序》。道光二十四年（1844），傅绳勋莅职云南布政使。在云南任知府、与傅家颇有渊源的熊家彦为作《拟〈贞固斋文集〉后叙》。道光二十五年（1845）三月，云南巡抚吴其浚为作《傅少保相国文集书后》，时傅绳勋已调任广东布政使，当尚未成行。

同时，国家图书馆所藏清抄本《贞固斋易义》（索书号06539），前有傅以渐自序，知约著于"庚辰、辛巳间居忧"之时，即崇祯十三（1640）、十四年（1641）左右，较《贞固斋书义》成书稍早。二书抄手相同，知均为傅家旧藏。或者刘凤诰索观遗书时，其家以"俱毁于火"及《书义》相敷衍，包括《易义》在内的余者（傅绳勋所辑"巨帙"中之文稿）则秘藏未出。

2016年8月初刊于《文津学志》第9辑
2017年4～5月二改

深心作伪，百密一疏
——以宋刘克撰《诗说》的宋刻本伪跋为中心

一、楔　子

历来古籍版本作伪，多是书估所为。盖逐利为商人之本职，其天性纯良者，尚循其贱买贵卖之故智；等而下之者，则不惜损毁古书，以"次"充好。其作伪之法，无外乎抽改序跋、挖改目录（牌记、版心、刻工等）、熏染纸色、伪造印跋诸端。

作伪之目的，在于以低成本牟取暴利。是以一般的书估作伪，虽然费尽心机的挖改、抽删、做旧、摹写，却仅限于小修小补，断无兴师动众之理——这并非他们不够"敬业"，而在于他们需要控制成本。至于藏书家真印的购买和伪印的制作，虽然代价稍高，但可重复使用，则摊薄之后，仍符合成本控制的原则。

然凡事总有例外。国家图书馆藏宋刻本《诗说》十二卷存九卷（国850）[1]，

---

[1] 此本为宋刘克撰。缺卷二、卷九、卷十。八册，九行廿二字，白口左右双边，双鱼尾，上记书名卷第，下记叶码、刻工。有明吴宽跋、文徵明题款（各本书目均作"钱同爱题款"，然卷十二末"吴郡钱同爱藏书"一行后钤文徵明"停云生"印，当为文氏为友人所题）、孙泽安信札。钤印有：王履吉印、韡韡斋（明王宠）、贞·元（连珠印）、伯雅（明王世贞）、停云生（明文徵明）、汪印士钟、阆源真赏（汪士钟）、松怀吟馆（佚名）、汪印振勋、汪梅泉、修汲轩、汪叔子、眉泉、梅泉、振勋私印、吴下汪三（汪振勋）、宋存书室、四经四史之斋、杨印以增、至堂、以增私印、杨东樵读过、东郡杨二、绍和筑岩、杨绍和、臣绍和印、杨印绍和、杨绍和藏书、绍和彦合、彦合珍玩、杨氏彦合、杨二协卿、竹言居士、杨印保彝、杨氏海源阁鉴藏印（海源阁）、北京图书馆藏。入选《国家珍贵古籍名录》（00247）、中华再造善本。著录较详者有：傅增湘：《藏园群书经眼录》第一册，中华书局1983年版，第40页；赵万里：《赵万里文集》第三卷，国家图书馆出版社2012年版，第416~417页；李致忠：《昌平集》，上海古籍出版社2012年版，第343~344页；丁延峰：《海源阁善本叙录》，国家图书馆出版社2015年版，第41~50页。

便是这样一种特殊的存在——作伪者煞费苦心，改写原书跋语并仿刻书版一叶；而源于宋刻的多种清抄本，则忠实记录了作伪的过程，并可供我们一窥作伪者的深心和百密一疏。

二、宋刻本伪跋之疏

此《诗说》为宋刘克著，据时任"郴州府学教授"的其子刘坦跋文，克原稿于《诗经》各篇后，先条列诸家之解，而附己说于后。刊印时大约因篇幅稍巨（"若全以锓梓，未易遽集"），且因刘坦即将离任（"坦浸迫终更，日力有限"），无暇刊印全部原稿，遂略去诸家之解，仅刻其父之说，而留原稿之副于学宫。

存世宋刻十二卷，缺卷二、卷九、卷十。正文前依次有《诗说序》（署"绍定壬辰十月信安刘克自序"）、刘克子刘坦跋（署"淳祐六年人日迪功郎郴州州学教授刘坦百拜书于直舍"）、《总说》。书末复有一刘坦跋，与前跋字体、内容同中有异。而此本之所以特殊，恰在这两则刘坦跋上。书前刘坦跋（下文称"前跋"）云：

> 家君所著《诗说》，每篇条列诸家解，而系己意于后。其所纂辑家数，视东莱《诗记》加详，亦互有去取。又以《诗记》所编"朱解"乃文公初笔，其晚年《诗解》成时，吕成公已下世，更别为目，系于"朱曰"之次。书成，藏在箧中有年，恨遭攻劫，遗失数卷。先儒固已各有成书，惟家君所著，未曾流布。兹且以其说之仅存者，与《书说》对刊，仍录原本之副于学宫。或补为完书，以淑后学，则有望于将来之君子。淳祐六年人日，迪功郎郴州州学教授刘坦百拜书于直舍。

书后刘坦跋（下文称"后跋"）云：

> 家君所著《诗说》，每篇条列诸家解，而系己意于后。其所纂

辑家数，视东莱《诗记》加详，亦互有去取。又以《诗记》所编"朱解"乃文公初笔，其晚年《诗解》成时，吕成公已下世，更别为目，系于"朱曰"之次。若全以锓梓，未易遽集。坦浸迫终更，日力有限，兹且以家君己说，与《书说》对刊，仍录全本之副于学宫。或补为完书，以淑后学，则有望于将来之师儒。淳祐六年人日，迪功郎郴州州学教授刘坦百拜书于直舍。

赵万里先生已力辨前跋之伪：

（此书）坦跋仅一叶，纸色黯淡，与他卷不类，乃坦官郴州州学教谕时所增入。……此本自序后又别出坦跋一叶，较卷后之跋多"书成，藏在箧中有年，恨遭攻劫，遗失数卷"十六字，则估人掩耳盗铃之术，非原书所应有也。

赵先生文中语意有含糊处，究竟"纸色黯淡，与他卷不类"之跋，是前跋耶？是后跋耶？傅增湘先生之言则可解此疑：

刘坦二跋七行十四字，低二格。其在序后者字体墨色与全书不同，纸色亦异，当是后刊补入。

然而今日何以断定二跋有一为伪呢？除了纸色有别外，尚有三大破绽：一曰日期雷同，二曰缺、全歧异，三曰卷次反常。

最易引起注意的是，前后二跋的署名、日期完全相同，均作"淳祐六年人日，迪功郎郴州州学教授刘坦百拜书于直舍"。且二跋文字上颇有重合，语意上却截然相反，以常识度之，必有一假。此所谓日期雷同。

而最大的破绽，就在于前跋云"恨遭攻劫，遗失数卷"，明显是说刊刻前原书已因某桩带有意外性质的事件而残缺；后跋却称"仍录全本之副于学宫"，表明"全本"（刘克将诸家之解与己说共存的原稿本）

成书后与其副本分藏两处（副本还藏于更为安全的学宫），同时残缺的可能极小，二跋自相矛盾。此所谓缺、全歧异。

那么，有没有可能如杨绍和《楹书隅录》卷一所言，"当是卷尾之跋先成，因未著明阙卷之故，遂别作一跋，补为叙入，而印时偶忘撤去先跋，以致两存耳"❶ 呢？绝无可能。第一，后跋明言有"全本"及其副本存在，实际上已说明刻本及其所据原稿均是完整的，绝非"未著明阙卷之故"，自然不存在"别作一跋"之必要。第二，也是最关键的证据，首尾完整的十二卷抄本（南京图书馆 GJ/KB1203）❷ 仍然存世，且仅具后跋——如此则真相大白，二跋中前伪后真。

最后，古书凡于刊刻时已残缺不全者，或重订卷数（如缺三卷，则改十二卷本为九卷本），于序跋中说明；或泥于旧例而分析卷次（如缺三卷，则将其余九卷内容析为十二卷），而罕有径空缺卷（如此书卷三、卷九、卷十之空缺）而不加任何标记者，此所谓卷次反常。

又如此，则伪造前跋的逻辑也豁然贯通：宋刻原全，于递藏中残缺，后人遂伪造前跋，以形成原书刊印时即已残缺，而宋刻残本实为全本之假象，以取其利——而这正是书估作伪的重要方法与动机。

真伪虽辨，然而细审伪跋文字，不禁也要感叹作伪者的深心：他（们）小心地模仿语气，剪裁文字，弥补罅漏，制造合理，已几乎可以以假乱真（见表一）。

---

❶ 王绍曾、崔国光等整理订补：《订补海源阁书目五种》，齐鲁书社 2002 年版，第 43 页。

❷ 清光绪刻本《善本书室藏书志》卷二"《诗说》十二卷 明钞本 汪鱼亭藏书"条云："道光初，汪士钟得宋刻，从嘉兴钱梦庐假得钞本第二一卷，仿宋写刊，其第九、第十两卷，仍待延津之合。今此本有'汪鱼亭藏阅书'印，非惟第二不缺，第九、第十亦全。道光间振绮堂藏书具存，惜阆原观察未之一见；今汪书亦散，仅存《艺芸精（书）舍宋元书籍》一目。书之遇不遇，亦关时会，岂不可慨也夫？"即此本。又光绪万卷楼藏本《皕宋楼藏书志》卷五"《诗说》十二卷 旧抄本 马玉堂旧藏"条云："案汪阆原重刊本缺三卷，此本完善，见《仪顾堂集》。"清光绪刻本《仪顾堂集》卷十六"足本刘克〈诗说〉跋"云："余得旧钞《诗说》于书估舟中，缺七、八两卷，而各家所похожий卷九、十两卷则完。因以汪氏刊本互相钞补，成全璧焉。呼！自绍定至康熙初，阅四百年，而是书始著于录；自康熙至今，又阅二百年，而学者复见完书，物之显晦，自有时欤？"陆氏藏本虽待访，已知南图本非孤证。

表一

前跋（伪跋）文字	后跋（真跋）文字	作伪意图分析
书成，藏在箧中有年，恨遭攻劫，遗失数卷		造成宋刻本为"残本"而非"残刻"之假象
先儒固已各有成书，惟家君所著，未曾流布	若全以锓梓，未易遽集。坦浸迫终更，日力有限	疏通文义，并照应前文"每篇条列诸家解，而系己意于后"之说。同时，在"遗失数卷"的背景下，"家君所著，未曾流布"就变成一个亟待解决的遗憾，彼此相关；而真跋中刘坦即将离任郴州的信息，与作伪者试图展示的刘氏于父书"遗失数卷"后再于郴州重行刊刻的"事实"矛盾，故遭删去
兹且以其说之仅存者，与《书说》对刊，仍录原本之副于学宫	兹且以家君己说，与《书说》对刊，仍录全本之副于学宫	改"己说"为"仅存者"，改"全本"为"原本"，以掩其"指全为缺"之计
则有望于将来之君子	则有望于将来之师儒	此处原不必改，然伪跋前有"先儒"云云，此处避重复而改"师儒"为"君子"，足见作伪者于文辞之讲究

其实，前文列举的数种破绽中，纸色有别、缺全歧异、卷次反常均无法避免，本就是作伪的必然副产品或诱因；只有"日期雷同"一条，似是低级失误，与煞费苦心的造作文字形成巨大反差，令人不解。

然而，如果将考察的范围，扩展到与宋刻相关的诸种清代抄本身上，这个谜题便可以次第解开。

三、诸抄本伪跋之密

今选取存世抄本五种，为方便记，称甲、乙、丙、丁、戊本，并与宋刻加以对比（见表二）。

表二 《诗说》诸本对比表

	正文行款	册数	刘坦二跋情况	其余序跋情况
宋刻九卷（国图850）	九行廿二字	八册	1. 前跋（伪跋）在《诗说序》后，有"书成，藏在箧中有年，恨遭攻劫，遗失数卷"语，署"淳祐六年人日，迪功郎郴州州学教授刘坦百拜书于直舍"。 2. 后跋（真跋）在书末。有"若全以锓梓，未易遽集"语，署名同上	书前刘克《诗说序》、刘坦前跋，卷一末吴宽跋，卷十二末文徵明题款，书末刘坦后跋、孙泽安手札
甲抄本九卷（平图000114－000119）❶	同上	六册	二跋全在书末。 1. 首跋同宋刻后跋（真跋）。 2. 次跋稍异宋刻前跋（伪跋）处： （1）文字空白："家君所著诗说"后至"书成，岁（藏）在箧中有年"间空缺四行文字（留有空白）。 （2）文字残缺："仍录原本之副于学宫。或补为完书，以淑后学，则有望于将来之君子"作"仍录原本之副于学宫中，（空缺半行）则有以于将来之君子"。 （3）文字讹误："藏在箧中"误作"岁在箧中"，"则有望于将来之君子"误作"则有以于将来之君子"。 （4）日期、署名：署"淳祐　年　日，迪功郎郴州州学教授刘坦百拜再书于直舍"。	书前刘克《诗说序》，卷一末录吴宽跋，书末刘坦二跋、录朱彝尊《经义考》语

---

❶ 藏印有：张印月霄、爱日精庐藏书（张金吾）、士礼居藏、平江黄氏图书（黄丕烈）、南陵徐乃昌校勘经籍记、积学斋徐乃昌藏书（徐乃昌）、延古堂李氏藏书（天津延古堂）、国立北平图书馆收藏。此外尚有：秘册、宋本。今存台北故宫博物院。

中编　芸香永续——宋椠明抄

续表

	正文行款	册数	刘坦二跋情况	其余序跋情况
乙抄本九卷("央图"00264)❶	同上	四册	同上	同甲抄本
丙抄本九卷(国图3796)❷	同上	六册	同上	最末多佚名跋一则,余同甲抄本
丁抄本九卷(平图000120-000127)❸	九行廿字	八册	同上	卷一末无吴宽跋,余同甲抄本
戊抄本九卷("央图"00263)❹	同上	六册	次跋末署"淳祐　年　日,迪功郎郴州州学教授刘坦百拜再书",余同甲抄本	同甲抄本

　　五种抄本中,甲、乙、丙三本与宋刻渊源较深;丙、丁本虽亦同源,却改易行款,明显是辗转传抄之本。我们惊喜地发现,在抄本中,

---

❶ 藏印有:平生减产为收书三十年来万卷余寄语儿孙勤雒诵莫令弃掷饱蟫鱼莐友氏识(张燮印,张蓉镜钤)、琴川张氏小琅嬛清閟精钞秘帙、张蓉镜读书记、张伯元别字芙川、蓉镜、虞山张蓉镜鉴藏、曾藏张蓉镜家、蓉镜珍藏、清河、味经书屋、墨庄、小琅嬛福地秘笈、味经、秘帙、惟有梅花是知己爱看明月认前身(张蓉镜)、礼莲室、芙初女士姚畹真印、佛桑仙馆(姚畹真)、方氏若蘅曾观、皖桐女史方若蘅法号性如字曰叔芷(方若蘅)、孙印原湘、字子潇、心青居士(孙原湘)、黄印丕烈(黄丕烈)、芷圃收藏(张乃熊)、"国立中央图书馆"收藏。摹印有:鼎·元、伯雅(明王世贞)。今存台湾地区"国家图书馆",有孙原湘、黄丕烈跋。

❷ 藏印有:张燮字子和号莐友、张燮、莐友、癸丑词臣(张燮印,张蓉镜钤)、蓉镜私印、张伯元别字芙川、琴川张氏小琅环福地藏书、琴川张氏小琅嬛清閟精钞秘帙、小琅嬛清閟张氏收藏、成此书费辛苦后之人其鉴诸、小嫏嬛福地(二印)、小琅嬛福地缮钞珍藏、在处有神物护持、词垣珥箫秘殿紬书版部持筹云楼定律(张蓉镜)、吴兴姚氏邃雅堂鉴藏书画图籍之印(姚晏)、北京图书馆藏。摹印有鼎·元、伯雅(明王世贞)。今存国家图书馆。此本抄自乙抄本,影摹孙、黄跋语。

❸ 藏印有:蒋印维基、茹古主人、茹古精舍、蒋氏子垕、子垕、蒋维基一名载之字子垕(蒋维基)、学部图书之宝(清学部)、国立北平图书馆收藏(北平图书馆)。此外尚有:秘册、得此书费辛苦后之人其鉴我(朱文方印,似非陈鳣印)。今存台北故宫博物院。

❹ 藏印有:修竹吾庐(?)、"国立中央图书馆"收藏。今存台湾地区"国家图书馆"。

伪跋的日期空缺，并且刘坦的署名由"百拜书于直舍"变成了"百拜再书于直舍"。这样，前文所云宋刻伪跋破绽中"日期雷同"的低级失误便不复存在，同时作伪者的意图也藉此展现。

他原先的逻辑应是这样：郴州府学教授刘坦于淳祐五年末（真跋作于六年人日）刊刻其父《诗说》，然稍后原书便"恨遭攻劫，遗失数卷"，于是"重刻"时只能空缺卷三、卷九、卷十，并另撰跋说明情由。正因如此，伪跋中删去了真跋刘坦"若全以锓梓，未易遽集。坦浸迫终更，日力有限"这句似乎无关真伪的自陈，因为若初刻时刘氏即将离任，之后以原职原地"重刻残本"便显得不合情理。如此，在作伪者精心结构之下，这部"宋代重刻残本"便呼之欲出了。

图表已经说明了问题，五种抄本，或直出宋刻，或彼此传抄（下文再论），但不论是抄本伪跋开始的四行空白，还是伪跋结尾的未完之句、留白的撰作日期，以及真伪二跋不同于宋刻的位置，都昭示出，抄本至少不是出自今日形态的这部宋刻，而保留了这部宋刻本在某个特殊时期的剪影——造作伪跋而未及完成的那一刻。

据此可以推测，宋刻之残缺，至晚亦在清初，❶但伪跋明显是在嘉庆末年炮制完成。其证据有二：第一，康熙间，朱彝尊《经义考》著录刘坦真跋，而不及伪跋。第二，诸抄本保留了伪跋的草稿形态，其中乙抄本（"央图"00264）有道光元年（1821）秋冬间孙原湘、黄丕烈跋，时是本当抄成未久；又钱天树曾于嘉庆二十五年四月自张金吾（或张蓉镜）处传抄一本（亦缺三卷），❷均可作为伪跋成稿的时间坐标。而宋

---

❶ 宋刻传至徐乾学传是楼，已残缺。清文渊阁《四库》本朱彝尊《经义考》卷一百九"刘氏克《诗说》十二卷　阙"条云："按刘氏《诗说》，《宋志》及焦氏《经籍志》、朱氏《授经图》均未之载。昆山徐氏传是楼有藏本，乃宋时雕刻，惜第二、第九、第十卷都阙。前有《总说》，楮尾吴匏庵先生题识尚存。克，信安人。"今检《传是楼书目》，"地字三格　诗"下著录"《说诗说》十二卷　宋刘克　八本　抄本"，未见宋刻。

❷ 钱天树跋道光八年（1828）冬艺芸书舍影刻本（详后文）云："嘉庆庚辰初夏，从昭文张氏传抄本借录其副。道光辛巳秋日，复从郡城陈氏假得旧抄本，只存第一至第六卷，而宋椠本所缺第二卷在焉。"

刻此前已归汪士钟，伪跋定稿自然已附刻于其上。❶

四、作伪者臆测

行文至此，读者当如作者一般，引起对那位神秘作伪者的兴趣。宋刻本当然没有留下任何有价值的线索，但五部抄本及其藏印、题跋，却颇可供我们臆测一番。笔者推断，据伪跋文字判断，作伪者应是一位有颇高文字功底的读书人。然而其人不可确知，或为乾嘉间吴中名士何元锡（1766~1829，梦华），❷ 或为嘉庆间京、苏两地赫赫有名的书估——五柳居主人陶珠琳。❸

乙抄本（央图00264）孙原湘跋云："近年何梦华购得徐氏本，影写两分，以售吾邑陈子准❹、张月霄。张生伯元（今按即张蓉镜）从两家转抄见示，予得借读其书。"若如此，则一生游历南北，精于访书、抄书、易书的何元锡，有重大嫌疑。然而同书亲历其事的黄跋则否定得诸传闻的孙说：

> 是书宋刻，余曾见之，后为艺芸书舍归去。其为之介者，五柳主人也。坊友射利，往往以祖本售人，先于未售之前录副，以为别售之计。此其初心止为射利起见，然余谓此法良善，使一本化为无数之本，则其流传广矣。唯流弊有不可言者，录副时岂能纤悉无讹？乌焉帝虎，从此日多，且源流断不肯明以示后人。即如子潇以为"近年何梦华购得徐氏本，影写两分，以售吾邑陈子准、张月霄"，此得诸售者之侈言耳，其实已从五柳本传录者也。

---

❶ 黄跋说"坊友射利，往往以祖本售人，先于未售之前录副，以为别售之计"，今据诸家抄本可以推知五柳居录副本上已有伪跋草稿。既生造伪之念，则宋刻售出时，自然已附刻伪跋于其上。

❷ 其生平参（清）叶昌炽著、王欣夫补正《藏书纪事诗》，上海古籍出版社1989年版，第592~593页；郑伟章先生《文献家通考》，中华书局1999年版，第616~617页。

❸ 其生平参前引《藏书纪事诗》，第740~742页；《文献家通考》，第585页。

❹ 此本今未见，《稽瑞楼书目》不载。

据此"二跋",梳理宋刻及其抄本源流,有如下三种可能:

(1) 宋刻本—何元锡(梦华)影抄二部—陈揆、张金吾藏之❶—张蓉镜二次、三次影抄本("央图"00264、国图3769)。此孙说已为黄跋直接否定,且《爱日精庐藏书志》卷三载抄本一部,云"昆山徐氏藏有宋雕本,此则从徐氏传抄本过录者,缺卷二、卷九、卷十三卷",已明确其并非直出宋刻,而是二次过录本。

(2) 宋刻本—五柳居影抄—陈揆、张金吾复影抄之—张蓉镜三次、四次影抄本("央图"00264、国图3769)。此据黄跋约略推导,然而黄跋明言宋刻归汪士钟,"其为之介者,五柳主人也",则宋刻并不在陶珠琳手中,然而张金吾自陶处传录的抄本又何以有伪跋草稿?

(3) 据上条,完善各本源流:宋刻本—何元锡/或其他书估作伪其上—五柳居录副本/或参与其中—陈揆、张金吾复影抄之—张蓉镜三次、四次影抄本("央图"00264、国图3769)。

设若作伪者为何元锡(其本有此能力与动机❷),则五柳居即使参与作伪,当不居主要,盖以何氏之才识,岂必假手他人而为此?但何氏是否参与,仅据孙原湘转述售者之"侈言",是凭空捏造还是稍涉其事,黄跋亦未置可否,是以在是、非之间,无法明断。且何氏本具作伪之才,不足为奇,今姑置不论。

但无论作为中介或参与者,五柳居于此事牵连甚深,则无疑问。设若作伪者为其他书估,陶珠琳或曾深度参与其事。其说有三:

第一,陶珠琳是宋刻残本《诗说》作伪前后最为关键的流转、传抄中介。这一点前文已多有论说,此处不赘述。

---

❶ 此本非甲抄本(平图000114-000119),因张蓉镜藏本("央图"00264、国图3769)字体颇类宋刻,而甲抄本字体反异于宋刻,则张蓉镜藏本自非直出甲抄本,而当出于另一部张金吾藏本。清光绪刻本《爱日精庐藏书志》卷三载抄本一部,云"昆山徐氏藏有宋雕本,此则从徐氏传抄本过录者,缺卷二、卷九、卷十三卷",已明确其并非直出宋刻,而是过录本。但其仅载刘克序、刘坦真跋、吴宽跋,而不及伪跋,则与甲、乙、丙三本不同,疑张金吾漏录,或者并不以伪跋为然。

❷ 何元锡酷嗜金石碑帖,然为家境所限,谋食四方,曾为阮元访求善本,晚年则客死粤中。王国维评其云:"梦华、涧蘩,皆以贩书为生。盖自中小山以后,风气如此。"(魏文峰:"北图所藏《藏书纪事诗》王国维批语辑录",载《文献》1988年第3期)

第二，陶珠琳虽称书估，却有功名、有学识，有作伪之条件。

前文已详尽分析了伪跋对于真跋的改造，足见造伪者颇富作文之才。那么，作为书估的陶珠琳，是否具有这种才能？孙星衍《孙渊如先生全集·五松园文稿》（四部丛刊本）卷一有其父陶正祥（廷学）《清故封修职郎两浙盐课大使陶君正祥墓碣铭》，详述其父子鬻书事迹云：

> 会开四库全书馆，安徽提学朱君筠言于当道，属以搜访秘书，能称事焉。子珠琳，由内廷三馆供事叙用，得两浙钱清场盐课大使❶，移赠君如其官。君在官署逾年，教子廉俭，旋属引退，曰："汝多疾而素餐，不如归鬻书也。"……与人贸易书，不沾沾计利。所得书若值百金者，自以十金得之，止售十余金；自得之若十金者，售亦取余；其存之久者，则多取余。曰："吾求赢余以糊口耳。己好利，亦使购书者获其利。人之欲利，谁不如我？我专利而物滞不行，犹为失利也。"以是售书甚获利。朝之公卿、四方好学之士无不知有五柳居主人者。……故君子珠琳独能承父业，与当代士夫交，不复出奉檄矣。

又清同治刻本《重修两浙盐法志》卷二十二《职官二》"钱清场盐课司大使"条云："陶珠琳，江苏吴县监生，乾隆五十年任。"可与《墓碣铭》互证之外，还透露出陶氏监生的身份，虽或属捐赀而得，亦可见其人自有学问。黄丕烈跋《樵云独唱集》云：

> 戊辰（嘉庆十三年）秋七月白露后一日，友人陶琅轩（今按即陶珠琳）赴金陵赶考，寄我残元本《樵云独唱》。❷

---

❶ 陈锋：《中国财政通史》卷七《清代财政史（上）》："盐课司大使，或称场大使、盐课大使，正八品，各盐场均设大使一人，职掌场课的收纳、食盐的生产、收贮以及缉查灶私等。"湖南人民出版社2013年版，第246页。又林振翰《中国盐政纪要》（商务印书馆1930年版，第16页）载"钱清场盐课大使"俸银四十两，养廉银三百两。

❷ 黄丕烈撰，屠友祥校注：《荛圃藏书题识》，上海远东出版社1999年版，第733页。

陶氏所应为江南乡试无疑，这也与《盐法志》所述监生身份相照。又黄丕烈跋《韩山人诗集》云：

> 吾吴中之鬻书者，皆由湖州而业于苏州，后遂占籍为苏人。其间最著者两家，曰钱曰陶，钱景开、陶廷学，皆能识古书，余皆及与之交。景开之后，虽业书而毫无所知。廷学之后（今按即陶珠琳），则不专于业书，而书中之门径视廷学有过之无不及焉，此吾所以比诸陈道人也。岁甲子春，余友陶君蕴辉以父忧服阕，将就官赴都铨选，而廷学旧业有肆在琉璃厂，仍至彼做买卖，遇旧书，时邮寄我。我之嗜好，有佞宋癖，蕴辉颇知之。然吾不奇其遇宋刻而寄我，奇其非宋刻而亦寄我也。即如此《韩山人诗集》四册，无识者视之，直平平无奇耳。惟蕴辉以为去年所寄《陶情集》及此韩集，两人皆是乡人，尤可宝重，不远三千里而寄我，是其学识不可以书估视之矣。否则，公望姓名，虽我家乡读书人亦问诸而不知者，何论书估耶？至于此书之善，尤余所独知。余向藏钞本，出于钱景开手，已为甚秘；今复得此旧刻，且多续集与词，真明初人集之至善者也。因题数语于后，以著良友寄赠之惠云。他日蕴辉归，持此跋视之，当亦以予为知己。❶

此跋亦透露几点信息：（1）陶珠琳嘉庆九年（1804）甲子曾"就官赴都铨选"，确有功名。（2）陶之学识非同凡俗，更非限于书之贵贱，"不可以书估视之矣"。（3）荛翁至少表面上（盖其有"持此跋视之"之计，则此番表态难免恭维嫌疑）已将陶视作"良友""知己"。

同时仔细品读乙抄本（"央图"00264）黄跋，会发现一个有意思的现象，即人称伴随着叙述语气的褒贬不断变换，忽而"五柳主人"，忽而射利之"坊友"，忽而侈言之"售者"；而关于"坊友"的同业行为（为射利而多录副本以求别售）与五柳主人的个人行为（是否有上

---

❶ 黄丕烈撰，屠友祥校注：《荛圃藏书题识》，上海远东出版社1999年版，第762页。

述"同业行为")的叙述又颇感含糊混杂,与黄跋叙书事不厌其烦的风格实有不同。笔者以为,这是黄丕烈碍于友人面子的遮遮掩掩,而这种笔法,在黄跋中也时有所见。❶ 今再细解黄跋如表三所示。

表三

黄跋	笔者解读
是书宋刻……其为之介者,五柳主人也。坊友射利,往往以祖本售人,先于未售之前录副,以为别售之计	书估图利,在售卖善本古籍时,往往事先抄录副本,以为一虾二(三、四……)吃之计。潜台词则是:五柳主人对宋刻亦录有副本,以张蓉镜本酷肖宋刻的情况来看,因宋刻罕见,故陶氏录副本是精心影抄而成
然余谓此法良善,使一本化为无数之本,则其流传广矣	书估过录副本,往往不止一部,"化为无数之本",或者副本甚多,而且未必均从原刻过录,多有传抄本
唯流弊有不可言者,录副时岂能纤悉无讹?乌焉帝虎,从此日多	书估录副的成本控制和水平限制,决定了副本质量一般不会太高。但《诗说》的影抄本质量颇佳,是因出于高手之故
且源流断不肯明以示后人……此得诸售者之侈言耳	不肯示人源流之因:(1)掩盖副本与善本之关系,以"新副本"充"旧抄本"(时代一般更早)。(2)将书坊之间辗转传抄之本冒充为录副原本(如将传录自五柳居录副本者冒充为录副本),均为求善价。(3)找不到原刻,录副时之"乌焉帝虎"也就无须担心,尽可推作原刻之误

了解了黄、陶、何❷三人的交情,我们便可理解荛翁在张蓉镜抄本("央图"00264)跋语中的含混叙述,以及对抄本中诡异的伪跋草稿及卷帙残缺不置一词了。否则以他的老眼博识与喜抒胸臆,于其事岂能不辨之一二?

第三,书估射利之"职业病",使陶珠琳可能做出作伪之事。

---

❶ 如黄丕烈对顾千里为其访书时的"居奇"、赚取差价的行为,虽必不乐,跋语中却多有曲笔。参见笔者《黄丕烈、顾千里交恶新论》(载《文津学志》第6辑,国家图书馆出版社2013年版)。

❷ 何元锡与黄丕烈之交往,黄跋中随处可见,彼此互通有无,可说极为熟稔。

无论五柳居主人如何见识不凡，地位不同，但他终究是一个为利来往的书估。孙星衍为陶正祥撰墓碣铭，润笔为陶珠琳所赠"至元《金陵志》"，虽自称"我铭其墓不为谀，兼金可却书可取"，却未必没有溢美之词，即如陶正祥"与人贸易书，不沾沾计利"一节，即未必全真，更未必能家风不替。虽然书估收书价格作为商业秘密，轻不告人，细大不捐的黄跋中还是展示了他辗转所知的陶珠琳售书所赚差价之巨（见表四）。

表四

书名、版本	收　价	售　价	盈亏比例❶	时　间
宋刻《渭南文集》	约银30两	银45两	约50%	嘉庆二年（1797）
宋刻《管子》	?	银120两❷	不详	嘉庆九年（1804）
宋刻《说苑》	钱1400文	银30两	2042%+	嘉庆十二年（1807）

如黄跋及表四所见综合判断，陶氏五柳居能够蜚声南北书林，自是有一套既能投藏家所好，又能保证利润存续的经营之道，但无论如何，绝非孙星衍所言"所得书若值百金者，自以十金得之，止售十余金"那般一味地追求薄利多销，须知提高周转速度与居奇求重价，根本目的并无不同。如此，陶珠琳等制作伪跋，将宋刻售于好书而并无深见的富家子汪士钟，便亦是可能的了。

宋刻本经陶珠琳为介归于汪士钟后，迟至道光八年（1828）冬，艺芸书舍才据宋本影刻，❸距得书已约十年。除据钱天树抄本（存前六

---

❶ 嘉道时期，银贵钱贱之势已成。此处均暂以1000文兑银1两计，实际获利比例自然更高。

❷ 黄跋云陶自京得此书，"索直一百二十金，毫厘不可减"。

❸ 汪刻本扉页题"宋本刘氏诗说　道光戊子仲冬重刊　艺芸书舍藏板"三行，卷十二末有"苏州阊门外洞泾桥西　吴青霞斋刊刻刷印"二行。书前有"道光八年戊子仲冬二日平江孙保安识"（尾刻"保安""又之父"二印）一篇、刘克序；卷一末仿刻吴宽跋；书末有刘坦跋、"道光戊子十二月三日长洲汪士钟谨跋"一篇（尾刻"汪印士钟""朗园"二印）、"白露前三日"钱天树跋。据汪刻及宋刻序、札，知汪刻本写样系孙保安、孙泽安所为，二人或为兄弟行。

卷）补刻卷二外，卷九、卷十两卷仍付阙如，且影刻本仅存书末刘坦真跋，而删去伪跋，可知他此时亦绝不相信伪跋所谓"恨遭攻劫，残缺数卷"之说了。

五、余　论

如前所论，宋刻本《诗说》在流传过程中残损三卷。至嘉庆末年，何元锡、陶珠琳等得此书，精心策划并删改了宋刻刘坦跋语，以制造此书在宋代即因原稿"遗失数卷"，重刻时不得不缺卷以俟，实为"全本"的假象，以缺充全，而牟其利。

"可惜"的是，作伪的深心百密一疏，在去真（跋）存伪（跋）和真伪皆存之间，作伪者选择了后者。如去真而存伪，则除非罕见的全本现世，绝难察其为伪；而伪跋刊刻时，❶又一时疏忽，将伪跋日期署名全同真跋，终至"功亏一篑"。

探讨这一较为特殊的作伪案例，深入挖掘藏书史研究中以往为人们所忽视的诸多细节，目的不仅在于揭示复杂的作伪过程，也不仅在于考察名刻善本在递藏中的曲折经历，更在于关注揭示过程中显露的彼时书估行业面相，以及藏书家、学者、书估的心态和彼此互动，以新的视角来丰富我们对于清代藏书史的既往认知。

2017 年 12 月首刊于《天一阁文丛》第十五辑
2018 年 3 月一改

---

❶ 今按伪跋笔迹高仿真跋，但细微有别，绝非前人所云剜改（且清人岂有将另一部宋刻跋语拿来剜改之理），而是仿刻而成。

下 编

丹黄灿然——文字犹传

国家图书馆藏顾之逵题跋考释

顾之逵（1752～1797），字抱冲（亦写作"褒盅""抱盅"），清乾嘉间元和（今江苏苏州一部）著名藏书家。与黄丕烈、袁廷梼、周锡瓒并称"藏书四友"（亦有名其为"乾嘉四大藏书家"者），[1] 同时又是顾千里从兄。自署其藏书处曰"小读书堆"，盖远绍先祖南朝顾野王"读书堆"之余绪。

顾氏题跋，据《中国古籍善本书目》所见，存数不多，绝大部分存于国家图书馆。今详加移录（包括他人所临顾跋，以及少量足显其识见之校语），并兼及它馆所见，加以考释，以就教于方家。

1.《经典释文》三十卷

（唐）陆德明撰。清康熙纳兰成德刻通志堂经解本。清顾之逵校跋并录惠栋、段玉裁、臧镛堂[2]校。书号2135。

---

[1] "藏书四友"之名，在四人生前便已远播。黄丕烈跋《唐女郎鱼玄机诗》云："近日吴中讲究古籍，自香岩、抱冲、寿阶二十余年来先后作古，藏书四友惟余老荛一人存矣。"跋《古文苑》宋刻残本云："余向属钱塘陈曼生作藏书四友图。四友中抱冲已作古三年，所存者三人耳。三人者何？香岩也，寿阶也，余也。图之作，在己未冬。"（清）黄丕烈撰，屠友祥校注：《荛圃藏书题识》卷三，上海远东出版社1999年版，第586页、第787页。

[2] 《北京图书馆古籍善本书目》此书下云："顾之逵校跋又录惠栋、段玉裁校。"书目文献出版社1987年版，第136页。然傅增湘先生《藏园群书经眼录》（一）卷二此书下云："顾之逵校，并临惠栋、段玉裁、臧庸堂校及考证语。"中华书局1983年版，第109页。今据补。臧镛堂（1766～1834），江苏武进人，字在东，号拜经，臧琳之玄孙。为清乾嘉间著名学者，曾师从卢文弨，并与钱大昕、段玉裁交往，有《拜经日记》等。

前年从滋兰堂朱氏❶得松崖先生校批《释文》一部，惟《尚书》有宋椠本勘字，因用绿笔标之。松崖所校以黄笔别之。松崖此书校批甚略，不及段若翁之精深远甚。然其改正之字，如"𠓛"（《舜典》一篇之"𠓛"）以及《说文》作"㝎"之类，则俱各指出，足称校书之职也。甲寅二月朔抱冲记。（卷第四末，《尚书》）

甲寅惊蛰灯下校。抱冲记。（卷第六末，《毛诗》）

《毛诗》三卷。余因勘宋刻巾箱本《毛传》郑笺附《释文》者，曾略校几处，如"遂""湋""（朝）"等字，与此本合。暇日当细校，必更有出此本外也。抱冲校毕记。（卷第七末，《毛诗》）

黄笔惠松崖氏，墨笔段氏，丹笔叶林宗影抄本❷，若巾箱本另注出。又记。（卷第七末，《毛诗》）

右《礼记》释文四卷，余已用宋刻本校之矣，其点画无甚关系者不录。今又借得叶抄勘对本，再以墨笔校一过。臧君在东云叶本《礼记》远不如《周》《仪》二《礼》，余谓并不如抚州本也。❸甲寅花朝❹逡记。（卷十四末，《礼记》）

逡按："世"作"丗"，唐石经避太宗讳也。宋刻本多沿石经字

---

❶ 此指朱奂，字文游，江苏吴县人，居南濠，朱邦衡之侄，乾隆间人。藏书处曰"滋兰堂"，藏书印为"滋兰堂藏书印"。其人与惠栋为莫逆交，顾之逵往借惠氏校本《经典释文》，固合其宜。

❷ 明末，叶林宗以绛云楼所藏北宋本《经典释文》影写，即世所谓"叶抄本"。清代徐乾学与卢文弨分别以此为底本，校勘、刻印通志堂本及抱经堂本，成为《释文》一书的通行本。

❸ 《藏园群书经眼录》（一）卷二，第110页。吴江袁清贺传录校宋本《经典释文》条下引臧镛堂跋云："癸丑十一月十二日臧镛堂为巫山知县段若膺先生校。叶林宗钞本，旧藏吴县朱文游家，近归同邑周漪塘，段先生往借是书，属之细校。又云：'写本名衔在《毛诗》末，甚是。盖此书系南宋本汇刊，故《尚书》《孝经》等音义窜改最甚，全非陆氏之旧，而《毛诗》或本之北宋，有乾德、开宝间名衔，因仍之。如徐卢两刻皆移于卷终，似全书皆本北宋本矣。'余叹其论断之精，遂识此以为跋语。中间如《周礼》《仪礼》最精，余亦多佳者，自信漏落者颇少矣。时寓于金闾袁氏拜经台。"

❹ 花朝，旧俗以农历二月十五日为"百花生日"，故称此日为"花朝节"。宋吴自牧《梦粱录·二月望》："仲春十五日为花朝节，浙间风俗，以为春序正中，百花争放之时，最堪游赏。"又有以农历二月初二日或十二日为花朝节者。然前跋既已云"甲寅惊蛰"，此处必不为二月二日。

样，故如此。读古刻者自辨之，可不必字字改也。此款甚多，皆仿此。（十二卷中，《礼记》）

又书号为4936之《经典释文》（三十卷，清康熙纳兰成德刻通志堂经解本）卷三十后有清刘履芬录江沅临顾之逵跋云：

甲寅春日假得先生❶是书，改正之处凡出于先生者，往往与松崖惠氏相合。惠氏校改苦略，亦有可备抉择者，附于上方。后学顾之逵记。江临。

此跋未见真迹。周法高《记诸家校本经典释文》❷上跋前又有一跋云：

后学顾之逵借校一过，并附惠松崖语于上方。甲寅春日。（江校）（卷二十五末，《老子》）

以上跋语，均题于甲寅春日，却不见于一书之上。其间的始末缘由，笔者推断如下：壬子年（1792，乾隆五十七年），顾之逵向朱奂借来惠栋校本《经典释文》，以黄笔录其校语于此书（书号2135）之上。至甲寅年（1794，乾隆五十九年）春，顾之逵先后借得藏于周锡瓒（漪塘）家藏叶抄本（书中丹笔）、段玉裁校本（书中墨笔），以及臧镛堂为段玉裁以叶林宗本所校之本❸（当即卷十四末所云"叶抄勘对本"），作为校勘的参考。此外，顾抱冲还用各书的宋本分别校勘了《经典释文》中相应的篇目，如宋本《尚书》、宋巾箱本《毛诗》、宋抚州本《礼记》、宋刻《左传》所附《释文》等。

---

❶ 此处当指段玉裁，参上文"前年从滋兰堂朱氏得松崖先生校批《释文》一部"一跋。
❷ 《唐代研究论集》（第四辑），新文丰出版公司1992年版，第330页。原文未注明此跋之具体版本。
❸ 见前引臧镛堂"癸丑十一月十二日臧镛堂为巫山知县段若膺先生校"跋文。

从国图 4936 藏本及周法高所录顾跋来看，顾之逵用段校本校完国图 2135 藏本之后，将自己所录惠栋校语中"可备抉择者"抄录于段书之上，并在归还时写下了上述两则题跋，并逊称"后学"。段校本原书未见，4936 本及周法高所引，均系辗转过录江沅所录之跋语，江为段氏弟子，当从段校本原书移录。

此外，书号 7944 的国图藏《经典释文》（三十卷，清康熙纳兰成德刻通志堂经解本）卷二十末（《春秋左传音义》部分），有佚名录段玉裁跋云："顾抱冲有北宋刊《春秋音义》，抱冲既为予以其善处书此本之上方矣。予仍借其校出本补注之，黑字是也。凡与叶抄合者，用黑圈；凡抱冲以红字书上方者，亦用黑圈。甲寅六月卅日，若膺氏。凡不用黑圈者，皆不与叶抄同者也。"此跋恰可与前举江沅所临抱冲跋相互印证。

从顾之逵对《经典释文》的校勘来看，他并不满足于仅利用源出北宋本的叶抄本以及当世著名学者惠栋、段玉裁等人的校勘成果，而是广采佳本，择善而从；他提出"世"字因避讳而异体，自有其例，不必字字皆改；对于叶抄本和臧校本，既不盲从，也不断然抹杀，这些都体现了他校勘学的功底以及通达的识见。

2.《集韵》十卷

（宋）丁度等撰。清康熙四十五年曹寅扬州使院刻本。清顾广圻校、顾之逵跋，并临段玉裁校跋。书号 4526。

> 乙卯正月四日抱冲临校，呵冻书。（卷五末）
> 乙卯人日抱冲临校。（卷六末）
> 立春前一日抱冲临校。（卷七末）
> 立春后二日抱冲临校。（卷八末）
> 立春后三日抱冲临校。（卷九末）

段若膺先生从周君漪塘借得毛子晋影写宋本细校此书，凡宋本、今本之误，勘正甚多。比之宋本为更便于后学。余于昨岁春间，承先生出示此书，方校一本，因未假归。后见袁君绶阶、钮君匪石并有临本，遂先携归，度校一过。其不能释然者，未将宋本及段校重勘耳，行当就二公借之。乙卯正月二十一日抱冲校毕记。（卷十末）

从上述跋文，可见顾之逵与段玉裁、周锡瓒、袁廷梼、钮匪石交往之一斑。此跋书于乙卯岁初，跋中"昨岁春间……方校一本"之语，当指前举《经典释文》一书。抱冲借阅袁、钮二人所临段校本对勘后，并不以为足，也不以见到段校本为足，而是准备将段校本"勘正甚多"的影宋本拿来一起参看，这体现了他师法前辈而不盲从前辈的学风。另外，"比之宋本为更便于后学"的按语，也见出他好宋而不"佞宋"的见识。

3.《唐书》二百卷

（后晋）刘昫等撰。明嘉靖十四年至十七年闻人诠刻本。清顾之逵跋并录叶万石校跋，季锡畴校。书号3296。

> 此卷错辞两行，覆阅乃见，因用朱笔订之，其他差误，亦不免也。抱冲记。（卷三十后）

《旧唐书》自宋至明，罕有刊刻，几近于亡。自闻人诠刻本出，始免于失传。目录后、正文前有三条跋语，均为顾之逵笔迹。后二则分别署名"东山道毂记""叶万石君"，明显为过录叶树廉（叶万石）之跋语。首跋未署名，跋云：

> 辛丑岁三月十九日借得钱遵王所藏至乐楼钞本校，□（此字未识）至九月初五日毕功。钞本亦非完璧，故中多空校卷目。

钱遵王之卒年（1701），下距顾之逵生年（1752），五十年有余，若此为顾跋，则其何能穿越时空，借书于前辈？署名"东山道毂"的第二条跋语云："庚子深秋从坊间见至乐楼抄本，又叹无物售之。未几，为钱遵王取去，因得假归。……自此之后，更不知从何人细为校雠，以成完璧也。"叶万石庚子（康熙五十九年，1720）见至乐楼抄本，未几为钱遵王所得，辛丑（康熙六十年，1721）就钱氏借得。上下文连贯，可知首跋亦为顾录叶跋。如今，至乐楼抄本与叶树廉校本均不知去向，则顾之逵过录本，便弥足珍贵了。

4.《甘泽谣》一卷附录一卷

（唐）袁郊撰。明崇祯毛氏汲古阁刻津逮秘书本。顾之逵校并跋（均为朱笔），书号10660。

右《甘泽谣》一书，已为袁郊真本无疑。但其间脱误不一，且改窜嘉靖中姚氏一跋以为己跋，此毛氏之不学也。今以明季孙恺之氏校本一对校之，并录姚、孙两跋于后，❶庶此书得称完璧云。壬子寒食抱冲顾之逵记。（全书末）

书末有毛晋手写上板跋文云："予昔年订《陶靖节集》，推其后裔，从《命子》诗注中见《陶岘》一则，古异可喜。相传本于《甘泽谣》，未睹其全帙。既从友人处见抄本二十余条，乃就《太平广记》中摘出者，非郊原书，甚哉赝抄之欺世也。今得兵宪杨公重订善本，参之《广记》，略有异同，与端临《经籍考》相合。惜乎原序亡逸耳。庚午上巳前一日，湖南毛晋题于鹿城舟次。"

顾之逵校勘所据的"明末孙恺之本"，当为国图藏明崇祯十三年孙明志抄本（书号6939），❷其中收录姚咨跋云："余友周连阳氏，亟称其姻海虞杨兵宪五川公藏书之富，恒窃慕焉。今年夏，连阳以公所钞袁郊《甘泽谣》贻余，凡九篇，公自序诸首简，见其得之之艰若此。曩余门人秦汝操于《太平广记》中摘出二十余篇，怪非郊原书，弃去。兹九篇适符马端临《考》，乃录之。惜乎旧序亡逸，不免于疑耳，他日谒公，

---

❶ 全书未见顾云所录姚咨、孙恺之二跋。
❷ 顾跋本中添加的校语，均见于孙抄本。

当有说云。嘉靖甲寅秋七月十二日，句吴茶梦散人姚咨识。"孙恺之跋云："崇祯庚辰岁假叶石君藏本写。凯之。"❶ 顾之逵批评毛氏"改窜""不学"，当是指毛跋对姚跋说法，暗袭而未加说明，不符合学术规范。

《甘泽谣》一书，小说家言，唐袁郊撰，《直斋书录解题》《郡斋读书志》均有著录。然此书至明代中后期，已罕见于世。明代杨仪有抄本（九篇），❷ 姚咨曾抄录一本，后归叶树廉（万石）。崇祯十三年（庚辰，1640），孙恺之自叶树廉借得姚咨抄本，校录一过（顾之逵所据以校勘的"明季孙恺之氏校本"）。❸ 这一系列的抄本，史称"杨仪抄本"（杨仪原本或已失传）。后姚咨弟子秦如操自《太平广记》辑录二十余篇，史称伪本《甘泽谣》，二书同时流传。崇祯三年（庚午，1630），毛晋得到"杨仪抄本"，将其编入《津逮秘书》，此后的《四库全书》《丛书集成初编》本，均据其本收录。❹

5.《孔子集语》二卷

（宋）薛据辑。清抄本。顾之逵跋。书号3461。

壬子秋，应试金陵，❺ 遍览书摊，无一当意之本。偶于骨董肆中流瞩铜磁、研山等物，忽见架上有破书数束。细阅之，得杜牧注《考工记》一本、杨升庵《艺林伐山》二本并此书以归，余俱无足观者。因思金陵为江南都会，且明时焦氏藏书❻甲于天下，何风流歇绝，坊间所储之书，略无一善本流播耶？抑亦吾辈之嗜好与人异趣耶？遂不觉循览此本，付之一笑。抱冲记。（书末）

---

❶ 以上均见于瞿良士辑《铁琴铜剑楼藏书题跋集录》，上海古籍出版社1985年版，第208页。后跋署名瞿书作"凯"，据孙明志抄本改。
❷ 杨仪得书经过，参津逮秘书本《重校甘泽谣序》。
❸ 瞿镛《铁琴铜剑楼藏书目录》卷一七《小说·异闻》著录旧抄本《甘泽谣》云："（此书）旧为杨五川藏本，茶梦主人假而录之，后归叶石君。有名凯之者于崇祯庚辰假得叶本所录。有杨仪二跋及姚咨跋。"上海古籍出版社2000年版，第457页。
❹ 关于《甘泽谣》版本的变迁，详见陈国军：《明代志怪传奇小说研究》，天津古籍出版社2006年版，第485~488页。
❺ 壬子，当指乾隆五十七年，1792年，应试金陵者，应府试也。
❻ 指明代焦竑。

抱冲跋前，有抄手抄录钱遵王跋云："淳祐丙午，稽山书院山长薛据，裒聚《孔子集语》成二十篇。其所引《尚书大传》《金楼子》等书，今皆不可得见。方山吴岫❶藏书，多旧人抄本，此其一也。"此本或抄自钱曾藏吴岫旧抄本。顾之逵对于彼时金陵藏书"风流歇绝"的评论，可以作为研究藏书史的材料。

6.《六子书》六十卷

（明）顾春编。明嘉靖十二年顾春世德堂刻本。顾之逵校跋。书号8359。

> 壬子四月廿二日校尔。已终卷，遂于灯下取宋刻郭注校此。此本讹字，虽注中亦一一改正。其有字体点画偏旁，此本从正而宋刻反遵通者，如"说""悦"，"莫""暮"，"女""汝"之类，则两存之，以见宋本面目也。时校完此卷，东方既白，渔鼓鼞鼞，趁虚人已集津市，而余犹握管不辍，信如王乐山❷之所呵入魔道者矣，岂止书淫而已哉！裹蛊记。（《南华真经》卷第一后）
>
> 凡读古书，先须著眼其通同假借之字。如此卷中"进"当为"尽"，"久"当为"有"，"释"字作"舍"之类是也。然后考其谬误，订其异同，味其义理，乃援笔点读，信口雒诵，真人生大快意事也。或曰："汝重价购之，草率涂抹，毋乃可惜乎？"余曰："余之看书，只取自怡而已，不斤斤为名，何论夫书之价值哉！"裹蛊漫记。（《列子》卷一后）
>
> 此卷之注，与影宋本之注，详略都同。殷氏释文❸竟若此卷未释。卢抱经所校，虽云有❹处是释文，然俱❺影宋本所有，未敢必信其为殷氏释文也。抱冲志。（《列子》卷一后）

---

❶ 吴岫，字方山，号濠南居士，明嘉靖间吴县人，诸生，藏书逾万卷。有藏书楼为"尘外轩"。所藏书扉页有"尘外轩读一过""方山吴岫"等印。

❷ 王乐山，顾之逵友人，后文《南丰先生元丰类稿》跋中亦曾言及，生平待考。

❸ 殷氏即唐人殷敬顺，其据张湛注作有《列子释文》二卷。

❹ 原文此处为空白。

❺ 原文为"据"字，作者圈改之。

此本注中间有引《尔雅》、司马《说文》、高诱注《淮南子》云云者，影宋钞本转无，未知是影宋钞本所脱耶？即殷氏释文，尚须别参善本也。壬子嘉平抱冲记。(《列子》卷二后)

影钞本所无者，不点句读○❶，是日因繙《群书拾补》，见有《列子》校注，因于灯下一对，始觉向之所疑，非张注❷者。抱经亦不著于录，其为殷氏释文无疑也。然抱经亦每以释文作张注者（在卷八"击博楼上"句下），大抵为《道藏》本所误耳。余案之影宋本，兼玩其辞之义类，决非张也。抱冲又识。(《列子》卷二后)

此书汇集诸子著作，也是顾跋较为集中之处，可见其好书之状、藏书之由、校书之例，是最足以显示顾氏通达、率性的文字。

7.《淮南子注》二十一卷

（汉）刘安撰，许慎、高诱注。清乾隆五十三年庄逵吉刻本。顾之逵、顾丹荣录惠栋校跋、何焯跋，顾广圻校并跋，顾之逵跋。书号3897。

自三卷至五卷丹荣弟校过，并度何、惠二氏语，抱冲又覆校一过。(卷五末)

定宇先生所校本，向藏滋兰堂朱氏。以茅一桂刊本为底，复以诸本参校，内有宋本《御览》考证处。今朱君秋崖❸复以新刻参校，云与六艺本大致相同，度校在上。余因借录一过，其刻本之误，与朱君度本之误，尚俟用墨笔拈出也。顾之逵。(卷二十一末)

书中抄录了惠栋的校语、跋语以及何焯题识，略述《淮南子》其书之文风与版本，因篇幅所限不赘录。值得注意的是，其中惠栋对前辈何焯的评语"义门于学生疏，惟考据略有头绪，其校雠多善本耳"，虽不

---

❶ 原跋此处即为一墨圈。
❷《六子书》所收《列子》(《冲虚至德真经》)为晋张湛注。
❸ 朱秋崖，朱奂叔父朱邦衡号。

免相轻却颇显心迹，可作为研究清代学术史的材料。

8.《南丰先生元丰类稿》五十一卷

（宋）曾巩撰。明嘉靖四十一年黄希宪刻本。顾之逵跋并录何焯批校。书号3926。

"试请行之"，顾本及各本皆作"请试"，何批乙为"试请"，可见此本胜于顾本甚多，其余不足论矣。宜保之。抱冲。（卷十五《上欧阳舍人书》中浮签）

此本讹字已照❶何本校。其无关紧要评语，间有未录。（卷十五后浮签）

此本倩王君乐山点句，微校几字，仍义门之误者甚多。如"邪"字改作"耶"之类是也。当细勘之。抱冲。（卷十六中浮签）

此卷批语尽度，不必再校。抱冲记。（卷二七后）

此本何批全录，即顾东岩本及何氏《读书记》亦曾对过。壬子闰月廿三日抱冲记。（卷四六后浮签）

"性嗜书"，祠堂本❷作"惟嗜书"。何批云："惟"疑作"性"，想义门未见此碑也。（《惠州偏学寺禅院碑》，卷五十中浮签）

跋中"顾本""顾东岩本"，当指清康熙五十六年长洲顾崧龄刻《南丰先生元丰类稿》本，此书正集五十卷，外集二卷，四库本即以正集五十卷为底本，有所校订。而顾之逵根据何焯批语，并将顾本与明嘉靖本对勘，得出"可见此本（嘉靖本）胜于顾本甚多"的结论。

9.《皇朝文鉴》一百五十卷目录三卷

（宋）吕祖谦辑。明抄本。顾之逵跋。书号6665。

---

❶ 此处原为墨笔"校"字，以朱笔改为"照"。
❷ 指乾隆二十八年曾氏祠堂本。

此书乃前明昆山叶文庄❶物也。其钞凡三手，通部前后，著录者所书也；其序目雄壮之笔，绝类写经体者，文庄笔也（余以文庄跋《金石录》笔对阅，故知之）；其目录中以及卷七十六至七十九四卷，九十三、四两卷，故老相传为文氏二承笔，即隆庆间文庄后人失去中一分，以倩名人补录者也。其说余未之信，然要其大概，则此书抄自宋刻，书属名手，其为善本可知。间尝取慎独斋刊本❷一对，其谬误不一，益见此本之宜宝贵矣。跋尾名恭焕者，乃文庄五世孙也。手自校书，不下万卷。因阅《箓竹堂书目》知之。乾隆壬子清明后一日，襄盎学道人顾之逵记。

顾跋前有叶恭焕跋云："《皇朝文鉴》计二十册，乃文庄祖于正统、天顺间所录。时刻本尚少，借宋校录，得四传而至予。隆庆壬申岁，予淹病捡出，乃失其中一分。时谬本德用以整书，谓予曰：'顾观海家有宋校《文鉴》，可借观对之。'因以校勘，留对抄完，可谓全书。故记存以见集书之难有如此者。后人视书，勿以为易而忽诸。隆庆壬申四月三日，括苍山人恭焕志。"后有黄丕烈跋（其三孙黄美镐书）。❸ 可知此书原为叶盛家藏，经叶恭焕补抄完整。入小读书堆后，又依次流入爱日精庐、铁琴铜剑楼，黄丕烈曾自爱日精庐借抄。顾之逵心细如发而又见闻广博，与所藏《金石录》跋对照，辨认出序目部分的"雄壮之笔"是叶盛亲笔，这样全书就有三人笔迹，这一点连叶盛的后人叶恭焕也没有发现。

【附】以下二则，为所见国图藏本之外顾之逵题跋、信札各一，聊以为附。

1.《刘宾客文集》三十卷《补遗》一卷

（唐）刘禹锡撰。明抄本。八册。顾之逵、姜渭跋。浙江图书馆

---

❶ 叶文庄，即明叶盛。
❷ 指明正德十三年（1518）慎独斋刊本《皇朝文鉴》。
❸ 顾之逵跋后有黄丕烈跋云："此书向藏小读书堆，今归爱日精庐……吴县黄丕烈荛夫借读。时道光壬午秋七月。"

（善 000244，《国家珍贵古籍名录》第 08792 号）。

  此书是明人旧抄本，其目录疑脱去，后人补写。今夏有书船友从常熟故家得一旧抄本，字迹颇亦不俗，行款亦十行、行廿字，与此本大致相合。惜每行不能尽依二十字之数，遂致行次失款者迭见，弗及此抄之画一。至于书中误字，此抄红笔所校者，或有与彼相同，或有妙于彼者。而彼既未校一字，其谬误正复不少，因还其书，而识本之佳恶于此本云。常熟本亦无目录，少补遗文二篇。乙卯五月望后抱冲逯记。（书前）

2.《魁本袖珍方大全》四卷
（明）王永辅撰。明刊黑口本。八册。台湾"中央图书馆"（06182）。其中有顾之逵复黄丕烈书云：

  右宋麻沙刻本袖珍方共四卷，世无传抄，可与《鸡峰普济方》一例并秀。询之博鉴者，皆未知出自何人之手，他日考得之，重当作跋，勿以其破旧而轻之，请先付装潢可也。此复荛翁先生。弟之逵启。❶

初刊于《文献》2011 年第 4 期
2017 年 1 月二改

---

❶ 此札据台湾《标点善本题跋集录》一书移录，"国立中央图书馆"编，1992 年，第 261 页。

国家图书馆藏袁廷梼题跋考释

袁廷梼（1762~1809），后更名廷寿。字寿阶，一作授阶（绶阶、寿皆、绶皆等），号又恺（又凯）。吴县（今苏州吴县）人。清乾嘉间苏州著名藏书家，与黄丕烈、顾之逵、周锡瓒并称"藏书四友"。同时，他还是黄丕烈的"亲家翁"，袁氏子娶了黄氏女，可称书林佳话，更足见"四友"作为藏书家群体的密切关系。

袁氏家资殷富，而他本人则不事生产，不求功名，专意藏书，生前所蓄宋椠明抄及金石碑刻，有数万卷之多。❶ 可是这些善本经籍，却在他身后，骤然而散。顾千里在《月下笛·过袁绶阶旧居有感同戈顺卿赋》中叹道："试问楼中，身前肯信，破家如此？"❷ 可知袁家在袁廷梼英年早逝（48岁）之后，必然经历了一场惨变。❸

时至今日，文献记载中袁廷梼自编的《五砚楼书目》《金石书画所见记》等藏书目录性质的著作，难觅其踪。而关于袁氏家世、藏书、抄书（贞节堂抄本）、刻书、交游等诸多问题，目前都没有深入的研究。这一点，藏书四友中除黄丕烈外的顾、周、袁三人，情况都十分类似。本文拟将中国国家图书馆所藏数种袁廷梼题跋加以整理，并作考释，以期为关于"藏书四友"、顾千里等藏书家和学者的研究提供更多的一手文献及研究线索。

---

❶ 丁子复《袁君寿阶像赞》云："汝南六俊，四皇甫匹。越三百年，得君而七。万卷手批，三物躬饬。用敦薄夫，惠风遥集。"《红蕙山房吟稿》，清乾隆知不足斋丛书本。
❷ （清）顾广圻：《顾千里集》，中华书局2007年版，第69页。
❸ 相关考证，详见郑伟章先生：《文献家通考》，中华书局1999年版，第553~554页。

1.《说文解字》十五卷

（汉）许慎撰。清初毛氏汲古阁刻本。佚名校，袁廷梼跋。书号7316。

> 此《说文解字》乃汲古阁初修印本，同小读书堆所藏者。较未修初印本已逊，然比时俗印本远胜也。顾君千里知予重出，以所校《荀子》易去。时嘉庆戊午季秋既望，袁廷梼记。

此跋作于嘉庆三年戊午（1798）九月十六日，跋中"小读书堆"主人顾之逵已于上年，即嘉庆二年（1797）去世。就在嘉庆二年，侨居苏州，为"说文学"大家的段玉裁，据历年所见的《说文解字》版本，包括王昶❶家藏宋刊本、周锡瓒所藏宋刊本、明叶树廉抄宋本、明赵均抄宋大字本、有毛扆批校的汲古阁初印本等，作《汲古阁〈说文〉订》，并在序言中明确指出，汲古阁印本《说文解字》，所据为宋小字本，又参以赵均抄本，"四次以前微有校改"，至第五次则根据已失去小徐（徐锴）真面目的《说文系传》，"校改特多"，并成为后来极为通行的版本（所谓剜改本），致使谬种流传。❷ 而据段氏序文自述，《汲古阁〈说文〉订》的成书，既有赖于周锡瓒的"多藏不吝"，又多蒙袁廷梼的"助予翻阅"。

根据袁跋，国图藏此书为毛氏前四次修订印本中的一种（顾之逵所藏亦同），虽不及周锡瓒所藏汲古阁初印本，较之"时俗印本"，即通行的第五次剜改本，却已远胜。

---

❶ 王昶（1725～1807），字德甫，一字琴德，号兰泉，晚号述庵，江苏青浦（今属上海）人。乾隆十九年进士，官至刑部侍郎。以诗名世，与王鸣盛、钱大昕、吴泰来、曹仁虎、赵文哲、黄文莲称江南七子。著有《春融堂集》《湖海诗传》《青浦诗传》《金石粹编》《琴画楼词》《红叶江村词》《词综补人》《明综综》《国朝词综》等，时称通儒。据笔者考察所见，王氏与"藏书四友"关系颇为密切。

❷ 段玉裁："《汲古阁说文订》序"，见《经韵楼集》，上海古籍出版社2008年版，第371～373页。

另据潘天桢先生《汲古阁本〈说文解字〉的刊印源流》❶一文考证，据《系传》剜改汲古阁印本者，并非毛扆：明清之际，毛晋购得徐铉等校定、南宋初年刻宋元递修本《说文解字》（现藏国图），嫌其字小，于顺治间以大字开雕，未及而卒。康熙四十年起，其子毛扆继承父志，刻竣全书。毛扆于康熙五十二年（1713）卒后，书版售于"祁门马氏在扬州者"（当即马曰琯、马曰璐兄弟），并约于此时遭剜改印行，成为之后一段时间内的通行本。至于剜改者究竟属谁，仍待进一步考定。

书中藏印有：海盐张元济经收、涵芬楼、涵芬楼藏、北京图书馆藏。

2.《班马字类》二卷

（宋）娄机撰。清马氏丛书楼刻本。佚名❷录顾广圻校又录李曾伯补遗。（疑）袁廷梼跋。书号3648。

> 二月廿五日又恺对勘一过。（第一卷末）
>
> 二月廿六日灯下对勘一过。（第三卷末，后有朱文方印"五砚楼"）
>
> 右《班马字类补遗》五卷，我友顾千里从士礼居所藏旧抄本校录。予见而奇之，亟借归，苦适事冗，即早暮有闲，须校《开元占经》，不得校此书。因属塾师褚南崖录之，而予覆勘一过，庶免漏略。班马二史，自宋至今，不止十刻。乌焉之误，不可枚举。得此犹能考见宋刻面目，可不宝贵乎？嘉庆六年三月廿八日，袁廷梼勘毕记于五砚楼。是日从杭州回来，夜雨一灯，有怀千里焉。（书末。后有白文方印"廷梼"、白文方印"袁仲"）

袁跋文中有三处添改，"不可枚举"旁加"旧甚一日"四字、"宋

---

❶ 载《北京图书馆馆刊》1997年第2期。
❷ 《北京图书馆古籍善本书目》著录为"褚南崖录顾广圻校又录李曾伯补遗　袁廷梼跋"，明显受到跋文影响，但此书中之补遗文字，或非褚南崖所录。详跋后论述。

刻"旁加"旧本"二字、"千里"旁加"顾"字。

《班马字类》，又名《史汉字类》，《四库全书总目》称此书"采《史记》《汉书》所载古字，僻字，以四声部分编次。……而考证训诂，辨别音声，于假借、通用诸字，胪列颇详。……固不失为考古之津梁也"❶，评价颇为不低。此书虽无宋本传世，但据文献记载可知，向有两种分卷形式，顾广圻称为"繁、简二本"（《顾千里集》第278页）。一为上下二卷本，陈振孙《直斋书录解题》卷三著录，后世的代表性版本之一，即为此清扬州马氏丛书楼刊本；一为五卷本，有明末仿宋刻本（美国国会图书馆藏）、清抄本等。

跋中所言"《班马字类补遗》"指《班马字类补遗》五卷，宋李曾伯作，"其书以娄氏原书列于前，附《补遗》于每韵之后。原注有遗，复补于注下，亦以'补遗'二字别之"。❷

因跋文中涉及多种《班马字类》《班马字类补遗》的本子，情况较为复杂，故略据其先后顺序，排比版本，并对彼此关系予以说明。

甲、《班马字类》五卷

影宋抄本。钮树玉、顾千里跋。现藏国图（3379）。

即跋中所云"士礼居藏旧抄本"，钮树玉跋云："此本当从宋刊录下，故'敦''殷''唇'并缺末笔。"这也与袁跋中"得此犹能考见宋刻面目"句相照应。顾千里云："《字类》有繁简二本，此繁本也，翻刻者颇古雅，用较旧抄，仍小小异同。卢抱经尝言：'不可以有刻本而弃抄本。'此其比矣。"对此旧抄本的珍视，溢于言表。他以此书校五卷抄本《班马字类补遗》，也属自然。

藏印有：一云散人（顾千里）、喜孙过目（汪喜孙）、铁琴铜剑楼（常熟瞿氏）、北京图书馆藏。知经黄丕烈、顾千里、汪喜孙、铁琴铜剑楼递藏、经眼。

乙、《班马字类》五卷附《补遗》一卷

清抄本。顾千里校跋。现藏静嘉堂。

---

❶ 《四库全书总目》，中华书局1965年版，第351页。
❷ （清）瞿镛编纂：《铁琴铜剑楼藏书目录》，上海古籍出版社2000年版，第177页。

此当为跋中所云"顾千里校录本",即顾氏校录自士礼居的《班马字类》五卷(甲本),清十万卷楼本《皕宋楼藏书志》卷十四著录:"《班马字类》五卷补遗附,旧钞本,顾千里手校。"现藏静嘉堂文库,《静嘉堂秘籍志》卷十六著录:"卷中有'马玉堂印'(白文)、'笏斋'(朱文)二方印。卷末有嘉庆壬戌九月顾广圻手跋。"❶ 此跋《顾千里集》未载,详细内容不得而知,《日藏汉籍善本书录》云其为顾千里"校识"。❷ 跋为嘉庆七年九月作,当是袁廷梼借录归还之后所跋。

藏印有:马玉堂印、笏斋(马玉堂)。知经顾千里、马玉堂、陆心源、静嘉堂递藏、经眼。

丙、《班马字类补遗》五卷

清抄本。褚南崖录顾千里校语,袁廷梼跋。现下落不明。

此当即袁跋中"右《班马字类补遗》五卷"所指之本。据袁跋,嘉庆六年(1801)二月至三月,袁廷梼自顾千里处借得其校录本(乙本),命塾师褚南崖录顾校于此书上,并亲自覆勘一过。

《铁琴铜剑楼藏书目录》著录是书,作"《班马字类补遗》五卷钞本"(第177页),又《铁琴铜剑楼藏书题跋集录》收录袁跋"右《班马字类补遗》五卷"一段,而文字有三处差异:"不可枚举"作"日甚一日"、"宋刻"作"旧本"、"顾千里"作"千里"。亦题作"《班马字类补遗》五卷 钞本"。❸据此跋文意,"二月廿五日又恺对勘一过""二月廿六日灯下对勘一过"二则袁跋原本亦当在此书之上,或为《题跋集录》遗漏,但原书今已不知所在,无法覆验。

国图藏王振声校跋《班马字类补遗》五卷抄本(索书号7981),在卷五后有王跋云:"咸丰甲寅仲秋,以五研楼原本勘过。"可知袁氏命塾师褚南崖抄录顾千里校录本校语,覆勘并题跋于其上者,当为此五卷抄本。

藏印有:袁印廷梼、五砚主人、枫桥五砚楼收藏印(袁廷梼)、海

---

❶ 《日本藏汉籍善本书志书目集成》第五册,北京图书馆出版社2003年版,第379页。
❷ 严绍璗:《日藏汉籍善本书录》,中华书局2007年版,第275页。
❸ 瞿良士辑:《铁琴铜剑楼藏书题跋集录》,上海古籍出版社1985年版,第24页。

宁陈鳣观（陈鳣）、铁琴铜剑楼（常熟瞿氏）。此书经袁廷梼、陈鳣、铁琴铜剑楼递藏、经眼后，所在不详。

丁、《班马字类》二卷

清马氏丛书楼刻本。佚名录顾广圻校又录李曾伯补遗，袁廷梼跋。现藏国图（3648）。

此即有上引三则袁跋之本，但跋云"右《班马字类补遗》五卷"云云，与本书书名、作者、卷数均不符。实际上，三跋原应题于抄本《班马字类补遗》五卷（丙本）上，书中之袁跋，疑为移录。

仔细考察这部国图藏二卷本《班马字类》，同时可以看出在过录袁跋之外，以五卷《补遗》校、补此书的痕迹。首先，书前以正楷补抄李曾伯"景定甲子长至日"跋文，书中用正楷将《补遗》文字细密抄录在天头及行列之中。其次，顾千里校语则或以正楷注于字后（与《补遗》抄手同），或以浮签附于各叶，字体有行书、正楷二种，非一人所书。另外，将原书上下两卷，依其声部，将标题涂改为五卷：上卷涂改为第一（平声上）、第二（平声下）、第三（上声）三卷，下卷改为第四（去声）、第五（入声）二卷。

此书虽为过录本，但书中"袁印廷梼""五砚主人""枫桥五砚楼收藏印""海宁陈鳣观"诸印（包括"铁琴铜剑楼"印），与五卷《补遗》本（丙本）完全一致。❶ 可见此二书很有可能当日先后入藏袁氏五砚楼，并经陈鳣收藏（或经眼）并钤印，之后又先后入藏铁琴铜剑楼。只不过此本最终入藏国图，而五卷本《班马字类补遗》（丙本）则下落不明。

鉴于《北京图书馆古籍善本书目》将此书著录为褚南崖录顾校及李曾伯《补遗》、袁廷梼跋，那么，我们不禁要问：这个过录本上的袁跋，是否是袁廷梼本人自录？顾千里校语，是否仍是褚南崖所录呢？

由于书写此跋所用的小楷笔，或为笔锋细长而硬挺的一类（如"七

---

❶《铁琴铜剑楼藏书目录》，第178页。需要注意的是，《目录》中过录的丙本印文，虽断句有误，但仔细审查，与国图藏二卷《班马字类》中所钤印文内容完全一致。

紫三羊"等兼毫笔），与日常所用的普通毛笔有异，故而虽以馆藏及正式出版物中的多种袁氏批校题跋核对署名等笔迹，仍难以论定，只能说笔意、署名有几分类似，结合钤印情况，可能性很大。但顾校及《补遗》是否为褚南崖所录，则完全无从核对——褚氏原录的丙本已经不知所踪。

藏印有：袁印廷梼、五砚主人、枫桥五砚楼收藏印、海宁陈鳣观、铁琴铜剑楼、北京图书馆藏。

戊、《班马字类》二卷

清马氏丛书楼刻本。（题）褚南崖录顾广圻校又录李曾伯补遗，袁廷梼跋。现藏常熟市文管会。

《中国古籍善本书目》中收录的《班马字类》，有二部均著录为"《班马字类》二卷（宋）娄机撰　清马氏丛书楼刻本　褚南崖录顾广圻校又录李曾伯补遗　袁廷梼跋"。国图本（丁本）之外，有常熟市文管会藏本。关于二本的异同，冀淑英先生在复沈津先生信中云："北图《班马字类》袁廷梼跋系真迹，此书铁琴铜剑楼旧藏，与常熟文管会本，看来的是'双胞'。北图藏本袁跋八行，与常熟本字迹、内容全同，所写位置亦同；北图本袁跋有改字，常熟本悉依改处照写。"❶冀先生断二书为袁氏笔迹，自有所据，但可以肯定的是，二书均为《补遗》本的二次过录本。不过此本铁琴铜剑楼的《目录》未收，未见原书，难知其收藏序列。

己、《班马字类补遗》五卷

清抄本。王振声、赵不骞跋。现藏国图（7981）。

此本卷五末有王振声跋云："咸丰甲寅仲秋，以五研楼原本勘过。"所谓原本，当指袁廷梼所跋抄本《班马字类补遗》五卷（丙本）。跋作于咸丰四年（1854）八月，因王为常熟人，故"五研楼原本"当借自铁琴铜剑楼。跋云"五研楼原本"，自然王氏也知道还有其他的过录本，甚至过录袁跋的清刻本《班马字类》二卷（丁本）当时也在铁琴铜剑

---

❶ 冀淑英：《冀淑英文集》，北京图书馆出版社2004年版，第432页。

楼，亦未可知。

藏印有：旧山楼、非昔珍秘、赵氏秘籍、赵印不骞（旧山楼）、双钟精舍、师匡秘籍、师匡藏书、曾在孙师匡处、佛陀所藏书画金石（孙师匡）、北京图书馆藏。可知经赵宗建、赵不骞、孙鼎、周叔弢❶递藏、经眼。

在梳理了相关的六种书籍之后，大致可以为与这三则袁跋有关的事件，作这样的考订：约嘉庆六年（1801）初，顾千里自黄丕烈处借得影宋抄本《班马字类》五卷（甲本），校录于抄本《班马字类》五卷附《补遗》一卷（乙本）上。嘉庆六年二月到三月，袁廷梼借得顾校本（乙本），命塾师褚南崖录顾校于抄本《班马字类补遗》五卷（丙本）上。之后袁跋及褚氏所录之顾校，以及李曾伯《补遗》的内容，又被分别过录到两种清马氏丛书楼刻本《班马字类》二卷（丁、戊）之上。咸丰四年（1854），王振声复以袁跋抄本《班马字类补遗》五卷（丙本）校抄本《班马字类补遗》五卷（己本）。

3.《水经注笺》四十卷（存十六卷）

（明）朱谋㙔撰。明万历四十三年刻本。孙潜跋并过录赵琦美跋，袁廷梼、贝墉跋，赵光照观款。书号2537。

> 廿二日以钞本校第四、第五卷。五砚主人（卷五后）
> 廿四日以钞本校九卷、十卷。绥阶。（卷十后）
> 九月廿五日以钞本校十一至十三卷。又恺。（卷十三后）
> 廿六日以钞本校十四卷、十五卷。绥阶。（卷十五后）
> 十月初四日灯下，以钞本校卅六至卅八卷。五砚主人。（卷三十八后）
> 初五日灯下，以抄本校卅九、四十卷毕。廷梼。（卷四十后）
> 案朱笺所引宋钞本、旧本、古本往往与据校之旧钞本同，则为

---

❶ 周一良主编：《自庄严堪善本书影·经部》，国家图书馆出版社2010年版，第147～148页。

影宋钞无疑矣。然乌焉满目，而精善处亦不少，今不别是非，悉著之，以俟考定。旧钞本从顾氏小读书堆所借也。又恺记。（卷四十后）

初六、初七日又覆勘一过。（卷四十后）

此书涧蘋得于扬州，今归与我。乙丑九月望廷寿记。（卷四十后）

《水经注笺》为明朱谋㙔以万历十三年（1585）吴琯刻本为底本，以宋抄本及他本参校并笺而成。国图藏此书现存卷一至卷五、卷九至卷十六、卷三十八至卷四十共十六卷，或为祝融之余烬。胡适先生云："孙潜此本用朱笔校录赵琦美、柳佥两本的异文在朱谋㙔《水经注笺》之上。每卷之末，孙潜自记他校赵琦美本的年月日，又他校柳佥钞本的年月日。他又过录了赵琦美在每卷之末的校书题记。"❶

本书袁氏跋文，均作于嘉庆十年（乙丑，1805）九、十月间。本年八月，顾千里自扬州归苏州，❷ 并将是书归于袁廷梼。袁氏遂以顾之逵所藏"影宋抄本"校之，用藤黄（据胡适文所载）将异文记于此本之上。这部影宋抄本，目前各家书目都无著录，而国图所藏的明抄本《水经注》上，却有袁氏于本年九月借校的记录。那么，"影宋抄本"与"明抄本"是何种关系呢？

《水经注笺》卷一天头上写道："钞本每半页十一行，行二十字。"这里所指抄本，即为袁跋中所云顾之逵"影宋抄本""旧抄本"，与明抄本行款相较，可知明抄本即顾之逵藏本（参见下文）。

书中藏印有：九墨弇藏、孙潜之印、潜夫（孙潜）、袁又恺藏书、五砚主人、枫桥五砚楼藏书印、廷梼手模（袁廷梼）、贝埔所藏（贝埔）、顾涧蘋藏书（顾千里）、古吴潘念慈收藏印记、潘印念慈、潘印介祉、古吴潘介祉叔润氏收藏印记、玉笋、叔润藏书、潘叔润图书记、

---

❶ 胡适："记孙潜过录的柳佥《水经注》钞本与赵琦美三校《水经注》本并记此本上的袁廷梼校记"，见《胡适全集》卷十六，安徽教育出版社2003年版，第392页。

❷ 李庆：《顾千里年谱》，上海古籍出版社1989年版，第105页。

藕花香榭收藏印记（潘介祉）、傅印增湘、江安傅氏藏园鉴定书籍之记、藏园、双鉴楼珍藏印、企驎轩、忠谟继鉴、晋生心赏（江安傅氏）、北京图书馆藏。

4.《水经注》四十卷

（汉）桑钦著，（北魏）郦道元注。明抄本。何焯、顾广圻校，袁廷梼跋。书号2754。

> 嘉庆乙丑九月借校，因正错简脱失。廷寿。（卷四十末，后有朱文长印"袁又恺借校过"）

由上文考证可知，此书即袁廷梼所谓的顾氏"影宋抄本"。抄本字迹流畅，字体不一，大约"影宋"的重点在行款而非字迹。《水经注笺》卷一天头上云"钞本（按即此本）每半页十一行，行二十字"，实际上此本绝大多数情况半叶十一行，行二十字，字数偶有增减。书末有袁廷梼手模的宋元祐刻本完整题记：

> 右《水经》，旧有三十卷，刊于成都府学宫。
> 元祐二年春，运判孙公始得善本于何圣从家，以旧编校之，才载其三分之一耳。于是乃与运使晏公委官校正，削其重复，正其讹谬。有不可考者，以传疑焉。用公布募工镂板，完缺补漏，比旧本凡益编一十有三，共成四十卷，分二十册。其篇秩小大、次第序先后，成以何氏本为正。元祐二年八月初一日记。
> ◎涪州司户参军充成都府府学教授彭戬校勘
> ◎朝奉大夫充成都府转运判官上护军赐绯鱼袋孙□
> ◎朝议大夫充成都府路转运副使兼劝农使上柱国赐紫金鱼袋晏知止

后有朱文印"廷梼手模"。胡适先生说："袁氏的校记有最重要的《水经注》版本史料，沅叔与静安诸先生都不曾注意，我要特别保存在这里。……这个顾之逵本的特别贡献是，此本尾页保存了北宋元祐二年（1078）成都官刻本的后记与题名的全文，可以考正钱曾《读书敏求记》所载陆孟凫钞宋刻本的题跋的脱误，可以使我们明了《水经注》在元祐初刻前后的历史。……这是很精细的手模本，其中如'篇秩'，如'成以'，钞本错误显然，但袁氏都照模不改正。"❶《水经注》宋刻本，在清代藏书家目录中并无著录（黄丕烈也仅收藏一部明刻本），现存已知者也只有内阁大库旧藏、现藏国家图书馆的十二卷残本（索书号5237），傅增湘先生据避讳字及刻板风格断为南宋初刻本，❷也有学者断为北宋刻南宋修剜本。❸所以，袁廷梼据以"手模"的、有北宋哲宗元祐年号的原本，情况如何，恐怕目前难以确知，只能留待进一步考察。

跋文中"错简"云云，正是《水经注》在那个时代经、注错讹的写照。《水经注笺》的作者朱谋㙔也在序言中说："知《水经》一注，撷彼二百四十四家，菁英居多，岂不诚为六朝异书哉！顾传写既久，错简讹字，交棘口吻，至不可读，余甚病焉。"

书中藏印有：语古、何印寿仁、何印寿仁、吴郡沈文、辨之印、稽瑞楼、翁印同龢、翁斌孙印、文端公遗书、越溪草堂、北京图书馆藏。

5.《战国策》三十三卷

（汉）高诱注，（宋）姚宏校正。宋绍兴刻本。黄丕烈、顾广圻跋并题诗。钮树玉、袁廷梼、夏文焘题诗。书号8668。

> 书付无双士，图归五砚楼。良朋多作合，卒岁亦无愁。不惜饼金掷，惟欣秘笈收。今来观跋尾，题句胜清游。重"无"字，以"可消"易"亦无"。

---

❶ 胡适："记孙潜过录的柳佥《水经注》钞本与赵琦美三校《水经注》本并记此本上的袁廷梼校记"，见《胡适全集》卷十六，安徽教育出版社2003年版，第411~413页。
❷ 傅增湘："宋刊残本《水经注》书后"，见《藏园群书题记》，上海古籍出版社1989年版，第234~238页。
❸ 陈桥驿："《水经注》版本和校勘的研究"，载《杭州师范学院学报》2000年第1期。

己未仲春，访荛圃二兄于士礼居，重观所得宋刊《战国策》，次非石题句韵请正。去腊君得此书，由余；而余得南田画册，由君，故诗中及之。渔隐主人袁廷梼拜稿。

宋高宗绍兴十六年（1146），姚宏依据汉高诱注本《战国策》，荟萃诸本，续加校注，刊行于世，姚宏校正本，有明确记录的宋刻有两种，即所谓梁溪高氏本与梁溪安氏本。明末天启年间钱谦益以重金相继购得两本。其中梁溪安氏本后为钱曾购得，载于《读书敏求记》中。❶此后直到嘉庆初年，这两部宋刻人间罕见，"藏书四友"中只有顾之逵藏有一部安氏影宋抄本。❷而国图所藏这部梁溪高氏宋刻本，于嘉庆三年为黄丕烈所得，于嘉庆八年影刻，并融汇姚、鲍（彪）两种版本之长，成为清中期以来最好的本子。从书中众多的题跋与题诗可知，袁廷梼对于此书入藏士礼居，有功在焉。

原来，这部梁溪高氏宋本《战国策》，在入藏士礼居之前，先为苏州人毛榕坪所得，后为其亲金德舆❸"豪夺"而去。而黄丕烈与金德舆，虽久有往还，此前却因某次借书之事互存芥蒂，所以金德舆托鲍廷博出售宋本《战国策》之时，曾特意嘱托"可归袁，勿归黄"。此后，有赖于袁廷梼、钮树玉、鲍廷博的从中斡旋，黄丕烈终于以银八十两的高价，于嘉庆三年戊午（1898）十二月十五日将此书购入士礼居。而稍后袁氏得《南田画册》，又得力于黄丕烈的帮助。所以袁跋中才有"书付无双士，图归五砚楼""去腊君得此书，由余；而余得南田画册，由君"之语。所谓《南田画册》，当指清初著名画家恽寿平的画册。据

---

❶ 钱曾高诱注《战国策》三十三卷跋云："予初购此书于绛云楼，乃剡川姚宏校定宋椠本。"参（清）钱曾著，管廷芬、章钰校证：《读书敏求记校证》，上海古籍出版社2007年版，第231~232页。

❷ （清）黄丕烈：《荛圃藏书题识》，上海远东出版社1999年版，第106页。此书现藏山东图书馆，据书中黄、顾跋文，可知其与黄丕烈所得宋梁溪高氏本不同，为安氏本的影抄本。

❸ 金德舆（1750~1800），字鹤年，号云庄，又号鄂岩、少权，桐乡（今浙江桐乡）人。官刑部主事。喜藏书，精鉴藏。著有《桐华馆诗钞》，校正《东观汉记》诸书八种，名曰《史翼》。室名"桐华馆""华及堂"。

《匪石日记钞》，本年十二月二十二日，钮树玉访黄丕烈，曾见"恽格（寿平）小幅山水，笔墨精绝。……传言出自经训堂"❶，可知袁氏得画册，确与荛圃有关。

6.《战国策》三十三卷

乾隆二十一年卢见曾雅雨堂丛书本。袁廷梼跋并临惠士奇批校、顾广圻校。书号2749。

> 乾隆乙卯六月下旬临惠氏半农❷阅本。廷梼。（卷三十三后。后有朱文圆印"袁"）

> 嘉庆庚申九月，借士礼居顾千里校宋本照校，亦以丹墨分别影抄，与宋槧十三日校毕。廷梼记。（前跋之后。后有朱文方印"引生"）

乾隆二十一年（1756），卢见曾据绛云楼旧藏宋本（汉高诱注、宋姚宏校正），刊刻《战国策》三十三卷本，此即雅雨堂本，是乾嘉间高注《战国策》的通行本。

早在乾隆六十年（乙卯，1795）六月，袁廷梼便将惠士奇批校过录于此本之上。约嘉庆初年，顾千里曾以十卷的鲍彪注、元吴师道补正本《战国策》校雅雨堂本。嘉庆二年（1797）夏，又以顾之逵藏影宋本校雅雨堂本。嘉庆三年（1798）十二月黄丕烈得宋梁溪高氏刻本，顾千里遂于次年二月以之校雅雨堂本。嘉庆五年庚申（1800）九月，袁廷梼将萃集吴师道本、影宋本、宋本精华的顾千里校本借来，并"影抄"其校语于此雅雨本之上。天头上有"广圻按"云云者为临顾校，无者为临惠校。顾校原为朱墨两色，大致校影宋本及吴师道本用朱笔，校宋本用墨笔，故袁廷梼亦以两色"影抄"。

---

❶（清）钮树玉：《匪石日记钞》，《丛书集成初编》本，商务印书馆1939年版，第11页。

❷ 惠士奇（1671~1741），字天牧，又字仲孺，号半农，学者称红豆先生，吴县人。惠周惕子，惠栋父。盛年兼治经史，晚尤邃于经学。撰有《易说》《礼说》《春秋说》等。

书前则有袁廷梼过录顾广圻题识，因与袁廷梼过录惠、顾校语以校雅雨堂本的行为关系密切，故亦附于此。

> 此书曾晦于世，得雅雨刻之而复显，好古之士咸重之。乃予取验吴师道《驳正》所称元作某某者，颇有不合；而于改为某某者，反有合焉。深不解其故。丁巳夏，得影宋抄本一校。今年春，得宋椠本再校，乃知与吴龃龉者，大率文不可读，则参取以润色之，出雅雨堂刻是书时之所为也。其传古书而不传古书之真，尚得谓之能传古书乎？虽谓显而仍晦可也。今悉复其旧，以为荛圃所藏宋椠之副。期广与好古之士共之，若云必留此不可读者，为佞宋之病，则请用《驳正》比而细读之，当知其不然也。嘉庆己未二月顾广圻记。九月借校并录。廷梼。（书前）

袁廷梼所过录的顾千里校本（雅雨堂本），此后下落成谜。李庆先生认为此书"已不见著录""原书待考"。[1] 2010年12月，此书惊现西泠拍卖会，并拍出了800.8万元的高价。根据相关新闻及拍卖记录，可知书上仅有"思适斋""顾涧薲手校"两印，并有朱墨"嘉庆八年黄荛圃重刻此书为之校雠""嘉庆二年四月，顾广圻校"等题识。上文所引袁廷梼过录之顾千里长跋，在拍卖图录等相关介绍中并未提及，或者已于流传过程中失去。又此跋未见于《顾千里集》《思适斋书跋》，且跋文对流行一时的雅雨堂刻本"传古书而不传古书之真"提出了中肯的批评，值得重视。

书中藏印有：五砚楼、廷梼校读、袁绶阶（袁廷梼）、得此书费辛苦后之人其鉴我、陈仲鱼家图书、简庄艺文、鳣读（陈鳣）、北京图书馆藏。知经袁廷梼、陈鳣收藏。

7.《管子注》二十四卷

（唐）房玄龄撰。明万历十年刻本。袁廷梼、顾千里、莫棠、佚名

---

[1] 李庆：《顾千里研究》，上海古籍出版社1989年版，第337页。

跋。书号 14860。

　　嘉庆七年二月，借士礼居原本覆校一过。寿阶。（二十四卷后。后有朱文长印"枫桥五砚楼收藏印"）
　　宋本"處"作"处"，"與"作"与"，"無"作"无"，"後"作"后"，"萬"作"万"，"禮"作"礼"，"錢"作"钱"，通书如此，未及尽改。（二十四卷后。后有白文方印"廷梼之印"）

　　这部万历十年的《管子注》，实际上就是赵用贤所刊《管韩合刻》本的一部分，九行十九字，白口，四周单边。赵氏刻《管子》，依据宋本校正文意，参考明初刘绩《管子补注》本，章目分合重加厘定，缺失的页码文字予以补正，十分精良。后来诸刻无不脱胎于此❶，也是《管子》一书版本演变过程中最主要的环节。❷
　　宋刻本《管子》，有两部曾为黄丕烈收藏。一部是赵用贤本所依据的底本，即南宋初年张嵲据北宋杨忱刊本校订的宋刻浙本❸（现藏国图，索书号9601）。这部唯一存世的宋本，在明代以后的递藏序列，大致为文徵明—文伯仁—徐乾学—黄丕烈—汪士钟—铁琴铜剑楼—国家图书馆。❹另外一部，是南宋瞿源蔡潜道宅墨宝堂刻本（缺卷十三至卷十九）。❺此书对杨忱刊本有修订，与浙刻本微异，其清代以来可考的递藏序列，大致为顾竹君—顾氏后人—黄丕烈—汪士钟—海源阁—天津，❻目前藏于俄罗斯国立图书馆。

---

❶ 池万兴：《〈管子〉研究》，高等教育出版社2004年版，第72页。
❷ 郭丽："赵用贤本《管子》论略"，载《管子学刊》2007年第2期。
❸ 北宋庆历四年（1044），杨忱刻《管子》，至南宋绍兴九年（1139），张嵲对杨书进行了抄校。据版心刻工姓名等因素判断，此书于南宋初年刊刻，保留杨氏原序，并附张氏《读〈管子〉》一篇于书后。
❹ 郭丽："国家图书馆藏南宋浙本《管子》考略"，载《图书情报工作》2009年第23期。
❺ 郭丽："南宋墨宝堂本《管子》考略"，载《图书馆杂志》2010年第11期。
❻ 丁卯（1927）十月廿九日，傅增湘曾于天津见此书，索价四千元（《藏园群书经眼录》，中华书局1983年版，第571页）。此后诸家便无著录。

那么，袁跋中所云嘉庆七年二月所借"士礼居原本"究竟为何呢？我们可以从黄丕烈题跋中，窥见端倪。浙刻本为黄丕烈所藏的时间，在嘉庆九年甲子，得自北京。❶袁廷梼自然无法在两年前预借此书。墨宝堂本为黄氏所藏的时间，在嘉庆二十二年丁丑，❷距袁氏借书时间，相距更远。但是约于嘉庆初年，黄丕烈曾借校此书（"二十年前曾借校之"），或者于嘉庆七年左右亦曾借校。本书卷首抄录牌记"瞿源蔡潜道宅墨宝堂新雕印"，卷尾抄录"瞿源蔡潜道宅板行，绍兴壬申孟春朔题"。又有顾千里跋云："宋椠本校一过，其第十三至第十九，凡缺七卷。涧蘋。"综合推断，所谓"士礼居原本"，当为墨宝堂本。

书中藏印有：袁又恺藏书、廷梼之印、廷梼校读（袁廷梼）、莫棠所藏、独山莫氏铜井文房藏书印、莫天麟印（独山莫氏）、初照楼、北京图书馆藏。

8.《袁氏世范》三卷

（宋）袁采撰《集事诗鉴》一卷。（宋）方昕撰。宋刻本。韩应陛录袁表、袁褧、袁廷梼跋并跋。书号8685。

> 宋三衢袁君采著《袁氏世范》，见《唐宋丛书》及《眉公秘籍》，陈榕门先生复采入《训俗遗规》，然皆非足本。乙巳春，予于书肆检阅旧编，得此宋本书，分三卷，后附方景明《诗鉴》一卷，有予从祖陶斋公、谢湖公二跋，称其校刻精善，洵为世宝。是吾家故物也，楚弓楚得，若有冥贻。谨读数过，其言约而赅，淡而旨，殆昌黎所谓"其为道易明，而其为教易行"者耶？予方刻载家谱，鲍丈以文见而赏之，复梓入丛书，附《颜氏家训》后，以广其传。是作者幸甚，而予之购得此书亦幸甚。乾隆庚戌孟冬古吴袁廷梼

---

❶《管子》二十四卷宋本跋称："甲子岁，余友陶蕴辉鬻书于都门，得大宋甲申秋杨忱序本，板宽而口黑，亦小字者，因以寄余，索直一百二十金，毫厘不可减。余亦重其代购之意，如数许之，遂得有其全本。"（《荛圃藏书题识》卷四，第252页）

❷《管子》二十四卷宋本跋曰："此宋刻《管子》二十四卷，原缺卷第十三至卷第十九，任蒋桥顾竹君藏书也。二十年前曾借校之……近日宋廛宋刻子部并归他人，重忆向所未惬意之本，遂从顾氏后人归之……嘉庆丁丑重阳秉烛记。"（《荛圃藏书题识》卷四，第251页）

跋。(书末)

据韩应陛跋文"右三袁跋,照鲍刊《世范》本录。原墨迹盖即在此本《三春》后末叶。后幅纸割去者亦是也。其割去盖在袁又恺廷梼家散出时"可知,此书末原有袁表、袁褧、袁廷梼跋,而为书贾割去,此跋为韩应陛照《知不足斋丛书》本《袁氏世范》移录。此书袁廷梼得于乾隆五十年(乙巳,1785)春,原题于乾隆五十五年庚戌十月。但据韩应陛跋,可知鲍廷博本对宋本亦有擅改之处。此书对于袁廷梼,有特殊的意义,是所谓"吾家故物",他将其交付鲍廷博刊印,可见对鲍氏的信任和两人的交情。这样,袁氏卒后,其《红蕙山房吟稿》列入《知不足斋丛书》第二十八集刊印出版,也就顺理成章了。

书中藏印有:宋京西提刑十七世孙袁惟聃字寿祺、惟聃之印、袁褧印、袁褧私印、袁表印、袁昶、勋和、休复堂印、价藩、松江读有用书斋金山守山阁两后人韩德均钱润文夫妇之印、德均审定、韩印绳文、春谷、春谷草堂、子子孙孙永保之、访雪斋印、袁家固当有人、密均楼、北京图书馆藏等。

9.《楚辞章句》十七卷

(汉)王逸撰。明正德十三年黄省曾高第刻本。袁廷梼校并跋。书号2731。

> 丙寅七月九日甲寅以宋本校起。五砚主人。(目录下)
>
> 嘉庆十一年初秋,借黄荛翁新得宋椠王逸注《楚辞》校此本,原缺七卷第六、第十至十五,以《补注》本配入,亦宋椠也。别校于汲古阁翻雕本上,后有《释音》一卷,《广骚》一卷,则各本所无。手自影钞,附装于后。廿七日壬申勘毕,袁廷寿记于五砚楼。(卷十七末)

上录二跋题于嘉庆十一年丙寅七月九日至二十七日。跋中所云"黄荛翁新得宋椠王逸注《楚辞》",即汉代王逸所著《楚辞章句》(十七卷本）。跋云"原缺七卷",而袁跋明本卷六、卷十至卷十五各卷首页,均有袁氏注"宋本缺此卷",前后可以印证。《楚辞章句》宋本现已不存,现存版本以此袁廷梼所跋明正德黄省曾本为最早。

袁氏所云用以补残宋椠王逸本的"宋椠《补注》本",当为宋洪兴祖《楚辞补注》(含王逸《章句》)。宋椠本现已不存。❶

跋中所云"汲古阁翻雕本",指康熙元年(1662)毛氏汲古阁根据宋本重刻的《楚辞》十七卷(王逸章句,洪兴祖补注)。

袁廷梼跋中涉及的两种宋本,虽然目前都已不存,但都指向黄丕烈士礼居。检《荛圃藏书题识》及《标点善本题跋集录》中黄跋,均无一语涉及二书。但细读顾千里《百宋一廛赋》,可以从黄氏自注中窥得其迹:"驰香严与芳菽,思计日而取俊"句下,注云:"居士既成此赋,予旋得《御览》矣。又别得……残本王逸注《楚辞》。"❷ 据黄氏自云,其得残宋本《太平御览》于周锡瓒处,在嘉庆九年甲子(1804)冬,❸ 注文云"又别得"残宋本《楚辞章句》,而《百宋一廛赋》注文完成于嘉庆十年乙丑(1805)秋,❹ 可知其书入藏士礼居,正在此期间。

书中藏印有:稽瑞楼、北京图书馆藏。

袁氏藏书之名,盛于一时。从整理情况来看,国图藏袁氏题跋善本九种,却多为明清抄刻本。❺ 这与顾之逵题跋批校本的版本情况非常相近。结合顾之逵生前对写作藏书志"徘徊矜慎"❻ 的态度来看,两人对

---

❶ 崔富章:"《楚辞》版本源流考索——兼及《楚辞要籍解题》之讹误",载《浙江学刊》1987年第1期;崔富章:《楚辞书录解题》,高等教育出版社2010年版。
❷ 《顾千里集》,中华书局2007年版,第22页。
❸ 《荛圃藏书题识》:"《太平御览》为类书渊薮……周君锡瓒家有宋刻残本……岁甲子冬,议直二百四十金,以余所藏他宋刻书抵其半,酬介者以十金,此书遂归余。"第405页。
❹ 顾千里:"百宋一廛赋",见《顾千里集》,中华书局2007年版,第24页。
❺ 台湾"中央"图书馆所藏袁氏题跋善本三种,情况亦同。详《标点善本题跋集录》,"中央"图书馆,1992年。
❻ 顾千里《爱日精庐藏书志序》云:"予又念抱冲之存,尝为《读书志》,徘徊矜慎,汔未具稿。"《顾千里集》,中华书局2007年版,第191页。

宋元善本的珍视，以及"不轻易在宋元善本上题跋"的谨慎心态，十分类似。而袁、顾绝少宋元善本题跋的事实，应当也与两人均年未及五旬便骤然而逝，有许多心愿未竟有关。另外，这些题在明清刻本之上的跋语，与许多存世或久佚的宋刻本，有着密不可分的联系，未可等闲视之。

初刊于《文献》2013年第3期

修订于2017年5月

《古今典籍聚散考》求瑕

《古今典籍聚散考》（别称《艺林四劫》，下文省称《聚散考》）是陈登原[1]先生研究藏书史的名作。此书撰于民国二十二年（1933），正值国事维艰，典籍残毁之际，其博洽的文献征引、卓越的洞见史识，以及对中华典籍的拳拳爱护之心，广人见闻，发人深省。是以在藏书史研究后来居上的今日，仍然位居相关研究重要参考书目之列。

本书初由商务印书馆于1936年1月、5月两次印行。[2] 1983年，上海书店据1936年5月版复印再版，收入《民国丛书》第二编。2010年4月，华东师范大学出版社又据《民国丛书》本重新整理，成为"中国传统：经典与解释"丛书中"古学纵横"系列的一种（下文称新版）。

在今兹36版、83版难觅之际，新版的出现，沾溉学林的意义自不待言。同时，将繁体竖排改为简体横排，也是旧籍整理的一种尝试。新版的编者在书前表示："对于原稿明显的排印讹误，径改之。"实际上也确实改正了若干谬误。[3] 但笔者校读之暇，也发现不少问题，其中既有自商务版便已有的，也有商务版不误而新版反误者，涉及史实、内容、标点、版式诸方面。不论这些问题是原稿既有，还是先后两次排版致误，对于这样一本影响较大的著作而言，均所不便。常有后学不察，直

---

[1] 陈登原（1900~1975），现代史学家。字伯瀛，浙江余姚人。1926年毕业于东南大学历史系，先后任教于金陵大学、之江大学、中山大学、西北大学。主要著作有《中国文化史》《国史旧闻》《中国土地制度》《中国田制丛考》《古今典籍聚散考》和《历史的重演》等。

[2] 台湾成文出版社1978年曾据民国二十五年（1936）排印本影印出版，收入严灵峰编《书目类编》丛书。

[3] 如第190页改"鲁元驷"为"姚鲁斯侍御之驷"，第284页改"徐中"为"汤中"。

接"转引"其中的史料,导致以讹传讹,更属不宜,故请以新版为例,参以商务版,从史实、文字、标点、版式四方面分而言之。

一、史实方面

新版卷三第八章《清季之收藏家》节尝引觉述(商务版为"觉迷")《谈铁琴铜剑楼》一文[1]云(第275页):

> 瞿氏铁琴铜剑楼藏书,在清初已著名海内。高宗数次南巡,曾以瞿氏铁琴铜剑楼藏书之富,一度临幸……而编纂《四库全书》时……当时江浙藏书家,出其藏书进呈者,盖以瞿氏铁琴铜剑楼、甬上范氏天一阁为最多。

引文中有两处明显的史实问题:一是铁琴铜剑楼始建于嘉庆间,何以"在清初已著名海内";二是编纂《四库全书》,自乾隆三十七年(1772)起,历十年而告成。而铁琴铜剑楼第一代主人瞿绍基(藏书室名"恬裕斋"),恰生于乾隆三十七年,又何能婴年献书?至于"铁琴铜剑楼"的正式得名,更晚至第二代主人瞿镛时期[2]。此段"史料",大约因陈先生书中转引,还得以收入《铁琴铜剑楼研究文献集》。[3] 再查阅相关的研究资料,[4] 可以肯定,书中征引的这篇刊登于"《中国新书月报》一卷四号"的文章,和小报上的花边新闻类似,简直信口开

---

[1] "觉述"原文未见。检《江苏文献》1942年第3~4期第66~67页有署名"杨剑花"的同一文章,大约一稿再发或者后出袭前。

[2] 这一明显讹误,已经范凤书先生《私家藏书风景》(河北教育出版社2007年版,第18页)、《中国私家藏书文献主要讹误考订》(载《图书馆杂志》1999年第6期)指出。本拟略人所详,删而不论,又念其与本文宗旨一致,故复存之,并作说明,以示不敢掠美时贤之意。

[3] 仲伟行等编著:《铁琴铜剑楼研究文献集》,上海古籍出版社1997年版,第68页。

[4] 如黄国光《铁琴铜剑楼藏书活动述要》(载《文献》1999年第3期)、曹培根《瞿氏铁琴铜剑楼研究》(苏州大学出版社2008年版)。

河，而早在同时期，就有人视之为"梦呓"和"《笑林广记》"了。❶

二、文字方面

《聚散考》一书以史料征引富赡见长，凡关乎书史者，即广为采录。当然，陈先生通达的史识，是结构、贯穿全书的骨骼，而丰富的史料则是血肉。但以篇幅而论，视其书为资料汇编，亦不为过。本节所重点探讨的，是文字上的明显错误，以及新版在繁简转换中增衍的问题。

需要说明的是，前辈征引载籍，向有在不影响文意的条件下节引甚至"编引"的惯例，在今人有失范之嫌，却不足为前贤之病。又材料之搜集，自非一时，故偶有同一材料而前后文字不一之处，亦不为怪，仅择其语义龃龉者辨之。

（1）第45～46页引《宋史·秦桧传》云："绍兴十四年（1144），右正言何溥指程颐、张载遗书为专门曲家，力加禁绝。"据《宋史》卷四七三本传，"曲家"当作"曲学"，❷ 此处犹言"邪说"。

（2）第46页注①《挥麈后录》误作《挥尘后录》。麈即麋鹿，其尾可做拂尘，魏晋清谈，常挥麈尾以为谈助。作"尘"，殆商务本"麈""尘"（尘）形近而误，至新版则转"麈"为"尘"。

（3）第69页引乾隆《东华录》卷四乾隆六年上谕云："但近世以来，著述日繁，如元、明诸贤以及国朝儒修，研究六经，阐明性理，潜心正学，醇粹无疵者，尚不乏人。虽业在名山，而太登天府，着各省督抚学政，留心采访。""太登天府"当作"未登天府"。❸ 商务本不误。

（4）第70页引御史王应彩所奏云："伏思草茅下士，皓首穷经，入

---

❶ 如徐兆玮即云："《新闻报·快活林》二月九日载觉迷《谈铁琴铜剑楼藏书》一则，郢书燕说，全似梦呓，真堪入《笑林广记》也。此非投稿者之无意识，乃编辑者之无常识耳。节录之以佐茗谈……"徐兆玮著，李向东、包岐峰、苏醒标点：《徐兆玮日记》（五），黄山书社2013年版，第3355～3356页。

❷ （元）脱脱等撰：《宋史》卷四七三，中华书局1977年版，第13760页。

❸ （清）王先谦撰：《东华续录》（乾隆朝）"乾隆十三"目下"乾隆六年辛酉春正月庚午谕"所云，清光绪十年长沙王氏刊本。

往而书始出。""入"当作"人"。商务本不误。

(5) 第105页注②云:"又案李斗《扬州尽舫录》卷四云……""尽舫"盖"画舫"之误,大约新版在识别繁体时,将"畫"讹为"盡",再转简体,便大相径庭了。商务本不误。

(6) 第148页引《太平御览》卷六百十九云:"都官郎中庾传美充三川搜访图籍使。传美言伪蜀王衍之书,旧寮家在成都,便于归计"。陈先生在《国史旧闻》第一册(中册)❶引同书作"传美为伪蜀王衍之书旧寮,家在成都,便于归省"。据四部丛刊三编景宋本《太平御览》,文字及断句当作"传美,伪蜀王衍之书旧寮,家在成都,便于归计。"《旧五代史》卷三十七《唐书》十三此句作:"传美为蜀王衍之旧僚,家在成都,便于归计。"❷文意明矣。《御览》中之"伪"或为宋人所加,而原来的"为"字反为夺去;"书旧僚"者,"書""舊"形近,或因传抄致衍。

(7) 第151~152页云:今案宋人杨万里亦云:"国朝承五代抢攘之后,三馆有书仅一万二千卷。乾德以后平诸国,所得浸广。"第155页引文略同,则作"王明清云"。这段文字出于王明清《挥麈前录》卷一,作者、文字均当以第155页为是。其错误在杨万里亦作有《挥麈录》,异书而同名,故混淆作者。

(8) 第156页引周辉《清波杂志》卷七云:"靖康乱后,汴河中多得珍宝,有获金燎鑞者,以尚万物,人间不敢留,复归官府。"此处"尚万"当作"尚方"。尚方在秦汉时代为宫室制造器物之署,后世名称虽有沿革(如唐称尚署),仍常以"尚方"代指。商务本不误。

(9) 第175页引《四部丛刊》本牧斋《有学集》卷二六《黄氏千顷斋藏书记》云:"海内藏书之富,莫先于诸藩。今秦、晋、蜀、赵燼矣,周藩之竹居,宁藩之郁仪,家藏与天府埒,今皆无寸蹄片纸矣。"今检原本,"寸蹄片纸"当作"尺蹏(音dì)片纸"。蹏指"赫蹏",用

---

❶ 陈登原:《国史旧闻》,辽宁教育出版社2000年版,第350页。
❷ (宋)薛居正等撰:《旧五代史》卷三七,中华书局1976年版,第510页。

以书写的小幅绢帛，后亦以借指纸。尺蹏，犹言片纸。商务版作"寸蹏片纸"，新版改作"蹄"，似当以"蹏"为宜。

（10）第178页引王世贞《朝野异闻录》云："籍设，严嵩家宋版书籍六千八百五十三部。""籍设"当为"籍没"，没收严氏家产。此条讹误，为当代多书照引。

（11）第185页云："更可念者，则寿松堂之遭劫，因毁及一个系统之书籍：盖寿松得于小山，小山得于淡生，寿松之毁，因毁及澹生堂以及小山堂之藏书也。"此段前后不一，"淡生"当统作"澹生"为宜。商务本不误。

（12）第237页注①云："见李青莲《皕宋楼藏书志》卷四。"第241页云："李青莲为《皕宋楼藏书志序》。""李青莲"者，李白乎？此处当为"李宗莲"，❶ 其人光绪八年（1882）作《皕宋楼藏书志序》。❷

（13）第240页引胡应麟《少室山房笔丛》卷四云："尔匹楼皮宋刻书，皆绝精。""尔匹楼"难以索解，当作"尔雅楼"，为明王世贞藏书处。商务本作"尔疋楼"，"疋"字通"匹"又通"雅"，故商务本不误，而新版转换致误。

（14）第240页引谢在杭《五杂俎》卷十三云："其后，子孙不能守，元瑞啖以重价，给令尽室载至，凡数臣舰。""臣舰"当作"巨舰"。商务本不误。

（15）第241页云："而日本岛田翰作《皕宋藏书源流考》仍退皕宋而进太一。""初，仲父（范）钦归里，起太一阁。""太一"均当作"天一"。商务本不误。

（16）第247页引朱彝尊《书椟铭》云："予入史馆，以楷书手王纶自随。……（中略）寻供事翰苑，忌者潜请学士牛纽形之白简，遂罢

---

❶ 江庆柏：《清代人物生卒年表》，人民文学出版社2009年版，第286页。李宗莲（1829~?），字友兰，浙江归安人。

❷ 李希泌：《中国古代藏书与近代图书馆史料（春秋至五四前后）》，中华书局1982年版，第60页。

予官。"四部丛刊景清康熙本《曝书亭集》卷六十一《书椟铭》（并序）作"学士牛钮"。牛钮（1648~1686），满族，姓赫舍里氏，字枢臣，康熙九年进士，康熙十八年（1679）后，历任翰林院侍读学士、翰林院掌院学士等职，官至内阁学士兼礼部侍郎。❶

（17）第 256 页引《东华录》所载乾隆上谕云："遗籍珍藏，固随地均有；而江浙为人文渊薮，其流传较别省更从。"当作"其流传较别省更多"。商务本不误。

（18）第 287 页引《澹生堂藏书约》云："惟姑以此书日置几席间，视同玩器，装潢校雠，朝斯夕斯，随意所喜，阅其一端；一端偶会，此卷自不忍不禁；一卷既洽，众卷复然。""不忍不禁"当作"不忍不竟"。❷

（19）第 290 页引《百宋一廛赋》云："夫洞庭广乐，岂齐响于蛙咬。丰人抒首，焉偶形于么么。""蛙咬"当作"鼃咬"，"鼃"通"哇"，鼃咬指非雅正的或淫邪的乐曲。"丰人抒首"当作"丰人杼首"，扬雄《方言》卷二云："《燕记》曰：'丰人杼首。'杼首，长首也。楚谓之仔，燕谓之杼。燕赵之间言，围大谓之丰。""丰人杼首"，犹胖人而长头也。

（20）第 298 页，毛晋以赵孟頫铭为朱文印云："吾家业儒，辛殷置书；以遗子孙，其志何如？……""辛殷置书"当作"辛勤置书"。叶德辉《书林清话》卷十云："元赵孟頫书藏书卷后云：'吾家业儒，辛勤置书。以遗子孙，其志何如。……'毛晋汲古阁至刻为印记。钤于藏书前后。"❸

（21）第 302 页引曹溶《流通古书约》云："书人常人，犹可传观；一人藏家，便寄箱筥为命，举世不得寓目。"其中"书人常人"当作

---

❶ 见（清）徐乾学《憺园文集》卷二十七《资政大夫经筵讲官内阁学士兼礼部侍郎牛公墓志铭》，清康熙刻冠山堂印本。

❷ （明）胡应麟等：《经籍会通（外四种）》之《澹生堂藏书约》，燕山出版社 2008 年版，第 77 页。

❸ （清）叶德辉：《书林清话》，北京燕山出版社 2008 年版，第 277 页。

"书入常人";"一人藏家"当作"一人藏家"。商务本不误。

(22)第306页引《西京杂记》云:"匡衡勤学,邑人大姓又不识字,家富多书,乃与客作,不求其价。主人怪而问之,衡曰:'愿得主人,遍阅之。'"此段摘引《西京杂记》,然"愿得主人"当作"愿得主人书"乃通。❶

(23)第313页引《曝书杂记》云:"书册愈旧者,愈当珍之,不可忽也。我四家赖此延年,此要务也。"据清别下斋丛书本《曝书杂记》卷二,"四家"当作"回家","回来"之意。

(24)第319页引叶昌炽《藏书纪事诗》咏虞堪诗云:"青城宝剑匣中腾,桌行清才一见征。""桌行"当作"卓行"。

(25)第330页云:"乌乎,一坏之土未干,六艺之书无托。""一坏"当作"一抔"。

(26)第340页云:"又(全)祖望常为赵昱作《小山堂藏书记》,谓:'……'""常"当作"尝"。

(27)第360页引魏仲恭《断肠集序》云:"其他也,不能葬骨于地下,如青冢之可吊;并其诗为父母一火焚之,今所传者,百不一存;是重不幸也!""其他也"当作"其死也"。❷

(28)第370页引谢在杭《五杂俎》卷九云:"宋书多不蛀者,以水蛀也。""以水蛀也"当作"以水裱也"。❸

(29)第374页引郎瑛《七修类稿》云:"盖闽估专以货利为计,但遇各省所刻好书,闻价高,即便翻刊。""闽估"中"估"字衍。❹

三、标点方面

本书初版的1936年,多数古代文献仍未标点出版,引文或多为陈

---

❶ (宋)李昉等编:《太平广记》卷一七三,人民文学出版社1959年版,第1274页。
❷ (宋)朱淑真著,郑元佐注:《朱淑真集注》,浙江古籍出版社1985年版,第1页。
❸ (明)谢肇淛:《五杂俎》卷九,明万历四十四年潘膺祉如韦馆刻本。
❹ (明)郎瑛:《七修类稿》卷四十五"书册"条,上海书店出版社2001年版,第478页。

先生摘录时随手点断,恐难免致误,故亦稍加罗列(新本误而商务本原不误者,自不能归咎作者)。或不同断法均可通,则尊重陈先生原书,不再标出。

1. 有当断而未断者

(1) 第30页末行引《史记·始皇本纪》云:"如是勿禁(按《史记》实作"如此弗禁"),则主势降乎上,党与成乎下禁之便!""党与成乎下"处当点断。商务本不误。

(2) 第69页云:"独清之访求遗书,与其摧毁遗书,相间而来消磨英雄,广开文运,其实在胥可知矣。""相间而来"句承前启后,当加句号。商务本不误。

(3) 第164页注②云:"则乱离摧毁,成于一旦而纠集罗致,功费数十年也!""成于一旦"后当有分号。

(4) 第295页引孙庆增《藏书纪要》云:"至于宋刻本,校正字句虽少,而改字不可遽改。书上兀版,亦然,须将改正字句,写在白纸条上,薄浆浮签贴本行上,以其书之贵重也。"此段既存误字,复有破句,当作:"至于宋刻本,校正字句虽少,而改字不可遽改书上,元版亦然,须将改正字句,写在白纸条上。"商务本作"元本",但标点亦误。

(5) 第297页云:"明初杨士奇尝得胡方平《易学启蒙通释》于伯氏,无何失去,伯氏闻之,不乐形诸垢詈。钱曾以为:'昔人矜重书籍如此,后人勿漫视之!'"据钱曾语意,当断作"伯氏闻之不乐,形诸垢詈。"

(6) 第303页引曹溶《流通古书约》云:"一归藏书家,无不绨锦为衣,旃檀作室,扃钥以为常有问焉,则答无有。""扃钥以为常"后当点断。商务本不误。

(7) 第328页引管廷芬跋云:"吾乡陈简庄征君生平专心训诂之学,闭户勘经,著述不倦,中年需次公交车,尝与钱竹汀宫詹翁覃溪阁学、段懋堂大令,抽甲库之秘,质疑问难以为乐。""钱竹汀宫詹"后当有顿号。

(8) 第356页引《赠郑简香征君序》云:"寒村先生之曾孙简香,

以孝廉方正就征到省垣，访余于南屏，余亟问所谓二老阁者，故无恙而其所藏书，半轶于四库采辑、写本还真之日，后又不戒于火，虽有存也者，仅矣。""故无恙"后当点断。商务本不误。

（9）第401页云："我本故国周礼在鲁，掩埋枯骨，胥有待于仁人志士欤！""我本故国"后当点断，商务本不误。

2. 不当断而断者

第33页引刘大櫆《焚书辨》云："故曰：非博士官所职，诣守、尉杂烧之。然则博士之所藏，具在，未尝烧也。"为文气贯通计，"具在"前逗号当省。又如396页云："前书于目录类附列金石，今当以附庸，蔚为大国，搜罗原拓，用保真迹；而新出土之龟甲文字，附焉。"这一问题在陈先生行文及断句中时常出现，或属个人断句习惯，未足深论，故略之。

（1）第46页引王明清《挥麈后录》卷二云："逮其擅政以来，十五年间，凡所记录，莫非其党，奸谀谄佞之辞，不足以传信天下后世。"当作"莫非其党奸谀谄佞之辞"。"所记录"的对象为文辞，而非"其党"。

（2）第63页引乾隆《东华录》卷三十四云："此事在富勒浑于文义，本不甚深，更未免因新进有意从严。""文义"后之逗号当省。商务本不误。

（3）第72页引乾隆四十年谕旨云："查明所有刷印纸本，及板片，概行呈缴。""及板片"前逗号可省。

3. 其余标点不当者

（1）第51页引陈鼎《东林列传》卷二《高攀龙传》云："我太祖高皇帝即位之初……一宗朱子之学，令学者非《五经》，孔、孟之书不读，非濂、洛、关、闽之学不讲。""《五经》"后逗号当改顿号。否则原文意思恰好相反，对于《五经》、孔、孟，不是推崇，而是鄙薄了。商务本不误。

（2）第61页正文云：至雍正十年，各省学臣果奏称："所属读书生监，各具结状（中略），并无一人有异词者。夫或则称为夫子，或则奉祀书院，留良之学，即从清帝所丑诋者觇之，已可窥其一二。胡为乎当时异口同声，并无一人有异词耶？"此处下引号当在"并无一人有异词者"句后，盖所引为清人奏章语，其后数句为陈先生评语。

（3）第85页引陆锡熊《销毁违碍书籍札子》云："又如明人时代，在嘉、隆而上，则尚属本朝龙兴以前，或其书偶述边事，大抵系出鞑靼、瓦剌、朵颜、三卫等部。《明史》可证。并非干碍，即措辞太觉荒唐，原不妨量予删节，似不必概行全毁。""朵颜三卫"为一特定术语，指明洪武二十二年（1389）设立的包括朵颜、泰宁、福余三个卫所在内的地区，故不当有顿号相隔。"《明史》可证""并非干碍"句后的标点，也值得商榷，当作"《明史》可证，并非干碍。"

（4）第103~104页引乾隆《御制文渊阁记》云：故予搜四库之书，非徒右文之名，盖如张子所云"为天地立心，为生民立道，为往圣继绝学，为万世开太平"，胥于是乎系。……语有之：'凡事预则立。'——以上同为引文，忽用双引号，忽用单引号，似当统一为宜。商务本不误。

（5）第322~323页云："案《四唐人集》，内惟唐英歌诗一种，最称善本。""唐英歌诗"当加书名号，其为唐人吴融所撰。

（6）第28页引陈鳣跋云："考毛扆斧季《汲古阁秘书目》，以此居首。注云宋版影钞，定价银五两，以呈潘稼堂不识，几易主后，为汉川吴氏所有。"当断作"定价银五两，以呈潘稼堂。不识几易主后，为汉川吴氏所有。"商务本不误。

四、版式方面

（1）第71页"又如历代名人，洎本朝士林宿望"一段，字体及排版均为正文字体，实际上应该属于其前引乾隆三十七年谕旨的引文部分。

（2）第99页引顾颉刚先生语，中有"靖擒萧铣辅公祏颉利率自守郿遘逃寇不足当刘窦什一文理不顺，或有脱误"一句，令人不解。翻检竖排商务本，始知"靖擒萧铣辅公祐颉利率自守房逋逃寇不足当刘窦什一"一句为顾文之引文，"文理不顺，或有脱误"句则另起一行。新版在横排版时未予处理，导致疑惑。

（3）第 255 页"扫叶山房与上善堂"条目后，羼入"豹人，江苏吴江人也"一句。此句当为上一条目"二酉斋"中内容，盖二酉斋为严豹人之藏书斋。

（4）第 348 页"今日清宫中，虽尚有五经萃室之名"一段，本为正文，羼入前引乾隆御制《五经萃室记》中。

古人常以扫叶为喻，以彰校书之难，然循其规矩，择善而从，庶几可称其职。而著书之事，如控弦而下云中之飞鸟，其难又远甚于校书，是以"求瑕"之作，本非必要。但以是书流传浸广，时见转引致误，故不得不作此小文，藉此就正于方家，并以便再版时参考。❶

初刊于 2012 年《文津学志》第五辑
修订于 2017 年 8 月

---

❶ 稿成，尝倩本馆同事刘明、高柯立诸君雅正，获益实多，藉此一隅，深致谢忱。

附 编

学步捧心

广韵楼藏书记

自古武定祸乱，文致太平。前代立基之初，必兴文治，欲兴文治，又必自广储丛编始。石渠已盛，天禄既盈，流风所扇，士夫辈亦纷然争骛，至以丹黄点染，日夕校雠；坐拥书海，遂忘封侯。此雅事之极也。

两浙向为文华之地，藏书称胜。天一、结一，非一夕而就；皕宋、法宋，惟宋本是求。余如澹生堂、天籁阁、向山阁、玉海楼、曝书亭、得树楼、丹铅精舍、嘉业堂、十万卷楼、八千卷楼诸家，于他邑或得一而为幸，在此乡则历久而弥光。然近世以来，寰宇震荡，国祚不宁，兵连祸结之际，书厄亦随之。其尤著者，伤文澜阁辛酉之劫，赖昆仲抱残而复全；痛皕宋楼长归异域，责陆氏失守而无及。此偾事之极也。

己丑（1949）以来，国祚中兴。麟阁初拟条目，征求滋多；邺架深藏图书，收罗浸广。永康胡凤丹先生，尝于清末豫创湖北崇文书局，所刻书籍，风行海内。归田后，复筑十万卷楼，并辑刻《金华丛书》，其事历历见于史传。其裔孙胡关妙先生幼承世泽，自束发以来，耳濡目染，遂好此调。多年所得，积至数千种，岂敢比德乎前修，聊内欣欣而自美。今年秋，余因赵前师之介，得遍览其菁华，乃深幸眼福，而略陈其美曰：

识唐卷之古，存《般若金刚》，实相非相；世间万法，皆是虚妄。数宋本之精，则《钜宋广韵》，崇兰旧藏；珠还合浦，赓续黎杨。朱子雄文，咸淳初刻；百而存一，犹有古色。《通鉴本末》，机仲倡体；宁负乡人，不违公义。崇宁《福藏》，将历千载；残简遗经，凤姿含彩。鉴元板之英，有欧公遗著，百卷煌煌；元明相祔，篇帙惟良。谪仙诗魂，碧海掣鲸；士赟删润，勤有刊行。汉制考订，肇创之功；钩稽采信，嘉惠无穷。《诸祖歌颂》，玉嵌金镶；雪堂曾秘，持诵琳琅。

至于明清精椠，手稿名抄，则上溯永乐，下洎光宣；秘赜罕觏，屡有见焉。泥金颂经，汉藏无间；尧翁雅属，启老题签。十竹五色，造化巧夺；能事已毕，闵凌孔多。内府诸藩，讹谬实鲜；正统《诗传》，司礼最善。铁琴影宋，汲古精刊；孰云常调，蔚为大观。朝鲜活字，扶桑覆元；最为的证，昭其祖源。至如余众，虽多有可采，然囿于片纸，不能遍举，其惟高明幸察之。

在昔钟仪楚奏，庄舄越吟。人情怀土，岂穷达而异心；书事转烛，终得失乎同里。关妙先生，浙人也，少蒙湖山之秀，长励薪胆之志，虽谋食乎四方，宁忘情于桑梓？且天地遗珍，理无定主，如荆山和璞，历汉、唐而终失；丰城龙剑，虽华、焕而难久。缥缃万卷，安知久后仍为所有？故收储群籍之初，即发愿异日付之公藏，以俾众览。今夙愿将偿，并蒙海内方家新进，怀觚握椠，为撰提要、考证多篇。捧读之余，时有开悟，乃感先生与所藏亦得以书传而名彰，幸何如之，企何如之！是为记。时壬辰丰楸申坚之月频阳刘鹏沐手谨序。

附记：壬辰（2012）秋，浙江永康胡关妙先生欲将历年所得珍籍转付公藏，惜事未成而书亦散。今重订此文，聊为当代藏书家事迹存一鳞半爪也。

题《中国人的精神》

予少年时，初闻作者之名，相继者乃是其轶事趣言，于其学术，一无所知。此民初学者为今人熟知之必经路也。是书享名已久，未知书称其名，抑或文化保守主义之故态乎？予今始读之。庚寅刘鹏识。

是书自辛卯岁公历二月十一日甫读，二月二十五日阅毕，计十四日，约十一万字。

辜氏称自由之制度为"恐怖现代机器"，訾民主为"乌合之众的崇拜"，欲以中国之"忠诚教"（就男子而言）、"忘我教"（就女子而言），澄清宇内，重整乾坤，不啻呓语（夜）郎言，痴人说梦，可谓"以其昏昏，使人昭昭"矣。西人于欧战之抢攘，固当省悆。然岂可以病入膏肓之人，而为疾在腠理者，开其"普济方"乎？

世于辜氏，有所谓"四洋"之说，云"生在南洋，学在西洋"。然其于前清忽生故国之思，兼持"良民""忠君"之论，可谓异数。观其后行，"娶在东洋，仕在北洋"，宜矣。

虽然，处传统土崩瓦解之世，辜先生之辩才无碍，强词夺理，为文化计，究属可原。观其书中述及中国语言、精神，乃至女性者，虽不免瑕瑜互见，终有其胜义在焉。然"擎雨盖"之思，"傲霜枝"之眷，过矣。

（原撰于 2011 年 2 月）

《冀淑英古籍善本十五讲》题记

余自庚寅岁入石渠，以辑录善本手书题跋之故，得泛览馆藏宋元明清善本（胶片）不啻百种，时有"山阴道上行，山川自相映发，使人应接不暇"之感。然琳琅纷至，重宝沓来，又不免有"乱花渐欲迷人眼"之憾。已故冀淑英先生，馆中前辈也，入天禄守书，逾一甲子，馆藏秘籍，泰半经眼。是编为先生十余年前录音之整理稿，原名《百川归海，蔚为大观》，条分缕析，娓娓道来，洵为国图珍籍之入藏小史也。又配以彩色书影百余幅，尚称精美。可谓一编在手，心清眼明也。辛卯夏雨之夜，刘鹏识。

（原撰于 2011 年 8 月）

《史讳举例》题记

昔年予阅《王无功文集》，至陆淳序，以其唐人而不避"渊""适"讳为异。今读是书回改之说，始释然焉。尝疑古人常以字行之故，今读是书"避讳改名称其字"节，又释然焉。又尝以为避讳缺笔者，皆缺末笔，今读是书"避讳缺笔例"，始悟"昬"作"昏"，"衷"改"哀"，皆缺笔之讳也。聊举三例，以见前辈著述言简意丰，善开后学顽蒙之效。然则予于此书之得，岂三而已！

避讳之礼，为我中华独有，其为等级时代之恶谥，固不待言。如南朝徐广，至隋避炀帝讳，以字行，名徐野民；至唐又避太宗讳，则成"野人"矣！又植物"薯蓣"者，以唐代宗名李豫，故避嫌名改称"薯药"；至宋，以英宗名赵曙，又改"山药"，其面目已不可辨。至变易山川之名，古书文字，以俯就此区区数字，视之今日，可谓甚矣。而后之学者，反以用之，赖以考定群籍之真伪、刊印之年代，则于其既往之过愆，亦不无小补焉。

（原撰于 2011 年 11 月）

《博物志》题记

《博物志》十卷，旧题晋张华撰。分卷记载世间奇物、掌故逸闻及神仙方术，其言史事，亦多玄怪。王嘉《拾遗记》云其原为四百卷，书成奏进，晋武以"记事采言，亦多浮妄""恐惑乱于后生，繁芜于耳目"，特命芟截，厘为十卷，则时人亦以荒诞不经视之矣。故四库馆臣以其入小说家类、琐记之属。然晋武亦常置之函中，以备暇日观览。此又所谓好奇喜异，贵耳贱目，人之常情也。

虽然，昔时所轻，不妨为今时所重。以现代学术之理揆之，《博物志》固可自神话、小说、史料、叙事、美学、语言、宗教、哲学、人类学数端发其精义，此则余所未能尽知也。

是书首卷专言地理。于诸国（或诸地）山川形势，着墨尤多，前所未闻。所记秦、蜀、周、魏、赵、燕、齐、越、鲁、宋、楚、南越等，实皆有其险阻可恃之处，然终不免于亡，诚所谓"在德不在险""勿恃危陀，恣其荒淫"也。辛卯初冬。

卷二多言异物、异俗。其法古已不验，今人读之，广异闻而已。间有成理者如胎教之法，亦瑕瑜互见也。如其言妊娠者不宜见"丑恶物"，有异味者不食，席不正不食，宜听颂《诗》《书》讽咏之声，勿近淫邪之音，以为胎教云云，均与现代科学，隔千载而暗合，至谓孕妇啖兔肉及见兔，则生儿唇缺；食生姜则儿多指，则可为笑谈。辛卯十一月二十一日晨。

卷三言及汉武帝于长安九华殿见西王母，食所赐仙桃之事，可与周穆王西行见王母之事互参。穆王久远，故有"八骏日行三万里"之事；

至武帝，史书有征，故难为远游之说以眩众目，"穆王何事不重来"，西王母遂屈尊而东来见武帝矣。辛卯十一月。

卷四多记掌故旧闻，少涉荒诞，治史者可以为鉴。辛卯小雪日。蔡邕赠书王粲，并其两代递藏之迹，前所未闻，可为藏书史之一例。同日又记。

《博物志》版本，向有两大系统，虽均为十卷，然迥焉有异。明刻本据南宋本，析全书为三十八类，然其病在乎"强立门类，割裂迁就"（黄丕烈语）。余所览《四部备要》校刊黄丕烈本，则原出宋连江叶氏本，大致以材料来源相次，故读来似札记，各卷无联系。小雪后一日阅五、六两卷。

卷七论方士及草药。厕华佗乎方士之列，能断谷不食，分形隐没，出入不由门户，可见古之巫医不分也。辛卯十一月二十五日。节引曹丕《典论》之文，原书久亡，可供辑佚。同日。

卷八、卷九、卷十所述诸般异人异产，可与《山海经》对读。辛卯十一月二十七日晨读毕记。

（原撰于2011年11月）

《广州图书馆藏可居室文献图录》题记

壬辰春，蒙赵前师之赐，捧归而读之，爰敬识数语于前。

是书装帧雅致，图版清明，解题亦允称详赡，然余有三不解存焉：书据"经、史、子、集、丛"五部类编排，然每部中又不尽据著者时代相次，与《编例》自述不符，一不解也。解题于著者履历生平，多有绍介；于其书之内容得失，则几无一语，而图录所列可居室藏本，十之八九为清人著述，人所不知，详于彼而略于此，岂书须通读，而人可查检之故耶？二不解也。原书朱墨题跋甚夥，然多不录。余向视手书题跋与日记、信札之价值相埒，如昔曾见惠栋跋，评骘何焯云："义门于学生疏，惟考据略有头绪，其校雠多善本耳。"又曾见王国维跋，痛诋顾千里为"好骂人而无实学""不及荛翁（黄丕烈）可爱"，此类诛心快语，虽不免文人意气，然坦白无隐，欲窥学人深心秘旨，舍此而何？此三不解也。

又有二不同：页四《毛诗草木鸟兽虫鱼疏》误陆玑为陆机，并详述其履历，读来不免增愧。页四一著录清人林侗著《唐昭陵石迹考略》为"影宋刻本"，此足与"宋版《康熙字典》"之说相颉颃，细审之，实字体"仿宋"耳。余不一一，非敢苟同也。又于乾隆后之著述，往往赘言"《四库》未收"，此不言而喻之事，亦不敢苟同。此二不同也。

原书钤印，常有"广州图书馆藏""广州图书馆珍藏"，大约嘉道以前，多同钤二印；嘉道以后，则只钤"藏印"，未知究何以别之？

虽然，三不解者，或有求全责备之意；二不同者，敢存忘劳记过之心。穗馆不以藏书为私宝，略示筌蹄，嘉惠学林，其功匪浅，我辈无跋涉之苦，省费辞之劳，心当窃喜，意当涕零，岂复敢论其瑕瑜哉？一笑。壬辰六月于某地。

(原撰于 2012 年 6 月)

《寸纸留香——国家图书馆西文藏书票集萃》跋

吾国之私家藏书史，历二千年。节衣缩食至鬻田质宅而收书者，代有其人。然书者，难聚易散，终不免云烟过眼之物也。"万卷藏书，安知身后仍归吾有？"其能彰既往之盛况，昭后世以斯人者，曰藏印。阴阳白朱，方长圆椭，姓字爵里，名句箴言，方寸之内，尽著风流。

至于西人藏书之艺术，则有所谓藏书票。其始也，仅为藏书之凭据。继则别开生面，蔚为大观，绅士淑女，贩夫走卒，亭台楼榭，鸟兽虫鱼，未必关乎书事，凡世间所有，不拘一格，皆可入"票"。此物虽非吾国传统，其雅致谐趣，却似非藏印所侔。近世以来，中土亦多有效其事者，如书中所列关祖章、宋春舫诸公之作，中西合璧，亦洵称精美。

书为同人马兄学良借观，书前题记，明述其得书始末。还书之日，聊赘数语于后。壬辰端午前三日，刘鹏书于天禄窗下。书前有民国"国立北平图书馆"书票一枚，绘北海文津楼、华表诸景，与今日大同而小异也。同日又记。

（原撰于 2012 年 6 月）

《李劼人晚年书信集》题记

壬辰初冬，余以因缘际会，得识川省王嘉陵先生。先生未以尊长自高，余亦未以晚进自卑，故甫晤即剧谈乎舆辆。次日上呈《文献》杂志，先生则以新梓《李劼人晚年书信》一册相报，盖前日车中所论，多为此老发也。

李氏（1891~1962）为蜀中乡贤，观其貌也，眉目疏朗，二眸含彩，真学士之相。胜朝之际，即以"大河三部曲"蜚声文坛。洎己丑建政，虽身居高位，恒以恬退谨畏自守。居锦城之东，狮子山畔之菱窠，日兀兀以重订旧作为念，暇则以鸡黍桑麻之事自娱，非公事，足迹不入城市也。故得于风雨如磐中避席逊谢，安逃神矢，悠然卒岁。身后更将历年珍存之善本书画，尽付公藏。荣名未损，金薤无缺，噫！此非惟天幸，抑亦人谋也。此余自李氏晚年书札所窥得者，惟晚近之事，尤难措笔，未尽之言，读者可自辨也。

书据旧影董理，且原作潦草颠倒之处，在在皆是。余披览之初，亦颇以为苦。故其事也，非通于翰墨、精于辨识者而不能；其难也，非浅闻初学、率尔操觚者所可知。书中亦偶有可商处，如页三"（某人）信所说青飞，如确系患有神经病者"云云，当断作"青飞如"，"飞如"即页七所载"青翰南"字也，此盖贤者所未能免。

余初见嘉陵先生也，以其兼具南人之雅逸，北人之厚重，即之而温，叩之而不穷，故深相敬服。及获观是书，并知先生于文学、哲学、音乐诸端，皆有涉猎，则向之钦慕益深。掩卷之日，遂草成此文以报，并记一段书缘也。时壬辰冬至前一日，后学刘鹏书于天禄。

（原撰于2012年12月）

《元代文人心态》题记

癸巳春，余作《黄丕烈、顾千里交恶新论》一文万余言，略叙黄顾绝交之故，嘉庆十二年顾（千里）段（玉裁）学制之争固沸然于后，而黄顾家世之迥异（荛圃饶于财货，涧薲寄食求饱）、性情之乖睽（荛圃孝友谦谨，涧薲傲睨轻诋），则龃龉之兆，早萌蘖于嘉庆初元矣。文成奉呈于诸师友，汪先生桂海阅后，薄有佳评，并告余曰："子尝闻幺书仪先生《元代文人心态》乎？其才气焕发，述文人心态入微，昔年余负笈山东之时尝闻之，特倩同门友自京购寄。此可为子之资鉴也。"

故自三月初至今，竭两月力，于琐务之暇读之，幸得终卷。虽心窃有所不足，然二十年前学林风物，已宛在目前。今人文章，多如时艺，文字陈腐，了无生趣，千人一面，观之可厌，所谓"博士体"也。至如此书之才情恳挚，常不能已者，日就稀阔矣。先生一生用力处，在古代戏曲。犹忆昔年于文学所仰聆先生退休报告，题目即为《西厢记》，并蒙签赐春风文艺版《董西厢》一册。数年间屡次迁居，已不知佚于何时矣，惜哉。癸巳立夏后七日，书于潇喃庄。

（原撰于 2013 年 5 月）

中央图书馆的成立与国立北平图书馆的困境及其纾解
——以抗战为中心

1929年8月31日，南京国民政府教育部直属国立北平图书馆（原京师图书馆）与中华教育文化基金董事会（下称中基会）所办北平北海图书馆正式合组，仍称国立北平图书馆（下多省称"平馆"），以蔡元培、袁同礼为正、副馆长。经费充足的平馆在主持馆务的袁同礼先生率领下，迅速走上了更符合现代图书馆理念的全新发展道路。1931年6月25日，平馆在北海之畔壮美的文津街新馆举行了盛大的落成典礼，自此告别20余年"馆无定所"的尴尬局面，馆内外同人均对平馆的未来充满信心。事实上，直至1937年北平沦陷，虽然国内危机日深，但平馆在人才培养、馆藏建设、学术研究、社会影响诸方面，都呈现欣欣向荣之象。[1] 此一阶段，可说是馆史上前所未有的黄金时期。

然而，在外敌入侵，国土沦丧的大背景之下，事业发展的"天时"因素既失，国立北平图书馆也逐渐陷入了诸般困境。其中善本被迫南运、馆务南迁风波、日伪窃据平馆等重要事件，时贤多有论列，不必赘言。然而学界较少关注，却是当时图书馆界一件大事且尤与平馆息息相关的，则是中央图书馆（下多省称"央图"）的成立与壮大。在战时特殊的环境下，"国家馆"（旧京师图书馆）与"地方馆"（北平图书馆）

---

[1] 李致忠主编：《中国国家图书馆馆史（1909~2009）》，国家图书馆出版社2009年版，第61~102页。下文省称"《馆史》"。

角色的易位，使平馆的发展遇到前所未有的挑战，对平馆的"馆运"也产生了重大的负面影响。而平馆在困境之中，多方谋求纾解之道，也充分体现了以袁同礼先生为代表的馆内同人勇毅的品格与卓越的才干。

一、国都南迁——平馆"国家图书馆"地位的丧失

央图与平馆的兴衰消长，与时局和国运紧密相连。而形成两馆"恩怨"的契机，则是1928年后的国都南迁。

一国之政治、文化中心，恒在其首都。故具有"国家"或"中央"性质的国立图书馆，亦必在首都，此中外之通例。在清末和北洋政府时代，平馆的前身京师图书馆，虽未冠"国家"或"中央"之名，然其或接收内阁大库、文津阁《四库全书》等中央、皇家藏书，或由教育部次长兼任馆长，或由教育部通令各省征取志书、拓片，并且已自1916年开始承担"接受出版品呈缴"的职能（北平北海图书馆），虽然馆舍屡迁，经费恒缺，但实际上就是当时的"国家（中央）图书馆"。

然而，1928年国内政局发生剧变。6月，南京国民政府所属北伐军入京，北洋政府（北京政府）解体。21日，国民党中央会议第154次会议议决：直隶省改名河北省，北京改名北平，北平、天津为特别市。❶7月18日，国立京师图书馆奉中央命令，改为国立北平图书馆（《馆史》第34页）。

国民政府迁都南京，有着复杂的历史原因。简而言之，南方始终是其革命的策源地（广州、武昌、南京等）和大本营，而北方则始终代表着旧的"反动势力"（清政府、北洋军阀）。这一点上，与朱元璋在南方起兵推翻元朝，而迁都南京有相类之处（而燕王朱棣"靖难"后复迁都北平，也基于相同的原因）。然而自清末以来，满蒙地方本不平静，日本更是觊觎已久。国都南迁，实际上更加削弱了北方的政治影响和军

---

❶ 韩信夫、姜克夫主编：《中华民国史·大事记第五卷（1928~1930）》，中华书局2011年版，第3089页。

事力量。就北平而言，迁都事件的负面结果也十分巨大。它虽仍暂时保有文教中心的地位，但政治影响的式微和诸多首都特权的消失，使其赖以发展的商业、金融、交运、娱乐甚至文教诸业顿时凋敝，已逐渐呈现"旧都"的景象。❶ 所幸随着战前国力的逐年增长和城市近代化建设的发展，北平人口有增无减，❷ 至少保证了平馆潜在读者规模的持续增长。

迁都对平馆的影响也是决定性的。虽然此后二十年间，其规模和成就仍在业界首屈一指，但"国家图书馆"地位的丧失，使其在业界的领袖地位开始动摇。九一八事变之后，北平成为前线；"何梅协定"（1935）签署后，国民政府已经失去对华北尤其是对平津的有效控制，注定了平馆所面临外部环境的日益恶化。馆藏中西文善本南运，已将藏书的精华一举而去；而华北沦陷之日，也就是平馆事业正式陷入低谷之时。

而早在国府决定迁都之前，国内第二所国立图书馆——中央图书馆的设立，已经被提上日程。

二、中枢玄览——央图的成立与平馆的尴尬

新都所在，新的文化中心和学术中心的建构，也就成了应有之义。早在北伐进行过程中，国民政府对于国都南京文教中心的建设已经开始。于是，1928年5月，国立中央大学成立；1928年6月，国立中央研究院成立；1933年4月，国立中央博物院筹备处成立。可以说，凡是北平所有的重要文教机构，国民政府便在南京"复制"一个。❸ 这一时

---

❶ 陈鹏："试论1928年迁都对北平的影响"，载《北京社会科学》2010年第2期。

❷ 自1928年的1 340 199（城区899 676）人，增至1935年顶峰时期的1 573 204（城区1 113 966）人。另1935年华北事变后，北京人口有所缩减，至1937年为1 504 716（城区1 067 152）人。参见：周进：《北京人口与城市变迁：1853~1953》，中国社会科学院研究生院2011年博士论文，第52页。

❸ 国立北平研究院的建立（1929年9月），在中央研究院之后。但其设立之议，与中研院同时。参见：刘晓：《国立北平研究院简史》，中国科学技术出版社2014年版，第30页。

期，无论是中研院的院址风波，❶还是北京大学和中央大学的"最高学府"之争，❷或是1930年（抗战未爆发前）谋将北平故宫文物部分运往南京，❸都与国民政府将南京作为文化中心的政略有关。

而作为北方以及全国唯一的国立图书馆，"旧的"北平图书馆一方面不仅不可能迁建于"革命"的中心南京，以摇身一变为"新的"国家图书馆，反而成了北方文教界甚至北方旧的政治势力在普遍的"迁都"失落中，剩余的一点寄托。另一方面，也是更为关键的一方面：平馆虽然名义上是由教育部和中基会合组，且仍隶属教育部，但在1929年9月南京教育部公布之平馆《合组办法》及《委员会组织大纲》❹中可以看到，无论是遥领其职的馆长（中研院长蔡元培）、实掌其事的副馆长（袁同礼），还是隐然凌驾于馆长之上、实分其权的馆务委员会，❺实际上都体现了国民政府—教育部和中基会争取平馆控制权的角力，是双方在人事方面妥协的结果。到底谁是平馆的"东家"？平馆又真正听命于谁？这个问题似乎很明确，但又似乎很模糊（正因此，方有馆务南迁之风波）。笔者看来，用一个不贴切的比喻来说，教育部的角色，好似遥领其地的"宗主国"，而中基会才是真正的"控股股东"。无论如何，可以肯定的是，国民政府需要的，是一个上下内外都完全听命于己，能够贯彻其文教事业政策的"中央"图书馆，而远在旧都的平馆显然不是合适的"培养对象"。

事实上，关系到国立北平图书馆兴衰的中央图书馆的筹划，更早在

---

❶ 即1930年中研院奉中央政治会议严令，将中研院在上海的所有机构全部搬迁至南京一事。张剑："学术与政治：1930年中央研究院院址之争"，载《学术研究》2013年第4期。

❷ 许小青：《首都迁移与"最高学府"之争——以北大、中大为中心的探讨（1919～1937）》，中山大学历史学系2008年博士论文。

❸ 参见陈寅恪、蒋廷黻、顾颉刚、吴其昌四先生联名刊发于1930年11月29日《清华周刊》的《本校四教授反对古物分散之一篇公开状》。参见：杨扬："哈佛所见文史资料四则"，载《扬子江评论》2006年第1期。

❹ 北京图书馆业务研究委员会：《北京图书馆史资料汇编（1909～1949）》，书目文献出版社1992年版，第1051～1053页。下文省称"《汇编》"。

❺ 因袁同礼先生极高的名望、丰富的人脉以及卓越的才干，委员多为文教界巨擘的馆务委员会成立后不久，实际上已经不是制约馆长的工具，而成为袁先生及平馆可以借重的重要资源。这一点可以留待另文探讨。

南京临时政府时期,❶惟因政局动荡而未成。而在1928年5月的首次全国教育会议上,即通过了《筹备中央图书馆案》❷及《大学院所拟建设之中央图书馆应迅筹的款购置国内外历年出版专门研究学术之各种杂志及贵重图书以供各地专门学者参考案》。

1929年1月28日至2月1日,中华图书馆协会于新都南京举行了首届年会。1月29日上午的图书馆行政组第一次会议中,议决通过了《由本会呈请教育部从速筹办中央图书馆案》的合并议案。其中陈钟凡所提《请拨中华教育文化基金创办南京图书馆案》,还建议请中华教育文化基金董事会援与北洋政府教育部合办京师图书馆及自办北平北海图书馆之旧例,于首都创办南京图书馆(即中央图书馆)。❸若此议成真,则中基会与教育部合组平馆之事,必然无法成功。这次分组会议的主席,正是国立北平图书馆实际主持馆务的袁同礼,不知袁先生彼时做何感想。

在国内危局日成之际,中央图书馆创设之议终于实现。1932年年底,曾任职松坡图书馆、北海图书馆、北平图书馆,并留德研习图书馆学归国的蒋复璁❹见到了他在北大预科时的老师、初任交通部长(仍兼

---

❶ 据《南京临时政府教育部筹设中央图书馆收买古籍启事》可知。李希泌:"辛亥前后图书馆史料",载《图书馆学通讯》1981年第4期。

❷ 此案为王云五《提议请大学院从速设立中央图书馆并以该馆负指导全国图书馆之责任》、韩安《请大学院筹设中央图书馆案》、南京特别市教育局《请在首都筹办国立中央图书馆案》三案之合并案。沈云龙:《全国教育会议报告·乙编》,文海出版社1971年版,第603~610页。

❸ 创办央图之提案系顾天枢、蒋一前、民立中学图书馆、陈钟凡分别提出,合并议决的。陈案要点有:请中基会拨开办费100万元,以为建筑费;每年拨经常费30万元,包含基金、购置费、行政费、创设图书馆学校费用等,应该参照了北洋政府旧教育部与中基会拟定的原合组契约。中华图书馆协会执行委员会:《中华图书馆协会第一次年会报告》,中华图书馆协会事务所1929年版,第37~38页、第66~67页。

❹ 蒋复璁(1898~1990),浙江海宁人。曾任中央图书馆筹备处主任(1933~1940)、馆长(大陆期间1940~1949、在台期间1954~1966)、台北故宫博物第一至八届院长(1965~1983)。其曾祖蒋光煦"别下斋"藏书,清末享誉东南;叔父蒋百里为民国著名军事学家和传奇人物,与蒋介石之间恩怨纠结,关系密切,蒋复璁晚年执掌台北故宫,据其自述与蒋介石对蒋百里的怀念有关。又蒋复璁为曾任教育部长、交通部长、中央调查统计局长、中央组织部长、行政院副院长、中研院院长的国民政府新元老朱家骅在北大预科任教时的学生,其赴德留学与接掌央图,也多赖朱之赏识与赞助。

教育部长）兼管理中英庚款董事会董事长的朱家骅，据其回忆：朱"头一句话就命令我留在南京"，并说"中美庚款办了一个北平图书馆，中英庚款的钱要来办一个中央图书馆（那时还叫南京图书馆）"。1933年1月21日，教育部委派36岁的蒋复璁任中央图书馆筹备委员会委员，4月8日聘为筹备处主任。蒋氏祖上为著名藏书家，又与国民政府关系密切，是贯彻其建馆方针的适当人选。❶

三、此消彼长——央图的壮大与平馆的困境

自中央图书馆筹备处成立，或者说自央图"拟成立"起，直至战后，国民政府（尤其是教育部）都给予了包括政策与财政在内的巨大支持，在当时内忧外困的局面下，力度都可谓空前。从某种程度上来说，图书事业方面，蒋复璁和央图的意见，也就是教育部乃至国民政府的意见。而平馆在这一时期，则备受国民政府（主要而不限于教育部）冷落甚至打压，先有善本南运，次遭馆务风波，抗战中更是一度形成两馆（昆明南馆、北平北馆）并存的尴尬局面，在内外两方面均日益困难。本节专论央图的壮大，并时时与平馆的困境比较，以见彼长此消之大势与二者的内在联系。

（一）政策方面

自1911年辛亥革命以来，国民党—国民政府对于南北方的控制力和重视度便有极大不同。南方是其发源、财源和心腹之地，而北方无论北洋军阀、张学良、宋哲元时代还是全面抗战爆发后，始终游离在其势力范围的边际。故而重南轻北，也始终是其无法摆脱的政策趋向。❷ 如前所述，这是平馆所面临的无可奈何的政策风险，具体表现如下：

1. 央图接掌重要职能

正因为央图是国民政府尤其是教育部早有谋划的要事，故早在筹备

---

❶ 蒋复璁、黄克武等：《蒋复璁口述回忆录》，"中央"研究院近代史研究所2000年版，第3～6页、第45～48页、第87～92页。下文省称"《蒋录》"。

❷ 抗战期间，中央图书馆和中央大学随政府迁渝，北平图书馆和西南联大则迁滇，看起来是分散战争风险，实际上都可视作这一说法的注脚。

处成立之前，已经有计划地将原属平馆（及其所辖原北平北海图书馆）的重要职能，划归尚在议案中存在的虚拟的"中央图书馆"。其中较为重要者有：

（1）国际出版品交换事务。1928年8月24日，大学院（教育部前身）同意在中央图书馆未成立以前，国际出版品交换事宜暂由1926年起即负责此事的北海图书馆继续办理。然而9月4日，大学院又发训令，明言虽然央图无法承担，但中研院图书馆现已成立，此项事务"可即归该院管理"（《汇编》第240～245页）。至1934年6月底，国际出版品交换事宜转归央图筹备处，称为"教育部出版品国际交换处"。直至20世纪50年代，仍有部分境外书刊陆续寄至"南京中央图书馆"。❶

关于此事，还有一段插曲。为了充实馆藏，1933年央图筹备处甫成立，蒋复璁即谋求影印文渊阁的四库珍本。然而此事在操作过程中，不仅假国民政府教育部与商务印书馆合作之名进行，而且合同规定成果版权归央图所有，而罔顾故宫博物院乃至北平文化界的权益，以致引起轩然大波，更成为袁同礼与蒋复璁、平馆与央图（背后是教育部）乃至北方与南方文化界之间的一场直接冲突。❷ 此事的结果，按照蒋复璁的说法，在央图一面，是《四库全书珍本初集》221种近2 000册，央图得到一百部作为版税，"用以开展国际交换，从而获得不少西文书，中央图书馆因此在国际间逐渐知名"，"四库全书最后受到各国注意。袁同礼等人反对我，没想到却帮了我的忙，增加了我的知名度"。而央图之所以能够克成此事（按《四库全书》1917～1925年曾四次筹划影印，均告失败），与教育部和行政院的鼎力支持有绝大的关系。在论争和调处中，教育部对反对者的答复均为蒋复璁代笔，相关会议也由蒋代表教育部出席，而袁同礼"之所以失败实由于他反对教育部"（《蒋录》第

---

❶ 有趣的是，1949年后寄至"中央图书馆"（南京图书馆）的交换书籍，多被统一转寄北京图书馆（原北平图书馆）。世事变幻，令人感慨。南京图书馆志编写组：《南京图书馆志（1907～1995）》，南京出版社1996年版，第57页。

❷ 姜文："1933年关于影印《四库全书》之论争平议"，载《历史教学》2011年第20期。

52~55页)。此事也埋下了两馆日后恩怨的伏笔。

（2）出版物呈缴。1916~1926年，北洋政府内务部、教育部多次发布训令及法规，要求全国出版单位向京师图书馆呈缴出版物，不仅"无偿"丰富了馆藏，也强化了京师图书馆的特殊地位。然而1927年12月，南京政府大学院颁布《新出图书呈缴条例》，要求出版者向大学院呈缴新书。1928年6月北伐成功后重申前令。至此开启了平馆接受呈缴地位丧失和反复交涉，终获有条件恢复的历程（见表1）。

表1 平馆争取接受呈缴地位历程表[1]

时 间	双方态度
1929.10.14	平馆委员会致函教育部，请通令全国出版机关依例缴送，并请转咨内务部修订《著作权法施行细则》，凡新出版之图书，须以一部寄存平馆
1930.01.21	教育部复称缴送事务正在整顿，俟整顿就绪，再行核办
1930.03.28	教育部公布《新出图书呈缴规程》，规定呈缴之书经教育部核收，发交教育部图书馆、中央教育馆、中央图书馆各一部，而只字未提平馆
1930.06.11	委员会再函教育部，称平馆"事实上已为我国最大之图书馆"，求修正或变通条例，加入平馆
1930.06.26	教育部复函称该规程"未便遽行变更"，还建议平馆自行向出版机构征求
1931.03.24	委员会要求将平馆列入接受单位，并请将教育部代央图保存之呈缴书籍，先行拨借平馆
1931.04.08	教育部称列平馆为接受呈缴单位一事"碍难照办"，但可将代管之央图呈缴新书检寄平馆
1933.10	教育部令各省教育厅将呈缴新书除缴部一份外，改寄央图及平馆各一份
1934.10.01	教育部令各书局将呈缴新书直寄平馆及央图筹备处

[1] 本表为笔者据相关文献所制。见《汇编》第311~316页；李致忠：《中国国家图书馆百年纪事（1909~2009）》，国家图书馆出版社2009年版，第21~22页、第25页。

续表

时　　间	双方态度
1935.02.13	平馆呈教育部转呈内务部，要求修正《出版法》时将平馆列为接受缴送机关
1935.02.18	内政部电复称《出版法》不能修改，但缴央图两份新书中的一份应转平馆收存
1935.04.03	平馆呈立法院，请审查《出版法》时将平馆列为接受缴送机关
1937.07.08	国民政府公布《出版法》54条，规定出版品发行时呈缴国立图书馆、立法院图书馆各一份

从表1可以看出，平馆为争取接受新书呈缴权利所做出的努力和经历的曲折，其背后各方力量的博弈可想而知。而平馆的被动，都是因国家馆地位丧失导致的。虽然在立法层面，平馆获得了与央图同等地获取出版物缴送的资格，但在实际操作层面，仍有厚薄之分。如1940年10月24日，国民政府通令行政院等五院、各部会、各级党部，在国史馆筹备期间所有新旧刊物应检送一份与中央图书馆，以便"庋藏而重文献"，❶ 而平馆无与焉。

2. 央图接管（收）藏（赠）书，接掌业务（职务）

作为政府规划中的"国家图书馆"，央图在未正式成立之前，即开始接管（受赠）其他国立单位藏书。抗战结束后，又接收了大量的京沪日伪藏书。同时，央图及蒋复璁还接受教育部、行政院、军事委员会、中央党部及其他党政及学术机关的委托（尤其在其随国民政府迁渝后），接收了多项图书，承担了多项行政工作，进一步扩大了其影响力。从笔者据《"国立中央图书馆"六十年大事记》等资料绘制的二表（表2、表3）中，可以稍窥其要。

---

❶ 章以鼎：《"国立中央图书馆"六十年大事记初稿（1933～1992）》，"国立中央图书馆"1993年版，第17页。下文多省称《"央图"大事记》。

表 2　央图接收图书表（1933~1948）❶

时　间	事　件	获得图书（备注）
1933.02.03	央图筹备委员蒋复璁赴北平接收前清学部留平档案保管处所存图籍，并拨归央图	图书四万六千余册、满文书籍五百余册、清代殿试册一千余本，奠定其馆藏之基础
1933.04	接收南京国学书局（原洋务派所建江南官书局，民国以后为省立）及其书版	（后改为央图印刷所）
1935.04	国民政府文官处赠《清史稿》一部	（此书当时禁止流传）
1935.08	军政部总务厅赠上海兵工厂藏书	198 种共 230 箱
1938.04	保管已停办的国立山东大学之图书	中西文书籍 76 箱
1938.06	保管（使用）教育部携渝方志等图书	31 箱、745 种、2973 册
1938.10	接收江苏省立镇江图书馆西运善本书	40 箱
1946.04	接收汪伪陈群泽存书库藏书	40 万册
1946	接收沪、宁其余日伪机关藏书	共计约 35 万册
1948.11	接收国防部第二厅图书室图书	古迹临摹照片及色印图书 120 种
1948.12	接收宪兵司令部所存图书	3 万余册

表 3　央图（蒋复璁）曾经承担过的主要党政机关重要工作（1934~1948）❷

时　间	事　件
1934.09	自中研院接管出版品国际交换事务
1935.07	蒋复璁代表教育部出席行政院关于修改《出版法》的审查会议
1935	蒋复璁任中央古物保管委员会常务委员
1937.01	江西省政府聘任蒋复璁为庐山图书馆征集图书委员会委员

---

❶ 《"国立中央图书馆"六十年大事记初稿（1933~1992）》，第 1~30 页。

❷ 据《"央图"大事记》，央图还曾为国民政府主记处、经济部中央农业试验所、三民主义青年团、四川省教育厅、战事征集图书委员会、多地民众教育馆、交通大学唐山工学院等单位承办相关图书业务。

续表

时　间	事　件
1939.04	蒋复璁兼中央训练团党政训练班图书馆主任
1939.05	为教育部社教司草拟《图书馆管理》一书
1939.06	为教育部社教司草拟《图书馆辅导各地社会教育办法大纲》
1939.07	为教育部草拟全国《图书馆规程》《图书馆工作大纲》
1939.08	为中央党部图书馆编制购书目录，并草拟图书咨询处规则
1939.08	为行政院县政设计委员会编制业务相关图书目录
1939.09	为教育部大学先修班图书馆设计布置及代拟各种规则并指导编拟排架善本目录
1939.10	为教育部草拟《沦陷区域图书馆设施计划书》
1939.11	为教育部草拟《图书馆辅导各地社会教育机关图书教育办法》
1939.12	参与四川省立图书馆筹设工作并为拟应购书目
1940.01	为教育部草拟《抑制书价办法》
1940.02	受教育部指令派员往贵州查勘文澜阁《四库全书》保藏情形并作指导
1940.04	受教育部指令派员视察四川省10县及重庆市民众教育馆图书室与县立图书馆
1940.10	奉教育部令编辑《全国图书总目》
1940.12	为军事委员会侍从室第二处编辑馆藏苏联出版品目录
1941.03	发布《普及全国图书教育暂行办法》
1941.10	教育部指示征集抗战史料呈部以凭编辑
1942.06	教育部指示央图筹办图书馆学补习学校
1944.02	奉教育部指示呈送抗战以来出版之优良图书书目及简要说明
1945.09	蒋复璁任教育部京沪特派员及沪区教育辅导委员会主任委员，辖苏浙赣闽皖五省并负责接收京沪地区敌伪文教机关（平津区为沈兼士）
1946.05	教育部印行央图编《抗战以来图书选目》《普通图书馆设备举要》《修正图书馆规程》
1946.11	在第一届国民大会代表招待所设书报阅览室
1948.03	蒋复璁任教育部台湾文化宣慰团团长
1949	蒋复璁作为中方代表赴巴黎参加联合国教科文组织第五届会议

除了上述种种政策扶持，1940年7月2日央图正式成立前夕，蒋介石题颁"国立中央图书馆"门额一幅；1945年馆长蒋复璁任教育部京沪特派员并负责接收京沪日伪文教机关，并于1947年获颁抗战胜利勋章，均使其特殊的政治地位得以彰显。

3. 平馆受到排挤

与之相比，平馆的地位则颇显尴尬，虽是国内最大的图书馆并具有国际影响，却备受冷落。尤其北平沦陷后，连袁同礼先生也只能遥控馆务；迨1941年太平洋战争爆发，北馆失守，昆明的"馆本部"所实际掌握的馆藏、人员和经费，已经非常有限，❶而且曾三次被炸，"同人中十余日不知肉味者比比皆是"。❷

与此同时，教育部在央图馆长蒋复璁的主导下，对于平馆及袁同礼处处掣肘甚至打压。1941年11月吴光清、王重民致胡适信云："阅守和（今按即袁同礼）先生信，知北平图书馆与伊个人方面，已万分窘迫，而所以致此，中央图书馆蒋复聪（今按原字如此）君处处来作对，为其重要原因之一。守和先生致光清、重民信中，道及向教育部请款不成，乃为蒋君所破坏。……惟吾人应预为设法，俾在美所得利益，不尽为一方面人所独吞，则幸甚矣。"❸尤其耐人寻味的是，1940年3月馆长蔡元培逝世，4月馆委会即议决建议教育部及中基会以袁同礼升任馆长，并取消副馆长一职，以釜底抽薪的方式，表明了对袁同礼的极力支持。而教育部竟下令实际主持馆务已达十余年的袁同礼"代理馆长"，并迟至1943年末才正式任命他为馆长。❹

---

❶ 据1940年7月平馆呈教育部报告，当时北平有人员78人，昆明34人，上海3人，香港1人。经费北平9.6万元，滇沪港共4.8万元。《汇编》第720~721页。

❷ 中国社会科学院近代史研究所中华民国史研究室：《胡适往来书信选》，社会科学文献出版社2013年版，第774页。

❸ 同上书，第783~784页。

❹ 《汇编》第767页。按袁同礼正式担任馆长时间，至今未能确定。《纪事》定其时为1943年，当有所据，但未载月日；据《汇编》，1943年9月20日袁同礼向教育部呈报平馆战时损失情况时，仍署"代理馆长"。

(二) 经费方面

1. 央图的巨大机遇

央图筹备初期（1933年年初），正值多事之秋。蒋复璁回忆："时适逢一·二八之役上海战争，政府公务员的薪水都打折扣，哪有钱办中央图书馆，朱先生（今按即朱家骅）却不管，他想办的事一定要办，他从教育部拿出二千块钱，补贴图书馆。"（《蒋录》第47页）之后经费时增时减，但至1939年12月时，每月仍不过四千元。蒋复璁呈教育部的报告中，即抱怨"故就经费言，中央图书馆实不如一公立图书馆（浙江省立图书馆经费即较本馆为多）。就购书费言，且不如一大学图书馆"。❶

当然，此番话仅就政府公开拨款而言，假如"经常费"就是央图的唯一经费来源的话，就无法解释1933～1937年，其藏书从一无所有发展到18.3万册的事实（《"央图"大事记》第7页）。实际上，除教育部年度拨款外，和平馆类似，央图的经费主要还是仰赖管理中英庚款董事会（参前引朱家骅"中英庚款的钱要来办一个中央图书馆"语）。而抗战中期为抢救古籍善本，教育部也特批了巨款。

（1）中英庚款息金的鼎力支持。1931年4月，管理中英庚款董事会（下省称"董事会"）正式成立。其隶属行政院，董事长（朱家骅）及15名中英董事皆为国民政府任命，故较北洋时代成立的中基会，更能体现国民政府的意志。董事会以英国退还庚款借贷给相关机关，进行铁路、水利、电力等基础设施建设，而以贷款利息补助文教事业。

按照《中英庚款息金支付标准》，将用途分为甲（建设中央图书馆、中央博物馆，保存国内固有文化史迹古物，占25%）、乙、丙、丁、戊五类，央图和央博是重中之重。❷ 1934年5月30日，董事会同意补助央图建筑设备等费150万元，分年拨付，当年即拨付15万（《"央图"

---

❶ 严文郁：《中国图书馆发展史——自清末至抗战胜利》，（台北）枫城出版社1983年版，第120页。

❷ 朱家骅：《中英庚款十年来管理概况——卅年四月八日在中英庚款董事会成立十周年纪念会报告》，1941年。

大事记》第3页）。但1937年建筑图纸尚在评选中，即因抗战被迫中止，实际上并未实施。不过建筑费至少自1934~1937年仍逐年拨付，如1937年即高达38.75万元（《汇编》第443页）。1938~1941年，央图耗资17万元建设"分馆"，成为当时临时首都重庆"最像样的一栋建筑"（《蒋录》第57页），其中10万元即出自该经费。这笔经费到1940年抢救沦陷区古籍时，约花费30万元，其中应有部分用于购书等其他方面，这也可以解释央图成立后经常费短缺而藏书迅速增加的现象。

此外，董事会也会根据情况，给予央图一些补贴。如1938年董事会即补助设于央图的"出版品国际交换处"1.35万元（《"央图"大事记》第12页）。此类补助理应不少，惟限于所闻，尚需时日一一举出。

（2）教育部巨额"专款"。兵燹历来为书厄之主因，抗战期间，南北故家藏书大量涌出。1940年，经郑振铎、张元济、叶恭绰等有识之士呼吁，国民政府决定通过"文献保存同志会"这一民间途径，拨巨款收购善本，藏于中央图书馆。❶

为筹措经费，中英庚款董事会挪拨央图建筑费余款120万元，教育部先后拨专款200万元，❷相当于央图数十年的经常费。数年之间，共计购得邓邦述群碧楼、潘祖荫滂喜斋、沈曾植海日楼、刘晦之远碧楼、李文田泰华楼、邓秋枚风雨楼、丁祖荫湘素楼、张珩韫辉斋、刘承幹嘉业堂等藏4 800余部共计48 000余册善本古籍。是故郑振铎在《求书日录》中说："但在这两年里，我们却抢救了，搜罗了很不少的重要文献。在这两年里，我们创立了整个的国家图书馆。虽然不能说'应有尽有'，但在'量'与'质'两方面却是同样的惊人，连自己也不能相信竟会有这末好的成绩！"❸

经此一役，中央图书馆的古籍善本藏书，其质与量已经几可与平馆

---

❶ 参见刘孝文、刘向红《同志有心齐戮力，指掌满溢是书香——文献保存同志会史事考述》（载《大学图书馆学报》2015年第1期）一文。

❷ 《蒋录》第58页。另据刘孝文，《陈立夫回忆录》的数字为建筑余款120余万元，教育部专款"二百数十万元"。

❸ 郑振铎：《西谛书话》，生活·读书·新知三联书店2005年版，第408页。

媲美，至少可以说"各有擅场"了。而这样的成绩，竟是在短短的两三年间达到的。此一时期，中国的文教事业饱受摧残，却带给同样颠沛流离的中央图书馆骤然壮大的契机。

就在中央图书馆大举收购善本之时，北平图书馆正煞费苦心，欲将暂存在上海租界区，已不再安全的甲库善本精华，运往美国国会图书馆保存，并允许美方拍摄胶片以充保管费用。此事最终的结果是，1948年6月8日，央图也收到国会图书馆所赠平馆善本微卷1070卷（《"央图"大事记》第28页）；1965年11月18日，袁同礼先生去世后不久，在蒋复璁的斡旋下，平馆存美善本102箱20 738册被运往台北"央图"。❶ 可以说，在传统意义上最受重视也最体现馆藏质量和家底的古籍善本方面，我有人有，人有我无，平馆的优势已经荡然无存。

2. 平馆的经费锐减

在平馆经费方面，1929～1944年，中基会一直是平馆经费主要而稳定的来源，即使在1929～1933年世界经济危机期间中基会收入锐减之时，依然如此。

1931～1936年，每年经常费及购书费虽逐年递减，仍保持在30万～40万元。这期间，平馆曾多次向中英庚款董事会和教育部申请

---

❶ 《纪事》第68页，《蒋录》第66～67页、第168页。

经费，无论多少，几乎都遭婉拒。❶❷除了它们在政策上偏重国民政府的"嫡系"央图（包括央大）的原因外，此时北平形势日危，国民政府已经做好长期抗战的心理准备，自然更要减弱对于北平这一"将沦陷区"文教事业的支持。❸与之相对照的是，为了加速平馆善本南运，教育部不惜让北大先行垫付2000元运费（《汇编》第417~420页）。

1937~1945年，经费日减而通货日增，平馆又分为平、滇及各办事处数地，只能说勉力维持。

然而令人心寒的是，袁同礼先生顶住中基会的巨大压力，创办昆明办事处，1940年6月欲向教育部申请补充图书设备及人员维持费2万元，却被行政院以"该馆……（南迁以来）情形，均不明瞭"的理由否决。同时却补助央图半年非经常费3.64万元，设备费2.5万元。❹教育部在抗战中后期，开始有限地补助平馆经费（但始终未将其经常费正

---

❶ 如1935年4月24日、1937年7月30日董事会婉拒平馆资助向达赴英费用300镑、平馆编目费2万元的申请（《汇编》第413页、第443页）。按《汇编》及《纪事》均以为1935年董事会曾核准向达赴英及编印书目补助，盖因误读董事会公文中"准此"二字。如向达事复函云："接准大函，以贵馆向达君赴英国牛津大学，协助整理该校中文图书馆，事关中英两国文化合作，嘱每年补助英金一百五十镑，以两年为限等由。准此，查本会处理请款规则规定凡教育文化机关请求补助，应于每年一月底以前，以书面提送本会。现逾限期过久……实已不及汇案列入。……收支相抵，不敷尚巨……其他新事业补助，更属为难。承嘱，无以应命，至深歉疚。"又编印费事复函云："接准大函，嘱补助国币两万元，指充刊印藏书目录之因等由。准此，除俟汇案审查外，相应函复查照。此致国立北平图书馆。"可知"准此"实为公文内容前后承转之套语，而绝非"批准此事"之意。《纪事》更将董事会1935年年底确认接到编印费申请与1937年最终拒绝申请一事误作两事。可以比较的是，1937年董事会计划补助央图37.85万元（占息金总额的11%），却不肯补助2万元给平馆。

❷ 如平馆1933年12月16日请教育部于1934年起列入购书预算12万元（《汇编》第393~394页）、1935年2月8日请自当年起列入购书预算5万元（《汇编》第401~403页）、1937年4月3日请自当年起列入购书预算5万元（《汇编》第440~441页），均遭拒绝。

❸ 据这一时期傅斯年致蒋梦麟、胡适信（《胡适往来书信选》第1172~1173页），中英庚款董事长朱家骅当时对北大的态度是：平津一带不愿多放款；北大范围太小；有中基会支持北大，故不愿再放款。这一态度也可以看作对于平馆的态度。至于1937年3月董事会补助平馆往英法拍照并选印敦煌遗书事8 000元，则因此事关系中华文化之巨、意义之深、受益之广，已非平馆或北方文化界私事外，也有赖董事叶恭绰的极力促成。

❹ 第二历史档案馆：《教育部报送各项经费概、预算的有关文书（内有北平图书馆西南联合大学合组中日战事史料征集会工作报告）》，档号五（2）-358，第139~140页。

式列入教育部预算），❶但可称杯水车薪。1941年，教育部以80余万美元补贴各大学术机关，用以购买图书仪器。西南联大及中研院各补助3.5万美元，央图补助1万美元（注意：这是在拨巨款收购古籍的同时），而平馆则分文未得。直到袁同礼函电申请，才分配到1 700美元。❷再举一例，可见平馆与央图之差距：1945年8月，国民政府追加央图临时经费1 000万元，以政府名义分赠英美文化学术团体（《"央图"大事记》第22页），而当年平馆的经费仅为144.1万元（《汇编》第1121页）。

1946～1948年，平馆经费由教育部拨付，然本馆之经常费（1947年）"数目甚低，殊感不敷支配，以与中央图书馆相衡，实觉远逊"（《汇编》第866页）。经费数额虽然一路暴增至数千万乃至10亿元，而此时期的物价水平也在恶性上涨。据统计，1947年11月初的物价指数，是1937年的11万倍,❸而平馆当年经费则仅为1937年的约5000倍（《汇编》第1121页）。到了1949年的金圆券时代，货币贬值速度则更无法想象，平馆实际上只能是勉强维持而已。

在抗战前后国民政府文教经费及资源极其有限的情况下，中央图书馆的成立，自然伴随着国立北平图书馆的衰落。这种形势，在1935年底善本南运，尤其是1937年北平沦陷之前，尚不明显。因为此时央图仍在从无到有的筹备阶段，复因时局动荡，一度流离失所；而平馆仰赖二十余年的苦心经营和中基会的巨额资助，在藏书、经费、职员人数等方面遥遥领先。然而随着央图优越地位确立所产生的长期效应和全面抗战爆发后不确定因素的增加，两馆在各方面的差距迅速缩小。至中华人

---

❶ 据《1942年10月21日平馆呈教育部增加经费函》，教育部自1940年起补助平馆，1940～1942年分别补助2万元、4万元、4.88万元。而1942年中基会拨款19.5万元，"值此物价暴涨之际……全数充作人员费，只能支配十余人；全数充作事业费，亦仅能购入图书千册而已"，可见平馆彼时的处境。（《汇编》第746～747页）

❷ 《胡适往来书信选》，第779页。

❸ "北平物价指数，平均日涨一成"，载《益世报》1947年11月30日。又据《新中国若干物价专题史料》，上海物价1948年7月比1937年上涨7亿余倍。（新中国若干物价专题史料编写组，湖南人民出版社1986年版，第2页）

民共和国成立前,双方综合实力已经非常接近,央图在某些方面甚至超过了平馆。❶

四、百计解难——平馆困境的部分纾解

面对困境,平馆同人,尤其是袁同礼先生,在维护平馆、发展平馆的过程中,展现了勇毅的品格和卓越的才干。

就勇毅的品格一面言,1937年馆务南迁风波中,面对中基会反对南迁,要求继续在日据北平办馆的巨大压力,袁先生与南下同人始终秉持民族大义,坚持另创"南馆"并升格为馆本部,以实际行动支持抗战,支持对平馆并不"感冒"的国民政府;香港沦陷后,日军当街杀人,袁先生举家身陷危境,仍然坚持给蔡元培先生的遗孀送冬衣,并探望友人家属;❷1941年面对教育部和央图的排挤以及个人经济的困窘,又遭次女之殇,个人痛苦可谓极矣,而先生仍始终以平馆利益为重,为平馆殚精竭虑,未尝稍懈。❸

就卓越的才干一面言,不论在发展的黄金时期,还是在抗战的困难时期,平馆都有赖袁同礼先生的奔走呼吁,百计解难。这一点,在《中国国家图书馆馆史(1909~2009)》及《馆史资料长编》中虽有不同程度的反映,但二书体例以时间为中轴,辅以事件,故不易看出袁先生和平馆在应对危局方面的系统举措。兹不避烦琐,以所见材料为基础,综而论之。

---

❶ 据《中国国家图书馆馆史》(第145页、第152页)及《南京图书馆志》(第11页、第95~96页),1949年前,平馆藏书140万册,职员定额118人(工友数不详);央图藏书126万册(含运台善本书籍近14万册),职员112人,工友21人。

❷ 袁澄:"劳碌一生的父亲",见传记文学编辑委员会:《传记文学》,传记文学杂志社1966年版,第48页。

❸ 本年10月30日袁同礼于沪上谋运甲库善本赴美,曾致信胡适云:"平馆经费前以中基会无力增加,曾向教育部请求列入国家预算,亦未能办到。……倘不从速设法,则后顾茫茫,真有不堪设想者,未识我公将何以教我?最近舍下长幼三人,均患盲肠炎,而次女以割治稍迟,竟因之夭伤。此间医药之费颇属不资,故私人方面亦告破产,因之心绪恶劣。"《胡适往来书信选》,第783页。

面对平馆的困境，袁先生谨守的原则，谋划并卓有成效的办法，有以下数端。

(一) 疏离政界而不排斥政治

平馆自蔡、袁二先生履任以来，一意以建设中国图书馆事业、为学术研究提供便利为旨归，并不刻意倚在任政界大佬为奥援。蔡元培先生虽然在国民党内声望甚著，但自 20 年代末即已淡出政坛；袁同礼先生交游亦广阔，然而他将自己的影响力基本限定在国内外文教领域，他对政治与学术的认识是"学术界中毁人机会少，需要牺牲的地方多"。❶这种洞察与超然，在当时的国立机构领导人中，并不多见。尤其是央图在深厚的政治背景下跨越式发展，处处压平馆一头的现实，必然给袁先生很大的刺激和困扰，但他仍然从平馆的长远发展出发，恪守自己的原则和理念，实在难能可贵。

然而，平馆疏离政界，却并不排斥政治。在抗战时期，平馆在秉持民族大义的前提下，不拘一格，与国民政府及国内各派政治力量，或合作，或周旋，以期更好地维持馆务，保护馆产，充实馆藏。以下按照时间顺序简述其大者。

1. 递补北平市长秦德纯入馆委员会

1935 年后，华北逐渐脱离中央政府的控制，而部分掌握在半独立的、以宋哲元等二十九军系统人员为核心的冀察政务委员会手中。此事对于平馆而言，直接的改变就是 1936 年 5 月 25 日第二十三次馆委员会会议上，原委员任鸿隽因履职四川大学校长辞任，而经选举递补者，竟是时任北平市长、与其余委员看来格格不入的秦德纯（《汇编》第 353 页）。

秦氏担任委员，与当时的政治形势密不可分。实际上，宋哲元集团主政华北以来，一直在国民政府、举国民意和日本侵略者之间左右摇摆，并力求掌控华北局面。善本南迁时，其即曾阻挠文津阁《四库全

---

❶ 据袁澄《劳碌一生的父亲》一文，袁同礼先生留美期间曾任 20 世纪 20 年代权倾一时的黄郛秘书，并在黄任内阁总理时任"国务院咨议"，却"从不做政治方面的事情"。

书》南运。1936年4月，宋哲元并派秦德纯和北平公安局长陈继淹为故宫博物院及北平图书馆正副监理，❶ 直接插手这两个在北方举足轻重的文化机构的事务。如此，相对开明❷而掌握北平实权的秦德纯入馆委员会，也是平馆在复杂局面下的应变和自全之道。卢沟桥事变后，平馆委员会再度改组，到1938年才任满的秦德纯，此时即退出馆委员会。

2. 北平沦陷后设置禁书库

北平沦陷后，平馆虽因有美方背景，暂保无虞，但1937年伪"新民会"曾强行提走4 000余册"违禁"书籍。为避免类似事件，平馆乃将疑似"违禁"的书刊全部提出，封闭一室，名曰"禁书库"（《馆史》第115页）。避免了贻敌伪以口实，而招致馆藏的更大损失。

3. 向中共访求抗日史料

在国共合作抗战的背景下，1939年年初，袁同礼先生致信时任第十八集团军驻渝办事处领导人的周恩来，希望其支持南馆征辑抗日史料的工作。平馆的倡议得到了中共方面的积极响应，从而奠定了国家图书馆解放区文献专藏的基础（《馆史》第124页）。

4. 为教育部解难

虽然教育部对于平馆，一直采取打压与抑制的态度，但平馆在困境中，仍然不计前嫌，勇于任事，为教育部解难，为国家出力。1942年，教育部向美国订购大批图书仪器，以分配给后方文教机构，❸ 然战时此批货物留滞印度长达一年，无法运出。因袁同礼先生曾任国联国际文化关系委员会中国代表，在印度颇为知名，故1943年3月，教育部派先生赴印办理此事。至7月，首批货物已运抵昆明，教育部遂令平馆全权代办货物接收、分配、转运事项。至1945年10月，平馆共为40余家机构分发图书仪器695箱，极大地促进了国内的科学研究事业。平馆因

---

❶ 翁文灏：《翁文灏日记》，中华书局2010年版，第37页。

❷ 秦德纯曾为胡适等所办《独立评论》因批评华北当局而被查封一事向宋哲元通融，终助其复刊。

❸ 此事疑即前文所引袁同礼致胡适信中所云1941年教育部以80万美元分赠各大院校以购买图书仪器之事。

其高效的工作获得声誉之余，也配得物资8箱（央图为2箱）。❶ 1943年3月后平馆局面有所好转，或许也与此事不无关系。❷ 而袁先生事前请款遇冷，事后却勇于担责，其胸襟与见识，实非常人所及。

此外，如1933年8月主动为外交部提供英文版"马来群岛地图"，助其"研究珊瑚九岛问题"（《汇编》第381~383页）一事，也足见先生爱国之忱。

（二）广设办事处，屡建奇功

抗战前后，平馆曾先后设长沙、昆明（二者实为分馆，后均裁撤）、上海、南京、香港、重庆、仰光、华盛顿办事处，在馆务危殆之时，这些用从牙缝里挤出来的经费创办的办事处，结成一个联通国内外的网络，在北馆失守，南馆维艰的局面下，屡建奇功。今略陈如下。

上海办事处：保管南迁善本，运送赴美；搜藏战事史料及善本；采办后方所缺业务用品等。

南京办事处：战前运行工程参考图书馆、保管南迁善本，战后清点藏书等。

香港办事处：迎送出入境人员；中转国外书刊及沪、昆、渝三地业务（详后文）。

重庆办事处：后方书刊采访（当亦有了解政局之意）。

仰光办事处：香港沦陷后转运外来物资。

华盛顿办事处：挑选沪上善本运美并安置妥当，接洽平馆在美事务等。❸

（三）内结同道，外争美（英）援，奉献社会

困境中，袁同礼先生充分运用自己的交际网络，谋划了许多对平馆以及中国文教界都大有裨益的事。当然，平馆以及袁先生本人在战前十

---

❶ 李致忠：《中国国家图书馆馆史资料长编（1909~2008）》，国家图书馆出版社2009年版，第307~309页。

❷ 本年4月，教育部拨款10万余元支持平馆收购武定土司家藏文献；约年末，又实授袁同礼先生馆长一职。

❸ 办事处所办事务，《馆史》及《汇编》《长编》多有记载，此处不一一列举。

余年的苦心经营和默默奉献,为这一切打下了坚实的基础。

1. 与北大等同道师友的合作

国民政府时期,北京大学、教育部、中央研究院,"都属于北京大学的势力圈子……他们永远都保留着北京大学、中央研究系的命根"。❶袁先生毕业于北大预科,与傅斯年、罗家伦、周炳琳、沈雁冰等同班,与毛子水同学;平馆馆务委员会中,蔡元培(中研院长)、蒋梦麟(曾任教育部长)、胡适、傅斯年(史语所长)皆有深厚的北大背景。周诒春则曾为清华校长;清华时任校长梅贻琦的夫人韩咏华,与袁先生亦是亲戚。又早在1917年袁先生即代理清华图书馆主任,于是在内忧(与中基会的矛盾)外患(战事与教育部打压)之际,平馆与北大、清华等同道师友的合作,成为战时支撑其运作的重要因素。

北大(清华)方面:与长沙临时大学—西南联大合组图书馆,并兼任馆长;❷与西南联大合组"中日战事史料征辑会",至1949年共征得史料48 853册(《汇编》第1108页),成为战时南馆最大宗的专题文献收藏之一。平馆香港办事处协助接送临时大学赴滇师生,并将订购西文期刊编制索引,供联大师生参考(《馆史》第130~131页)。除此之外,与中基会的矛盾,赖傅斯年及联大三常委(蒋梦麟、梅贻琦、张伯苓)缓颊(《汇编》第489页、第527页);向教育部要钱,赖蒋梦麟及傅斯年等致信;❸因西南联大尚为教育部所重,故经费稍裕,平馆也常从这一途径获得补贴。❹

中研院(史语所)方面:1936~1937年,在傅斯年、袁同礼倡议下,平馆联合故宫、史语所、北大,与商务印书馆谋划《国藏善本丛

---

❶ 参曹聚仁《京派与海派》一文。曹聚仁:《我与我的世界》,人民文学出版社1983年版,第485页。

❷ 联大图书馆直属校务委员会,1938年先生以事忙辞任后,联大即降馆长一职为主任,并隶属教务处,可见对先生的尊重。

❸ 前据二档档案中,有1941年1月蒋梦麟、任鸿隽、傅斯年致教育部长陈立夫信,为平馆请款3万元,陈批复2万元。

❹ 如长沙办事处迁昆明,平馆人员旅费及书籍运费均由联大承担;再如史料会向中英庚款请款,也因与联大合作,得补助1万元。

刊》的影印工作。❶ 1940年，由平馆香港办事处负责将史语所在北平所购书籍，中转寄往昆明；其未能中转者，亦暂存办事处。❷ 1943年，与史语所合作收购云南武定土司家藏文献等（《馆史》第122页）。

2. 寻求欧美援助

袁同礼先生曾留学美国，并多次考察欧洲图书馆事业，任职平馆与中华图书馆协会期间，声名素著，与欧美业界结成了良好的关系，❸ 并与历任美国驻华公使、大使有相当的交往，❹ 这一方面，在当时的图书馆界，无出其右者。故先生在内援不济的情况下，亦倾力寻求外援。

1937~1938年，先生以中华图书馆协会理事长名义，致函美、英、法、德，乃至新西兰各大文教机构，为我国已毁已迁之大学、图书馆征求书刊。截至1941年太平洋战争爆发，包括平馆在内的国内文教机关，获得的捐助至少在4万册以上（另有科学仪器及英镑若干），❺ 而且依据各单位所需，公平分配。稍后成立的有官方背景❻的战时征集图书委员会，遂在此基础上开展征集工作，并委托袁先生率南馆、香港办事处及设在央图的"教育部国际出版品交换处昆明办事处"共同负责图书的接收与转运工作，而不再按原计划由后者独任。❼ 在袁先生的主持与奔

---

❶ 案此事之缘起，即在央图成功影印《四库全书珍本初集》后，袁同礼曾对傅斯年说"北平图书馆再编印一部更伟大的，将四库打倒"。《国藏善本丛刊》首辑之选目业已完成，并印发了包括缘起、选目、提要、样张在内的《景印国藏善本丛刊样本》小册子，然此事旋因淞沪抗战爆发而搁浅。李文洁：《袁同礼与国立北平图书馆研究——以抗战前后的馆务为中心》，国家图书馆2009年青年科研项目结项报告，第3~14页。

❷ 王汎森、潘光哲、吴政上编：《傅斯年遗札》，"中央"研究院历史语言研究所2011年版，第1062页、第1088页。

❸ 1945年5月，匹兹堡大学还授予先生荣誉博士学位。

❹ 参见袁澄《劳碌一生的父亲》（见传记文学编辑委员会：《传记文学》，传记文学杂志社1966年版）。

❺ 据《长编》第319~323页转引徐家璧《袁同礼先生在抗战期间之贡献》一文统计，美国约3万册，英国约1万册，其余各国数量未详。

❻ 主任为张伯苓，掌其事的副主任委员郭有守为时任教育部长陈立夫秘书。

❼ 据1939年1月28日郭有守致胡适函，委员会征集之图书，原拟由"教育部国际出版品交换处昆明办事处担任收掌与分发"，而参与单位中，并无平馆与央图，甚至并无一家图书馆。（《胡适往来书信选》，第691~693页）

走之下，与此相关的征求海外赠书活动，一直持续到1948年。❶

1942年，先生低调赴美，食宿极俭，却"费尽心机"募集1 200美元，为平馆购买了美国国家档案局所藏中美关系档案（1790～1906）胶卷324卷（《馆史》第130页）。1943年，美国罗氏基金会资助4 500美元，以采购国外最新医学书报（《长编》第347页）。同年，请驻美大使胡适在美组织购书委员会，为平馆采购西文图书（《汇编》第762～763页）。

3. 奉献社会

平馆和袁先生虽然在抗战中自身仍处于逆境，但仍竭尽所能，为国内文教机关和社会各界提供援助，充分体现了高尚的图书馆精神。除前述诸事之外，重要者尚有如下几篇：

1940年，平馆将所藏复本期刊及西文书报分赠西南联大、云南大学、中山大学、同济大学等多家高校（《馆史》第120页）。同年，订购欧美医学杂志200余种，分寄成都、重庆、贵阳、昆明各医学机关以供参考（《馆史》第118页）。

1941年，将部分西文书籍寄存南开经济研究所供阅览（《馆史》第129页）。

1943年，先生任国际学术文化资料供应委员会秘书长，负责美、英、澳学术界所赠西文期刊缩微胶片的接收与推广，并在后方设阅览站30余处（《长编》第347～348页）。同年，平馆将美国罗氏基金会资助所购医学书籍，寄存贵阳、重庆、成都三地医学研究机构，并供其余相关单位使用（《馆史》第130页）。

1945年6月，平馆征集国内文理诸科论文187篇转交美国国务院，后多在权威期刊发表；并将茅盾、郭沫若、曹禺、老舍、张骏祥作品的英译本寄美（《长编》第317页）。同年，袁先生参加美国国务院文化关系组发起的搜集中国学者海外发表的学术论文活动，至6月共收集发

---

❶ 李文洁："二战前后中国争取海外图书援助的活动"，载《国家图书馆学刊》2015年第3期。

表在美国期刊上的论文 200 多篇，❶ 扩大了中国学者在海外的影响。

可以想象的是，平馆这种无私的奉献精神，必然引起社会各界极大好感，客观上也为平馆的发展争取了良好的舆论支持。

（四）不忘根本，因时（地）制宜

抗战期间，平馆所面临的形势极其严峻，然而馆内（尤其是南馆）日常业务仍次第恢复。如书籍采访、索引编制、阅览接待、书籍出版、《图书季刊》复刊等，均照原计划陆续进行，可谓不忘根本。

另外，平馆因时、因地制宜，重点完成了中日战事史料、西南文献、战后经济建设资料、中国外交史料、医学杂志及常用工具书的收集和搜采工作，丰富了馆藏的品种和类型，可谓失之东隅，收之桑榆。此皆载诸《馆史》及《长编》，历历可见。

从以上拉杂所叙四个方面，读者可以感知，在困境之中，平馆同人及袁同礼先生是如何百计解难，为平馆呕心沥血的。这里要提醒读者的是，这一切成绩，主要是由南馆及部分办事处同人——袁先生能有效掌控的三十余人——实现的。

抚今追昔，虽然今日我们已经具有国家图书馆的优越地位，馆务也随着国力的增强而迅速发展，但居安思危，我们第一不可忘记昔日北平图书馆所经历的困境；更重要的是，前贤在应对危局时的公而忘私与远见卓识，也仍值得我们感念与借鉴。

初刊于 2016 年《国图与抗战》文集
修订于 2017 年 9 月

---

❶ 李文洁：《袁同礼与国立北平图书馆研究——以抗战前后的馆务为中心》，国家图书馆 2009 年青年科研项目结项报告，第 102 页。

后　记
——八年的所历与所思

窗外的霾来了又去，
枝头的叶黄了又绿。

半年多前，当我准备结一个清代藏书史研究的集子，并开始未雨绸缪地为《后记》打腹稿时，这两句话便一直在脑中萦绕不去。数月之后，当半途而废的腹稿的其余部分早已忘得一干二净时，这两句话在脑中却依然清晰。

而在数月略显拖沓而不厌其烦地修订和新撰结束，我终于得以提笔写下这篇《清代藏书史论稿》的《后记》时，八年来的焦虑与释然，愤懑与平静，苦恼与欣喜，疲惫与振作，种种滋味，也不期而至。

（一）

进入国家图书馆研究院工作，改变了我学术的轨迹。

2010 年的初夏，我还埋首于题为"《〈昭明文选〉与初盛唐诗歌》"的博士论文之中，不知今夕何夕。在博士毕业之前，我从未工作或从事过较为长期的社会兼职，可以说一直在象牙塔和师长的庇护之中。虽然见闻京城"留"大不易，而"青椒"（青年教师）多半阮囊羞涩，并因此偶有焦虑与彷徨，但从未真正介怀。那时的我，胸中充盈着"为往圣继绝学"的神圣感和"十年磨一剑，霜刃未曾试"的跃试感，根本没有真正担心过自己的命运。

于是，在别人都忙着投简历找工作时，我则迟钝而坚定地和博论较着劲，每天用最笨但最可靠的办法，阅读唐诗和《文选》，手动处理数千条语料，力图用数据去确证二者之间看似显明实则模糊的关系。倒是导师蒋寅先生默默地操心，在开会、答辩、聚餐等正式、非正式场合频频向他在京内各大高校、研究所的朋友为我打听、说项、写推荐信。冥冥中注定，当其他机会都转瞬即逝后，倒是经过漫长的材料审核、一轮笔试、两轮面试，国家图书馆研究院接纳了我。

出于读书人对国图海量藏书的天然艳羡，师友们对我的归宿总体还比较满意。还记得一个夏夜里，刚参加完女儿家长会的王达敏先生在未名湖畔给我打来电话，半是安慰半是鼓励地说："在那边可以多看看（善本）书。"还有好心的同学悄悄告诉我国图的待遇这个人人在心却无人在口的问题，蒋老师听说后还高兴而又略显无奈地说："那不错啊，和我的工资差不多了。"当然，师友们的这两方面认识，和实际情况产生了不少乖离，乃是后话。

经过了毕业季的伤感、彷徨与逃离之后，2010 年 7 月底，我被分配到了研究院的古文献研究所。当时的任务，是在张廷银、汪桂海两位先生的指导下，和所里以及古籍馆的几位同人一起完成詹福瑞馆长主持的国家社科基金重点项目"大陆藏汉文古籍藏书题跋整理与研究"。根据北图的善本书目，我们将含有手书题跋的条目和索书号摘出，再根据列表去善本阅览室调阅胶卷，一拍拍地翻检、释读。

对于当时的我而言，抄录题跋有两苦：一是肉体之苦。缩微胶卷的阅读器长得宛如老旧的台式电脑，使用起来却颇有不如：屏幕有明有暗，胶片忽快忽慢，还配有不大符合人体工程学的木桌木椅，往往翻不了半个上午，就颈酸目眩，力倦神疲，有时候甚至眼前发黑，如通宵游戏还坚持上课的学生般趴在桌子上不动良久，才能勉强继续工作。二是精神之苦。由于在研究生阶段从事过古籍校注工作，打下了较为扎实的文献基础，标点题跋似不在话下。但手书题跋多为行草书，时有金石体和种种异体；藏书印则多为篆书，时有各类变体，是以我虽略习书法，却也经常面对着胶片"目瞪狗呆"，为一字之形耗时数日。

经过数月之久的勤抄苦录之后，我逐渐想出了一些应对之策：对于肉体之苦，除了选择相对低一些的那排桌子，就只能时站时坐，以为调节，其实收效甚微，是以今日我仍视之为畏途。不过，想想许多年来，学界前辈和同人谁没有在国图看胶片的经历呢？有许多人还是跋山涉水，自带干粮，以不菲的代价来看免费的胶片，我近在咫尺，又何敢言苦？

  精神之苦则可以有很好的解决之道：对于行草书，我找出一本真草对照的《草诀歌》小册子，开始临帖；对于篆文藏书印，我复印了一本林申清先生的《明清藏书家印鉴》，每日照描数方（遗憾的是始终没有下功夫去通啃《说文》）。此外，我还发现了一个在线的各体"书法字典"网站，稍有不明就去检索验证。如此功力日进，疑问渐少，而一个关于善本古籍和藏书家的陌生世界，也在面前缓缓展现。

  这种平静的学问生活持续了大约两年。其间国图南区维修，善本阅览室搬迁至北海文津街分馆，我则和同事梁葆莉每周两三次往返于彼。文津楼中古香氤氲，光线昏暗，令人不胜青灯黄（胶）卷之感。此外，楼中的冬寒和夏热，海子外的气象森严，某位前辈的频繁赏饭，以及某次暴雨中宛如"落汤之鸡"的经历，都是我对于那段抄书生涯的深刻记忆。

  在这文津积"微（缩微胶片）"的日子里，我有幸拜识了郑伟章先生。那时先生所著《文献家通考》是案头必备之书，我对先生以一人之力成此巨著本已十分钦佩，此番见到他每日晨兴晚归，雪抄露纂，乐在其中，心中更是又敬又愧。我将自己第一篇藏书史论文《清藏书家顾之逵生平及书事述略》奉呈先生以求指教，先生归还的纸本上，有十分详细的两色批改，观之不能不使人动容。还有一次，先生欲将家中部分文献类书籍相赠，我本说登门去取，没想到第二天先生便在酷暑中步行拎来了厚厚一摞用细绳捆扎停当的旧书，实在让人很过意不去。在闲谈中，先生还曾说起有意编纂一套上溯汉唐，下讫民国的《文献家通考》，嘱我任元代以前部分，还给我复印了他抄录的一些珍贵的卡片资料。后来事虽未成，但先生言说时的严肃庄重之貌和对一个初学者的信任和扶持，使我至今难忘。

2011年年初，古文献研究所改称学科研究室。从2012年起，我的工作重心，转入了"中华古籍保护计划"支持的国家珍贵古籍题跋整理项目。这个项目意在整理全国入选《国家珍贵古籍名录》古籍中的所有题跋，我负责项目的日常联络和杂务，在汪东波院长、申晓娟副院长的支持下，还一度担任了项目的二校专家。这个项目劳心费力，但也有幸得见大量的名家题跋和藏印书影，并得以结识了不少业界的师友，对业界的文献整理情况和研究现状更有所了解，应该说得远大于失。八年以来，当日参与馆藏题跋整理的十余位师友，或走或留，都已经不再从事这项事业，而我虽然也参与了不少其他工作项目，却因为主客观的种种原因，坚持了下来。应该说，题跋整理，对于我的研究方向从古代文学转向藏书史，是一段关键的因缘。

（二）

我从少年时代便对古代文史之学感兴趣，常见的唐诗宋词和《二十五史精编》，在中学时代便曾囫囵吞枣地翻阅，兴之所至地摘抄。从大学上中文系算起，到博士毕业，从事文学特别是诗学研究已逾十年，在蒋老师循循然地指导下，我已初窥学术之门径，对于自己才性之短长也有所认知。我逐渐感觉到，文学是我所爱，但自己更多地将其视作寄畅之方；自己更感兴趣的，是往来古今，人事代谢，及其背后或明或暗的节律和驱动因素。也许毕业后留在研究所或高校，我的研究方向还会依着十年的惯性和周围的环境而继续下去，到国图工作，则促成了它的转变。

蒋老师曾说，到国图还是得做做国图特色的学问。但从抄录题跋开始，我便逐渐意识到自己很难在版本目录学上有更深的造诣。由于文物保护的实际需要和国家馆的高水平管理要求，整个国图能够长期接触到善本的人，屈指可数；而版本目录学需要目击手触，观风望气，摸不到书，一切都是空中楼阁。说来好笑，师友们多以为我在国图，看善本书便很容易，实则来国图这么多年，我"摸"过的善本书，不过两部——一部是清代藏书家顾之逵题跋的明末汲古阁本《甘泽谣》，因为书没有做成胶片而得以一窥真容；一部则是过云楼遗书陈展文津街古籍馆时，因已故王菡老师的机缘，而看过的顾之逵旧藏、题作元刻，但实际上有可能是明代重刻本的《周易本义启蒙易传》——其他时候，我只能依据善本胶片、影印或扫描古籍来从事研究。轻易不表扬学生的蒋老师，2014年曾在一封邮件中鼓励我成为未来国图倚重的版本目录学家，能为国图带来光荣。老师对学生的期望和学生的成绩之间，差距不言而喻，至今思之，实在不免有些苦涩。

但"大道如青天"，岂能"我独不得出"？就在我苦苦思索自己的学术方向时，有一次，一位馆中前辈问我，你们抄录题跋之后，下一步怎么去利用呢？我答曰：据以研究当时的历史和文化。前辈说：你说的这些是社科院和高校要做的研究。当时唯唯，退而思之，初觉说有未惬，继而开悟：国图既然号称是书的海洋、书的归宿，那么，自然也应该有海纳百川的胸怀，融汇百家的气度，何必强分畛域，自别泾渭？我想，做不了版本学，我仍可以以自己擅长和喜欢的方式，做"与国图业务相关"的研究。

也许是一种机缘，我"唯二"看过的两部善本都与顾之逵有关，而在千百条题跋牵涉的多位藏书家中，最早得到我关注的也是顾之逵。这位生前一度与黄丕烈齐名，身后却寂寥无闻的藏书家，一方面自称对藏书"援笔点读，信口雏诵"，引为"人生大快意事"，甚至被友人批评为"重价购之，草率涂抹"；一方面却对家藏多部宋元善本惜墨如金，只字片印未留。一方面广储博观，"尝为读书志"；一方面又"徘徊矜慎，汔未具稿"，遂使斋中群籍散亡，遗著《一瓶（录）》无闻。他的经历，先是引起了我的兴趣，继而引发了我对于藏书史乃至历史的思考：这么一位没有藏书目留传、存世文字罕见，几乎完全存在于亲友们断简零札之中，需要学者拼合和阐释的藏书家，其研究的意义究竟何在？

我当时的选择是找回历史的本原。顾之逵所属的藏书家群体，当时称"藏书四友"，包括周锡瓒、顾之逵、黄丕烈、袁廷梼四人。"四友"活动时间自乾隆七年（1742）至道光五年（1825），长达八十余年，其人其事，可谓乾嘉时期苏州乃至江南藏书史的缩影。四人藏书之名盛于当时，由于遭际、寿数、才识等主客观因素，成就自然不会全无差别，但既并称四友，便在某种程度上有铢两悉称、难分伯仲之意。然而二百年后，学界的印象里，却似黄丕烈独占时名，余者皆碌碌。这种历史与现实的反差，由多种因素促成，但黄丕烈那洋洋数十万言详记书人书事，融入了浩浩生涯与悠悠文事的题跋以及详记版本、册数、源流的目录，才具平平却作之不倦的诗稿，在为后世的研究者和收藏家提供了大量原始研究文献的同时，也几乎垄断了这段历史的书写，并进而塑造了后世的认知。从这方面而言，幸而有黄丕烈这位朋友，其他三人的身影才得以清晰而可辨；不幸而有黄丕烈这位朋友，其他三人的光彩亦不免遭遮蔽而失色。

于是，出于探究当时历史场景的目的，我开始撰写《藏书四友事迹编年考证》（暂定名）和《士礼居善本书志稿》，试图以平等的视角，复原昔日"四友"切磋研讨、互通有无的情状，并进而以"四友"及其周围的收藏家、官员、学者、艺术家、乡贤乃至书贾的藏书和文化活动为中心，揭示其在善本流传、版本鉴定、目录编纂、文献考订、藏书思想方面温故立新，开一代风气的重要价值，彰显其为乾嘉及后世藏书、文化做出的特殊贡献，进而重现彼时江南藏书图景。

在进行文献考订的过程中，我再一次体会到程千帆先生所云文艺学（理论研究）和文献学结合"两条腿走路"的意义。《编年考证》重在人、事，《书志稿》重在书的递藏，二者彼此呼应，彼此深化，这才仅仅是文献层面的好处；而从文献出发的探赜索隐和宏观思考，以及尝试运用史学理论去驾驭和阐释文献，也催生了本书中《黄顾交恶新解》《袁廷梼生平发覆——一个苏州家族的兴衰》《深心作伪，百密一疏——以宋刘克撰〈诗说〉的宋刻本伪跋为中心》《中央图书馆的成立与国立北平图书馆的困境及其纾解——以抗战为中心》数文中的某些论述。虽然说对于理论的理解和运用还处于很初级的阶段，但对我自己而言，则与从古代文学到藏书史研究一样，是走出"舒适区"，扩大"学习区"，挑战"恐慌区"的一种不可逆转的尝试。

（三）

在本书《绪论——清代藏书史研究的内容、方法与愿景》中，我试图去勾画自己心目中的清代藏书史研究。这篇文章可谓多年的所思与所待，在写作中厘清了一些以往模糊的问题，但也引发了我的困惑和思考。

即如前文所言，我的"藏书四友"研究起初试图"找回历史的本原"，做起来却谈何容易！我们固然不能期望历史研究在绝对巨细无遗的程度上去还原历史，但即使是在退而选择性地重建历史之时，那些关键的要素和史实，也往往是我们暂时或者永远无法确知、确证，需要"脑补"的，而这种主观性很强的"合理阐释"，既迫使（或促使）研究者参与了历史的重建，也反过来部分消解了"还原历史"的努力。仍以"四友"为例，我最初的研究重点，依次从顾之逵、袁廷梼、周锡瓒展开，并从文献和研究角度撰写了多篇论文，可是除了黄丕烈的题跋诗文之外，涉及这三位藏书家生平尤其是藏书行为的其他存世文献仍嫌不多。反而是我初期有意识回避的黄跋，在阅读过程中却发现了许多可以浅说深探的题目，以至于我甚至拟定了包含百余条目录的"读黄丛札"。此外，我先是试图写《顾之逵小读书堆善本书志》，但写完了经部就发现文字记载和文献实物之间有着不可弥合的鸿沟，很多考证只能止于或者说流于猜测，只得半途而废。后写的《士礼居善本书志稿》则虽然仍包含了大量的顾、袁、周藏书，但聚光灯已经在不知不觉间照回了黄丕烈身上。而《编年考证》中，大约一半的篇幅仍属于黄丕烈，这还不算其余三人的许多线索，仍来自黄的文字。期待中的"分庭抗礼"，不免有沦为"众星捧月"的危险。不过，这种理想和现实的差距，或者正是研究者不断发掘文献和不断探索历史的动力；又或者，按照叙事主义史学的观点，历史本就是依附于文本的话语和叙述，我亦不必执着于找回那已经烟消云散的历史本原，而可以根据自己带有普遍时代印记和个体主观因素的理解去构建那段历史。

此外，对于文献学研究的未来，自2016年以来，我也有一种深深的危机感。正如我在《绪论》中所述："笔者向有'考据癖'，乐在其中，然而近年耳闻目见人工智能（AI）的自我进化，大数据的迅猛发展，以为文献学研究将首当其冲：从理论上说，能够轻松战胜围棋世界冠军的阿尔法狗，能够作曲、绘画、写作的高级AI，将之用于高度依赖经验、感觉、技能或有固定模式和流程的古籍的标点、注释，书志、提要的撰写，版本、书法（钤印）的释读、鉴定，年谱、书目的编订，绝不是天方夜谭，而很可能是商业力量和学界需求风云际会的一时之事。当然，预测人工智能在文献学领域的能力边际和应用时间，不是本文及本人所能者，但同人在继续从事相关研究的同时，当有居安思危之念。"这种观点，我曾在某次学术场合表达，也曾和同好讨论，一位朋友说：也许到你退休也实现不了。我想了想，虽然学界目前已有同人致力于相关的研究，也取得了一些进展，但还任重而道远，朋友所说的那种可能也确实存在，技术的发明到技术的应用，这中间有太多的不可知因素。但这种不可知，以及自己局限于文献研究所不可避免的重复、匠气与思考的缺失（这些都仅就个人的感受而言），也是促使我决心向以理论为指导的内容研究逐渐转变的一个原因。

在《绪论》中，我对于文献学"危机"给出的建议是"藏书史研究，即是彼此关联最高、转型最易的研究领域之一"，然而我心目中理想的藏书史研究，其实颇为不易。文学研究中，每一位诗人或文人，都有自己异于他人的文学作品和理念；不同的地域、不同的时代还会有不同的诗学流派、不同的诗说，可谓异彩纷呈。而藏书家群体的这种多样性和个性化程度看起来则远为不如——不就是喜欢收藏书的人嘛，彼此的面目和理念能有多大差异？看起来，这是一种先天的不足？即使如此，因为藏书史的研究基础远不如文学，仔细清理清代藏书人物文献，详细描述清代藏书史的宏观与微观场景，揭示某些或大或小的发展规律，就我此生的精力和时间而言，研究的"天花板"虽然可见，其实却未必触摸得到，大可埋头做下去，亦自有其价值。然而，我总觉得，这种想法，不过是"因为唐宋文学研究难度大、空白少而转战明清文学研究"的一种翻版，仍是一种路径依赖。蒋老师曾说过类似的意思，即你唐代文学做不好，转移到清代，也只是低水平重复建设而已。我希望的藏书史研究，不是画地为牢，不是自说自话，而应该是在坚持藏书（访书、购书、抄书、校书、刻书乃至散书）行为主体性的基础上，充分了解和融入各学科的研究成果（此之谓输入），并产生对其他学科有借鉴价值的成果（此之谓输出）。我之所以开始重视文学、史学及社会科学的理论，并且在《绪论》中"藏书史研究的路径问题——理论、方法与题目"一节近乎生搬硬套地将各种史学理论与藏书史的论题嫁接起来，就是希望能从模仿和尝试开始，去增强问题意识，丰富研究路径，开阔研究视野，希望能做出和以往完全不同而非有限扩展和深化的藏书史研究。

此外，关于西方书籍史和中国藏书史研究的关系，也仍值得深入思考。自1958年费弗尔和马尔坦的《印刷书的诞生》开启了新书籍史（相对于此前的考据与书目式的研究，或曰书籍的物理性、文本性研究）的大门以来，这一领域研究趋势的变化，也深度反映了西方史学思想的数次转向，无论在理论上还是实践上，都有着丰富的成果和经验。如果按照达恩顿《何为书籍史？》一文中所列出的"传播循环"理论，购买和阅读只是书籍传播过程中的一个环节，那么，藏书史是否只能生存在书籍史的覆翼之下呢？——虽然达恩顿的"循环"要素中，并没有提及藏书家，而是将其暗含在"读者"（readers）的大类之下。就直觉和学者的雄心而言，我自不能同意这种观点，但无论从理性层面或者学术层面而言，我们必须要持续地追踪西方书籍史研究的成果，认真研讨、分析二者的关系，并且在研究实践中，彰显（甚至否定）藏书史或者说中国藏书史的独树一帜之处。

以上就是我这几年治学中的部分所思与所疑，有些可能不过是杞人忧天，先记在这里，一方面留待未来被证实或被打脸，另一方面也指示了自己在困惑中研究的方向。

（四）

2011年，我和丛潇女士结婚。2015年，爱女小布丁诞生。

在婚后的前几年，我因为工作和研究的压力，长期处于焦虑之中，情绪往往不佳。即使是周末，也常常伏案著述，一坐就是一天，家庭生活既乏悠哉游哉之意兴，更少画纸为棋敲针作钩的欢娱。女儿出生后，对她的养与教，我算被迫"深度参与"，夜晚和节假日都给了家庭，开始深以为苦，颇有怨言，和"一般社会舆论"一样，总觉得带孩子是女人的事，而我则应专注于自己的学术——即使这个学术在"一般社会舆论"看起来同样是难以理解和无足轻重。

然而这种"温水煮青蛙"式的潜移默化，产生了和之前不一样的效果。应该说，女儿的出生，在带给我劳苦的同时，促使我重新检讨自己在家庭生活中的角色，更让我真正注视多样的世界和自己的生活。

我慢慢体会，经过二十余年寒窗苦读和受教明师，我学会了如何做一个学者；但学校生活和学术生涯并没有告诉我的，是如何做一个好丈夫和好父亲。在这两方面，从"学习"年限上看，我大约仍属初中和幼儿园水平；从实践水平上看，我大约仍是一只在由负转正的不归路上发足狂奔的蜗牛。

我慢慢发现，家庭生活原来有这么多的乐趣。不论是上班前的依依惜别，还是下班时的满怀期待；不论是假日的远足，还是夜晚的陪伴，甚至爱人的争吵、孩子的眼泪，都是人生中至真至美的时刻。

我慢慢理解，在家庭关系中，没有谁注定是另一方的附庸，没有谁的付出是理所当然，即使在不同的阶段或者自始至终，两个人的所谓"成就"有着大小的差异，但在人格上和精神上，都是平等的。学者和学术，并不比其他人或其他行业天然高贵，而一个我们人人希冀的更美好、更平等的世界，应该从家庭这个最小的组织单位开始实现。

（五）

八年的国图生涯，别人看来平静、平凡，在我内心，却时常泛起波澜。记得刚入馆时，也有一位前辈（馆中前辈甚多，呵呵）语重心长地预言："你要不了几年就不做学术了。"他的话，自是过来人的经验之谈，却也成为激励我前行的警示。八年来，无论心情好恶，无论逆境顺境，无论有什么事情发生，我没有一天放下自己的笔或停止自己的思考，可以说比求学时代更加努力。晏子云："为者常成，行者常至。婴非有异于人也。常为而不置，常行而不休者，故难及也。"愚虽不敢自比贤者，但至少做到了不忘初心，不改素志，可以无愧于己。

但这种坚持，又岂是一力而所能持？八年的工作和生活中，我从亲人、朋友和同事身上获得了支持，体会了温暖，汲取了力量，很多人事，未必适合宣之于口，但都是我终生难忘的。请藉此寸纸，聊表感谢于万一。

感谢我的恩师蒋寅先生。还记得读硕士初列门墙之时，老师问将来的志向，我嚇然无以应；但到读博士的时候，我已经确立了治学之志。这种转变，可以说一半出于天性之所好，一半出于对老师学术和人格的敬仰。工作之后，蒋老师虽然时常借各种形式维持我和文学研究的联系，但他出于一贯的包容和通达，也欣然接受了我学术的转向，还不时将读书所见的治学线索发给我。从师十余年，无论是负笈京华时的朝学夕宴，还是老师移席岭南之后的相见日稀，无论时空和人事如何变化，学生心中的那份荣幸、尊敬和关心，永远不变。

感谢我们的"四老"，你们辛苦养育了我们夫妻，在退休后又牺牲自己的晚年生活，养育着我们小家庭中的第二代人。感谢你们对我们人生路上每一次选择的理解和支持，衷心祝愿你们健康、幸福。

感谢我的爱人，感谢你支持我做正确的事，而努力做到不假外求；感谢你对我的自负和学科优越感的无情批评，使我不致一叶障目；感谢你的善良和真实，让我不时反省自己身上矫情和虚伪。此刻我想对你说的，诚如结婚时你写下的感悟：爱情是异口同声时的相视一笑，爱情是争执时宽容退让的默契，爱情是有限的束缚与占有，爱情是无限的空间与自由，爱情是过得了平淡的生活，爱情是经得起时间的磨砺，爱情是守得住婚姻的约束……

感谢张廷银、汪桂海两位先生，是你们让我从另一个角度理解了学术的尊严和无奈，体会了学者的坚守和温情。感谢高柯立兄，三载的朝夕相处，言语殷殷，让我在自愧于你的仁厚之余，也获得了一位知心的朋友。微斯人，吾谁与归？在此遥祝纳履而去的三位师友，未来的学术和生活一切顺利！

感谢刘跃进、王达敏、张剑、赵前、程有庆、陈先行诸位师长的关心和指导。

感谢汪东波院长、申晓娟副院长的支持和帮助。

感谢邹文革、陈清慧、梁葆莉、马学良、张燕婴、白云娇、郭传芹、张波等同事、友人的交流、研讨和帮助。

感谢陈斐兄的牵线搭桥，感谢刘江师兄、梁健康先生、李兰芳博士对拙著的编辑和校订，使我避免了贻笑大方的尴尬。

感谢国家图书馆文津出版基金的全额资助，感谢各位学术委员。

八年来的所历与所思，如上所述。至于未来八年、十八年、二十八年乃至更久远的生活，正如文前所描绘的，"来"与"去"、"黄"与"绿"的表达顺序已经表明了我对未来的看法：生活固然有失意与雾霾，但生活更加有诗意和希望！

戊戌之夏，刘鹏谨识于天禄